Contents

Scope and Sequence

	APROXIMACIÓN	PERSPECTIVA LINGÜÍSTICA	
		Temas	Lengua
1 El español y el bilingüismo en Estados Unidos	1-1 La lengua española en Estados Unidos	1-2 El uso del inglés entre la población hispana 1-3 Tres políticas lingüísticas 1-4 La educación bilingüe en Estados Unidos 1-5 La lengua española como herramienta política	Vocabulario meta G-1 La descripción de gráficos, tablas y datos G-2 Las comparaciones G-3 El uso de frases relativas para describir
2 Multilingüismo en el mundo hispanohablante	2-1 Más allá del español: otras lenguas	2-2 El plurilingüismo en México 2-3 Las lenguas mayas de Guatemala 2-4 La Educación Intercultural Bilingüe en América Latina 2-5 Las otras lenguas de España	Vocabulario meta G-3 Revisión: el uso de frases relativas para describir G-4 El uso de los verbos ser y estar G-5 El uso del subjuntivo para negar, cuestionar o expresar duda
3 El encuentro de dos mundos y la colonización	3-1 El 12 de octubre de 1492	3-2 El encuentro de dos mundos 3-3 Objetivos de la colonización española 3-4 Colonizaciones: norte y sur 3-5 La esclavitud en las colonias españolas	Vocabulario meta G-6 La expresión de las fechas G-7 El uso de los tiempos verbales del pasado

PERSPECTIVA INTERCULTURAL	PERSPECTIVA ARTÍSTICA		DEBATE
1-6 El estudio del español en Estados Unidos	1-7 Escritores latinos en Estados Unidos	El Objetivo de Desarrollo Sostenible 4 La lengua materna y la educación en el desarrollo sostenible *La cohesión de un texto*	La oficialización del inglés en Estados Unidos *La expresión de la opinión*
2-6 Lenguas originarias en peligro	2-7 La transmisión de las lenguas originarias a través de la música	El Objetivo de Desarrollo Sostenible 11 La protección del patrimonio cultural y la construcción de sociedades inclusivas *Los conectores textuales*	La inmersión lingüística en la lengua minoritaria *La expresión del acuerdo y el desacuerdo*
3-6 El mestizaje	3-7 El "Canto General" de Pablo Neruda	El Objetivo de Desarrollo Sostenible 8 El trabajo decente y la lucha para erradicar el trabajo forzoso	La revisión del papel de España en la conquista *La refutación de argumentos*

	APROXIMACIÓN	PERSPECTIVA LINGÜÍSTICA	
		Temas	Lengua
4 Independencia y formación de nuevas naciones	4-1 Antecedentes de las independencias	4-2 España y las colonias durante el siglo XVIII 4-3 Causas de las revoluciones de independencia 4-4 Revoluciones sociales 4-5 Las nuevas naciones	Vocabulario meta G-7 Revisión: el uso de los tiempos verbales del pasado G-8 El uso del pluscuamperfecto G-9 Los marcadores de tiempo
5 Las dictaduras del siglo XX	5-1 Dictadura y democracia	5-2 Centroamérica: El Salvador (1931-1979) 5-3 Las dictaduras en Cuba 5-4 La dictadura militar en España (1939-1975) 5-5 Las dictaduras de Argentina (1976-1983) y Chile (1973-1990)	Vocabulario meta G-10 El uso de la voz pasiva G-11 El uso del condicional en el pasado
6 La población hispana de Estados Unidos	6-1 La población hispana/ latina/latinx de Estados Unidos	6-2 La historia de los hispanos de Estados Unidos 6-3 El activismo social latino 6-4 Sonia Sotomayor, líder latina 6-5 El voto y el poder político de los hispanos en Estados Unidos	Vocabulario meta G-12 El uso del subjuntivo para expresar el objetivo o propósito de una acción G-13 El uso del subjuntivo para expresar opiniones personales G-14 El uso del subjuntivo para expresar la posibilidad

PERSPECTIVA INTERCULTURAL	PERSPECTIVA ARTÍSTICA		DEBATE
4-6 Simón Bolívar y los Estados Unidos	4-7 El muralismo mexicano	El Objetivo de Desarrollo Sostenible 10 La inclusión para el desarrollo sostenible *Conectores para expresar similitudes y contrastes*	La descolonización de Puerto Rico *La comprensión y clarificación de ideas*
5-6 Derechos humanos: los desaparecidos	5-7 El cine sobre las dictaduras	El Objetivo de Desarrollo Sostenible 16 El estado de derecho La justicia transicional para el desarrollo sostenible	España y la Ley de Amnistía de 1977
6-6 El Movimiento Chicano y César Chávez	6-7 Lin-Manuel Miranda	El Objetivo de Desarrollo Sostenible 10 Migración, derechos de los migrantes y desarrollo sostenible *Conectores para expresar causas y consecuencias*	La valla de la frontera México-Estados Unidos *La concesión y el cuestionamiento de ideas*

	APROXIMACIÓN	PERSPECTIVA LINGÜÍSTICA	
		Temas	Lengua
7 El mapa político de los países hispanohablantes	7-1 El mapa político e ideológico	7-2 Tendencias políticas en América Latina 7-3 El sistema político y territorial de España 7-4 El Socialismo del Siglo XXI: Bolivia 7-5 El "milagro" democrático de Uruguay	Vocabulario meta G-15 Los verbos reflexivos G-16 El uso del subjuntivo para expresar la voluntad o ejercer influencia G-10 Revisión: el uso de la voz pasiva
8 El desarrollo humano sostenible	8-1 El desarrollo humano	8-2 El desarrollo en los países hispanohablantes 8-3 La violencia: obstáculo para el desarrollo 8-4 La violencia de género 8-5 La educación: motor del desarrollo	Vocabulario meta G-3 Revisión: el uso de frases relativas para describir G-17 El uso del subjuntivo en las frases relativas G-18 El uso del condicional y el subjuntivo para expresar situaciones hipotéticas
9 El desarrollo medioambiental	9-1 Retos medioambientales de los países hispanohablantes	9-2 La explotación de recursos naturales 9-3 Las energías alternativas: Uruguay 9-4 El activismo ambiental 9-5 El agua: ¿bien económico o derecho humano?	Vocabulario meta G-16 Revisión: El uso del subjuntivo para expresar la voluntad o ejercer influencia G-19 El estilo indirecto: repetir las palabras de otros G-20 La formulación de condiciones hipotéticas

PERSPECTIVA INTERCULTURAL	PERSPECTIVA ARTÍSTICA		DEBATE
7-6 Las relaciones entre Estados Unidos y América Latina	7-7 Mario Benedetti: "El sur también existe"	El Objetivo de Desarrollo Sostenible 16 Gobiernos e instituciones sólidas para el desarrolllo sostenible *Los conectores para objetar y refutar argumentos*	Las leyes de cuotas y participación política *La referencia a aspectos específicos de un tema*
8-6 La exclusión social: indígenas y afrodescendientes	8-7 La pintura de Oswaldo Guayasamín	El Objetivo de Desarrollo Sostenible 1 La reducción de la pobreza: clave para el desarrollo sostenible *Los conectores para enfatizar datos o ideas*	La economía social: el comercio justo *El uso de argumentos de autoridad*
9-6 Protección de los ecosistemas: los corredores biológicos	9-7 Francisco Toledo y el arte ecológico	El Objetivo de Desarrollo Sostenible 13 La acción contra el cambio climático	Ecuador: el caso Chevron (1964-presente) *El énfasis en la información significativa*

Preface

Introduction to *Puntos de encuentro:*
A Cross-Cultural Approach to Advanced Spanish
(Third Edition)

Due to the growing opportunities available to students to achieve high levels of foreign language abilities, an increasing body of research is now turning to advanced levels of language proficiency. Evidence suggests that, although in-country abroad experiences are optimal for developing advanced language proficiency, much can be done in the classroom setting. Research has also identified the elements of successful advanced-language curricula: a *content-based pedagogical framework* where disciplinary content and target language are integrated, the use of *learner-centered, participatory teaching approaches* (such as task- and problem-based language learning), a focus on *the production of complex language forms* while engaging in interaction about critical disciplinary content, and an emphasis on *discursive aspects* of the language, among others. We know more about the types of cognitive skills that students need to perform the higher-level tasks required at the advanced level (such as supporting arguments or explaining complex matters with detail). Finally, we also know that stand-alone grammar reviews at this level of instruction are ineffective. In contrast, there is mounting evidence that when grammar is explored and focused on as it is encountered in specific texts (oral or written), students successfully integrate it into their performance.

Puntos de Encuentro is an innovative Spanish textbook that promotes college language learners' development of advanced Spanish language proficiency, cross-cultural awareness and knowledge, and sustainability literacy and competencies. This pedagogical approach promotes the development of collaborative, critical thinking, problem-solving, and other higher-order skills. Informed by research on advanced foreign language learning, this textbook addresses the "advanced language challenge" (i.e., college students' difficulty using Spanish at advanced levels after three years of foreign language study). It also rethinks third-year Spanish language study by replacing traditional composition/ conversation models with a more comprehensive Spanish program where advanced language proficiency and multidisciplinary content are equally the goals.

Puntos de Encuentro represents a truly content-based language program because it accomplishes a natural integration of language and content. A careful selection of cultural themes aligns with advanced Spanish language grammatical, functional, and discursive contents. A variety of tasks allow students to process both language and content at higher levels, resulting in important gains in fluency and accuracy of oral production.

CROSS-CULTURAL COMPETENCE

Puntos de Encuentro follows a content syllabus that constitutes an overview of the full breadth of Spanish-speaking cultures and societies. Its goal is to promote students' cross-cultural competence by developing their ability to critically understand, analyze, and reflect on a broad spectrum of narratives (i.e., discourse) and relate them to their own culture. In *Puntos de Encuentro*, the following genres are represented as the basis for cross-cultural reflection: *essays, biographies, journalism*—news reports and political rhetoric—*literary and historical narratives, poetry, music, visual forms*—painting, architecture, and photography—*television*—news, interviews, and reports—and *cinema*—documentaries and movies. A great effort has been made to ensure that the many input sources (written and oral) represent this wide range of discourse types to raise cultural awareness and stimulate critical analysis of the themes.

A unique characteristic of *Puntos de Encuentro* is its treatment of the content: it adopts a cross-cultural and multidisciplinary approach by examining the Spanish-speaking societies from a sociolinguistic, historical, sociopolitical, and human development perspective.

SUSTAINABILITY COMPETENCE

Sustainability literacy and the ability to address sustainability problems are becoming major goals of education. The sustainability field is of high interest among students; it covers a wide variety of areas and issues; multiple connections and perspectives can be established; and it involves various disciplines. Understanding and tolerating culturally different points of view, negotiating differences, and developing sensitivity to local cultures, are vital to sustainability negotiating efforts. For example, since sustainability education requires the development of problem-solving and negotiation skills, reinforcing students' communicative competencies (sustainability-specific) in foreign languages is vital for future professionals.

This edition expands its interdisciplinary approach by including nine learning modules focused on social and environmental sustainability in Spanish-speaking countries, based on the United Nation's 2030 Agenda for Sustainable Development. The analysis of sustainability problems, or *cases*, has been introduced in this textbook as an effective pedagogy through which students can (1) acquire cross-cultural sustainability knowledge, (2) develop critical thinking skills and sustainability-specific competencies, and (3) become high-level, multicompetent language users.

Example

PENSAMIENTO CRÍTICO

1. ¿Qué beneficio adicional tienen las energías renovables de Uruguay? Usen el gráfico 9-17 para responder.
2. Usen el diagrama para determinar el grado de sostenibilidad del proyecto eólico uruguayo.

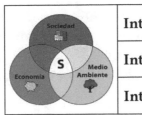

	Interacción *sociedad* + *medioambiente:*
	Interacción *medioambiente* + *economía:*
	Interacción *economía* + *sociedad:*

LANGUAGE AS DISCOURSE

Advanced language-level performance (oral and written) is, by definition, characterized by discourse level (i.e., beyond the sentence) features. The ACTFL Proficiency Guidelines define the language of an advanced speaker of a foreign language as "abundant, the oral paragraph being the measure of advanced-level length and discourse." Advanced speakers are expected to "produce narrations and descriptions to relate relevant, supporting facts in connected, paragraph-length discourse."

Traditional third-year Spanish programs approach Spanish instruction by focusing on the development of conversation and/or composition combined with a "review" of the challenging aspects of Spanish grammar. This language form-based approach often results in students exhibiting poor oral and written discourse competence after three years of classroom instruction (sometimes unable to convey meaning beyond the sentence level). Form-based (as opposed to content-based) approaches to the Spanish language are also less than ideal for promoting the advancement of listening and reading abilities, understood here as the ability to understand linguistic content and analyze, interpret, and reflect on it.

Puntos de Encuentro's approach to language as discourse is evident in that the Spanish language is presented within the context (written or oral text) in which it was used (i.e., within discourse units or texts). This input needs to be understood and analyzed by students before they can undertake specific content-related tasks. A particular emphasis is placed on the production of argumentative discourse, including the development of effective strategies. This is achieved through continuous engagement in discussion, analysis, and development of arguments to support a viewpoint.

TASKS AND COLLABORATIVE LEARNING

Tasks are collaborative classroom activities that create a need to communicate in the target language with a purpose or final goal, have a primary focus on content (meaning), and involve decision-making and/or problem-solving strategies. These tasks can promote optimal conditions for classroom foreign language learning.

Puntos de Encuentro includes a series of collaborative tasks that require students to select, classify, evaluate, or compare information; develop arguments to defend a position; or make a decision based on data, all while using Spanish to express opinions or value judgments, show agreement or disagreement, make comparisons, or hypothesize. Many of the tasks have a language pedagogical component: they require students to use specific target structures (grammatical or discursive) while working collaboratively or presenting their results or decisions to the class.

Of particular interest is the inclusion of *debates* and *case studies* as learning/teaching tools. They present real and complex topics, scenarios, or problems that several stakeholders need to debate or negotiate. Debates and case studies are problem-solving tasks, arguably one of the most effective instructional strategies to promote language learning and higher-level critical thinking skills in a classroom. When raising a thought-provoking issue, they compel students to talk in the foreign language while also requiring them to identify key points, choose and articulate positions, evaluate and reason courses of action, and argue different points of view. Through debates and case studies, students can develop problem-solving, analytic, and decision-making skills.

Example

2. Miren el diagrama de la Movilidad Social en el texto sobre España. Consideren los factores que este índice toma en cuenta. ¿Qué es necesario para tener movilidad social? Pónganlos en orden de importancia.

3. Decidan un plan con el que se podría cerrar la brecha de exclusión en estos casos.

Mujeres	Se necesita(n) _____ que _____
Migrantes	Es importante tener _____ que _____
LGBTQI+	Hace falta _____ que _____
Indígenas	Los países necesitan _____ que _____
Afrodescendientes	...
Jóvenes	...

APPROACH TO GRAMMAR INSTRUCTION

Each chapter includes awareness-raising activities where learners explore, pay attention to, and notice the Spanish language's specific grammar and discourse features. This initial attention to—and conscious reflection on—the form, use, and meaning of specific grammar features help students understand structures within the authentic context where they were used.

Within each chapter, the *Perspectiva Lingüística* section focuses on a set of grammar structures, which appear in the content (written or oral) and students are asked to find, identify, or notice in the *Reflexiones Lingüísticas* (RLs) tasks. These tasks offer a reflective and awareness-raising approach to grammar by asking students to engage reflectively with target structures (why they are used that way, with what purpose of function). Sometimes a follow-up activity requires the use of a target structure in sentences or short paragraphs.

Example

REFLEXIÓN LINGÜÍSTICA: G–3

1. Los pronombres relativos que introducen frases que <u>especifican</u> están marcados en el texto en gris claro (*light gray*). ¿Cuáles de estos pronombres puedes sustituir por el cual / la cual / los cuales / las cuales?

2. Los pronombres relativos que introducen frases que <u>añaden información</u> están marcados en el texto en gris oscuro (*dark gray*). Sustituye estos pronombres por otros que sean igualmente correctos.

3. Elabora tres definiciones que incorporen una frase relativa:

   a. El Acta de Educación Bilingüe de 1968 fue _____

   b. El Acta *No Child Left* Behind fue _____

   c. La Proposición 203 en Arizona fue _____

An emphasis on the focused production of particularly difficult structures is also maintained in some critical thinking activities.

Example

PENSAMIENTO CRÍTICO

1. ¿Tiene la Constitución de su país secciones dedicadas a los derechos de los indígenas? Si no, ¿debería tenerlas? Justifiquen su opinión ante la clase.

2. Resuman los argumentos del autor usando la información de este cuadro y luego elaboren argumentos para refutarlos.

CRÍTICAS	ARGUMENTOS DEL AUTOR	CONTRAARGUMENTOS
Extensión	Al autor le parece...	A nosotros nos parece...
Discriminación	Al autor le parece mal...	A nosotros nos parece...
Plurilingüismo	Al autor le parece complicado...	A nosotros nos parece...
Paridad en el Congreso	Al autor le parece absurdo...	A nosotros nos parece...

Research provides evidence of the benefits of making grammar rules explicit to adult language learners. For this reason, *Puntos de Encuentro* also supports the development of *explicit grammar* knowledge by including, in the **Active Learning** website, twenty lessons with clear grammar explanations on the use of advanced target structures, following a functional—rather than descriptive—approach. Grammar is illustrated within a context that refers to the same topics of the lesson. Each lesson is followed by activities where students can check their explicit knowledge of Spanish grammar.

CONTENT SCOPE AND CHAPTER STRUCTURE

The book is divided into four primary content areas or *perspectives*, each of them exploring relevant themes and topics related to the Spanish-speaking countries: Area 1: *Sociolinguistic perspective* (two chapters); Area 2: *Historical perspective* (three chapters); Area 3: *Sociopolitical perspective* (two chapters); and Area 4: *Sustainable development perspective* (two chapters). Each chapter opens with a presentation of the learning goals and a chart of contents and follows the same structure.

SECTION	DESCRIPTION
APROXIMACIÓN	This section opens each chapter with a few activities that serve as an initial reflection on the themes of the chapter. No specific language goals are targeted in this section.
PERSPECTIVA LINGÜÍSTICA	This section introduces the chapter's target linguistic contents (vocabulary and grammar structures). It opens with the advanced target vocabulary students will need throughout the chapter, followed by four theme-specific sections. Each section has one or more activities whose starting point is authentic content (input) offered in the form of text (audiovisual, written, or a combination) that also incorporates target grammar structures. This input is first processed for meaning via content *comprehension* questions. The *Reflexión Lingüística* (RL) tasks focus on students' discovery and/or noticing of language forms embedded in the input. The RLs constitute awareness-raising tasks that help students make connections between forms, meaning, and use. Sometimes there is a follow-up activity where students need to use the forms. *Pensamiento crítico* includes tasks that promote further content processing by targeting various levels of critical thinking and promoting collaborative skills. Many tasks involve decision-making and/or problem-solving strategies that often require the use of target language contents (expression of opinions, value judgments, agreement or disagreement, comparative structures ...).
PERSPECTIVA INTERCULTURAL	The section focuses on a theme that can be explored from a cross-cultural perspective. It offers authentic written and audiovisual input that needs to be first processed for meaning (comprehension questions) followed by several *Pensamiento crítico* tasks that focus on cross-cultural reflection and awareness by examining historical, societal, political, or cultural aspects that students can relate to their own culture. This specific focus is combined with continued integration of language and content through production-based, argumentative tasks.

(Continued)

SECTION	DESCRIPTION
PERSPECTIVA ARTÍSTICA	This section includes an activity that widens the spectrum of cultural genres. It incorporates literary narratives, poetry, music, painting, or cinema as the basis for reflection and critical analysis. Students can obtain a deeper understanding of these products after they have examined the historical and social contexts in which they were created. The activities present a similar format (from comprehension to critical reflection) and integration of language and content through output-based, argumentative tasks.
SOSTENIBILIDAD	This section incorporates sustainability learning goals based on UNESCO's 17 Sustainable Development Goals (UNESCO 2015). Each section focuses on one goal that is related to one of the chapter's topics. The materials target the development of sustainability literacy, competencies to analyze problems related to sustainable development—considering its environmental, social, and economic dimensions, and discipline-related Spanish language ability. Each section uses a problem-based approach, including a specific case to analyze and a group project.
DEBATE	Debates represent models of active learning pedagogy that are most productive for developing discourse-based, advanced language proficiency and critical thinking strategies. They allow students to collaboratively plan and develop supporting arguments to defend a common position while engaging in an organized, extended interaction. Students prepare for the debate by working on understanding and interpreting the issue with the help of the lesson materials and any additional sources that the instructor may consider relevant or appropriate. The debate also entails the use of reflective, decision-making, and critical thinking strategies. They include a strategic and functional language component that targets resources used for formal or informal discussions, such as interrupting, showing disagreement, or asking for clarification.

ACKNOWLEDGEMENTS

I first and foremost thank my students at The George Washington University—too many to list here—who supported me during all the stages of this project. Their passionate comments and views truly helped shape this book. I dedicate it to them.

I also thank all other George Washington University students who have taken a class where this textbook has been used. Every day of every semester has been another opportunity to fine-tune the materials, sharpen the pedagogical focus of an activity, or add a new idea or angle to explore.

I am indebted to all the Spanish instructors in my department who use these materials in their classrooms and whose suggestions and recommendations have improved the overall quality of this work, especially Alicia Suarez-Touzón and Ariadna Pichs. A special thanks to my dear colleague Carola Goldenberg for reviewing every page of this edition. This was a Herculean task, and the book is better because of her work.

I want to thank the Cognella publishing team, who once more made this edition possible without compromising my vision. First and foremost, a special thanks to Jamie Giganti, Director of Academic Publishing, and Seidy Cruz, Senior Acquisitions Editor; thanks to their support of this project, I could transform a pedagogical vision into a reality ten years ago, and I continue to do so today. I am very grateful to Danielle Gradisher, Chelsey Rogers, Alexa Lucido, Alia Bales, and Laureen Gleason for their tireless work on this project.

A very special thanks to my beloved daughter, Noelle Cremer, for creating several beautiful graphs, charts, and maps that are invaluable material to the textbook. Last, I thank my family for their unconditional support throughout this project: John, Noelle, and Nico Cremer. I dedicate this work to them.

María José de la Fuente
The George Washington University
December 2021

ACTIVE LEARNING

This book has interactive activities available to complement your reading.

Your instructor may have customized the selection of activities available for your unique course. Please check with your professor to verify whether your class will access this content through the Cognella Active Learning portal (http://active.cognella.com) or through your home learning management system.

PERSPECTIVA SOCIOLINGÜÍSTICA

CAPÍTULOS 1 Y 2

CAPÍTULO 1

El español y el bilingüismo en Estados Unidos

CAPÍTULO 2

Multilingüismo en el mundo hispanohablante

El español y el bilingüismo en Estados Unidos

OBJETIVOS DE APRENDIZAJE

1. Comprender, analizar y evaluar
   a. la presencia, uso y estatus de la lengua española en Estados Unidos
   b. diferentes aspectos de la educación bilingüe en Estados Unidos
2. Aprender sobre la producción literaria con raíces bilingües y biculturales en Estados Unidos y analizar el lenguaje de algunas novelas
3. Aprender sobre los objetivos de desarrollo sostenible (ODS) y su dimensión cultural. Analizar el ODS 4 y evaluar el valor del aprendizaje de lenguas (materna y extranjeras) en el desarrollo sostenible.
4. Evaluar críticamente el estatus del inglés en Estados Unidos

	Temas	Lengua
Aproximación	1-1. La lengua española en Estados Unidos	
Perspectiva Lingüística	1-2. El uso del inglés entre la población hispana 1-3. Tres políticas lingüísticas 1-4. La educación bilingüe en EE. UU. 1-5. La lengua española como herramienta política	G-1. La descripción de gráficos, tablas y datos G-2. Las comparaciones G-3. El uso de frases relativas para describir
Perspectiva Intercultural	1-6. El estudio del español en EE. UU.	
Perspectiva Artística	1-7. Escritores hispanos bilingües y biculturales	
	El Objetivo de Desarrollo Sostenible 4 La lengua materna y la educación en el desarrollo sostenible	La cohesión textual
Debate	La oficialización del inglés en Estados Unidos	La expresión de la opinión

APROXIMACIÓN

1-1 LA LENGUA ESPAÑOLA EN ESTADOS UNIDOS

Examina la información sobre la presencia del idioma español en el mundo en general y en Estados Unidos en particular.

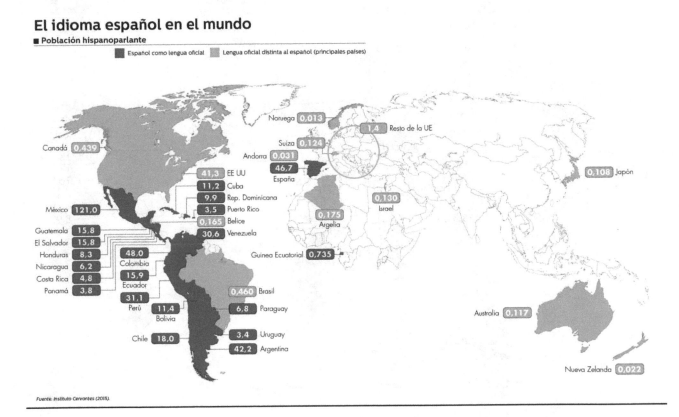

Fig. 1-1. El español en el mundo

Hay más de 480 millones de hablantes de español como lengua materna en el mundo y más de 577 millones a nivel global, si se incluye a los hablantes de español con competencia limitada y a los aprendices del idioma. Esto convierte a la lengua española en la segunda más hablada del mundo, detrás del chino mandarín.

En EE. UU., según el Censo de 2020, hay 45 millones de hablantes nativos de español. Además de estos, más de 11 millones de personas son bilingües en inglés y español. Se estima que, para 2060, EE. UU. será el segundo país hispanohablante del mundo después de México: podría llegar a haber 119 millones de hablantes, o casi una de cada tres personas. Además, según el Censo de 2020, hay casi ocho millones de estudiantes de español en el país.

No obstante, el futuro del español en EE. UU. dependerá de la inmigración y de otros factores como la expansión de programas de educación dual y el aumento de la presencia hispana en los medios de comunicación.

PENSAMIENTO CRÍTICO

1. Mira el mapa del español en el mundo. ¿Qué grupos sociales crees que son los que hablan español en los países de color azul?
2. Mira el mapa de EE. UU. y el porcentaje de población, en cada estado, que habla español en casa. ¿Qué impacto crees que tiene, en estos estados, el número de hablantes de español?

   • En la prensa
   • En el entretenimiento
   • En la política
   • En la vida cultural

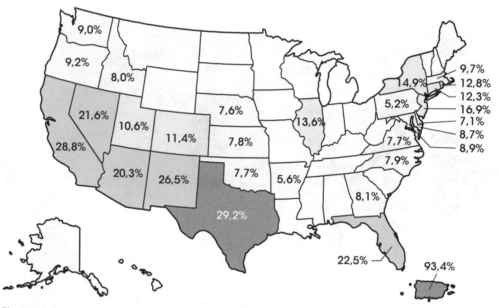

Fig. 1-2. Porcentaje de personas que hablan español en su casa (2019)

3. Decidan con qué opiniones están de acuerdo y con cuáles no. Compartan y justifiquen sus respuestas con la clase.
   a. El idioma español es una amenaza para el inglés en EE. UU.
   b. Los inmigrantes que quieren vivir en EE. UU. deben aprender inglés.
   c. Estados Unidos debe adoptar el inglés como lengua oficial.
   d. Se puede vivir en ciertas áreas de EE. UU. hablando solo español, sin saber inglés.
   e. No saber inglés en Estados Unidos causa discriminación.
   f. La enseñanza del español debería ser obligatoria en todas las escuelas de EE. UU.

4. Lean el texto y después examinen los datos del gráfico. Más de doscientos años más tarde, ¿creen que se cumplió el objetivo de la Academia? ¿Se puede hacer más? Escriban tres recomendaciones y compártanlas con la clase.

La Academia Americana de Artes y Ciencias fue fundada en 1780 por un grupo de hombres de estado y líderes empresariales—incluyendo a John Adams, Samuel Adams, John Hancock y James Bowdoin. Al establecer una agenda para la Academia, sus miembros también estaban estableciendo un programa intelectual para la nueva nación. Entre los diez primeros temas que identificaron como clave para el futuro de la nación fue el estudio del lenguaje. Creían que el aprecio por la pluralidad de lenguas mejoraría la comunicación interna e internacional y ayudaría a la nueva nación a entender su lugar en un mundo cambiante.

Fig. 1-3. Destrezas lingüísticas de la población de Estados Unidos

PERSPECTIVA LINGÜÍSTICA

VOCABULARIO META

alcanzar	to reach	fluidez (la)	fluency
amenaza (la)	threat	gráfico (el)	graph; chart
amenazar	to threaten	hablante (el, la)	speaker
aprendiz (el, la)	learner	herencia (la)	heritage
aprendizaje (el)	learning	herramienta (la)	tool
asegurar	to ensure	hispanohablante (el, la)	Spanish speaker
bienestar (el)	well-being	igualdad (la)	equality
bilingüe	bilingual	incapacidad (la)	inability
bilingüismo (el)	bilingualism	lengua materna (la)	mother tongue
brecha (la)	gap	matrícula (la)	enrollment
capacidad (la)	ability	mayoritario/a	dominant (adj.)
cifras (las)	figures	media (la)	average
comportamiento (el)	behavior	medida (la)	measure
conocimiento (el)	knowledge	medio ambiente (el)	environment
crecer	to grow	medioambiental	environmental
crecimiento (el)	growth	meta (la)	goal
dato (el)	fact; figure	minoritario/a	minority (adj.)
derecho (el)	right	obligatorio/a	mandatory
derogar	to repeal	orgulloso/a	proud
desafío (el)	challenge	pérdida (la)	loss
desarrollar	to develop	política (la)	policy
desarrollo (el)	development	promedio (el)	average
destreza (la)	skill	promover	to promote
discurso (el)	speech	recurso (el)	resource
dominar	to master	rendimiento (el)	performance
dominio (el)	mastery	requerir	to require
educativo/a	educational	requisito (el)	requirement
enseñanza (la)	teaching	retroceso (el)	set back
época (la)	period	sostenibilidad (la)	sustainability
equilibrio (el)	balance	sostenible	sustainable
escolaridad (la)	schooling	superar	to overcome
etapa (la)	period, stage	tendencia (la)	trend
exigir	to demand; to require	tender a	to tend to
finalidad (la)	end goal	tener derecho a	to have the right to

1-2   EL USO DEL INGLÉS ENTRE LA POBLACIÓN HISPANA

1-1

1.   **Mira este video sobre el uso del idioma español en Estados Unidos y responde a las preguntas.**

COMPRENSIÓN

1.   ¿Cuál de los tres hijos de la familia Corona habla inglés mejor? ¿Por qué?
2.   Explica de qué depende el mayor o menor uso del inglés en los hogares hispanos de EE. UU.
3.   Describe el comportamiento lingüístico generacional de los hispanos de EE. UU.

2.   **Lee el texto y examina estos datos del Pew Hispanic Center sobre el dominio del inglés y el español entre la población hispana de Estados Unidos. Después responde a las preguntas.**

A pesar de la creciente influencia del español en todo el mundo, existen datos que apuntan a la pérdida del español entre la población hispana nacida en Estados Unidos. En general, el bilingüismo tiende a ser más fuerte entre los hispanos de primera y segunda generación: casi todos los niños hispanos de segunda generación son competentes en inglés y pueden hablar el idioma de sus padres. En la tercera generación, sin embargo, ese número desciende significativamente: solo un tercio de los hispanos de tercera generación se considera bilingüe y menos de la mitad habla español con soltura. La mayoría de los hispanos de tercera generación es monolingüe en inglés; es decir, la pérdida del español parece ser la tendencia predominante en este grupo y solo uno de cada diez usa el español con regularidad. Así, mientras que el 72% de los hispanos de primera generación domina el español, solo el 6% lo hace en la segunda generación y la cifra baja hasta el 1% en la tercera. Además, un cuarto de los latinos de primera generación es bilingüe; en la segunda generación, algo más de un tercio lo son, pero la tercera generación tiende a ser monolingüe en inglés. A pesar del progresivo retroceso en el uso del español hacia la tercera generación, los hispanos siguen valorando la relevancia de poder hablar español y tratan de preservarlo por medio de su transmisión a las generaciones futuras.

Fuente: http://cervantesobservatorio.fas.harvard.edu/sites/default/files/mapa_hispano_2017sp.pdf.

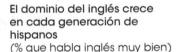

El dominio del inglés crece en cada generación de hispanos
(% que habla inglés muy bien)

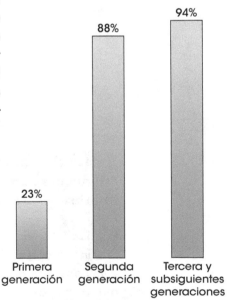

Fig. 1-5. Dominio del inglés entre los hispanos de Estados Unidos

Adultos Hispanos/Latinos

Idioma primario	Primera generación	Segunda generación	Total
Predominantemente español	72%	6%	47%
Bilingüe	24%	33%	28%
Predominantemente inglés	4%	61%	25%

Fig. 1-4. Lenguas de los hispanos en Estados Unidos

COMPRENSIÓN

1. ¿Coinciden los datos del texto con la información del video? Explica cómo.
2. ¿Es el bilingüismo (dominio de los dos idiomas) común entre los hispanos? Usa datos del texto y del gráfico 1-4.
3. Compara los datos del gráfico 1-05 sobre el uso del inglés entre los hispanos con los datos que ofrece el texto. ¿Son similares o diferentes?

REFLEXIÓN LINGÜÍSTICA: G–1

1. Presta atención a las expresiones marcadas en el texto. Sustitúyelas por otras similares que expresen las mismas ideas.

2. Describe los datos sobre el uso del inglés y del español de la población total de hispanos (gráfico 1-4, columna 4). Usa al menos cuatro formas diferentes de expresar los datos.

PENSAMIENTO CRÍTICO

El futuro del español en EE. UU. ¿Qué condiciones pueden afectar al mantenimiento y expansión del español? ¿Y qué condiciones pueden garantizar su preservación y crecimiento? Elaboren tres condiciones necesarias para cada escenario.

El español estará en peligro si...	El español se mantendrá y crecerá si...
1.	1.
2.	2.
3.	3.

1-3 TRES POLÍTICAS LINGÜÍSTICAS

1. **Existen al menos tres políticas lingüísticas diferentes con respecto a los estudiantes cuya lengua materna no es la lengua mayoritaria. Lee esta información y después responde a las preguntas.**

Política 1: La lengua materna como problema = asimilacionismo
Si el inmigrante no habla inglés, no puede incorporarse a la cultura dominante monolingüe y se convierte en una carga para la sociedad. La educación bilingüe podría limitar la motivación de un niño para aprender inglés y servir como inspiración para el desarrollo de una conciencia étnica, en lugar de promover la lealtad hacia los Estados Unidos.

Por eso, el dominio limitado del inglés tiene muchas más desventajas que ventajas, siendo una incapacidad que hay que superar lo antes posible.

Política 2: La lengua materna como derecho
Los alumnos con dominio limitado del inglés tienen derecho a una educación bilingüe, según las leyes que garantizan la igualdad de oportunidades. Si esta es bien administrada, proporciona numerosos beneficios para el aprendizaje del inglés. Por lo tanto, la lengua materna, bajo este paradigma, es un recurso tan importante como otros para aprender inglés, que es el fin último.

Política 3: La lengua materna como beneficio = multiculturalismo
De acuerdo con el paradigma multicultural, ser bilingüe es mucho más beneficioso que simplemente integrarse en una cultura dominada por el inglés. El "bilingüismo aditivo" consiste en adquirir un segundo idioma sin perder el primero. Los estudios demuestran que la gente que habla dos o más idiomas con fluidez tiene ventajas de tipo cognitivo, académico, cultural y profesional.

Fig. 1-6. Centro de Educación Preescolar Bilingüe St. Nicholas (Greektown, New Jersey)

Fuente: http://www.languagepolicy.net/articles/vitoria.htm.

COMPRENSIÓN

1. Explica la diferencia fundamental entre el modelo uno y el modelo dos. Después explica en qué son similares.
2. Muchas veces se considera que los modelos dos y tres son iguales, pero ¿cuál es la diferencia principal?
3. Observa la foto de la escuela de New Jersey. ¿Qué paradigma educativo representa: el modelo dos o el tres?

REFLEXIÓN LINGÜÍSTICA: G–2

1. Identifica las tres estructuras comparativas que se usaron en el texto. ¿Se comparan nombres, verbos o adjetivos?

2. Escribe tres frases en las que compares ser monolingüe con ser bilingüe. Usa tres estructuras diferentes.

1-2

2. Mira el video sobre una escuela donde se imparte educación bilingüe y responde a las preguntas.

COMPRENSIÓN

1. ¿Cuál de los tres modelos crees que representa el programa bilingüe que aparece en el video? Justifica tu respuesta con información que escuchaste en el video.
2. Enumera tres beneficios de una educación bilingüe que se mencionaron en el video.
3. ¿Cómo ha beneficiado a la escuela elemental Tyler de D.C. este nuevo modelo educativo?

PENSAMIENTO CRÍTICO

Lean estas tres opiniones sobre las desventajas de la educación bilingüe en Estados Unidos. Elaboren, en parejas, un argumento para defender o criticar cada una de ellas.

---

http://www.puntos.encuentro.esp

"La educación bilingüe podría limitar la motivación de un niño para aprender inglés y servir como inspiración para el desarrollo de una conciencia étnica, en lugar de promover la lealtad hacia los Estados Unidos".

"Los programas de educación bilingüe empeoran la brecha entre las familias inmigrantes donde el inglés no es el primer idioma y las familias donde sí lo es, y roban a los padres la oportunidad de que sus hijos accedan a una educación solo en inglés".

"Muchos padres no quieren que sus hijos sean monolingües en español con un dominio limitado del inglés porque esto les mantendrá segregados de la sociedad".

Argumentos
1. Estamos (de acuerdo / en desacuerdo) con... porque...
2. Hay gente que piensa que...; sin embargo...
3. Es cierto que..., pero...

1-4 LA EDUCACIÓN BILINGÜE EN ESTADOS UNIDOS

1. Lee el texto sobre la historia de la educación bilingüe en Estados Unidos. Después responde a las preguntas.

A lo largo de la historia de Estados Unidos, la alternancia entre políticas [que reconocieron la diversidad étnica, cultural y lingüística] y otras políticas caracterizadas por tendencias nacionalistas y asimilacionistas ha dictado el rumbo de la enseñanza bilingüe. Tras la formación del país hubo un alto grado de tolerancia hacia el multilingüismo de origen europeo y la enseñanza bilingüe en las escuelas públicas. En el caso del español, el tratado de Guadalupe Hidalgo de 1848 estableció una cláusula especial para la protección de esta lengua en los territorios anexionados por EE. UU. después del conflicto. Sin embargo, nunca hubo un uso efectivo de esta cláusula y, poco a poco, se asentaron las políticas asimilacionistas [que predominaron por más de cien años].

Esta etapa dio paso a otra [en la que se comenzó a restringir el uso de lenguas que no fueran el inglés] en los programas educativos públicos. En el contexto de las guerras mundiales, la identidad nacional se redefinió como exclusivamente monocultural y monolingüe en inglés, [lo que promovió el asimilacionismo y revirtió los avances que se habían hecho]. En los años sesenta, el movimiento chicano logró nuevas condiciones para la diversidad lingüística en las escuelas públicas. Gracias a este movimiento, el Acta de Educación Bilingüe de 1968 estableció mecanismos para el desarrollo de programas bilingües a nivel nacional. El activismo chicano le debe parte de su éxito al movimiento de derechos civiles de las minorías étnicas en los años cincuenta, [el cual le dio las bases para plantear los derechos lingüísticos como derechos civiles].

Fig. 1-7. Cartel: Welcome to America

Durante los años 90, unos diez millones de inmigrantes entraron legalmente en EE. UU., [de los cuales un 70% era hispano]. Al mismo tiempo la cifra de inmigrantes indocumentados alcanzó un número estimado en catorce millones, 90% hispanos. Este cambio demográfico generó un sentimiento anti-inmigrante manifestado en medidas como la Proposición 227 en California en 1998 y la Proposición 203 en Arizona en 2000, [que desmantelaron la educación bilingüe en esos dos estados]. La firma del acta *No Child Left Behind* en 2001 impulsó una visión totalmente monolingüe y monocultural de la educación y derogó el Acta Bilingüe de 1968, [lo cual revirtió 33 años de desarrollo de programas bilingües en las escuelas públicas].

COMPRENSIÓN

1. Completa este cuadro con un resumen de las diferentes etapas por las que ha pasado la educación bilingüe en Estados Unidos.

	¿Cuándo?	Política sobre educación bilingüe	Contexto histórico / político
Etapa 1			
Etapa 2			
Etapa 3			
Etapa 4			
Etapa 5			

2. Explica por qué en los estados del suroeste (California, Texas, Nuevo México, Arizona) hubo políticas asimilacionistas desde el principio.
3. ¿Qué grupo étnico fue responsable de los avances en la educación bilingüe en los años 60?
4. Identifica el origen de las leyes contra la educación bilingüe de California y Arizona.

REFLEXIÓN LINGÜÍSTICA: G–3

1. Los pronombres relativos que introducen frases que especifican están marcados en el texto en color morado. ¿Cuáles de estos pronombres puedes sustituir por **el cual / la cual / los cuales / las cuales**?

2. Los pronombres relativos que introducen frases que añaden información están marcados en el texto en color verde. Sustituye estos pronombres por otros que sean igualmente correctos.

3. Elabora tres definiciones que incorporen una frase relativa:

   a. El Acta de Educación Bilingüe de 1968 fue _____

   b. El Acta *No Child Left Behind* fue _____

   c. La Proposición 203 en Arizona fue _____

PENSAMIENTO CRÍTICO

1. Observen la imagen que acompaña al texto. ¿En qué época creen que se creó esta imagen? ¿Es posible encontrar imágenes similares hoy? ¿Dónde? ¿Por qué?
2. Decidan cuál de las cinco etapas fue más perjudicial para la educación bilingüe y justifiquen su decisión.
3. Hay quienes opinan que el impacto de las leyes contra la educación bilingüe no habría sido (would not have been) tan nefasto si esta migración hubiera sido (had been) europea. ¿Comparten esta opinión? ¿Por qué o por qué no?

1-3   2. **Lee este texto y mira el video sobre la Proposición 58 de California. Usa la información del video y del gráfico para responder a las preguntas.**

Con un voto a favor del 73,52% se aprobó la educación bilingüe en todas las escuelas públicas de California en 2016. Con la aprobación de la Proposición 58 se derogó la Proposición 227 de 1998, que exigía que se enseñara únicamente en inglés en las escuelas públicas. La nueva ley mantiene el requisito de que a todos los niños de California se les enseñe en inglés, pero permite a las escuelas públicas ofrecer programas en diferentes idiomas. También exige que los distritos escolares escuchen a los padres a la hora de desarrollar programas para el aprendizaje del idioma. La Proposición 58, impulsada por el senador demócrata Ricardo Lara, autoriza a los distritos escolares a establecer programas bilingües de inmersión.

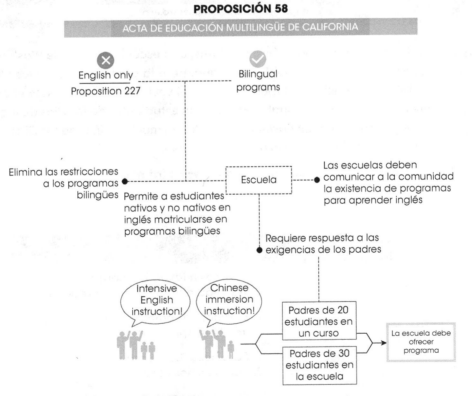

Fig. 1-8. La Proposición 58 de California

Referencia: https://laopinion.com/2016/11/09/proposicion-58-regresa-la-educacion-bilingue-a-las-aulas/

COMPRENSIÓN

1. Según el video, ¿cuál fue la motivación para la Proposición 227?
2. ¿Qué porcentaje de los estudiantes del distrito de Los Ángeles habla otra lengua además del inglés? ¿En cuántos casos es el español esa otra lengua?
3. ¿Quién tiene derecho a participar en un programa bilingüe con esta nueva ley?
   a. Los niños cuya lengua materna no es el inglés
   b. Los niños que no saben inglés
   c. Los niños con cualquier lengua materna
4. Para exigir un programa en una lengua específica, ¿qué número mínimo de padres deben hacerlo?

PENSAMIENTO CRÍTICO

Examinen este caso para después hacer un panel de discusión. En este panel van a participar las principales partes implicadas (*stakeholders*).

1. Decidan, en grupo, cuáles son las partes implicadas.
2. Cada miembro del grupo debe asumir el papel de una de esas partes y elaborar dos argumentos para defender su posición.

---

http://www.puntos.encuentro.esp

El programa de la escuela bilingüe Oyster Adams, una escuela pública de Washington, D.C., fue creado para servir a la población latina, pero la gentrificación en los últimos 40 años expulsó a las familias de bajos ingresos del vecindario y ahora solo el 24% de los estudiantes son aprendices de inglés. El resto son estudiantes de familias de ingresos más altos cuyos padres son angloparlantes. Entretanto, muchos niños de familias latinas que necesitan este tipo de programa no tienen acceso.

¿Debe la escuela limitar el número de estudiantes no latinos?

Partes implicadas	Argumentos
_____	1. Estamos a favor de... porque... 2. Además, a nosotros nos parece que...
_____	1. Estamos en contra de... porque... 2. También opinamos que...
_____	1. Para nosotros ... porque... 2. También nos parece que ...
_____	1. En nuestra opinión, ... porque... 2. Además de esto, pensamos que ...

1-5 LA LENGUA ESPAÑOLA COMO HERRAMIENTA POLÍTICA

Lee este texto y mira el video. Después responde a las preguntas.

1-4

En la historia de Estados Unidos ha sido común el uso de otros idiomas en las campañas políticas para llegar a comunidades hablantes de otras lenguas. En 1960, la esposa del candidato presidencial John F. Kennedy, Jackie, dijo en un anuncio de televisión, en español: "Voten por el partido demócrata el día 8 de noviembre". Desde entonces, muchos candidatos han usado el español para comunicarse con la comunidad latina o simplemente para demostrar que pueden hacerlo.

En la campaña presidencial de 2016 hubo tres candidatos republicanos de origen hispano y dos hablaban español con cierta fluidez: Jeb Bush, que lo aprendió con su esposa, que es mexicana; y Marco Rubio, que creció hablando español. Durante la campaña, el uso del español por estos candidatos causó una polémica cuando Donald Trump acusó a Jeb Bush de hablar español en vez de hablar inglés. También hubo un candidato demócrata que hablaba español—el senador Tim Kaine de Virginia, **que** lo aprendió durante el tiempo que vivió en Honduras haciendo trabajo comunitario. Ese año, Kaine hizo historia cuando dio el primer discurso en español de una campaña presidencial. Fue en Phoenix, Arizona, donde se mostró orgulloso de ser bilingüe e insistió en la relevancia de utilizar el idioma español en un país de inmigrantes.

Fig. 1-9. El congresista Julián Castro y el senador Tim Kaine

Del mismo modo, durante la campaña electoral de 2019 varios candidatos demócratas hablaron en español en debates, anuncios y entrevistas, entre ellos los congresistas de Texas Beto O'Rourke y Julián Castro, **que** son de herencia mexicana. Julián Castro, **que** creció hablando inglés en una ciudad de mayoría latina, es nieto de un inmigrante mexicano. Su madre, una activista chicana, le contó cómo tuvo que abandonar el español a la fuerza debido a los movimientos para erradicar este idioma de las familias hispanas. Castro creció escuchando el idioma, pero casi nunca lo hablaba. El caso de O'Rourke es similar: pertenece a una cuarta generación de hispanos, aunque puede hablar español mejor. Su contacto constante con hispanos y sus experiencias en la frontera México-EE. UU. han modelado sus identidades políticas. Incluso candidatos sin herencia hispana usaron el español como arma política, como el senador Cory Booker, **que** lo aprendió en clases de idiomas que tomó en México y Ecuador; o Pete Buttigieg, **quien** hizo varias entrevistas en español en Telemundo.

COMPRENSIÓN

1. Di qué candidatos sin herencia hispana aprendieron el español como lengua extranjera y cómo lo aprendieron.
2. ¿A qué generación de hispanos pertenecen Beto O'Rourke y Julián Castro? ¿Se corresponde su conocimiento del español con lo que aprendiste al principio de la lección?
3. ¿Cómo justifican la necesidad de hablar español en la campaña?
   a. Tim Kaine
   b. Beto O'Rourke y Julián Castro
4. Resume las ideas generales de las intervenciones en español de Beto O'Rourke y Cory Booker.

REFLEXIÓN LINGÜÍSTICA: G–3

Observa los pronombres relativos marcados en el texto. ¿Introducen frases que especifican o que añaden información? ¿Es posible usar otros pronombres para sustituir a estos?

PENSAMIENTO CRÍTICO

1. ¿Qué importancia e impacto real creen que tiene el uso del idioma español durante las campañas políticas para atraer el voto latino?
2. ¿Por qué los candidatos de ambos lados del espectro político consideran importante el uso del español en las campañas?

1-5

3. El senador Tim Kaine hizo historia en 2013 cuando argumentó en español en el Senado de EE. UU. a favor de la reforma migratoria, siendo la primera vez en la historia del país que un senador pronunció un discurso completamente en español. Miren el video y lean la cita. ¿Consideran que los estadounidenses en general conocen los aspectos históricos sobre el español en EE. UU.? Apoyen su respuesta con ejemplos o datos.

http://www.puntos.encuentro.esp

"Las personas a veces olvidan—y quizás algunos ni siquiera saben—que la comunidad hispana ha sido parte de nuestro país desde que los españoles llegaron a San Agustín en 1565. Esto fue mucho antes de que los ingleses llegaran a Norteamérica. El español fue el primer idioma europeo que se habló en este país".

Tim Kaine, Discurso en el senado de EE. UU. (junio de 2013)

Fuente: http://time.com/4557271/tim-kaine-speech-spanish-arizona/

PERSPECTIVA INTERCULTURAL

1-6   EL ESTUDIO DEL ESPAÑOL EN ESTADOS UNIDOS

Lee este texto sobre el estado del aprendizaje y la enseñanza del español en Estados Unidos y luego responde a las preguntas.

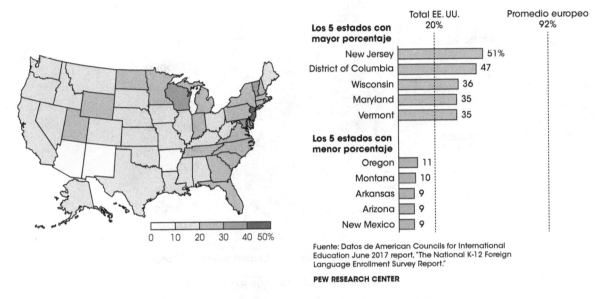

Fuente: Datos de American Councils for International Education June 2017 report, "The National K-12 Foreign Language Enrollment Survey Report."

PEW RESEARCH CENTER

Fig. 1-10. Porcentaje de estudiantes K-12 estudiando una lengua extranjera, por estado

En 2017 se publicó un informe de la Academia Americana de las Artes y las Ciencias, elaborado a petición de un comité del Congreso de EE. UU. El informe enfatiza que tener más estadounidenses con competencia en otros idiomas que el inglés es esencial desde cualquier punto de vista—económico, competitividad, defensa... El informe también menciona investigaciones que relacionan el aprendizaje de lenguas extranjeras con un mayor rendimiento académico en otras disciplinas. Sin embargo, solo dos de cada diez estadounidenses conocen un idioma que no sea el inglés y solo el 10% lo domina—la mayoría hablantes de herencia. En contraste, entre 300 y 400 millones de estudiantes chinos estudian inglés. En Europa, el 92% de los estudiantes aprende una lengua extranjera desde la enseñanza primaria y casi dos tercios de todos los adultos saben más de un idioma. A diferencia de la mayor parte de los países europeos, en EE. UU. no hay una normativa nacional respecto a la enseñanza de idiomas: cada estado, incluso cada distrito escolar establece el requisito.

La educación lingüística en EE. UU. está disminuyendo en todos los niveles, de K-12 a la universidad, a pesar del consenso de que la competencia única en inglés no es suficiente para satisfacer las necesidades de la nación. Las opciones en las escuelas públicas primarias y secundarias han disminuido y sólo una pequeña minoría de estudiantes de escuela secundaria toma cursos de idiomas de nivel intermedio o avanzado. El número de estudiantes universitarios matriculados en clases de idiomas cayó 15,3% entre 2009 y 2016. Esto representa un gran reto porque, según el informe de la Academia, la educación lingüística se debe tratar como una necesidad nacional persistente, tal como la competencia en matemáticas o inglés.

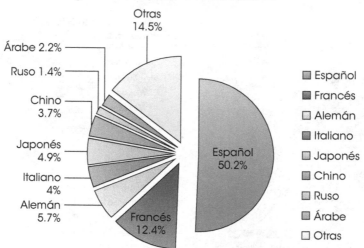

Distribución de la matrícula universitaria en lenguas extranjeras en EE. UU., 2016

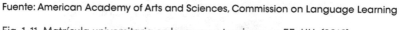

Fuente: American Academy of Arts and Sciences, Commission on Language Learning

Fig. 1-11. Matrícula universitaria en lenguas extranjeras en EE. UU. (2016)

El español es, con gran distancia respecto a otras lenguas, el idioma extranjero más estudiado en las universidades estadounidenses: en 2016 había 712.000 estudiantes universitarios tomando español. Varios estudios han establecido que el dominio del español en el mercado laboral estadounidense se traduce en un aumento del salario anual. Además, muchos señalan que el español no debería ser considerado una lengua extranjera en EE. UU. porque su presencia es anterior a la del inglés.

COMPRENSIÓN

1. Describe el estado de la enseñanza de lenguas en Estados Unidos en los niveles primario, secundario y superior.
2. Según la Academia, ¿por qué la educación en lenguas extranjeras es una necesidad nacional?
3. ¿Qué lenguas son las más estudiadas? ¿Por qué crees que estas encabezan la lista?

PENSAMIENTO CRÍTICO

1. Observen el gráfico 1–10 y las diferencias entre estados. ¿Cuáles creen que pueden ser las causas de estas diferencias? Hagan una lista de tres posibles causas.

2. El valor del aprendizaje del español ya es evidente desde el origen de la fundación del país. Thomas Jefferson, en dos cartas enviadas a su sobrino en 1787 y 1788, le recomienda el aprendizaje del español. ¿Han cambiado las motivaciones para el estudio del español desde entonces hasta hoy?

> "Spanish. Bestow great attention on this, and endeavor to acquire an accurate knowlege of it. Our future connections with Spain and Spanish America will render that language a valuable acquisition. The ancient history of a great part of America too is written in that language. I send you a dictionary."
>
> Thomas Jefferson, 1787

> "Apply to that with all the assiduity you can. That language and the English, covering nearly the whole face of America, they should be well known to every inhabitant who means to look beyond the limits of his farm."
>
> Thomas Jefferson, 1788

3. Ustedes tienen la oportunidad de diseñar la política educativa de uno de los estados donde la mayoría de los niños no estudia lenguas extranjeras. Preparen dos propuestas específicas, una para cada nivel educativo. Después compartan sus propuestas con la clase.

	Propuestas
Enseñanza primaria	1. Los estudiantes de ... (no) tienen que ... 2. El estudio de ... (no) es un requisito / opcional / en ...
Enseñanza secundaria	1. 2.
Enseñanza universitaria	1. 2.

PERSPECTIVA ARTÍSTICA

1-7   ESCRITORES HISPANOS BILINGÜES Y BICULTURALES

Los escritores hispanos forman parte de la tradición literaria estadounidense. Dos de los más importantes son Junot Díaz y Sandra Cisneros. Lee los textos y después contesta a las preguntas.

Son bilingües y biculturales: su lengua privada es el español y su lengua literaria el inglés. Aunque suelen escribir en inglés, su estructura narrativa, sensibilidad y concepción de la vida son en español, creando una literatura transnacional hecha de la mezcla de culturas y lenguas. Este conocimiento de dos idiomas y dos culturas hace que su narrativa incluya expresiones, giros y referentes culturales del ámbito hispánico. Estas estrategias idiomáticas y socioculturales son la manera de superar el reto de mantener vivas dos culturas tan diferentes como la hispanohablante y la angloparlante y llegar a ser bilingüe en la sociedad estadounidense. La herencia cultural es la pieza central de sus obras, que tienen un componente autobiográfico importante.

Junot Díaz (Santo Domingo, 1968) emigró con su familia a Nueva Jersey cuando tenía 7 años. Hoy es profesor de escritura creativa en MIT. En EE. UU. aprendió el inglés, que poco a poco se impuso sobre su lengua materna. Junot tenía 27 años cuando publicó *Drown*, un libro de cuentos en el que retrata la difícil vida del inmigrante latinoamericano dividido entre dos identidades. En 2008 ganó el Premio Pulitzer con *The brief and wonderous life of Oscar Wao* (La Breve y Maravillosa Vida de Óscar Wao), donde narró la historia de Óscar Wao, un 'nerd' dominicano que vive en EE. UU. y que sueña con escribir relatos de ciencia ficción y fantasía; y también la historia de la familia de Óscar, una familia dominicana emigrante que vivió bajo el terrible período de la dictadura de Trujillo. El lenguaje de esta novela es el que se puede escuchar en los barrios latinos de cualquier ciudad de EE. UU.: un inglés híbrido con substrato español, de modo que el

Fig. 1-12. Junot Díaz

lector lee inglés pero parece estar leyendo español. Esta fusión de registros es su mayor riqueza. A este respecto, Díaz dice: "El inglés es parte de la experiencia latinoamericana. Ya pasó la época en la que la cultura se definía a través de la pureza lingüística. Si ese fuera el caso, entonces yo estaría escribiendo en taíno o en las lenguas ibo-yorubas de mis ancestros africanos". Junot Díaz cree que se le da demasiada importancia al poder de la lengua: "La gente está obsesionada con el sueño del idioma puro como una cosa uniformadora", dice. "Los gringos quieren negar el español, lo perciben como una amenaza, pero lo cierto es que este país camina hacia el bilingüismo".

COMPRENSIÓN

1. Di tres aspectos que diferencian a los escritores latinos de otros escritores estadounidenses.
2. ¿En qué lengua escriben estos escritores? ¿Qué características tiene esta lengua?
3. Describe cómo es el lenguaje de la novela *Oscar Wao*, de Junot Díaz y explica cómo representa este lenguaje a sus protagonistas.
4. Resume la opinión de Junot Díaz sobre la coexistencia del inglés y del español en Estados Unidos.

PENSAMIENTO CRÍTICO

1. ¿Es esta literatura inglesa o literatura hispánica? ¿Es un género híbrido? Justifiquen sus respuestas.
2. El lenguaje. Lean estos fragmentos de la novela de Junot Díaz. Asocien cada fragmento con uno de estos recursos:
    a. mezcla de códigos o "Spanglish"
    b. fonética del español dominicano
    c. opinión o juicio sobre la República Dominicana
    d. opinión o juicio sobre Estados Unidos
3. Determinen en cuál de estos fragmentos aparece el biculturalismo como un problema.

1. "Abelard Luis Cabral was Oscar and Lola's grandfather, a surgeon who had studied in Mexico City in the Lázaro Cárdenas years and in the mid-1940s, a man of considerable standing in La Vega. *Un hombre muy serio, muy educado y muy bien plantado.*"

2. "When Oscar whimpered, Girls, Moms de León nearly exploded. *Tú ta llorando por una muchacha?* She hauled Oscar to his feet by his ear. She threw him to the floor. *Dale un galletazo*, she panted, then see if the little *puta* respects you.

3. "If you think it was tough being goth in Paterson, try being a Dominican York in one of those private schools back in DR."

4. "Exile to the North! To *Nueva York*, a city so foreign she herself had never had the ovaries to visit. [...] And who knows what might happen to the girl among the yanquis? In her mind the U.S. was nothing more and nothing less than a *país* overrun by gangsters, *putas*, and no-accounts. Its cities swarmed with machines and industry, as thick with *sinvergüencería* as Santo Domingo was with heat, a cuco shod in iron."

Fuente: Junot Diaz, *The Brief Wondrous Life of Oscar Wao*. Copyright © 2008 Penguin Random House LLC.

Fig. 1-13. Sandra Cisneros

Sandra Cisneros (Chicago, 1954), hija de padre mexicano y de madre mexicanoamericana, es la más leída de todas las escritoras latinas en Estados Unidos. Su novela más célebre es *The House on Mango Street* (1984), donde explora la niñez en un gueto mexicano de la ciudad. En esta novela explora los temas de la identidad étnica y otros aspectos del mundo bilingüe y bicultural de los latinos que viven en EE. UU. Cisneros escribió esa novela en inglés, incluyendo frecuentemente estructuras y elementos léxicos del español.

En la novela *Caramelo* (2003) relata la historia de varias generaciones de una familia desde el punto de vista de Celaya, una muchacha joven. El bilingüismo es un factor crucial en el desarrollo de la identidad de sus personajes. Celaya cuenta la historia principalmente en inglés, pero piensa en español e intercala expresiones y traducciones literales; su abuela, la "Awful Grandmother", no habla inglés, y su padre, Ignacio, es bilingüe, pero el español es su lengua dominante.

PENSAMIENTO CRÍTICO

1. Lean estas frases extraídas de la novela *Caramelo*. Asocien cada ejemplo con uno de estos recursos:
   a. traducción literal del español al inglés
   b. mezcla de códigos o 'spanglish
   c. fonética del español
   d. opinión o juicio sobre la lengua española
   e. opinión o juicio sobre la lengua inglesa
   f. comparación entre el inglés y el español
2. Relacionen cada ejemplo con una de estas ideas:
   a. el rechazo de la identidad estadounidense
   b. el intento de abrazar la identidad estadounidense
   c. una nueva identidad transcultural y translingüística

1. "It is the hour of the nap."

2. "He practiced when speaking to his boss, "Gud morning, ser."

3. "In order to advance in society, Father thought it wise to memorize several phrases from the "polite phrases" chapter: I congratulate you. Pass on, sir, Pardon my English ...", but his English was odd to American ears".

4. "*Qué* strange was English."

5. "Man, *estás zafado*. You shitty *chilangos* think you know everything!"

6. "What?" we say in the horrible language, which the Awful Grandmother hears as –¿Guat?" y "Jau du iu du".

7. "What followed was a great deal of groveling and apologies and God-be-with-yous, because Spanish is very formal and made up of a hundred and one formalities as intricate and knotted as the fringe at the end of a *rebozo*."

8. "The old proverb was true. Spanish was to speak to God and English the language to talk to dogs. Rude and to the point."

9. "He tries talking to us in Spanish, but we don't use that language with kids, we only use it with grown-ups. We ignore him and keep watching our television cartoons.

Fuente: Sandra Cisneros, *Caramelo*. Copyright © 2003 by Penguin Random House LLC.

3. Lean este fragmento de una obra de la poeta chicana Gloria Anzaldúa. Como chicana, el lenguaje fue una de las barreras con las que se enfrentó cuando era niña.

"Somos los del español deficiente. We are your linguistic nightmare, your linguistic aberration, your linguistic mestizaje, the subject of your burla. Because we speak with tongues of fire, we are culturally crucified. Racially, culturally and linguistically somos huérfanos – we speak an orphan tongue. ... So if you want to really hurt me, talk badly about my language. Ethnic identity is twin skin to linguistic identity – I am my language. Until I take pride in my language, I cannot take pride in myself. Until I can accept as legitimate Chicano Texas Spanish, Tex-Mex and all the other languages I speak, I cannot accept the legitimacy of myself. Until I am free to write bilingually and to switch codes without having always to translate, while I still have to speak English or Spanish when I would rather speak Spanglish, and as long as I have to accommodate the English speakers rather than having them accommodate me, my tongue will be illegitimate. I will no longer be made to feel ashamed of existing. I will have my voice: Indian, Spanish, white."

Fuente: *Borderlands/ La Frontera: The New Mestiza*, de Gloria Altazúa. Copyright © 1987 by Aunt Lute Books.

a. ¿Es el lenguaje llamado "Spanglish" una forma válida de comunicación?
b. ¿Qué factores, mencionados en el fragmento, hacen esta forma de lenguaje ilegítima?
c. Marca las partes del texto que se refieren al orgullo (*pride*) lingüístico. Expliquen cómo justifica la autora del texto su importancia.

SOSTENIBILIDAD: LA LENGUA MATERNA

Lee este texto y luego responde a las preguntas expresando tu opinión.

El 25 de septiembre de 2015 todos los estados miembros de la Organización de las Naciones Unidas (ONU) adoptaron 17 objetivos globales para poner fin a la pobreza, proteger el planeta y mejorar las vidas de las personas en todo el mundo. Los Objetivos de Desarrollo Sostenible (ODS) son un llamado universal a la acción: la Agenda 2030 de la ONU establece un plan para alcanzarlos en 15 años. El desarrollo sostenible es la capacidad de una sociedad para cubrir sus necesidades presentes sin comprometer la capacidad de las generaciones futuras, garantizando el equilibrio del *medioambiente*, el crecimiento *económico* y el bienestar *social*, que son las tres dimensiones interrelacionadas del desarrollo sostenible. Sin embargo, los desafíos del mundo no son solo económicos, sociales o ambientales: aspectos como la creatividad, el conocimiento o la diversidad cultural son imprescindibles para el progreso, porque están intrínsecamente relacionados con el desarrollo humano. Por eso algunos consideran que es necesario incluir una cuarta dimensión en el desarrollo sostenible: la *cultural*.

El **ODS 4** tiene como finalidad el acceso universal a una educación inclusiva, equitativa y de calidad. Dos de sus siete metas específicas ponen de relieve el valor de las lenguas en el desarrollo sostenible. La primera meta se refiere a la educación primaria y secundaria e incide en que "en contextos plurilingües se deberán promover el aprendizaje y la enseñanza en la primera lengua o la hablada en el hogar" (*Educación 2030*, UNESCO, 2016, p.22). Esta estrategia se basa en que el uso de la lengua materna facilita la adquisición de las competencias básicas de lectura, escritura y aritmética durante los primeros años de escolaridad. Además, promueve y preserva la diversidad lingüística y la comprensión intercultural. La meta siete es asegurar, para todos los estudiantes, una educación que incluya el desarrollo de conocimiento y competencias en una serie de áreas clave, como los derechos humanos, la igualdad de género, la cultura de paz/no violencia, la ciudadanía global, la diversidad cultural y el diálogo intercultural. Sobre este último punto, el documento *Educación 2030* continúa, "Habida cuenta del aumento de la interdependencia social, ambiental y económica en todo el mundo, también se recomienda ofrecer al menos una lengua extranjera como asignatura".

1. ¿Cuál de las tres dimensiones de la sostenibilidad te parece que es la más importante y por qué?
2. ¿Crees que la primera meta del ODS 4 es fácil de lograr o no? ¿Qué obstáculos puedes anticipar? Piensa en un posible ejemplo.
3. ¿Por qué crees que la diversidad cultural y el diálogo intercultural son aspectos importantes cuando se trata de alcanzar la sostenibilidad? ¿En qué lengua debe ocurrir ese diálogo?

LECTURA

Ser latino en EE. UU. y saber español, una fuente de autoconocimiento y capital cultural

Mis padres llegaron a Los Ángeles de Guatemala. Teníamos una repisa (*shelf*) con libros en español en nuestra casa que incluía *El Señor Presidente*, del guatemalteco ganador del Nobel Miguel Ángel Asturias, pero nunca pude leerlos. Como millones de niños latinos educados en las escuelas públicas de California, nunca tomé una clase de gramática o literatura en español ni se me pidió escribir ninguna palabra con acento. En la década de los setenta, el español era el idioma de la pobreza y el atraso (*underdevelopment*) a ojos de los directivos de las escuelas y de muchos otros. Se suponía que nos hacíamos más listos si olvidábamos el español. Para cuando llegué a la adolescencia, lo hablaba al nivel de un niño de segundo de primaria. Mi inglés era perfecto, pero en español era un tonto. Sabía que había perdido algo que no tenía precio. Muchos niños latinos en Estados Unidos que crecen sin español se sienten así.

La semana pasada, los votantes californianos aprobaron de manera apabullante (*overwhelming*) una medida para extender la educación bilingüe a las escuelas públicas. La Propuesta 58 repara otra iniciativa que los votantes aprobaron en 1998. Esa medida nació en los primeros años del movimiento contra los inmigrantes, antes de que se extendiera desde California al resto de los Estados Unidos. En ese entonces, el español se había convertido en la segunda lengua *de facto* en California. Los hijos de los migrantes latinos estaban llenando las escuelas públicas de bajo presupuesto (*budget*) y no les estaba yendo muy bien, aunque conversaban unos con otros y con sus maestras en sus salones sobrepoblados. Ron Unz, el empresario de Silicon Valley que ayudó a liderar el movimiento en contra de la educación bilingüe, argumentaba que educar a los hijos de los inmigrantes sólo en inglés mejoraría las calificaciones.

Nadie discute que todos los niños de este país deban aprender inglés. Sin embargo, el precepto del "no al español" se convirtió en una forma de eliminación cultural. Fue un acto cruel y falto de visión nacido de la intolerancia y la ignorancia. Saber leer y escribir en la lengua de tus ancestros inmigrantes (ya sea español, coreano, mandarín o armenio) te hace más sabio y más poderoso. Lo sé por experiencia. Me tomó dos años de estudio en la universidad y un año inscrito en la Universidad Nacional Autónoma de México para reiniciar y actualizar mi cerebro bilingüe. [...]

Para muchos niños inmigrantes latinos, el español es la llave que abre la sabiduría (*wisdom*) intraducible de sus mayores y revela las sutiles verdades de sus historias familiares. Es una fuente de autoconocimiento, una forma de capital cultural. Son más listos, de hecho (*in fact*), con cada porción de español que se mantiene viva en sus cerebros bilingües. También hace que puedan ver de mejor manera lo absurdo de las diatribas xenófobas y racistas. [...] Una niña de cuarto año de Guadalajara que aprende inglés por primera vez en un salón de Los Ángeles debe saber que lo que ya posee es valioso. Enséñenle inglés, sí, pero también las reglas ortográficas del español, y háganla leer a Juan Rulfo cuando crezca. Seguramente verá algo de sí misma en los cuentos de ese genio mexicano. Y quizá pronto eso la haga descubrir que ella es una genio también.

Héctor Tobar es profesor de periodismo y ganador del Premio Pulitzer. Es autor de varios libros y novelas, entre ellos *Translation Nation: Defining a New American Identity in the Spanish-Speaking United States.*

Fuente: Héctor Tobar, "Ser latino en Estados Unidos y saber español, una fuente de autoconocimiento y capital cultural," *The New York Times.* Copyright © 2016 by The New York Times Company. Reprinted with permission by PARS International.

COMPRENSIÓN

1. ¿Por qué no aprendió el autor a leer y a escribir español bien en la escuela?
2. ¿Podía el autor hablar español bien cuando terminó la escuela?
3. Identifica el evento específico que llevó a Héctor Tobar a escribir esta columna.
4. ¿Cuándo y cómo adquirió el profesor Tobar un buen dominio del español?
5. Di tres efectos positivos que tiene en los niños latinos aprender español, según Tobar. Usa tus propias palabras.

LA COHESIÓN DE UN TEXTO

La cohesión es una característica fundamental de un texto y se consigue relacionando y uniendo las distintas oraciones y párrafos. El escritor usa diversos mecanismos de cohesión que le permiten mantener la coherencia entre ideas. Es fundamental comprender su significado para entender bien un texto.

- Usar pronombres: cuando escribimos, los usamos para evitar la repetición. Cuando leemos, es necesario reconocer a qué personas, cosas, lugares o ideas se refieren. Se puede usar pronombres sujeto (ella, ellos...), complemento directo (lo, las, lo...) o indirecto (le, les) o demostrativos (eso, estas, esto...)

- Usar palabras para referirse a lugares (allí, allá...), tiempo (entonces, en aquel tiempo...) o modo (así, de esta manera...)

- Sustituir palabras por otras de la misma familia léxica o por sinónimos

- Repetir la misma palabra o expresión

PRÁCTICA

1. Examina las diferentes formas de dar cohesión a sus ideas que usó Héctor Tobar—marcadas en el texto. Clasifica estas formas en los cuatro grupos.

2. Cambia las estrategias de cohesión que usó en los párrafos uno y dos por otras diferentes.

ANÁLISIS

1. Identifiquen dos ideas en el texto de Héctor Tobar que estén relacionadas con el ODS 4: una que sea contraria al ODS y otra que esté en la línea del ODS.
2. El 2 de enero de 1968, el presidente Johnson de EE. UU. convirtió en ley federal el Acta de Educación Bilingüe, un compromiso de la nación para apoyar las necesidades de los niños y niñas de las escuelas públicas cuya lengua materna no era el inglés. ¿En qué década estudió Tobar en Los Angeles? Lean esta información para saber más.

> The act's introduction as a U.S. Senate's bill in January 1967 by Democratic Senator Ralph Yalborough unabashedly stated its purpose:
>
> > to fund the creation of bilingual-bicultural programs, the teaching of Spanish as a native language, the teaching of English as a second language, programs designed to impart to Spanish-speaking students a knowledge and pride in their culture, efforts to attract and retain as teachers promising individuals of Mexican or Puerto Rican descent, and efforts to establish closer cooperation between the school and the home. (Schneider, 1976, p. 22)
>
> The act in its final form was silent on the value of "Limited-English-Speaking" (LES) students' home languages or cultures. In 1968, however, the act made no mention of culture; of teaching Spanish as a native language, as Yarborough had initially envisioned; or of the cultural and civic benefits that might accrue to students enrolled in these programs who would become fully bilingual citizens. [...] The federal attention to LES students that Title VII represented was certainly remarkable, but the act just as pointedly framed the lot of the nation's LES students as a "problem" to be fixed.
>
> **Fuente:** Natalia Mehlman Petrzela, "Before the Federal Bilingual Education Act: Legislation and Lived Experience in California," *Peabody Journal of Education*, vol. 85, no. 4. Copyright © 2010 by Taylor & Francis Group.

2-1. Identifiquen los tres aspectos principales que diferenciaron la propuesta de ley del senador Yalborough de la versión final de la Ley de Educación Bilingüe.

2-2. ¿Era el propósito de esta ley alcanzar el bilingüismo? Expliquen.

2-3. Interpreten la información que da Héctor Tobar sobre su educación en la escuela de Los Angeles, teniendo en cuenta esta información.

2-4. ¿Qué aspectos de la meta siete menciona Tobar en el párrafo cuatro del texto?

CASO

1. Expliquen cómo el caso de Héctor Tobar representa un ejemplo de amenaza al desarrollo sostenible de una comunidad específica. ¿Cuál fue esa comunidad? Completen la tabla explicando cuál fue la posición de cada una de las partes implicadas en este caso, sus motivaciones y cómo estas afectaron al desarrollo de la comunidad a corto y largo plazo.

Partes implicadas	posición	motivación	impacto en el desarrollo
estudiantes latinos			
maestros			
gobierno			
administradores de escuelas			

2. El caso de Héctor Tobar no es algo del pasado. De acuerdo con la UNESCO, el 40 por ciento de la población mundial hoy no tiene acceso a la educación en una lengua que hable o entienda. Con todo lo que sabemos hoy sobre el desarrollo sostenible, vamos a regresar a 1967 en la máquina del tiempo. Decidan quiénes serían las partes interesadas en la discusión sobre una Ley de Educación Bilingüe. Algunas no estaban en 1967 y no todas tendrán la misma visión.

Partes implicadas	posición	motivación	impacto en el desarrollo
estudiantes latinos			
senador R. Yalborough			

3. Plan de acción. Cada miembro del grupo asume el papel de una de esas partes y elabora dos argumentos para defender su posición. Después hagan un panel de discusión con el objetivo de elaborar un plan de cuatro puntos que será la nueva Propuesta de Ley para la Educación Bilingüe.

DEBATE

LA OFICIALIZACIÓN DEL INGLÉS EN ESTADOS UNIDOS

OBJETIVOS

1. Demostrar conocimiento y comprensión de
   a. el estatus del idioma inglés en EE. UU. a nivel nacional y estatal
   b. las razones de la ausencia de una lengua oficial
2. Analizar críticamente las distintas posiciones sobre este tema de debate
3. Justificar y apoyar estas posiciones mediante argumentos y contraargumentos

¿QUÉ NECESITAS SABER?

Sobre el contexto histórico

EE. UU. ha sido un territorio multilingüe desde su fundación. Además de los idiomas nativos americanos, había diferentes asentamientos europeos donde se hablaban más de veinte lenguas, desde el alemán hasta el sueco. De hecho, en 1753 Benjamin Franklin expresó su temor de que la población de origen alemán, en continuo aumento, relegara el inglés al estatus de lengua minoritaria. John Adams propuso en 1780 la creación de una academia oficial del inglés para "purificar, desarrollar y dictar el uso", pero su propuesta fue rechazada por ser contraria a la libertad individual. Con la llegada de migración masiva desde Europa a finales del siglo XIX se aprobaron leyes locales para limitar el uso de otras lenguas.

Estados en los que el inglés es la lengua oficial

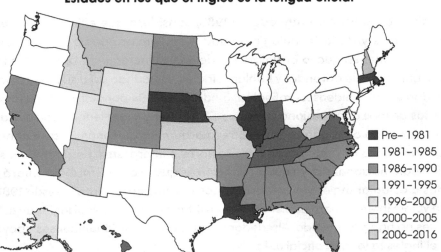

Fig. 1-14. Estados con inglés como lengua oficial

Más adelante, en 1919, el presidente Theodore Roosevelt dijo: "Solo tenemos sitio para un idioma en este país, y es el inglés, porque queremos que el crisol haga a nuestra gente estadounidense ... y no huéspedes de una pensión políglota". En el contexto del movimiento de derechos civiles en EE. UU. se aprobaron leyes que garantizaban el acceso de los ciudadanos a documentos públicos esenciales en otras lenguas que no fueran el inglés.

En los años años 80 del siglo XX nace el movimiento *English-only*, que promueve la declaración del inglés como única lengua oficial del país. Frente al movimiento *English-only* se organizó en 1987 otro, llamado *English Plus*, que intenta que se facilite el aprendizaje del inglés entre las personas que no lo hablan, pero sin obligarlas a abandonar sus lenguas maternas. *English Plus* se basa en la premisa de que la diversidad lingüística es algo positivo y se opone a *English-only* por ser discriminatorio hacia las minorías lingüísticas. Nuevo México aprobó en 1992 una resolución que declaraba que el dominio de más de una lengua era beneficioso para la nación y que el estudio de las lenguas debía promoverse. Oregón, Rhode Island y Washington también han aprobado resoluciones *English Plus*.

La Constitución de 1789 no reconoce ninguna lengua oficial, pero en el ámbito estatal 32 de los 50 estados tienen el inglés como lengua oficial. El español solo es oficial en el Estado Libre Asociado de Puerto Rico. En el año 2000 Bill Clinton emitió un decreto que hizo obligatorio atender a todos los ciudadanos e inmigrantes en su lengua materna. El coste de esta medida, en intérpretes y traductores, supera los 2.000 millones de dólares. En los tribunales, por ejemplo, los ciudadanos tienen derecho a un traductor si no dominan el inglés y en algunos colegios electorales las papeletas de voto están traducidas a idiomas como el chino, el español, el vietnamita o el coreano.

1. Identifica qué factor ha sido el más determinante a lo largo de la historia de EE. UU. en los intentos de restringir otros idiomas que no fueran el inglés.
2. Explica qué tienen en común *English-only* y *English Plus*.

Sobre algunas organizaciones e iniciativas que promueven la oficialización del inglés

U.S. English, organización fundada en 1983, considera que el inglés, que es la lengua de los negocios y de la tecnología, ayuda a los inmigrantes a ser más exitosos. Sus seguidores sostienen que la oficialización del inglés incrementará, para los inmigrantes, las oportunidades de aprender y hablar el inglés, ayudando así a su integración y éxito en la sociedad estadounidense. ProEnglish, fundado en 1994 por activistas antiinmigración, es otro de los grupos que presiona para que EE. UU. tenga una lengua oficial y que esta sea el inglés. Este tipo de organizaciones ofrece argumentos económicos: se ahorrará dinero público que ahora hay que pagar a traductores e intérpretes; pero también se apoya en una ideología nacionalista, ya que su posición es que la oficialización alentará a los recién llegados a estudiar inglés y a "ser asimilados por nuestra cultura". Desde 1981 ha habido más de veinte intentos para enmendar la Constitución y conceder al inglés un estatus oficial, los cuales no han progresado. Alrededor del 40% de los estadounidenses apoya la idea de hacer el inglés la lengua oficial del país.

Sobre algunas organizaciones que están en contra de la oficialización del inglés

La Unión de Libertades Civiles de EE. UU. (ACLU, por sus siglas en inglés) es una organización que se opone a la oficialidad del inglés porque ello va en contra de los principios de diversidad y libertad sobre los que se fundó el país y puede vulnerar los derechos individuales de los ciudadanos que no dominan el inglés. ACLU considera que se quiere estigmatizar a las minorías lingüísticas del país, lo cual es contrario al concepto de libertad de expresión, que significa el derecho a hablar y aprender la lengua que uno quiera. Además, estas propuestas amenazan la capacidad de algunas minorías de ejercer con conocimiento su derecho al voto, acceder a los servicios gubernamentales y a la sanidad, o defenderse en procesos judiciales. Según la Liga de Ciudadanos Latinoamericanos Unidos, la organización hispana de derechos civiles más antigua del país, hacer al inglés lengua oficial representa la utilización de la Constitución de EE. UU. para arrebatar intencionalmente los derechos de los ciudadanos estadounidenses, en vez de para extenderlos o fortalecerlos.

3. ¿Qué derecho fundamental viola la aprobación del inglés como lengua oficial, según ACLU?
4. Explica en qué coinciden ACLU y la Liga de Ciudadanos Latinoamericanos Unidos.

APLICACIÓN

Lean estas noticias. Escriban su opinión desde dos puntos de vista diferentes: *English-only* y ACLU.

Ser estadounidense y hablar inglés

In the United States, about half of all immigrants were proficient in English as of 2014. Most Americans consider such language facility to be an important attribute of U.S. nationality. Fully 70% of the public says that to be truly American it is very important to be able to speak English, and an additional 22% believe proficiency is somewhat important. Just 8% assert that English is not very or not at all important (Pew Research Center).

Fuente: https://www.pewresearch.org/global/2017/02/01/language-the-cornerstone-of-national-identity/

¿Es peligroso hablar español?

Seven Puerto Rican health care workers say supervisors at a Florida government-run clinic warned them to stop speaking Spanish among themselves or they would get fired.

Fuente: https://apnews.com/article/ac4c0f87070a4e-99a55ea95cbcf471e9.

LA EXPRESIÓN DE LA OPINIÓN

Durante un debate es necesario dar nuestra propia opinión. Estas son expresiones comunes para introducir una opinión:

Creo / pienso / opino que ...

A mí me parece que ...

Yo diría que ...

Mi opinión es que ...

Desde mi punto de vista ...

Tal como yo lo veo ...

En mi opinión ...

Para mí ...

ANÁLISIS

Identifiquen de qué lado del debate están estas opiniones. Después elaboren un contraargumento para refutar esa opinión.

	Contraargumento
Si no se hace oficial el inglés, vamos a ser como Canadá y dividirnos. Además, la política bilingüe de Canadá cuesta más de 2.400 millones de dólares al año.	Aunque ... sin embargo ...
EE. UU. no es el único país del mundo sin lengua oficial: en Argentina, Chile, México y Uruguay el español es la lengua *de facto* pero no hay lengua oficial. China, el Reino Unido y Suecia tampoco tienen lengua oficial.	Es cierto que ... pero ...
Es cierto que el inglés ayuda a tener éxito, pero hoy día el español, es decir, el ser bilingüe, conlleva beneficios económicos.	No es cierto porque ...; sin embargo ...
Excepto en el caso de Suiza, en otros países el resultado de no tener una lengua común ha sido la fragmentación y la desunión. Las disputas sobre el multilingüismo han afectado a Canadá, la India o Bélgica.	Bueno, es verdad que ..., pero ...
Ni la Constitución estadounidense ni ninguna ley federal establecen la oficialidad del inglés.	Sí, pero ...
Hay gente que vive toda su vida en este país sin hablar bien inglés y no a todos les va mal.	Es posible, sin embargo ...

EVALUACIÓN

Con toda la información que tienen, identifiquen los dos lados del debate y formulen argumentos para cada uno. ¿Quiénes estarán en cada lado y por qué?

	¿Quién(es)?	Argumentos
LADO A		1. 2.
LADO B		1. 2.

FIGURE CREDITS

Fig. 1-1: Adaptado de: http://www.cervantes.es/imagenes/File/prensa/EspanolLenguaViva16.pdf.

Fig. 1-2: Adaptado de: https://es.wikipedia.org/wiki/Idioma_espa%C3%B1ol_en_Estados_Unidos#/media/Archivo:Mapa2019%.div.png.

Fig. 1-3: Adaptado de: Commission on Language Learning, American Association of Arts and Sciences.

Fig. 1-4: Fuente: Pew Hispanic Center.

Fig. 1-5: Fuente: Pew Hispanic Center.

Fig. 1-6: Copyright © by Bohemian Baltimore (CC BY-SA 4.0) at https://commons.wikimedia.org/wiki/File:St._Nicholas_Bilingual_Early_Education_Center_08.jpg.

Fig. 1-7: Copyright © by CGP Grey (CC BY 2.0) at https://commons.wikimedia.org/wiki/File:Welcome_to_America,_indeed_4891695155.jpg.

Fig. 1-8: Adaptado de: https://votecircle.com/propositions/CA/proposition-58/sb-1174-english-language-education.

Fig. 1-9: Fuente: https://commons.wikimedia.org/wiki/File:Castro_with_Kaine_and_Mondale_September_2015.jpg.

Fig. 1-10: Fuente: https://www.pewresearch.org/fact-tank/2018/08/06/most-european-students-are-learning-a-foreign-language-in-school-while-americans-lag/.

Fig. 1-11: Adaptado de: Commission on Language Learning, American Association of Arts and Sciences.

Fig. 1-12: Copyright © by Christopher Peterson (CC BY-SA 3.0) at https://commons.wikimedia.org/wiki/File:Junot_D%C3%ADaz_(cropped).jpg.

Fig. 1-13: Copyright © by ksm36 (CC BY-SA 3.0) at https://commons.wikimedia.org/wiki/File:SandraCisneros.jpg.

IMG 1-2: Source: https://commons.wikimedia.org/wiki/File:Sustainable_Development_Goal_4.png.

2 Multilingüismo en el mundo hispanohablante

OBJETIVOS DE APRENDIZAJE

1. Comprender, analizar y evaluar
   a. el carácter multilingüe de la mayor parte de los países hispanohablantes
   b. algunas políticas educativas con respecto a las lenguas minoritarias
   c. el problema de las lenguas en riesgo de desaparición y sus posibles soluciones
2. Aprender sobre la producción musical en lengua indígena de México y Perú
3. Analizar el ODS 11 y evaluar la importancia de la preservación del patrimonio cultural para el desarrollo sostenible
4. Evaluar críticamente la política de educación lingüística en Cataluña (España)

	Temas	Lengua
Aproximación	2-1. Más allá del español: otras lenguas	
Perspectiva Lingüística	2-2. El plurilingüismo en México 2-3. Las lenguas mayas de Guatemala 2-4. La Educación Intercultural Bilingüe en América Latina 2-5. Las otras lenguas de España	G-3. El uso de frases relativas para describir G-4. El uso de los verbos *ser* y *estar* G-5. El uso del subjuntivo para negar, cuestionar o expresar duda
Perspectiva Intercultural	2-6. Lenguas originarias en peligro	
Perspectiva Artística	2-7. La transmisión de las lenguas originarias a través de la música	
	El Objetivo de Desarrollo Sostenible 11 La protección del patrimonio cultural y la construcción de sociedades inclusivas	Los conectores textuales
Debate	La inmersión lingüística en la lengua minoritaria	La expresión del acuerdo y el desacuerdo

APROXIMACIÓN

2-1   MÁS ALLÁ DEL ESPAÑOL: OTRAS LENGUAS

1.   **Lee esta información sobre las lenguas que se hablan en Latinoamérica.**

Según el Atlas Sociolingüístico de Pueblos Indígenas en América Latina, que publica el Fondo de las Naciones Unidas para la Infancia (UNICEF), alrededor del 10% de la población de Latinoamérica es indígena. México, Bolivia, Guatemala, Perú y Colombia reúnen al 87% de esta población. En total, hoy en día se estima que hay 522 pueblos indígenas y se hablan 420 lenguas, un 25% de las cuales está en peligro de extinción.

Fuente: https://www.unicef.es/prensa/unicef-presenta-el-atlas-socio-linguistico-de-pueblos-indigenas-en-america-latina.

Lenguas indígenas en América Latina

Más de un quinto de las 557 lenguas indígenas habladas por los nativos en América Latina están en un serio peligro de extinción

FUENTE: "Atlas Sociolingüístico de Pueblos Indígenas en América Latina", UNICEF

Fig. 2-1. Países de América Latina con mayor número de lenguas indígenas

PRINCIPALES LENGUAS AMERINDIAS EN AMÉRICA LATINA

Lenguas mayas

Guatemala, México

Entre 4.000.000 y 5.000.000 de hablantes

Hay 31 lenguas mayas y la mayoría de ellas se hablan en Guatemala. Se cree que derivan de una lengua común.

Náhuatl

México

Entre 1.300.000 y 1.700.000 hablantes

Es una lengua con muchas variantes, legado de los mexicas (o aztecas).

Lenguas Quechuas

Perú, Ecuador, Colombia Argentina, Bolivia, Chile

Entre 7.000.000 y 10.000.000 de hablantes

Mapuche

Argentina, Chile

Entre 440.000 y 770.000 hablantes

Está en peligro, ya que pocos hablantes lo usan con frecuencia.

Aimara

Bolivia, Perú, Chile, Argentina

Entre 1.600.000 y 2.200.000 hablantes

La UNESCO considera que está en una situación de extrema vulnerabilidad.

Guaraní

Argentina, Uruguay, Paraguay, Brasil

Entre 8.000.000 y 12.000.000 de hablantes

Es oficial en Paraguay, donde el 80% de la población lo habla.

Fuentes: Atlas sociolingüístico de pueblos indígenas en América Latina y The Ethnologue: Languages of the World

Fig. 2-2. Principales lenguas indígenas de América Latina

COMPRENSIÓN

Usa el mapa para identificar:

a.   las tres lenguas o familias de lenguas con el mayor número de hablantes

b.   en qué países se habla cada una de estas tres lenguas

c.   un país en el que se habla una lengua amerindia en la totalidad de su territorio

PENSAMIENTO CRÍTICO

1. Un 25% de las lenguas indígenas de esta región son transfronterizas. Determinen qué implicaciones puede tener esto para la preservación y desarrollo de estas lenguas.
2. Estas son algunas de las concepciones erróneas que existen sobre las lenguas indígenas. Expresen sus opiniones.

Los indígenas no hablan idiomas, hablan 'dialectos', que valen menos que los idiomas de verdad como el español o el inglés.	Esto no es cierto porque ...
Las lenguas indígenas no se escriben; además, no tienen gramática y son muy rudimentarias.	Esto no es verdad porque ...
Está bien que las lenguas indígenas se dejen de hablar porque así los indígenas se asimilarán mejor a la sociedad general.	Esto no es así porque ...

2. **Lee este texto sobre las otras lenguas que se hablan en España.**

En seis de las diecisiete Comunidades Autónomas de España existen otras lenguas que son cooficiales. Esto significa que existe una situación de bilingüismo. En total, el 40% de la población de España vive hoy en una zona bilingüe. En las comunidades con lengua propia (Cataluña, Baleares, Comunidad Valenciana, Galicia, País Vasco y Navarra) se considera que esa lengua es oficial junto al castellano; que todos los habitantes tienen el derecho a conocerla y a utilizarla, y que nadie debe ser discriminado por razones de lengua.

El **catalán** es producto de la evolución del latín vulgar en el noreste de la península. Es la segunda lengua más hablada en España después del español: aproximadamente el 9% de la población de España lo habla (unos 8 millones y medio de personas). En el siglo XII se hablaba en Cataluña, pero más tarde llegó al reino de Valencia y a las Islas Baleares. En la actualidad es lengua cooficial en Cataluña y las Islas Baleares. En la Comunidad Valenciana se considera que el valenciano (derivado del catalán), y no el catalán, es la lengua cooficial.

Fig. 2-3. Zonas bilingües de España

El **gallego** también proviene del latín vulgar. En el siglo XV se consumó su separación del portugués, aunque conservan rasgos comunes. Su uso se extiende por toda la región gallega y la parte occidental de Asturias. Actualmente es una lengua hablada por unos dos millones y medio de personas en España.

El **euskera** es lengua cooficial en el País Vasco y el tercio norte de Navarra. Es la única lengua preindoeuropea de Europa y hay numerosas hipótesis sobre su origen. Se estima que unas 850.000 personas hablan euskera y unas 500.000 más lo comprenden.

C. Autónoma	Lengua cooficial	%= lengua materna
Galicia	gallego	34%
Euskadi	euskera	28,4%
Navarra	euskera	10-12%
Cataluña	catalán	31,5%
C. Valenciana	valenciano	1,3%
Baleares	catalán	37%

COMPRENSIÓN

¿En qué se parecen y en qué se diferencian estas lenguas? Identifica dos similitudes y dos diferencias.

PENSAMIENTO CRÍTICO

1. Lean los ejemplos e identifiquen rasgos en común con el castellano en el catalán y en el gallego. ¿Cuál es más fácil de comprender?
2. Identifiquen en la lengua euskera rasgos en común con el castellano. ¿Cuál creen que es la razón de estas similitudes?

http://www.puntos.encuentro.esp

Castellano
Declaración Universal de los Derechos Humanos Artículo 1: Todos los seres humanos nacen libres e iguales en dignidad y derechos. Son dotados de razón y conciencia, y han de comportarse fraternalmente los unos con los otros.

Catalán -Català
Declaració Universal de Drets Humans Article 1: Tots els éssers humans neixen lliures i iguals en dignitat i en drets. Són dotats de raó i de consciència, i han de comportar-se fraternalment els uns amb els altres.

Gallego -Galego
Declaración Universal dos Dereitos das Persoas Artigo 1: Tódos los seres humanos nacen libres e iguais en dignidade e dereitos e, dotados como están de razón e conciencia, díbense comportar fraternalmente uns cos outros.

Vasco -Euskera
Giza Eskubideen Aldarrikapen Unibertsala 1. atala: Gizon-emakume guztiak aske jaiotzen dira, duintasun eta eskubide berberak dituztela; eta ezaguera eta kontzientzia dutenez gero, elkarren artean senide legez jokatu beharra dute.

PERSPECTIVA LINGÜÍSTICA

VOCABULARIO META

acceder	*to access*	llevar a cabo	*to carry out*
acuerdo (el)	*agreement*	manejo (el)	*use*
ámbito (el)	*field; area*	marco (el)	*framework*
apoyar	*to support*	materia (la)	*subject (school)*
arraigado/a	*rooted*	negar	*to deny*
asignatura (la)	*school subject*	orgullo (el)	*pride*
capaz de	*able to*	patrimonio (el)	*heritage*
consecución (la)	*attainment*	permanecer	*to remain*
contrarrestar	*to counteract*	pertenecer a	*to belong to*
cotidiano/a	*daily*	perteneciente a	*belonging to*
creencia (la)	*belief*	prejuicio (el)	*prejudice*
desarrollarse	*to develop*	pretender	*to hope; to expect*
desigualdad (la)	*inequality*	promulgar	*to enact*
difundir	*to disseminate; to spread*	proporcionar	*to provide*
difusión (la)	*dissemination*	propósito (el)	*purpose*
dispositivo (el)	*device*	provenir	*to come from*
diversidad (la)	*diversity*	rasgo (el)	*feature*
divulgación (la)	*dissemination*	reconocimiento (el)	*recognition*
divulgar	*to disseminate; to spread*	recuperación (la)	*recovery*
emitir	*to broadcast*	recuperar	*to recover*
empoderar	*to empower*	repartido/a	*spread out*
encontrarse	*to be; to be located*	rescatar	*to rescue*
enriquecer	*to enrich*	rescate (el)	*rescue*
enriquecimiento (el)	*enrichmemnt*	riesgo (el)	*risk*
equilibrio (el)	*balance*	rupestre (el arte)	*cave painting*
esfuerzo (el)	*effort*	saber (el)	*wisdom; knowledge*
fin (el)	*purpose; end goal*	salvaguardar	*to safeguard*
fomentar	*to promote; to encourage*	sobrevivir	*to survive*
garantizar	*to guarantee*	subvencionado/a	*subsidized*
impartir	*to give; to teach*	subvencionar	*to subsidize*
impulsar	*to promote; to drive*	suprimir	*to eliminate; to cut out*
legado (el)	*legacy*	surgir	*to appear; to arise*
lograr	*to achieve*	traducir	*to translate*

2-2 EL PLURILINGÜISMO EN MÉXICO

Lee este texto sobre la situación lingüística de México. Después responde a las preguntas.

De acuerdo a su Constitución, desde 1992 México se define como nación pluricultural en reconocimiento de los pueblos indígenas. México no tiene lengua oficial: el gobierno reconoce 68 lenguas indígenas que, de acuerdo con la Ley de los Derechos Lingüísticos del 2001, son lenguas nacionales en igualdad de condiciones con respecto al español. Así, por ejemplo, en el año 2005 se oficializó la traducción del himno nacional a las lenguas indígenas; y la Constitución está traducida a 40 de las lenguas indígenas.

México: porcentaje de hablantes de lengua indígena por distrito

Porcentaje de hablantes de
lengua indígena en cada entidad

■ Más de 30%
■ 15–30%
■ 5–15%
■ 2–5%
■ Hasta 2%

Fig. 2-4. Hablantes de lenguas indígenas en México

En México al menos 30 variantes lingüísticas están en riesgo de desaparecer. Al gobierno le interesa preservar y desarrollar la cultura indígena de México y por eso publicó en 2010 el primer *Catálogo de Lenguas Indígenas Nacionales*. En el catálogo se indica que existen 364 variantes lingüísticas, con lo que México está entre los diez países con mayor diversidad lingüística del mundo. Se estima que 7 millones de mexicanos (el 6,7 % de la población) hablan una lengua indígena; la mayoría de ellos son bilingües, pero se calcula que el 10% utiliza sólo la lengua indígena en su comunicación cotidiana. La creación de este documento representa el reconocimiento oficial de la cultura indígena de México, que es de aproximadamente 17 millones de personas, lo que representa el 15% de la población nacional.

Fig. 2-5. Zonas de México donde se habla el náhuatl

Las lenguas más habladas son el náhuatl, con más de 1.500.000 hablantes; el maya, con cerca de 860.000; y el mixteco y zapoteco, con más de 400.00 cada una. El náhuatl es una lengua con numerosas variantes, legado de los mexicas o aztecas. Ha dado numerosas palabras al español, como *aguacate* (ahuácatl), *chicle* (tzictli), *chile* (chilli), *chocolate* (xocolātl), *coyote* (coyotl) o *tomate* (tomatl).

COMPRENSIÓN

1. Según el mapa, ¿en qué áreas de México hay más hablantes de lenguas indígenas?
2. Explica qué estatus tienen las lenguas indígenas, según la Ley de los Derechos Lingüísticos.
3. Según el Catálogo de Lenguas Indígenas, ¿cuántas personas son monolingües en lengua indígena?

REFLEXIÓN LINGÜÍSTICA: G–3

1. Identifica los antecedentes de los pronombres relativos marcados en el texto.
2. Escribe las frases relativas del párrafo dos usando un pronombre diferente.

PENSAMIENTO CRÍTICO

1. Además de las leyes y de iniciativas del gobierno como la del *Catálogo de Lenguas*, hay muchas maneras de revitalizar y enriquecer las lenguas indígenas. ¿Cuáles creen que pueden ser más efectivas? Analicen estos tipos de iniciativa y pónganlos en orden de mayor a menor impacto.

   ☐ traducir obras literarias a lenguas indígenas
   ☐ establecer programas de educación bilingüe en las escuelas
   ☐ escribir libros de texto para cada lengua
   ☐ recuperar y crear música en lenguas indígenas
   ☐ promover la literatura escrita por escritores indígenas
   ☐ crear programas de divulgación de las lenguas (televisión y medios digitales)

2. En México hay muchas iniciativas de rescate y enriquecimiento de las lenguas indígenas. Miren este video y

   a. decidan cuáles son las dos ideas más importantes expresadas en el video
   b. determinen dos beneficios que esta iniciativa puede tener

2-1

2-3   LAS LENGUAS MAYAS DE GUATEMALA

Lee este texto sobre las lenguas mayas en Guatemala y una organización que trabaja para preservarlas.

Las lenguas mayas actuales comparten un tronco lingüístico común que existió durante el esplendor del imperio maya (sureste de México, Guatemala, Belice y Honduras). Con el tiempo, los diferentes grupos mayas construyeron su propio idioma. En Guatemala se hablan 24 lenguas indígenas, 22 de las cuales son lenguas mayas que están repartidas por comunidades de todo el país. Durante los cinco siglos de colonia, y luego durante los dos siglos de vida independiente, la política fue erradicar los idiomas indígenas. A pesar de ello, en la actualidad 4.700.000 personas (un 40% de la población guatemalteca) hablan una lengua maya, lo cual es una muestra de la fuerte identidad de los pueblos mayas. Las lenguas mayas más habladas son el K'iche (1.271.000 hablantes), el Q'eqchi' (555.000), el Kaqchiquel (500.000) y el Mam (480.000). Hoy todas estas lenguas están bajo las presiones de los medios de comunicación, que usan mayoritariamente el español, y de los sistemas escolares, que no ofrecen suficientes alternativas para difundirlas.

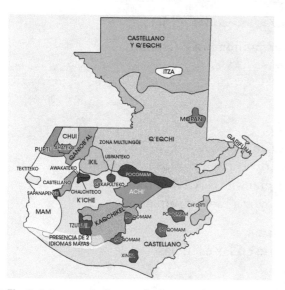

Fig. 2-6. Lenguas indígenas de Guatemala

En 1990 se creó la Academia de las Lenguas Mayas de Guatemala. En 2003 la Ley de Idiomas Nacionales aprobada por el Congreso de Guatemala dio estatus de lengua nacional a todos los idiomas indígenas, algo de especial relevancia para la realidad guatemalteca, donde según algunas estimaciones la mayoría de la población es indígena. La Academia de Lenguas Mayas es la única de esta naturaleza en América Latina. Fue fundada para salvar los idiomas mayas durante el conflicto armado guatemalteco, que se prolongó entre 1963 y 1996 con un saldo de 200.000 víctimas mortales, en su mayor parte población indígena. Sus esfuerzos tratan de contrarrestar los efectos del racismo, que todavía está fuertemente arraigado en el país. Para la Academia, es importante cambiar la percepción de la población sobre la importancia de las lenguas mayas.

El primer objetivo de la Academia es la formación de la población maya en su idioma y cultura propios, a través de centros de enseñanza y aprendizaje de los idiomas. Para lograrlo, están trabajando con las escuelas del país para promocionar la enseñanza intercultural. El segundo es la elaboración de material de aprendizaje y gramáticas de las diferentes lenguas; este trabajo es para aumentar el número de hablantes de maya capaces de escribir en su propia lengua. El último es la difusión del idioma, colaborando con radios comunitarias, donde se emiten programas sobre elementos de la cultura ancestral, y promoviendo TV Maya. En 2020 la Academia firmó un acuerdo con UNICEF para fortalecer los derechos lingüísticos y culturales de los 2,8 millones de niños, niñas y adolescentes del país (48% de la población).

Fuente: http://www.revistapueblos.org/blog/2016/08/02/la-academia-de-lenguas-mayas-y-su-lucha-contra-el-racismo/.

COMPRENSIÓN

1. Explica cómo los medios de comunicación y las escuelas afectan negativamente a las lenguas mayas de Guatemala.
2. Explica cuál fue el impacto del conflicto armado guatemalteco en las lenguas mayas.
3. Describe la(s) iniciativa(s) de la Academia de Lenguas Mayas para
   a. enseñar las lenguas mayas
   b. incrementar el número de personas que pueden escribir en estas lenguas
   c. difundir la lengua y cultura mayas

REFLEXIÓN LINGÜÍSTICA: G–4

Indica la función del verbo *ser* y del verbo *estar* en cada uno de los ejemplos marcados en el texto.

SER	ESTAR
Identidad o definición	Localización
Propósito o finalidad	Resultado de una acción
Expresión de opiniones	Acción en progreso

PENSAMIENTO CRÍTICO

2-2 Las tecnologías de la información y la comunicación (TIC) son el próximo paso para la difusión y promoción de las otras lenguas de Guatemala. Lean esta información y miren el video.

Las TIC y las lenguas indígenas

Luis von Ahn, fundador de la aplicación Duolingo, anunció en febrero de 2020 que incorporará el idioma maya k'iche' al catálogo de idiomas de Duolingo. A través de Duolingo se dará mayor difusión a la lengua.

"Vamos a empezar a trabajar en el maya. Para mí es un idioma muy importante porque soy de Guatemala", dijo a El Economista el cofundador y director de Duolingo, Luis von Ahn.

Uso de las TIC en Guatemala 2019
El 62% de la población utiliza un teléfono móvil.
El 21% de la población tiene acceso a una computadora.
El 29% de la población tiene acceso a Internet.

Fuente: https://news.un.org/es/story/2019/10/1464391; https://forum.duolingo.com/comment/9609404/Mayan-will-come-to-Duolingo.

Analicen la información y determinen el futuro y los retos de este tipo de iniciativas.

Predicciones	1. Creemos que será ... ya que ... 2. Tendrá ... porque ... ; sin embargo ...
Retos	1. El mayor reto, en nuestra opinión, es que. ... 2. Además ...

2-4 LA EDUCACIÓN INTERCULTURAL BILINGÜE EN AMÉRICA LATINA

Lee este texto sobre dos de las lenguas más habladas en el sur de América y sobre un modelo educativo que incorpora la enseñanza de lenguas indígenas.

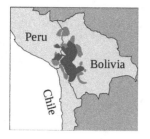

Fig. 2-7. La lengua aymara

En Bolivia, Perú y Ecuador las lenguas autóctonas son habladas por más del 40% de la población. Las dos lenguas con mayor número de hablantes son el quechua y el aymara. El quechua se habla en Perú, Bolivia, Ecuador y, en menor medida, en Colombia, Argentina y Chile. El *Atlas sociolingüístico de pueblos indígenas en América Latina* estima que hay entre siete y diez millones de hablantes de quechua. La lengua aymara, con una cantidad de hablantes de más de dos millones, se habla principalmente en Bolivia y Perú, pero también en el norte de Chile y de Argentina. En Ecuador, los idiomas autóctonos se reconocen como patrimonio cultural y trece lenguas son oficiales, además del español. Igualmente, la Constitución de Bolivia reconoce treinta y siete idiomas oficiales. Perú también reconoce el quechua, el aymara y otras 42 lenguas autóctonas como idiomas oficiales junto con el castellano.

La Educación Intercultural Bilingüe (EIB) es un modelo de planificación lingüística empleado en América Latina que originalmente surge como un movimiento político para afirmar el espacio de las lenguas indígenas en el sistema educativo. La EIB no cree que el modelo de la educación bilingüe **sea** suficiente y se basa en la necesidad de ir más allá y modificar los planes y programas de estudio, los cuales deben incluir, además del idioma, conocimientos y valores tradicionales de los pueblos indígenas. La EIB es un tipo de educación con el que se trata de dar respuesta a la formación de niños y niñas indígenas con diversidad cultural, étnica y lingüística, con el fin de contribuir a la formación de identidades nacionales en las cuales conviven ciudadanos de origen diverso.

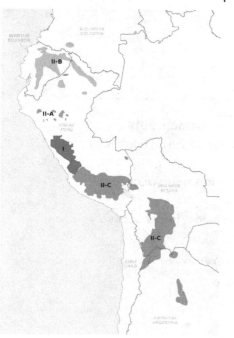

Fig. 2-8. La lengua quechua

En países o zonas pluriculturales de Latinoamérica, la EIB se ha construido desarrollando políticas educativas y lingüísticas que se han instalado en las agendas de los países. Estos han promulgado leyes con las cuales reconocen los derechos lingüísticos de las poblaciones indígenas y en varios se han hecho reformas constitucionales (Argentina, Bolivia, Ecuador y México, entre otros). Bolivia y Ecuador representan una implementación de la EIB "de abajo hacia arriba", ya que surge de movimientos indígenas, educadores y campesinos hasta convertirse en una política constitucional.

Otros países como Chile o Perú no piensan que este modelo **pueda** tener éxito y creen que **es** mejor implementar modelos "de arriba hacia abajo"; es decir, los planes se inician a nivel gubernamental. En todos estos países el objetivo es extender la EIB a todos los estudiantes de habla indígena tanto en la escuela primaria como la secundaria. En los últimos años ha aparecido la propuesta de "Interculturalidad para todos". Sus proponentes afirman que los currículos nacionales **deben** incluir los contenidos culturales y lingüísticos de los pueblos indígenas y extenderlos a todos los estudiantes, indígenas y no indígenas, de modo que puedan comprender dos mundos diferentes y complementarios a la vez. Este es el caso de Bolivia.

Fuente: https://www.researchgate.net/publication/267683263_Diversidad_cultural_multilinguismo_y_reinvencion_de_la_educacion_intercultural_bilingue_en_America_Latina.

USO DE LA LENGUA DE LA NACIONALIDAD, DE RELACIÓN INTERCULTURAL Y LENGUA EXTRANJERA. Uno de los fines del Sistema de Educación Intercultural Bilingüe es: "b) Garantizar que la educación intercultural bilingüe ... valore y utilice como idioma principal de educación el idioma de la nacionalidad respectiva y el castellano como idioma de relación intercultural".

Art. 81 de la LOEI, Ecuador

Fuente: https://www.evaluacion.gob.ec/wp-content/uploads/downloads/2016/05/LOEI-enero2013.pdf.

COMPRENSIÓN

1. Explica la diferencia entre la educación bilingüe y la EIB.
2. Explica la diferencia entre los dos tipos de implementación de la EIB: de arriba hacia abajo y de abajo hacia arriba.
3. ¿Cuál es el aspecto que diferencia al modelo 'Interculturalidad para todos' de otros modelos de EIB?
4. ¿Cuántos idiomas aprende un niño en Ecuador bajo el modelo de EIB y qué función tiene cada uno?

REFLEXIÓN LINGÜÍSTICA: G–5

En el texto sobre la educación bilingüe hay cuatro verbos marcados en negrita.

1. Identifica si el autor del texto usó el modo indicativo o el subjuntivo.
2. Escribe la expresión que determina el uso del indicativo o del subjuntivo.
   _____ que ... sea ...
   _____ que ... pueda ...
   _____ que ... es ...
   _____ que ... deben ...

REFLEXIÓN LINGÜÍSTICA: G–3

1. Identifica los antecedentes de los pronombres relativos marcados en el texto.
2. Determina cuáles de estas frases relativas pueden escribirse usando un pronombre relativo diferente.

PENSAMIENTO CRÍTICO

1. Miren este video realizado en Perú y después determinen:

   a. qué aspectos específicos de la educación intercultural se representan
   b. qué necesidades aún pendientes existen
   c. a qué tipo de público está dirigido y con qué propósito

   Identifiquen y analicen las estrategias usadas en el video para cumplir su propósito.

2. Miren este video en el que se presenta un caso de EIB en el norte de Chile, donde la población es o desciende de emigrantes bolivianos.

   a. Una de las educadoras habla del pasado refiriéndose a la "chilenización". ¿Cómo fue la experiencia educativa de estas personas?
   b. Hagan una lista de tres beneficios del aprendizaje del aymara para los niños de la comunidad.

3. Lean este texto sobre el Día Internacional de la Lengua Materna. Luego miren el video de UNESCO y seleccionen, en grupo, las tres ideas más importantes que se mencionaron.

4. En su escuela van a celebrar el Día Internacional de la Lengua Materna. Decidan los tres eventos principales que van a tener lugar en la escuela.

El 21 de febrero se celebra el Día Internacional de la Lengua Materna

Las lenguas pueden considerarse un derecho universal, que representa una parte de la identidad y de la idiosincrasia de los pueblos. Las sociedades multilingües y multiculturales existen a través de sus lenguas, que transmiten y preservan los conocimientos y las culturas tradicionales de manera sostenible (UNESCO).

Fuente: https://es.unesco.org/commemorations/motherlanguageday

---

2-5   LAS OTRAS LENGUAS DE ESPAÑA

Lee este texto sobre las políticas lingüísticas de las regiones bilingües de España. Después responde a las preguntas.

En las comunidades autónomas españolas con lengua propia se llevan a cabo desde hace varios años procesos de normalización lingüística, es decir, de hacer "normal" el uso de una lengua que en el pasado fue marginada. Este proceso es la única vía para que las lenguas minoritarias no sean sustituidas por la lengua dominante. Una de las maneras de normalizar la lengua es el establecimiento de políticas lingüísticas educativas, las cuales son diferentes en cada Comunidad Autónoma.

En el País Vasco la educación no universitaria es bilingüe, ya que el español y el euskera son lenguas oficiales, y está orientada hacia el trilingüismo (inglés). Hay tres modelos muy diferentes para elegir. En el modelo A, las clases son dictadas en castellano, y el euskera y el inglés son asignaturas. En el modelo B, el más cercano al bilingüismo, entre el 50% y el 80% de las materias se imparten en euskera y el resto en castellano. En el modelo D, el euskera es la lengua principal y el castellano y el inglés son asignaturas. En la práctica se ha impuesto el modelo D, con el 80% de los alumnos; el 15% recibe enseñanza bilingüe (modelo B) y menos del 5% está estudiando en castellano con asignatura de euskera. Los tres incluyen la enseñanza del inglés desde los cuatro años de edad. Sin embargo, estudiar en el modelo B no significa que los niños **alcancen** el bilingüismo a causa de la fuerte presencia del español en los contextos sociales fuera de la escuela y la familia (redes sociales, por ejemplo). De acuerdo a las estadísticas, solo son bilingües con dominio completo del euskera los jóvenes que estudiaron en el modelo D.

Hablantes de Euskera Por Edad

	%	%
65 o más	20,6	14,9
50-64	15,1	14,4
35-49	11,7	16,1
25-34	11,9	20,7
16-24	11,1	21,8
	1991	2016

Fuente: El Mundo

Fig. 2-9. Hablantes de euskera por edad

En Cataluña solo existe un modelo. Según su política de inmersión lingüística, la enseñanza de todas las asignaturas es en catalán, excepto lengua y literatura castellanas (3 horas por semana) y las clases de idioma extranjero. La educación hasta los 9 años es exclusivamente en catalán y después se introduce la asignatura de español. Los padres que son de otras regiones no creen que **sea** democrático obligar a sus hijos a estudiar solo en catalán y prefieren tener la opción bilingüe donde el castellano y el catalán son lenguas vehiculares (de enseñanza). Sin embargo, el gobierno catalán no quiere separar a los estudiantes por idioma.

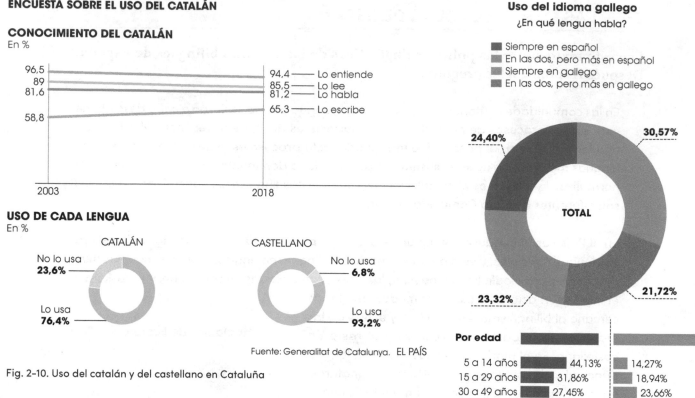

ENCUESTA SOBRE EL USO DEL CATALÁN

CONOCIMIENTO DEL CATALÁN
En %

96,5
89
81,6
58,8

94,4 —— Lo entiende
85,5 —— Lo lee
81,2 —— Lo habla
65,3 —— Lo escribe

2003   2018

USO DE CADA LENGUA
En %

CATALÁN

No lo usa
23,6%

Lo usa
76,4%

CASTELLANO

No lo usa
6,8%

Lo usa
93,2%

Fuente: Generalitat de Catalunya. EL PAÍS

Fig. 2-10. Uso del catalán y del castellano en Cataluña

Uso del idioma gallego
¿En qué lengua habla?

■ Siempre en español
■ En las dos, pero más en español
■ Siempre en gallego
■ En las dos, pero más en gallego

24,40%   30,57%

TOTAL

23,32%   21,72%

Por edad		
5 a 14 años	44,13%	14,27%
15 a 29 años	31,86%	18,94%
30 a 49 años	27,45%	23,66%
50 a 64 años	20,36%	32,78%
Más de 65 años	13,65%	48,48%

Fuente: Instituto Galego de Estadística (IGE)

Fig. 2-11. Uso del gallego

En Galicia, el sistema educativo también tiene un único modelo: establece un equilibrio del 50% de asignaturas impartidas en gallego y en castellano, con un "conocimiento equitativo" de ambas lenguas. En las clases de Educación Infantil se usa como vehicular el idioma materno mayoritario entre los alumnos de cada aula. El Consejo de Europa considera que el gallego **está** en peligro y ha lamentado la pérdida de peso que ha sufrido esta lengua en la enseñanza, ya que viola los principios de la *Carta Europea de Lenguas Regionales y Minoritarias*. Desde 2010, el monolingüismo en castellano está en ascenso en Galicia. Los expertos en bilingüismo y lenguas minoritarias dudan que el número de gallego parlantes **aumente** con el modelo 50/50 porque, fuera de la escuela, el castellano está por todas partes.

COMPRENSIÓN

1. Completa el cuadro marcando qué tipo de política lingüística existe en cada comunidad autónoma.

Tipo de educación	Cataluña	Euskadi	Galicia
inmersión en la lengua cooficial			
bilingüe			
español con asignatura de lengua cooficial			

2. Explica la diferencia entre las dos regiones con modelo único: Cataluña y Galicia. ¿Qué objeción hacen algunas personas sobre el sistema de Cataluña?

3. Lee los datos del gráfico 2-10 y determina si el modelo de Cataluña tiene apoyo popular, justificando tu respuesta con datos específicos.

4. Lee los datos del gráfico 2-11 y determina si apoyan la preocupación del *Consejo de Europa* sobre el estatus del gallego, justificando tu respuesta con datos específicos.

5. Usando los datos de los gráficos 2-09 y 2-11, compara la situación del euskera y del gallego en cuanto a su expansión entre la gente joven.

REFLEXIÓN LINGÜÍSTICA: G–4

Indica la función del verbo ser y del verbo estar en cada uno de los ejemplos marcados en el texto.

SER	ESTAR
Identidad o definición	Localización
Propósito o finalidad	Resultado de una acción
Expresión de opiniones	Acción en progreso

REFLEXIÓN LINGÜÍSTICA: G–5

En el texto hay cuatro verbos marcados en negrita. Lee las frases completas donde se usan estos verbos. Después escribe la expresión que determina el uso del indicativo o del subjuntivo.

_____ que ... alcancen ...

_____ que sea ...

_____ que ... está ...

_____ que ... aumente ...

PENSAMIENTO CRÍTICO

1. Analicen las tres políticas lingüísticas y determinen dos pros y dos contras de cada una. Decidan cuál les parece más beneficiosa.

Política educativa	PROS	CONTRAS
Cataluña		
Galicia		
País Vasco		

2. Lean estas tres noticias sobre iniciativas para promover la normalización de las otras tres lenguas oficiales de España más allá del ámbito educativo. Evalúen cada iniciativa y decidan cuál es la que puede ser más efectiva para la expansión de esa lengua en la comunidad.

Lenguas de España. ¿Sabías que...?

Cada 3 de diciembre, desde 1995, se celebra el Día Internacional del Euskera, una celebración que se produce en un contexto de expansión del conocimiento de la lengua vasca. En 2016 se inició el proyecto Euskaraldia, una iniciativa que promueve el cambio en los hábitos lingüísticos de los ciudadanos para potenciar el uso del euskera en las relaciones cotidianas. El proyecto busca que los vascohablantes se dirijan en euskera a todas las personas que entienden el idioma (aunque no puedan hablarlo), de manera que la brecha entre el conocimiento y el uso del idioma sea cada vez menor.

Fuente: https://www.euskadi.eus/noticia/2017/el-departamento-de-cultura-y-politica-linguistica-del-gobierno-vasco-apoya-en-su-presentacion-el-proyecto-euskaraldia-dirigido-a-transformar-los-habitos-linguisticos/web01-a2lingu/es/.

*****

Los 250 lingüistas firmantes del manifiesto *"Per un veritable procés de normalització lingüística"* reclaman una Cataluña independiente con el catalán como única lengua oficial y rechazan el bilingüismo. Según el documento, en Cataluña mucha gente usa poco el catalán, aunque saben hablarlo, de modo que se está convirtiendo en una especie de "dialecto del castellano", que es una "lengua impuesta por el Estado". Tres de cada cuatro catalanes (73,2%) hablan el catalán, aunque solo uno de cada tres (36,3%) lo usa como lengua habitual. La mitad de la población (50,7%) tiene el castellano como lengua habitual y un 6,8% utiliza por igual ambos idiomas.

Fuente: https://www.elperiodico.com/es/politica/20160331/linguistas-contra-bilinguismo-reclaman-catalana-unica-lengua-oficial-castellano-franquista-5017236.

*****

En 2018 se inauguró el *Plan de Dinamización da Lingua Galega na Mocidade*, que pretende aumentar el uso de la lengua propia de Galicia entre los jóvenes. El plan trata de convencer a los jóvenes de que este idioma puede ser la lengua en la que desarrollar su vida cotidiana en todos los ámbitos. Destacó que la Comunidad de Galicia tiene los índices más altos de abandono de las lenguas cooficiales de España, por lo que hay que fomentar su uso más allá del ámbito educativo.

Fuente: https://www.europapress.es/galicia/noticia-primer-plan-dinamizacion-gallego-jovenes-aprobara-ano-20180417135902.html.

Noticia 1	Pues yo (no) creo que ... porque ...
Noticia 2	A mí (no) me parece que ...
Noticia 3	En mi opinión ... dudo que ... porque ...

PERSPECTIVA INTERCULTURAL

2-6   LENGUAS ORIGINARIAS EN PELIGRO

1.   **¿Por qué están desapareciendo las lenguas? Lee el texto y después y responde a las preguntas.**

En América Latina se hablan más de 500 lenguas originarias, un reflejo de la diversidad cultural y étnica de sus pueblos. Cerca del 30% de ellas ya están en serio peligro de extinción. Lo que tienen en común estas lenguas es que todas son de pueblos que fueron colonizados y que nunca formaron un estado propio. Un ejemplo es México: en 1810, alrededor del 65% de la población hablaba una lengua indígena. Tras el proceso de asimilación cultural, hoy menos del 7% habla en una lengua originaria.

Hay muchas razones para la desaparición de estas lenguas: la primera es la discriminación que sufren los pueblos indígenas que, en muchos casos, son desplazados de sus tierras para que gobiernos y/o compañías extractivas puedan explotar los recursos naturales de su territorio. El éxodo a la ciudad de estas personas interrumpe el uso de la lengua materna y los empuja a asimilarse. Este éxodo rural hace que incluso idiomas tan hablados como el quechua o el aymara estén en peligro. Otra razón es la globalización acelerada y la imposición de unas pocas lenguas sobre todas las demás. El uso continuo de Internet, por ejemplo, hace que las lenguas originarias pierdan terreno frente al español.

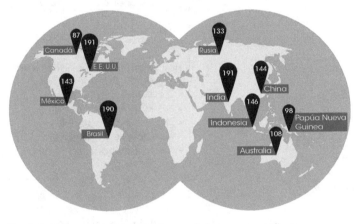

Los 10 Países Con Más Lenguas en Vías de Extinción

Fig. 2-12. Países con el mayor número de lenguas en peligro

Según la Oficina del Alto Comisionado para los Derechos Humanos de la ONU, "los estados deben impulsar la educación bilingüe así como la producción de material educativo digital en idiomas nativos [...]. La oportunidad de transmitir creencias y tradiciones a través de la lengua materna representa no sólo un derecho cultural, sino una herramienta esencial para garantizar el conocimiento sobre los derechos humanos". No hay duda de que implementar la educación bilingüe y oficializar estos idiomas es importante, pero esa oficialización debe reflejarse en todos los ámbitos de la vida pública: la administración, la justicia, la educación y los medios de comunicación. Si una lengua no tiene prestigio en la sociedad, es menos probable que sea transmitida entre generaciones. Si los jóvenes ven que hablar sus lenguas originarias no les garantiza oportunidades de educación y desarrollo, no tienen incentivo para aprenderlas.

Fuente: http://www.bbc.com/mundo/cultura_sociedad/2010/02/100223_lenguas_idiomas_america_latina_desaparicion_mr.shtml.

COMPRENSIÓN

1. Explica dos factores que causan la desaparición de las lenguas originarias.
2. ¿Qué solución propone la ONU para frenar la desaparición de lenguas originarias?
3. ¿Por qué la solución planteada por la ONU no es suficiente? Usa información del texto para elaborar tu respuesta.

PENSAMIENTO CRÍTICO

1. Evalúen los dos gráficos, que incluyen información sobre Perú y Ecuador. ¿Qué tipo de información presentan? ¿Lo hacen de forma efectiva? ¿Ofrecen soluciones o recomendaciones?

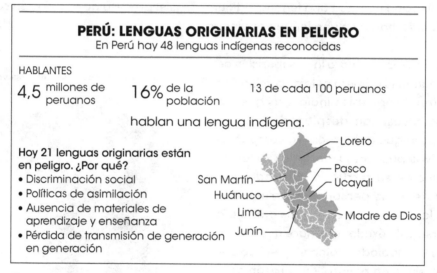

Fig. 2-13. Lenguas de Perú en peligro

Fig. 2-14. Lenguas de Ecuador en peligro

2. Busquen información en el Atlas de UNESCO sobre una de las lenguas en peligro de Perú y una de las de Ecuador. Compartan esta información con la clase. http://www.unesco.org/languages-atlas/index.php

▶ 2-6

2. **Este video presenta el caso de las lenguas indígenas en peligro en México. Después de verlo responde a las preguntas.**

COMPRENSIÓN

1. ¿Qué significa perder una lengua originaria, según Javier López y Francisco Barriga?
2. Describe dos iniciativas que se llevan a cabo en México para preservar estas lenguas.
3. Explica las razones históricas que han causado que solamente 7 de los 16 millones de indígenas hablen una lengua originaria.
4. Describe el trabajo de revitalización de lenguas que hacen en el Instituto Nacional de Lenguas Indígenas de México. ¿Qué actividades involucra revitalizar una lengua?

3. **Lee la información sobre el estado de las lenguas originarias en EE. UU. Completa primero el cuestionario para evaluar cuánto sabes sobre estas lenguas.**

1. ¿Cuál es la lengua indígena con más hablantes?	navajo	cheroqui	choktaw
2. ¿Cuántas naciones indígenas existen hoy en EE. UU.?	38	573	126
3. ¿Qué lengua originaria se habla en Dakota del Norte y del Sur?	siux	navajo	cheyene
4. ¿Cuántos estudiantes hay en los colegios tribales nativoamericanos?	8.000	20.000	50.000
5. ¿Dónde podemos escuchar la lengua choktaw?	sureste	suroeste	norte

El gobierno de Estados Unidos reconoce actualmente 573 naciones indígenas, consideradas naciones dependientes dentro del país. Más que miembros de una minoría racial, son pueblos del continente americano con condición jurídica semejante a la doble nacionalidad. Antes del asentamiento de los europeos en Norteamérica se hablaba gran cantidad de lenguas en los territorios que más tarde formarían parte de EE. UU. A partir de 1860, el gobierno inició programas de asimilación para erradicar la lengua y cultura nativas, enviando a niños indígenas a internados administrados por el gobierno, donde fueron separados de sus familias y cultura y se les prohibió hablar su idioma, obligándoles a asimilarse. Esa práctica no terminó hasta 1972, cuando una ley le dio a los nativoamericanos la autoridad para administrar sus propias escuelas. Por eso, aunque en algunas partes del país se continúan hablando, estas lenguas originarias están severamente amenazadas. Las nuevas generaciones de nativos americanos usan mayoritariamente el inglés y tienen un manejo deficiente de su lengua ancestral. En total, en EE. UU. se hablan más de 180 lenguas y casi todas están en riesgo de desaparecer.

Fig. 2-15. Señal de stop en cheroqui

Hoy se estima que el número de hablantes de lenguas indígenas autóctonas es de alrededor de 375.000. Los idiomas con mayor número de hablantes son el navajo (178.000 hablantes), el siux (27.000), el cherokee (10.500) y el choctaw (9.000).

La Oficina de Asuntos Indígenas es responsable de la administración de los colegios tribales, que enseñan a cerca de 48.000 estudiantes indígenas de primaria, secundaria y universidad. Hoy día hay 34 universidades y colegios tribales que reciben fondos federales del Departamento de Agricultura de Estados Unidos para apoyar el aprendizaje y los programas de certificación. Estos centros integran la tradición indígena americana en cada plan de estudios y ponen énfasis en la historia, el conocimiento y las tradiciones de los indígenas del continente americano. La Ley Esther Martínez de Preservación de las Lenguas Originarias promulgada en 2006 financia programas para preservar los lenguajes nativos americanos. El propósito de la ley es ayudar a mantener vivas estas lenguas a través de programas de inmersión lingüística en los cuales el idioma nativo se usa como el medio principal de instrucción y de comunicación entre los estudiantes.

COMPRENSIÓN

1. ¿Cuál es la causa principal del estado vulnerable de las lenguas originarias en EE. UU.?
2. Explica qué tipo de escuelas promueven el aprendizaje de las lenguas nativas y quiénes acceden a estas escuelas.

PENSAMIENTO CRÍTICO

1. Lean esta información y expliquen dos maneras en las que esta iniciativa de la Nación Navajo puede proteger y promover la lengua.

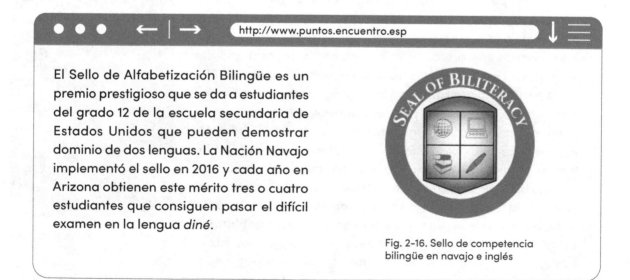

http://www.puntos.encuentro.esp

El Sello de Alfabetización Bilingüe es un premio prestigioso que se da a estudiantes del grado 12 de la escuela secundaria de Estados Unidos que pueden demostrar dominio de dos lenguas. La Nación Navajo implementó el sello en 2016 y cada año en Arizona obtienen este mérito tres o cuatro estudiantes que consiguen pasar el difícil examen en la lengua *diné*.

Fig. 2-16. Sello de competencia bilingüe en navajo e inglés

2. Reflexionen sobre todo lo que han aprendido en este módulo y elaboren una lista de las tres diferencias más importantes entre los países de Latinoamérica y EE. UU. en relación con la preservación de las lenguas originarias. Después determinen cuáles son las razones de estas diferencias.

3. Una manera de revitalizar los idiomas originarios es llevarlos al ámbito digital y del entretenimiento. Lean estas noticias sobre dos iniciativas para revitalizar las lenguas nativas de América. Después elaboren su propia iniciativa para preservar una de las lenguas indígenas en EE. UU. Presenten su idea a la clase.

Aymar aru Wikipidiya!

En El Alto (Bolivia), los jóvenes bilingües del colectivo Jaqi Aru están desarrollando un curso de aymara para Duolingo y crean artículos para la versión de Wikipedia en su lengua, que ya tiene 4.410 entradas. Ya existen versiones de la enciclopedia digital en quechua (con más de 21.000 artículos), náhuatl y guaraní.

Fuente: https://www.filac.org/wp/comunicacion/actualidad-indigena/mas-alla-del-espanol-500-lenguas-corren-peligro-en-america-latina/.

Wiñaypacha de Oscar Catacora: cine en aymara

El cineasta peruano Oscar Catacora estrenó en 2017 *Wiñaypacha* (*Eternidad*) la primera película peruana rodada en aymara. La película cuenta la historia de una pareja de ancianos, abandonados por sus hijos, que mantienen sus costumbres de respeto a la naturaleza. Oscar Catacora hizo esta película con financiación del Ministerio de Cultura de Perú. Cuando tenía seis años sus padres lo enviaron a vivir con sus abuelos para aprender aymara y esta fue una etapa crucial en su vida. Su objetivo al hacer la película es que permanezca "como un registro cultural e histórico-social de la cultura aymara, que es también mi identidad", dijo Catacora.

Fuente: https://elpais.com/cultura/2017/07/21/actualidad/1500603368_109329.html.

Lengua	
Ambito de la iniciativa	
Justificación del proyecto	
Descripción del proyecto	

PERSPECTIVA ARTÍSTICA

2-7 LA TRANSMISIÓN DE LAS LENGUAS ORIGINARIAS A TRAVÉS DE LA MÚSICA

1. **En este texto puedes encontrar información sobre un tipo de música que usa las lenguas originarias como instrumento para empoderarlas.**

En México hay muchos cantantes y grupos musicales que cantan en lenguas indígenas, reivindicando sus raíces mexicanas y las de los pueblos indígenas de su país. El objetivo de estos artistas es rescatar estas lenguas y sus culturas y darles un lugar importante en la comunidad a través de la innovación musical. Una de las figuras más conocidas en todo el mundo es la artista de Oaxaca Lila Downs, que canta en diversas lenguas como el mixteco, el zapoteco, el maya o el nahuatl, además del español y el inglés.

Lila fusiona la música tradicional de su país y géneros y ritmos que incluyen hip-hop, cumbia, jazz o blues. Las letras de sus canciones tocan temas sociales como la justicia, la migración y los problemas que afectan a las mujeres. Lila es una de las artistas más influyentes de América Latina.

Fig. 2-17. Lila Downs

Entre la gente joven ha crecido en años recientes el interés en escribir canciones y cantarlas en su lengua originaria, pero adoptando ritmos diferentes a los de su cultura. Este es el caso del grupo Sak Tzevul en Zinacantán, un pueblo tzotzil en la región de Los Altos de Chiapas. Cuando fundaron su grupo de rock, decidieron escribir canciones en tzotzil. "Mi objetivo era darle a los jóvenes algo nuevo de nuestra cultura y decir: lo que ahorita nos da vergüenza, ojalá que un día nos dé orgullo", dice su fundador. Ometéotl es otro ejemplo de grupo musical de Tlapa de Comonfort, en las montañas del estado de Guerrero. Son seis jóvenes que hacen rap, hip hop y reggae combinando su lengua nativa, el náhuatl, con el español. En sus letras tratan problemas sociales enviando un mensaje de respeto y no discriminación. De igual modo, el grupo Matchuk Bemela, de Júpare (Sonora) canta rap en lengua yoreme/mayo, hablando en sus letras de las tradiciones de su pueblo. Muchas de sus canciones son originales de las comunidades yoremes pero adaptadas al rap.

El camino para estos artistas indígenas no ha sido fácil, y mucho menos en sus comunidades, ya que algunos creen que esos ritmos no son para las comunidades indígenas. Aunque son muy populares entre los jóvenes, en las comunidades indígenas hay algunas reservas porque esta música no es lo tradicional y piensan que roba algo único de la cultura indígena. Sin embargo, a partir del rescate de su lengua – y la manera de ver el mundo que esta lengua conlleva – los jóvenes se están apropiando de su lengua y de este modo se convierten en artistas empoderados.

Fuente: https://www.bbc.com/mundo/noticias/2015/01/150108_mexico_rock_indigena_an.

COMPRENSIÓN / PENSAMIENTO CRÍTICO

1. Miren el video y lean la letra de la canción *Ixkaki Kuale (Escucha bien)* del grupo Ometéotl. Identifiquen dos temas específicos que aparecen en esta canción y usen ejemplos de la letra para apoyar sus respuestas.
   2-7

2. Escuchen la canción de Matchuk Bemela titulada *Kapo Sewa (Flor de capomo)*. Después escuchen una de las versiones tradicionales de esta canción. Comparen las dos versiones y elaboren dos argumentos: uno que represente el punto de vista tradicional y otro que represente el punto de vista de los nuevos grupos musicales.
   2-8

3. Investiguen en el *Atlas de UNESCO* la situación del idioma tzotzil y del yoreme/mayo.

2. Lee este texto sobre otro tipo de música que usa la lengua quechua.

La migración interna a las ciudades lleva las lenguas como el quechua al contexto urbano. Allí, la lengua quechua históricamente se ha asociado con la pobreza, el campo y el analfabetismo. Sin embargo en Perú es un idioma oficial y también es el segundo idioma más hablado (casi 4 millones de peruanos lo hablan, lo que equivale al 13% de la población). Además, el número de hablantes está aumentando, debido a los esfuerzos para alentar un bilingüismo que considera al quechua un recurso y no un problema.

En Perú, la música urbana andina —también llamada rap andino o inka trap— incluye a la lengua quechua. Los dos artistas con más proyección son Liberato Kani y Renata Flores. Liberato Kani es un joven rapero y compositor peruano que fusiona el género global del rap / hip hop con el idioma quechua y con música que viene de los Andes y Perú. Las canciones de Kani son himnos de solidaridad que representan la vida urbana y rural y tienen el fin de normalizar la lengua y orgullo quechua al tiempo que reclama su propia herencia.

Renata Flores comenzó su carrera en 2015 cantando en quechua, una lengua que no aprendió de niña. En su música combina trap, hip hop, música electrónica y ritmos e instrumentos andinos. Esta propuesta le ha traído una creciente popularidad dentro y fuera de las fronteras del Perú. Renata es también muy popular en las redes sociales, donde publica en quechua y español. Sus composiciones propias *Mirando a la misma luna*, *Tijeras* o *Miradas* tratan sobre la identidad, la discriminación y la violencia contra las mujeres. Su canción *Qam hina (Como tú)* trata sobre la vida de las niñas en las zonas rurales.

Fuente: https://www.chicagotribune.com/espanol/entretenimiento/sns-es-rap-peru-renata-flores-regueton-musica-20200429-kmp6rqod4ja5zh7gng7gwdbdee-story.html.

COMPRENSIÓN / PENSAMIENTO CRÍTICO

1. Las canciones de estos artistas suelen tener un aspecto de crítica social. Miren la entrevista con Renata Flores.

   a. ¿Qué temas aparecen en sus canciones?
   b. En el video Renata menciona el Proyecto Pitaq Kani. ¿Qué significa esta expresión? ¿En qué consiste este proyecto?

2. Miren el video de la canción *Tijeras*.

   a. ¿Qué tema trata esta canción?
   b. ¿Qué imágenes del video ayudan a trasmitir el tema?
   c. Escuchen la primera parte de la canción mientras leen la letra. Comparen las dos lenguas.

   Manan pipas qawanchu manan imatapas
   Atinichu ruwayta, rimayta munani
   Qaparispanmi, tukuy runaman uyarikunchu
   Rimasqayta Qinaspa nini Qaparisaqmi

   Nadie ve nada, no puedo hacer nada
   Quiero hablar en voz alta
   La gente no oye lo que digo, así que grito.

   Fuente: https://lyricstranslate.com/en/tijeras-tijeras.html.

3. Lean esta cita y después identifiquen algún tipo de música que conocen que responda a procesos similares. Preparen un ejemplo para mostrar a la clase.

---

http://www.puntos.encuentro.esp

La producción de música en lengua indígena es un reflejo de procesos de cambio identitario de la gente joven en estos países. No son simplemente la adopción de formas musicales nacionales o internacionales; son procesos creativos interculturales e intergeneracionales, basados en sus propias raíces culturales. Es un debate sobre la identidad.

Fuente: http://www.scielo.org.mx/scielo.php?script=sci_arttext&pid=S1665-80272017000100029.

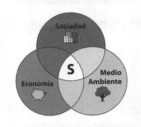

LA CULTURA PARA EL DESARROLLO SOSTENIBLE

Lee este texto sobre la dimensión cultural del desarrollo sostenible. Luego responde a las preguntas expresando tu opinión.

La cultura, según UNESCO, abarca los valores, las creencias, los idiomas, los conocimientos y las artes, las tradiciones y modos de vida por medio de los que una persona o una comunidad se expresa y se desarrolla. Por eso contribuye a la consecución de varios de los ODS: la educación, el desarrollo de ciudades sostenibles, la seguridad alimentaria, la protección del medio ambiente, el consumo y producción sostenibles y la promoción de sociedades inclusivas y pacíficas. Se puede decir que sin cultura no hay desarrollo sostenible. Para que una comunidad o grupo se desarrolle es necesario que promueva la cultura (el patrimonio, las artes, la industria y el turismo cultural) y que proteja la continuidad de la(s) cultura(s) autóctona(s), para conservar su identidad dentro de una sociedad intercultural. Esto incluye su(s) lengua(s), tradiciones, saberes, artes y otros aspectos.

En 2020 el gobierno de Euskadi (España) presentó su Agenda 2030 "mostrando su compromiso con el Desarrollo Humano Sostenible y su aspiración de dejar un mundo mejor a quienes nos sucedan" (Agenda Euskadi 2030, p. 6). Este documento muestra los objetivos de la Agenda 2030 de Naciones Unidas con metas específicas para el contexto (territorio y comunidad) para el que fueron creadas. En este caso, la Agenda Euskadi 2030 incluye metas sobre la lengua y cultura vascas en el ODS 11 de Naciones Unidas.

La meta del ODS 11 de la ONU es tener, para 2030, ciudades y comunidades sostenibles. Esto implica viviendas y servicios básicos adecuados, seguros y asequibles, mejorar la calidad de vida de grupos vulnerables, y otros muchos aspectos de tipo social, ambiental y económico. Además, de acuerdo al ODS 11, no se puede tener una comunidad sostenible si no se protege y salvaguarda el patrimonio cultural. En la Agenda Euskadi 2030 esto se traduce en dos metas: "promover y dinamizar la cultura y el patrimonio cultural"  y "promover medidas de política lingüística necesarias para promocionar el uso del euskera en todos los ámbitos". Para promover la cultura, el gobierno de Euskadi planea aumentar el número de lugares Patrimonio de la Humanidad (UNESCO) y promover la cultura de Euskadi dentro y fuera de la comunidad. La lengua euskera es el "tesoro" cultural más importante de Euskadi; por eso el objetivo prioritario es aumentar el número de vascohablantes, promover la producción audiovisual en Euskera y crear y publicar materiales didácticos.

Fuente: https://www.euskadi.eus/agenda-2030/.

1. Piensa en tres ejemplos de cómo un aspecto cultural puede contribuir a (elige tres)
   a. el desarrollo de una ciudad sostenible
   b. la seguridad alimentaria
   c. la protección del medio ambiente
   d. el consumo y la producción sostenibles
   e. la promoción de una sociedad inclusiva y pacífica
2. ¿Es compatible la conservación de la cultura propia con la idea de multiculturalidad? ¿Cuáles son los retos para una sociedad multicultural?
3. ¿Qué meta crees que es más fácil de lograr en Euskadi? ¿Por qué?
   a. promover y dinamizar la cultura y el patrimonio cultural
   b. promocionar el uso del euskera en todos los ámbitos

LECTURA

Origen y supervivencia del euskera, el idioma más antiguo de Europa

Con respecto a su origen, algo que parece claro es que el euskera no se originó fuera de lo que hoy es la península ibérica. En primer lugar, sabemos que es precisamente en esta zona geográfica donde se habla euskera hoy, donde se encuentran gran parte de los yacimientos paleolíticos más relevantes de nuestro continente, así como la concentración de arte rupestre más importante del mundo en cantidad e importancia. En la zona vasca se han descubierto cuevas con grabados de hace 14.000 años y, aunque no se conoce la lengua que hablaban los habitantes de esas cuevas, se puede asumir que esa protolengua está relacionada con el vasco actual y pudo ser la lengua de los primeros europeos. En segundo lugar, cuando pueblos del Oriente, o indoeuropeos, comenzaron a llegar a Europa hace 3.500 años, trajeron sus propias lenguas, las cuales influenciaron el surgimiento de la mayoría de los idiomas europeos. Sin embargo, el euskera no tiene las mismas raíces indoeuropeas. Estas evidencias han llevado a afirmar a numerosos lingüistas e historiadores que la lengua vasca puede considerarse heredera directa de la lengua que hablaban las gentes que habitaron hace 15.000 años las cuevas de Altamira y Ekain (España), o Lascaux (Francia) durante la última glaciación.

Fig. 2-18. Zonas donde se habla euskera

El famoso lingüista de la Universidad Ludwig-Maximilian de Munich, Theo Venneman, dice: "Todas las lenguas tienen su origen en algún lado, muchas veces no sabemos dónde. Pero en la época que tratamos aquí, el euskera no había venido de ninguna parte, ya estaba aquí cuando llegaron las demás lenguas. Bajo este concepto el euskera es la lengua más antigua de Europa. [...] Asimismo, Jaume Bertranpetit, responsable europeo del ambicioso *Genographic Project* de National Geographic, afirma que "Los vascos son, sin duda, la población más autóctona de Europa". Estos y otros escritores e investigadores demuestran en sus trabajos que el euskera es la llave que abre la puerta hacia una comprensión más profunda y clarificadora de las culturas prehistóricas europeas y peninsulares.

En cuanto a su supervivencia en el tiempo, el mejor estudioso de la lengua vasca, Koldo Mitxelena, solía decir: "El verdadero milagro del euskera no es su origen, sino cómo pudo perdurar hasta nuestros días". Cuando el imperio romano cayó, después de siete siglos de dominación, no quedaba ninguna lengua prerromana en la península excepto el euskera. [...] El euskera se fue formando con el tiempo por el contacto cercano de los vascos con la naturaleza. Su entorno inspiró una vasta colección de palabras para describir sus verdes valles e impresionantes picos, sus costas azules y sus cielos. Por ejemplo, contiene un variado vocabulario para describir paisajes y cerca de cien formas de decir "mariposa". Durante la dictadura militar (1939–1975) fue una de las lenguas prohibidas en toda España y quedó relegada al ámbito de la casa y la familia, donde se usaba en secreto. También hubo escuelas clandestinas o ikastolas donde se enseñaba el euskera y se usaba en granjas y pueblos aislados en los Pirineos. Sin embargo, el euskera sobrevivió como lo había hecho inexplicablemente durante varios milenios.

El euskera es hablado hoy en día por unas 800.000 personas que habitan, en su mayor parte, en el norte de España y el sur de Francia. Pero estas gentes se denominan a sí mismos como *euskaldunak* ("los que hablan euskera"); en otras palabras, su identidad se define por el idioma y no por un espacio geográfico determinado.

Fuente: https://www.bbc.com/mundo/vert-tra-40783435; https://www.bizkaiatalent.eus/pais-vasco-te-espera/senas-de-identidad/euskera-antigua-europa/.

COMPRENSIÓN

1. Explica cómo se han usado los restos paleolíticos y pinturas rupestres de la zona vasca para justificar el origen del euskera.
2. ¿Por qué el euskera tiene un vocabulario muy rico sobre la naturaleza?
3. ¿De qué modo sobrevivió el euskera los años de nacionalismo en español durante la dictadura de 1939 a 1975?
4. ¿Por qué el euskera es más que la lengua de una comunidad?

CONECTORES TEXTUALES

Los conectores permiten ver la relación entre las ideas y comprender la organización de un párrafo y/o de un texto.

FUNCIÓN	CONECTOR
Secuenciar y marcar el orden	**en primer lugar, en segundo lugar, en tercer lugar** (*in the first / second / third place*), **para empezar** (*to start*)
Añadir información al desarrollo de una idea; introducir otro aspecto de una idea	**además** (*also*), **asimismo** (*likewise*), **no sólo ... sino también** (*not only ... but also*), **también** (*also*), **así como** (*as well as*)
Introducir ejemplos	**por ejemplo** (*for example*), **como** (*like*), **tal(es) como** (*such as*), **como por ejemplo** (*such as*)
Clarificar información	**es decir** (*that is*), **o sea** (*that is*), **en otras palabras** (*in other words*)
Introducir un subtema	**en cuanto a** (*as far as; as for*), **con respecto a** (*with respect to*)

PRÁCTICA

Examina los conectores marcados en el texto y asocia cada uno con una función.

1. secuenciar, marcar el orden
2. añadir información
3. introducir un ejemplo
4. introducir un subtema
5. clarificar algo

ANÁLISIS

1. El euskera sobrevivió a siete siglos de imposición lingüística del latín en la península. ¿Qué nos dice esto sobre esta lengua y sus hablantes? Consideren también el significado de la palabra *euskaldunak*.

2. Lean esta información de un libro de historia sobre las otras lenguas y culturas de España durante los años 1936-1975. Después miren el video en el que algunas personas hablan de su experiencia en Euskadi.

2-11

La imposición del uso exclusivo del idioma español desde 1936 hasta 1975 fue una de las formas que tuvo la dictadura de asegurar la unidad de España, pero además de eso el uso de otras lenguas fue objeto de represión y persecución hasta 1975. Bajo la ideología nacionalista del fascismo, la mejor manera de evitar movimientos en contra de la unidad nacional era tratar de anular el sentimiento de "comunidad distinta" de un grupo.

La España nacionalista era una España de una lengua y una cultura, y las consecuencias de hablar otras lenguas eran severas. En las escuelas, los niños eran castigados y ridiculizados por hablar lenguas regionales. Hubo gente que fue a prisión simplemente por utilizarlas en contextos sociales o profesionales. La imposibilidad de trasmitir la lengua disminuyó el número de hablantes, lo cual a su vez tuvo un impacto en la creación y difusión cultural.

a. Según UNESCO, el desarrollo de una comunidad requiere la continuidad y conservación de la(s) cultura(s) autóctona(s), de modo que se conserve su identidad. Explica por qué la ideología nacionalista de la dictadura representaba la antítesis de esta visión del desarrollo.

b. ¿Cómo se anulaba la identidad de los niños en las escuelas? Da dos ejemplos.

CASO

1. Hoy el euskera es una de las dos lenguas oficiales de Euskadi junto con el castellano. Sin embargo, el 8,4% de la población es extranjera—la mayoría migrantes que residen en esta comunidad autónoma—y habla otras lenguas como el árabe, el rumano, el ruso o el portugués. Lean el artículo de esta página web. Analicen este caso desde el punto de vista de la sostenibilidad cultural.

http://www.puntos.encuentro.esp

El porcentaje de alumnos extranjeros en Euskadi es 6,74%, pero representa el 9,66% de los estudiantes de centros públicos y solo el 3,78% del de los colegios privados subvencionados. Estos estudiantes tienen resultados por debajo del promedio en las materias escolares y más de la mitad no está en el curso que le corresponde. El éxito escolar es mucho más difícil para ellos. **La mayoría estudia en una lengua que no es la suya**: siete de cada diez están en aulas del modelo B o D.

La mayor parte de estos alumnos está en la escuela pública: seis de cada diez pertenece a familias con un índice socioeconómico bajo y la escuela pública es gratis. Sin embargo, hay otra razón: muchos padres extranjeros dicen que han sentido rechazo cuando han querido llevar a sus hijos a escuelas privadas subvencionadas, aunque estas tienen la obligación oficial de aceptar a un porcentaje de niños inmigrantes durante el año académico. En otras palabras, piensan que se ha creado un sistema de escuelas-guetto.

A esto se añade que la mayoría de los inmigrantes prefiere el modelo A de enseñanza en castellano cuando llega a Euskadi, pero hay muy pocas escuelas públicas que lo ofrecen; por eso en algunas de ellas hay más de 40% de alumnos inmigrantes. Para muchos críticos, no se está haciendo un auténtico trabajo de integración.

Fuente: https://www.elcorreo.com/bizkaia/sociedad/educacion/201603/06/inmigrantes-mochila-escuela-vasca-20160306170144.html

¿Es la sostenibilidad cultural del euskera y la cultura *euskaldun* incompatible con la de los grupos minoritarios? Identifiquen a todas las partes implicadas.

Partes implicadas	posición	motivación	impacto en el desarrollo
gobierno de Euskadi			

2. Plan de acción. Cada miembro del grupo asume el papel de una de esas partes y elabora dos argumentos para defender su posición. Después hagan un panel de discusión con el objetivo de elaborar un plan que no abandone las dos metas del ODS 11 de la Agenda Euskadi 2030, pero que contemple estas:

- mejorar la calidad de vida de grupos vulnerables, facilitando su inclusión
- proteger la lengua y cultura de grupos minoritarios

Fuente: https://www.20minutos.com.mx/noticia/482513/0/lenguas-maternas-son-esenciales-para-paz-y-desarrollo-sostenible-unesco/.

DEBATE

LA IMMERSIÓN LINGÜÍSTICA EN LA LENGUA MINORITARIA

OBJETIVOS

1. Demostrar conocimiento y comprensión de
   - la política lingüística educativa de Cataluña (España)
   - las razones de la existencia de esta política lingüística
   - las razones por las que parte de la población está en contra
2. Analizar críticamente las distintas posiciones sobre este tema de debate
3. Justificar y apoyar estas posiciones mediante argumentos y contraargumentos

¿QUÉ NECESITAS SABER?

Sobre el contexto

El castellano es la lengua oficial en todo el Estado Español, pero el gallego, el euskera y el catalán son lenguas cooficiales en sus respectivas comunidades autónomas. Sin embargo, la manera en que estos idiomas están representados en los sistemas educativos puede ser objeto de polémica. En Cataluña se aprende en catalán como lengua vehicular y se reservan dos horas por semana al aprendizaje del castellano. El sistema comenzó como algo provisional, con el objetivo de normalizar la lengua catalana, pero impide que los castellanohablantes puedan recibir parte de su formación en su idioma materno.

Este sistema lingüístico es defendido por unos y criticado por otros: los defensores dicen que la inmersión en catalán evita la discriminación de los niños que ocurre cuando son separados por lenguas maternas, y ayuda a crear cohesión social. Los detractores alegan que las familias castellanohablantes tienen derecho a una educación que incluya al castellano como lengua vehicular en la escuela. En 2014, el Tribunal Superior de Justicia de Cataluña determinó que se debían garantizar el 25% de las horas lectivas en castellano, aunque esto nunca se llevó a cabo. ¿Es positiva la inmersión lingüística en catalán?

1. Identifica dos lados del debate completando estas frases:
   - La educación con inmersión en catalán es beneficiosa porque ...
   - La educación con inmersión en catalán es un problema porque ...

¿Qué dicen los defensores?

Esta política pública [...] es uno de los motores de la cohesión social del país. Con la recuperación de la democracia, todos los partidos catalanes, sin excepción, entendieron que el catalán estaba en peligro. Aunque el idioma seguía teniendo un uso social extenso, un porcentaje significativo de sus hablantes no habían aprendido a leer o escribir en él, debilitando su uso en el ámbito profesional. El catalán, sin embargo, había conservado su prestigio y estatus social [...]. Eso hacía que existiera una sutil pero persistente discriminación social entre catalanohablantes "de toda la vida" y castellanohablantes que nunca habían tenido la oportunidad de aprender el idioma y no lo hablaban con fluidez. La inmersión lingüística fue la respuesta [...] El castellano no está en peligro en Cataluña. Tras años de inmersión lingüística, sigue siendo el idioma predominante y tiene una presencia abrumadora y completa en los medios. Es una lengua con 700 millones de hablantes; no hace falta "defenderlo". Lo que sí es necesario, paradójicamente, es defender a sus hablantes de una dinámica social que podría dejarles en desventaja en una sociedad bilingüe como es la catalana.

Fuente: https://www.vozpopuli.com/opinion/defensa-inmersion-linguistica-Cataluna-Catalan-Castellano-Gobierno_0_1109589683.html

2. La inmersión en catalán en las escuelas fue la solución para un problema social que tenía Cataluña cuando llegó la democracia a España. Explica cuál era ese problema.
3. Explica la última frase del texto usando tus propias palabras.

La inmersión lingüística garantiza el éxito en la adquisición de la competencia lingüística de las lenguas de uso social. [...] Se trata de un modelo capaz de cohesionar al alumnado sin tener en cuenta la lengua que se habla en casa, y que lo prepara para ser competente en el mundo laboral haciendo posible la igualdad de oportunidades y contribuyendo a hacer sentir a todo el mundo como una parte importante de una misma sociedad, sin exclusiones de ningún tipo. Esta prioridad del catalán en el sistema educativo no significa un menosprecio para las otras lenguas, sino que concilia la cultura de origen con la catalana y consigue que nuestro país gestione su multilingüismo respetando la diversidad lingüística de nuestro mundo, al ayudar a consolidar el catalán como lengua común [...]

Fuente: https://www.plataforma-llengua.cat/media/upload/pdf/immersio-cast_1537173349.pdf.

Asimismo, la inmersión lingüística tiene, además, otros beneficios a nivel social y colectivo, como por ejemplo el reconocimiento a la diversidad lingüística, tan importante actualmente en una sociedad multilingüe como la nuestra. De este modo, ya desde muy pequeños, los niños y niñas son conscientes de la necesidad de respetar al resto de los integrantes de la sociedad, sea cual sea su lengua, puesto que la que los une a todos es el catalán, lo que les permite comunicarse entre ellos y entenderse mutuamente. [...] con este sistema se garantiza, por un lado, que el alumnado catalanohablante de origen sea bilingüe al acabar las enseñanzas obligatorias, puesto que el entorno social de Cataluña es muy favorable al castellano; por el otro, que los niños y niñas que no tienen el catalán como lengua primera sean competentes en las dos lenguas oficiales en Cataluña gracias a la metodología de la inmersión.

[...] Asimismo, basándonos en hechos objetivos, como por ejemplo los informes favorables al desarrollo de la inmersión lingüística en Cataluña por parte del Consejo de Europa, podemos afirmar que el sistema educativo catalán es un modelo que disfruta de un apoyo explícito que va mucho más allá de nuestras fronteras. El modelo de inmersión lingüística no sólo está apoyado por las instituciones catalanas, sino también por las europeas.

Fuente: https://elpais.com/politica/2018/02/17/actualidad/1518895233_920813.html.

4. Identifica en el texto los cuatro beneficios de la inmersión en catalán, según este texto.

(1)	trabajo	
(2)	discriminación	
(3)	respeto a la diversidad lingüística	
(4)	bilingüismo	

¿Qué dicen los detractores?

"Es impensable un lugar en el que un alumno no pueda escolarizarse o centrar su currículo en una lengua oficial hablada por el 55% de la población", dice la profesora Mercè Vilarrubias, autora del libro *Sumar y no restar. Razones para introducir una educación bilingüe en Cataluña*. El español como lengua vehicular es una demanda de parte de la sociedad catalana. "El monolingüismo estricto que deja una lengua oficial fuera es muy raro", explica esta profesora. "Me pareció sorprendente comprobar que en la mayoría de los países con dos lenguas existen escuelas para una y para otra y que son los ciudadanos los que escogen". Según esta docente, solo hay un territorio con un sistema similar al de la escuela catalana [...]: Groenlandia. "Es parte de Dinamarca, pero no enseña danés, solo groenlandés. Y ellos mismos dicen, lo leí en una entrevista, que es la manera de evitar la atracción de la gente por las grandes ciudades, de evitar que se marchen. Cuando uno evita dar la enseñanza en otra lengua, el objetivo va más allá de temas puramente lingüísticos". [...] "Existe una falsa discusión que supone que hay que elegir entre la inmersión o tener escuelas en catalán y otras en español. [...] no se trata de segregar ni de crear fracturas. Y, por otro lado, el modelo que critican de que los padres escojan (*choose*) ya existe, está en el País Vasco sin levantar sospechas".

Ana Losada Fernández, presidenta de la Asamblea por una Escuela Bilingüe, defiende a capa y espada la posibilidad de elegir el idioma vehicular para que estudien los niños. Muchos padres se preguntan: ¿es legal la inmersión lingüística? ¿cómo es posible que no den castellano hasta primaria? ¿sólo dos horas a la semana? ¿qué puedo hacer para conseguir la escolarización bilingüe? Esta es la realidad con la que convivimos los padres en Cataluña, no podemos elegir, no existe oferta pública de escuelas bilingües (catalán y castellano).

Y no sólo eso, aquel padre que "se atreva" a solicitarlo está expuesto a una pena social; es la pena que pagamos los que queremos también el castellano como vehicular junto con el catalán. Esto contradice las recomendaciones de la UNESCO y UNICEF, y va en contra de los derechos que recoge nuestra constitución, y sobre todo faltan al sentido común. [...] Pedir bilingüismo no es estar en contra del catalán, queremos las dos lenguas. Losada dice que "el modelo catalán ha desnaturalizado la presencia del castellano en las aulas". Defiende una combinación mucho más parecida al gallego, en la que ambas lenguas conviven en las aulas, para que los alumnos aprendan "a valorarlas y a respetarlas como propias".

Fuente: https://www.finanzas.com/hemeroteca/razones-a-favor-y-en-contra-de-la-inmersion-del-lenguaje-educativo_13384674_102.html.

5. Explica la opinión de Mercè Vilarrubias ante este debate y qué argumento usa para justificar su opinión.
6. Di si Mercè Vilarrubias está a favor o en contra del derecho a elegir el modelo de educación lingüística en Cataluña.
7. Explica la opinión de Ana Losada ante este debate y qué tipo de argumentos usa para justificar su opinión.
8. ¿Qué modelo de educación lingüística propone Ana Losada?

APLICACIÓN

1. Lean esta noticia. Ustedes representan al gobierno de la Generalitat de Catalunya. ¿Están de acuerdo con esta sentencia? ¿Van a recurrir (*appeal*) esta sentencia? ¿Qué argumentos van a usar? Escriban dos.

Tribunal Superior de Catalunya dictamina uso del castellano en las aulas junto con el catalán

El 17 de diciembre de 2020 el Tribunal Superior de Justicia de Catalunya acabó con el sistema de inmersión lingüística en Catalunya estableciendo que al menos una asignatura, además del español, debe impartirse en castellano en vez de en catalán. La sentencia obliga a que un mínimo del 25% de las clases sean en castellano. La sentencia establece que todos los alumnos deberán recibir "de manera efectiva e inmediata" el nuevo modelo de enseñanza. En su sentencia, los jueces consideran que el uso vehicular de la lengua castellana en el sistema de enseñanza de Catalunya "es residual". La naturaleza oficial de las dos lenguas "impone necesariamente su uso vehicular" en las aulas. Esto se traduce en que no existe "preferencia" del catalán sobre el castellano en el sistema educativo.

Fuente: https://www.eldiario.es/catalunya/justicia-acaba-inmersion-lingueistica-catalunya-obliga-minimo-25-clases-sean-castellano_1_6512024.html

LA EXPRESIÓN DEL ACUERDO Y EL DESACUERDO

Durante una conversación sobre un tema complejo o controversial, o un trabajo en grupo donde hay que intercambiar opiniones, negociar y llegar a un acuerdo, debemos saber cómo expresar nuestro acuerdo o desacuerdo con ciertas opiniones o ideas. Estas son algunas maneras:

EL ACUERDO

(Sí), estoy de acuerdo.	*I agree.*
De acuerdo.	*OK, fine*
Estoy de acuerdo contigo /con usted / con...	*I agree with you / with...*
Tiene(s) razón.	*You're right.*
Es cierto / verdad.	*That's true.*
Bueno.	*Okay*
Opino igual que tú / usted...	*I agree with you...*

EL DESACUERDO

No estoy (totalmente) de acuerdo.	*I don't (totally) agree.*
No estoy de acuerdo contigo/con usted / con...	*I disagree with you / with...*
(Lo siento, pero) no tienes razón.	*(I am sorry, but) you're wrong.*
Eso no es cierto / verdad.	*That is not true.*
Creo que estás equivocado.	*I believe you are incorrect/ wrong.*

ANÁLISIS

1. Identifiquen de qué lado del debate están estas opiniones y sugieran quién las diría (quién sería la parte interesada en defender estas ideas). Después elaboren un contraargumento para refutar esa opinión.

	¿Quién?	Contraargumento
La inmersión ha conseguido que los alumnos de las zonas castellanohablantes aprendan catalán, pero no que lo hagan suyo al percibirlo como una imposición.		Aunque ... sin embargo ...
Si los niños tienen que hablar castellano, lo hablarán, porque todo el mundo lo conoce y lo sabe.		Es cierto que ... pero ...

	¿Quién?	Contraargumento
La administración catalana infringe artículos de la *Carta de los Derechos Humanos* como la discriminación de los alumnos castellanohablantes a los que no se les reconocen los mismos derechos que a los alumnos catalanohablantes.		Es verdad que... pero...
La inmersión lingüística es un derecho democrático que debemos defender los estudiantes, profesores, madres y padres.		Quizá... pero...
La inmigración de personas castellanoparlantes hizo que la presencia del catalán se redujera de manera drástica. En este contexto, había que hacer algo para asegurar que el catalán pudiera seguir siendo una lengua importante y útil para la sociedad, y que a la vez no fuera un impedimento para los recién llegados.		Sí, pero...

Fuente: https://cronicaglobal.elespanol.com/vida/cataluna-enroca-inmersion-linguistica_268002_102.html; https://cronicaglobal.elespanol.com/vida/cataluna-enroca-inmersion-linguistica_268002_102.html; https://www.elmundo.es/cataluna/2019/07/30/5d3f3a23fc6c8323528b4645.html; http://www.izquierdadiario.es/La-escuela-catalana-contra-los-ataques-a-la-inmersion-linguistica.

2. Analicen los datos de estos gráficos. Decidan cómo cada parte del debate podría usar estos datos para apoyar su posición. Para cada gráfico, elaboren dos argumentos: uno de cada lado del debate.

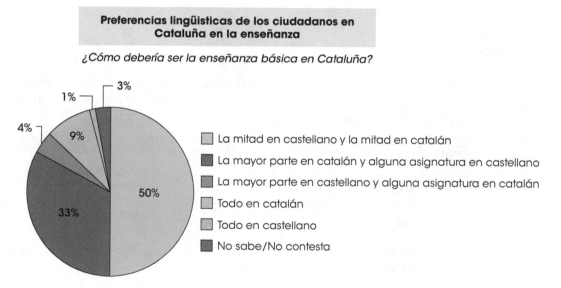

Preferencias lingüísticas de los ciudadanos en Cataluña en la enseñanza

¿Cómo debería ser la enseñanza básica en Cataluña?

- 50% La mitad en castellano y la mitad en catalán
- 33% La mayor parte en catalán y alguna asignatura en castellano
- 9% La mayor parte en castellano y alguna asignatura en catalán
- 4% Todo en catalán
- 1% Todo en castellano
- 3% No sabe/No contesta

Fig. 2-19. Preferencias lingüísticas de los catalanes en el ámbito de la enseñanza

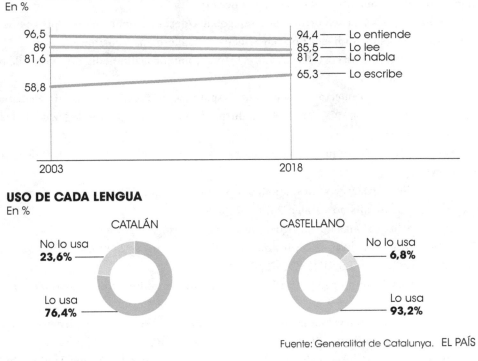

ENCUESTA SOBRE EL USO DEL CATALÁN

CONOCIMIENTO DEL CATALÁN
En %

96,5 ——— 94,4 ——— Lo entiende
89 ——— 85,5 ——— Lo lee
81,6 ——— 81,2 ——— Lo habla
65,3 ——— Lo escribe
58,8

2003   2018

USO DE CADA LENGUA
En %

CATALÁN

No lo usa
23,6%

Lo usa
76,4%

CASTELLANO

No lo usa
6,8%

Lo usa
93,2%

Fuente: Generalitat de Catalunya. EL PAÍS

Fig. 2-20. Uso del catalán y del castellano en Cataluña

EVALUACIÓN

Con toda la información que tienen, identifiquen los dos lados principales del debate y formulen los argumentos para cada uno. ¿Quién(es) estarán en cada uno de los dos lados y por qué?

	¿Quién(es)?	Argumentos
LADO A		1. 2. 3.
LADO B		1. 2. 3.

FIGURE CREDITS

Fig. 2-1: Fuente: Adapted from: http://www.proeibandes.org.

Fig. 2-4: Adaptado de: http://basica.primariatic.sep.gob.mx/descargas/colecciones/proyectos/INEGI_Cuentame/sitio/poblacion/lindigena/imagenes/mapa_sensible/mapa_sensible.gif.

Fig. 2-5: Copyright © by Noahedits (CC BY-SA 4.0) at https://commons.wikimedia.org/wiki/File:Nahuatl_precontact_and_modern.svg.

Fig. 2-6: Adaptado de: http://loshuertosmedicinales.blogspot.com/2015/06/la-cultura-de-guatemala.html.

Fig. 2-7: Copyright © by Babbage (CC BY-SA 4.0) at https://commons.wikimedia.org/wiki/File:Aymara_in_South_America.svg.

Fig. 2-8: Copyright © by Huhsunqu (CC BY-SA 4.0) at https://en.wikipedia.org/wiki/File:Quechuan_distribution.svg.

Fig. 2-10: Adaptado de: https://www.elespanol.com/opinion/tribunas/20180225/mentiras-inmersion-linguistica-cuenta-nacionalismo-catalan/287471871_0.html.

Fig. 2-11: Adaptado de: https://mas.farodevigo.es/canales/graficos/8979/grafico.html.

Fig. 2-12: Adaptado de: https://uploads-ssl.webflow.com/5d2499e6a5dbeca3c357d762/5d9caaaacedb8f04ef2e661d_ES_UNESCO-A.pdf.

Fig. 2-12a: Fuente: https://commons.wikimedia.org/wiki/File:Simplified_blank_world_map_without_Antartica_(no_borders).svg.

Fig. 2-13: Adaptado de: http://www.aidesep.org.pe/noticias/27-de-mayo-dia-de-las-lenguas-originarias.

Fig. 2-13a: Fuente: https://commons.wikimedia.org/wiki/File:Regions-of-peru-blank-map-001.svg.

Fig. 2-14: Adaptado de: https://www.eltelegrafo.com.ec/noticias/sociedad/6/onu-lenguas-indigenas-preservan-sabiduria.

Fig. 2-14a: Copyright © 2011 by Depositphotos/dengess.

Fig. 2-15: Fuente: https://commons.wikimedia.org/wiki/File:Cherokee_stop_sign.png.

Fig. 2-16: Fuente: https://en.wikipedia.org/wiki/File:Seal_of_Biliteracy_(general).png.

Fig. 2-17: Copyright © by Sander Saban (CC BY-SA 4.0) at http://commons.wikimedia.org/wiki/File:Lila_Downs_at_18-11.jpg.

IMG 2-1: Fuente: https://commons.wikimedia.org/wiki/File:Sustainable_Development_Goal-es-07.jpg.

IMG 2-2: Fuente: https://www.un.org/sustainabledevelopment/es/cities/.

Fig. 2-18: Copyright © by Fotrunatus (CC BY-SA 3.0) at http://commons.wikimedia.org/wiki/File:Euscalerria.gif.

Fig. 2-19: Adaptado de: https://www.elespanol.com/opinion/tribunas/20180225/mentiras-inmersion-linguistica-cuenta-nacionalismo-catalan/287471871_0.html.

Fig. 2-20: Fuente: https://elpais.com/ccaa/2019/07/08/catalunya/1562592970_754956.html.

PERSPECTIVA HISTÓRICA

CAPÍTULOS 3, 4 Y 5

CAPÍTULO 3

El encuentro de dos mundos y la colonización

CAPÍTULO 4

Independencia y formación de nuevas naciones

CAPÍTULO 5

Las dictaduras del siglo XX

3

El encuentro de dos mundos y la colonización

OBJETIVOS DE APRENDIZAJE

1. Comprender, analizar y evaluar
   a. el proceso de la conquista y colonización españolas en América, sus objetivos y consecuencias sociales y culturales
   b. las diferencias entre los procesos de colonización en el norte y el sur de América
   c. el fenómeno del mestizaje racial y cultural en el norte y el sur de América
2. Aprender sobre la obra literaria más importante del chileno Pablo Neruda, Premio Nobel de Literatura (1971): *El canto general*
3. Analizar el ODS 11: la importancia del trabajo decente y la erradicación del trabajo forzoso para alcanzar el desarrollo sostenible
4. Evaluar críticamente la necesidad de una revisión histórica del papel de España en la conquista de México

	Temas	Lengua
Aproximación	3-1. El 12 de octubre de 1492	
Perspectiva Lingüística	3-2. El encuentro de dos mundos 3-3. Objetivos de la colonización española 3-4. Colonizaciones: norte y sur 3-5. La esclavitud en las colonias españolas	G-6. La expresión de las fechas G-7. El uso de los tiempos verbales del pasado
Perspectiva Intercultural	3-6. El mestizaje	
Perspectiva Artística	3-7. El "Canto General" de Pablo Neruda	
	El Objetivo de Desarrollo Sostenible 8 El trabajo decente y la lucha para erradicar el trabajo forzado	
Debate	La revisión del papel de España en la conquista	La refutación de argumentos

APROXIMACIÓN

3-1   EL 12 DE OCTUBRE DE 1492

1. **La llegada de Cristóbal Colón al Caribe desencadenó (*set off*) un proceso de repercusiones importantísimas: la colonización de todo un continente. ¿Cómo se conmemora hoy? Lee los nombres que cada país le da a esta fecha. Estos nombres han evolucionado con el tiempo.**

País	Nombre
España	Día de la Fiesta Nacional de España (Día de la Hispanidad hasta 1987)
Argentina	Día del Respeto a la Diversidad Cultural
Bolivia	Día de la Descolonización
Chile	Día del Encuentro de Dos Mundos
Colombia	Día de la Raza y la Hispanidad
Costa Rica	Día de Encuentro de las Culturas
Rep. Dominicana	Día de la Identidad y Diversidad Cultural
Ecuador	Día de la Interculturalidad y la Plurinacionalidad
Honduras	Día de la Raza
El Salvador	Día de la Raza
Nicaragua	Día de la Resistencia Indígena, Negra y Popular
Perú	Día de los Pueblos Originarios y del Diálogo Intercultural
Uruguay	Día de la Raza
Venezuela	Día de la Resistencia Indígena
Estados Unidos	Día de Colón Día de los Pueblos Indígenas en doce estados y más de 130 ciudades

COMPRENSIÓN

1. Estas diferentes nomenclaturas presentan al menos tres distintas visiones del mismo evento y sus consecuencias. Identifica estas tres visiones y sus ideas subyacentes.
2. En EE. UU. "Columbus Day" es una fiesta que fue promovida por la comunidad italoamericana como celebración de su herencia, pero en otros estados y en muchas ciudades han cambiado el nombre. En general, ¿qué crees que significa Columbus Day en EE. UU.?
3. Explica cómo estas palabras reflejan distintas visiones del mismo evento histórico.

la conquista	el descubrimiento
la invasión	el encuentro

2. **Lee estos fragmentos del Diario de Cristóbal Colón en los que describe su primer contacto con los pobladores nativos americanos del primer territorio donde llegó.**

Fig. 3-1. Llegada de Colón, 12 de octubre de 1492

Jueves, 12 de octubre de 1492

"[...] mas me pareció que era gente muy pobre de todo. Ellos andaban todos desnudos [...] y todos los que yo vi eran todos mancebos, que ninguno vi de edad de más de 30 años [...] y algunos de ellos se pintan las caras, y otros todo el cuerpo, y otros sólo los ojos, y otros sólo la nariz. Ellos no traen armas ni las conocen, porque les mostré espadas y las tomaban por el filo y se cortaban con ignorancia. [...] Ellos deben ser buenos servidores y de buen ingenio, que veo que muy presto dicen todo lo que les decía. Y creo que ligeramente se harían cristianos, que me pareció que ninguna secta tenían".

Sábado, 14 de octubre de 1492

"Luego que amaneció, vinieron a la playa muchos de estos hombres, todos mancebos, como dicho tengo, y todos de buena estatura, gente muy hermosa; los cabellos no crespos, sino corredíos [lacios] y gruesos como sedas de caballo, y todos de la frente y cabeza muy ancha, más que otra generación que hasta aquí haya visto; y los ojos muy hermosos y no pequeños [...]. Y yo estaba atento y trabajaba de saber si había oro, y vi que algunos de ellos traían un pedazuelo colgado en un agujero que tienen en la nariz.

Y por señas pude entender que, yendo al sur o volviendo la isla por el sur, que estaba allí un rey que tenía grandes vasos de ello y tenía muy mucho [...]. Aquí nace en esta isla, mas por el poco tiempo no pude dar así del todo fe. Y también aquí nace el oro que traen colgado a la nariz, mas, por no perder tiempo, quiero ir a ver si puedo topar a la isla de Cipango".

Fuente: https://es.wikisource.org/wiki/Diario_de_a_bordo_del_primer_viaje_de_Crist%C3%B3bal_Col%C3%B3n:_texto_completo.

COMPRENSIÓN

1. ¿Cómo describió Colón a los pobladores nativos con quienes se encontró? Escribe una descripción basada en los fragmentos que has leído.
2. ¿Cómo reaccionaron los nativos ante el contacto con Colón y sus hombres?
3. Colón menciona tres conceptos que serán cruciales en el proceso de conquista y colonización de América: religión, raza y riquezas. Busca en los fragmentos del diario referencias a estos tres conceptos. Usa tus propias palabras.

RELIGIÓN	Colón dijo que ...
RAZA	Colón mencionó que ...
RIQUEZAS	Colón escribió que ...

PENSAMIENTO CRÍTICO

1. ¿Cuál fue la importancia de estos tres conceptos—religión, raza y riquezas—en la posterior colonización? Asocien cada concepto con una característica del proceso de la colonización española.

RELIGIÓN	Durante la colonización, los españoles ...
RAZA	En el proceso de colonización ...
RIQUEZAS	El proceso de colonización consistió en ...

2. Evalúen esta cita del escritor Eduardo Galeano. ¿Están de acuerdo o no con esta caracterización de la fecha del 12 de octubre de 1492? Justifiquen su opinión.

El 12 de octubre de 1492, América descubrió el capitalismo. En su diario del descubrimiento, el Almirante escribió 159 veces la palabra oro [...]. Él no podía cansar los ojos de ver tanta lindeza en aquellas playas, y el 27 de noviembre profetizó: *Tendrá toda la cristiandaz negocio en ellas.* Y en eso no se equivocó.

Eduardo Galeano (1999)

Fuente: http://depoliticaehistoria.blogspot.com/2018/10/el-descubrimiento-el-12-de-octubre-de.html.

PERSPECTIVA LINGÜÍSTICA

VOCABULARIO META

aportar	to contribute	libre	free
aumentar	to increase	llegada (la)	arrival
aumento (el)	increase	llegar	to arrive
cacique (el)	indigenous leader	mano de obra (la)	workforce
centrar	to center	mestizaje (el)	fusion; mixing of races
colonia (la)	colony	mestizo/a (el, la)	person of mixed race
colonización (la)	colonization	oro (el)	gold
colonizador (el)	colonizer	partir	to leave; to depart
colono (el)	colonist; settler	patria (la)	homeland
comercio (el)	trade	pedir disculpas	to apologize
conquista (la)	conquest	perdurar	to live on; to endure
conquistador (el)	conqueror	plata (la)	silver
conquistar	to conquer	poblador/a (el, la)	local; inhabitant
corona (la)	crown	premio (el)	reward
cruzar	to cross	prohibir	to ban; to forbid
desencadenar	to trigger; to set off	promulgar	to enact
disculparse	to apologize	quedar	to remain; to be left
disminución (la)	decrease	raza (la)	race
disminuir	to decrease	reemplazar	to replace
durar	to last	regresar	to come back; to return
encuentro (el)	encounter; meeting	riqueza (la)	richness; wealth
esclavista (el, la)	slave owner	rumbo a	on the way to; heading to
esclavitud (la)	slavery	sarampión (el)	measles
esclavizar	to enslave	secuestrar	to kidnap
esclavo (el)	slave	secuestro (el)	kidnapping
establecer	to establish	someter	to subdue; to subject
establecerse	to settle	tierra (la)	land
establecimiento (el)	establishment	trabajo forzado (el)	forced labor
experimentar	to experience	tributos (los)	taxes
instituir	to introduce; to establish	ultramar	overseas
ley (la)	law	viruela (la)	smallpox
libertad (la)	freedom	volver	to return

3-2 EL ENCUENTRO DE DOS MUNDOS

3-1

1. **Mira este video donde se narra la llegada de Cristóbal Colón a la isla que hoy es Cuba. Luego responde a las preguntas.**

COMPRENSIÓN

1. El viaje de Colón presuponía, geográficamente, que ...
2. ¿Por qué tipo de razones decidieron financiar el viaje de Colón los reyes españoles, según el video?
   a. comerciales
   b. políticas
   c. religiosas
3. Brevemente, ¿cómo describe el narrador del video a los habitantes de la isla?
4. ¿Qué nombres usó Colón para referirse a la isla?
5. Colón siempre pensó que había llegado a Asia; en concreto a ...

PENSAMIENTO CRÍTICO

1. Analicen el lenguage usado en el video y digan qué visión presenta del evento del 12 de octubre de 1492. Hagan una lista de palabras y expresiones para justificar su opinión.
2. Lean esta información de una página de historia sobre lo que se sabe de los pobladores originarios de Cuba y las otras islas caribeñas. Comparen la información con la que da el video.

---

http://www.puntos.encuentro.esp

En el momento de la llegada de los españoles al Caribe en 1492 había varias culturas en las islas que hoy son Cuba, La Española (Haití y la República Dominicana), Las Bahamas y Puerto Rico. La cultura taína era la más avanzada. Los taínos tenían una organización social y a la cabeza estaban los jefes o caciques, que recibían tributo del resto de la población.

Su principal actividad económica era la agricultura y cultivaban productos como la mandioca, la yuca, el cacao o el tabaco. También hacían cestas, trabajaban la cerámica, tallaban la madera, fabricaban redes y manufacturaban el oro que había en los ríos hasta que los españoles agotaron las reservas.

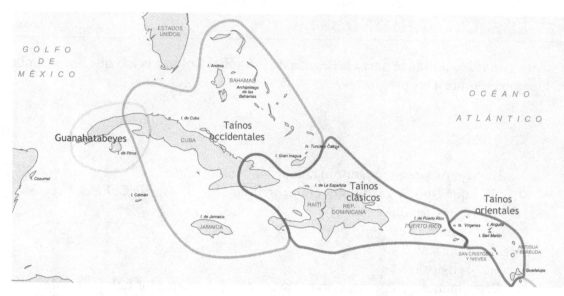

Fig. 3-2. Taínos a finales del siglo XV

2. **Lee este texto para saber más sobre el impacto de la llegada de los españoles en la población taína. Después mira el video donde una investigadora habla sobre el impacto demográfico del encuentro de los dos mundos.**

3-2

Las estimaciones de población de Cuba, Las Bahamas y Puerto Rico antes de la llegada de Cristóbal Colón son muy variadas. Bartolomé de las Casas, el fraile español que vivió en La Española, escribió que a principios del siglo XVI (en 1508) había 60.000 personas en la isla, cuando antes de 1492 había tres millones. Hoy día los historiadores consideran que la cifra era de un máximo de medio millón. En cualquier caso, si esta era la estimación hacia finales del siglo XV, es evidente que la población de las islas disminuyó de forma vertiginosa. En treinta años murió entre el 80% y el 90% de la población taína, en parte debido a las enfermedades europeas, que causaron epidemias como la viruela, el sarampión y el tifus. Sin embargo algunos expertos mantienen que una causa más importante fue el sistema de trabajo forzado, el abuso y la explotación al que los españoles sometieron a la población. Existen documentos que declararon la extinción de la población taína a mediados del siglo XVI (para 1565) y los registros del censo dicen que <u>no quedaban indígenas en el Caribe después de 1802</u>. Sin embargo, un estudio genético publicado en 2018 proporcionó evidencia de que hoy día aún hay personas en Puerto Rico que descienden de los taínos.

COMPRENSIÓN

1. En el texto se mencionan dos causas de la rápida disminución de población indígena en el Caribe. ¿Cuál de las dos fue la principal?
2. Escucha el video. ¿Qué datos usó la investigadora para mostrar el rápido descenso poblacional ocurrido en el continente americano?
3. Según el video, ¿en qué punto en el tiempo se vio el mayor descenso de población indígena?
4. ¿Por qué razones, según la investigadora, hubo ese descenso de población indígena? ¿Cuál fue la principal?

REFLEXIÓN LINGÜÍSTICA: G–6

1. Identifica en el texto cuatro ejemplos de expresiones de tiempo aproximado en que ocurrió algo. Cámbialas por otras similares.

2. Escribe la frase subrayada en el texto usando una expresión de tiempo aproximado.

PENSAMIENTO CRÍTICO

1. Piensen en una posible razón de la disparidad en la importancia que se atribuye a las epidemias como causa del colapso demográfico indígena.

2. Los viajes de Cristóbal Colón desencadenaron muchas otras consecuencias que perduran hasta nuestros días. Evalúen estas cuatro desde dos puntos de vista: el de las poblaciones indígenas (descendientes de los pueblos originarios) y el de los países que se beneficiaron.

   • Mestizaje genético y cultural y creación de nuevas sociedades
   • Desarrollo de la geografía y las ciencias naturales
   • Difusión mundial de alimentos de las culturas americanas e introducción de animales y cultivos de Europa en América
   • Expansión de la navegación y el comercio entre países en América y entre América y Europa

3-3   OBJETIVOS DE LA COLONIZACIÓN ESPAÑOLA

Lee este texto sobre los objetivos de la expansión española en América. Después responde a las preguntas.

En 1492 España era una de las primeras naciones europeas unificada bajo un gobierno central en un nuevo reino llamado España. En ese año se decretó la expulsión de los judíos—o su forzosa conversión al cristianismo—y se publicó la primera gramática del idioma castellano de Antonio de Nebrija. Estos datos revelan las bases ideológicas y políticas con las que se inició la expansión española en América.

El catolicismo, el idioma español y el absolutismo de la corona eran los elementos unificadores de la nueva identidad nacional. La colonización tenía que expandir el dominio de la corona española, consagrada a la fe católica. Otro factor—no menos importante—en el campo económico era la ambición expansiva en busca de riquezas para sostener una economía basada en la guerra y en la posesión de tierras.

Fig. 3-3. Emblema usado en la moneda de las colonias españolas

Había que encontrar metales preciosos, competir comercialmente con el resto de Europa y dar tierras a los héroes españoles y a la Iglesia. Por eso la conquista fue una operación fundamentalmente militar, pero también evangelizadora, que avanzó en busca de oro y de plata hasta el extremo sur del continente con la esperanza de encontrar el legendario "dorado". Una vez conquistado un vasto terreno, el esfuerzo militar pronto se concentró en neutralizar la intervención de otras potencias en la zona, como Portugal, Francia o Gran Bretaña. Además, la corona española estableció un fuerte monopolio comercial sobre sus territorios de ultramar y una estructura autoritaria, burocrática y jerárquica que duró más de tres siglos y que hasta el presente tiene influencia en la cultura, economía y política de la región.

Fuente: https://historia-edu-boliviana.jimdofree.com/unidades-tematicas/tema-2-la-colonizacion-y-la-colonia/.

COMPRENSIÓN

Resume los objetivos de la colonización española.

Ideológicos	
Políticos	
Económicos	

REFLEXIÓN LINGÜÍSTICA: G–7

1. En el párrafo uno del texto, explica la función del verbo *era* y la función de los tres verbos en pretérito que le siguen.

2. En el párrafo dos del texto, explica la función de los cuatro primeros verbos en imperfecto y el contraste con el cuarto verbo en pretérito.

PENSAMIENTO CRÍTICO

1. Observen el escudo de armas (*emblem*) de los Reyes Católicos y traten de interpretar los símbolos que aparecen.
2. Interpreten el significado de estos tres eventos ocurridos en España en 1492, desde la perspectiva histórica y desde la perspectiva actual.

	¿Qué tipo de sociedad querían los Reyes Católicos?	¿Es este un modelo del pasado?
Expulsión de los judíos de España		
Unificación territorial con un gobierno central		
Publicación de la primera gramática del idioma castellano		

3-4   COLONIZACIONES: NORTE Y SUR

1. **Examina el mapa y lee este texto para identificar aspectos del proceso colonizador español. Completa la columna de la izquierda de la tabla.**

La colonización española comenzó a fines del siglo XV y España tomó posesión por la fuerza de los dos grandes imperios existentes: el azteca en América del Norte y el inca en el actual Perú. A partir de ahí controló una gran parte de América Central y del Sur, el Caribe y la península de Florida. En 30 años los españoles dominaron gran parte del continente. Esta colonización tuvo un espíritu de cruzada, con el deseo de anexionar nuevos territorios a la corona española, explotar sus riquezas y cristianizar a sus pueblos. Durante todo este tiempo América nunca fue considerada 'la patria' por los españoles que vivían allá. El control desde España fue total y se formó una América Hispana dependiente de España. Pronto comenzó la explotación económica, la fundación de ciudades y el establecimiento de las instituciones de gobierno o virreinatos. Los españoles sometieron a la población amerindia a un sistema de trabajo forzado esclavista al tiempo que centraron parte de su esfuerzo en adoctrinarlos y convertirlos a la religión católica. Debido al proceso de mestizaje, los nativos fueron también parte del proceso de colonización, pero se instituyó una rígida estratificación social basada en la raza y las riquezas. En los primeros 130 años de la colonización murió el 90–95% de la población total originaria, lo que dio lugar a el secuestro de millones de africanos para llevarlos como esclavos a América y reemplazar la mano de obra indígena.

Adaptado de https://es.wikipedia.org/wiki/Colonizaci%C3%B3n
_espa%C3%B1ola_de_Am%C3%A9rica.

Virreinato
de la
Nueva España

Virreinato
de
Nueva Granada

Virreinato
del Perú

Virreinato
del
Río de la Plata

Fig. 3-4. Territorios de
España en América (1800)

REFLEXIÓN LINGÜÍSTICA: G–7

1. Observa los verbos en pasado marcados en el texto y el contexto en el que aparecen. Di si el autor del texto se concentró en el final de los eventos o en la duración de los eventos.

2. Identifica el verbo en pasado con el que el autor quiere centrarse en la duración de un evento. ¿Qué función tiene este verbo?

   a. describir una condición o situación en el pasado

   b. describir algo o a alguien en el pasado

   c. expresar una acción que se repite en el pasado

COMPRENSIÓN

	Colonización española	Colonización británica
1. ¿En qué fecha comenzó la colonización y qué territorio se colonizó?		
2. ¿Qué relación se estableció entre España (o Inglaterra) y sus colonias?		
3. ¿Había un sentimiento de patriotismo hacia la nueva tierra?		
4. Describe brevemente la organización política en las colonias.		
5. Describe brevemente la organización social en las colonias.		
6. ¿Hubo esclavitud? ¿De quién? ¿Por qué?		
7. ¿Qué influencia tuvo la religión?		

3-1

2. Ahora escucha a esta historiadora, quien nos cuenta cómo fue la colonización británica del norte de América. Identifica los aspectos de este proceso colonizador. Completa la columna de la derecha de la tabla anterior.

PENSAMIENTO CRÍTICO

Comparen los dos procesos y decidan las dos diferencias y las dos similitudes más importantes según (*according to*) su trascendencia. Justifiquen su decisión.

DIFERENCIAS	1. _____; en cambio _____. Es posible ver esto hoy día porque ...
	2. _____; sin embargo _____. Podemos ver esto hoy en ...
SIMILITUDES	1. Tanto en ... como en ... _____. Esto se refleja hoy en ...
	2. En ambas _____. Por eso hoy día ...

3-5   LA ESCLAVITUD EN LAS COLONIAS ESPAÑOLAS

1. **Lee este texto sobre el sistema de trabajo llamado *la encomienda*. Después responde a las preguntas.**

Durante los primeros años de la colonización los indígenas fueron comprados y vendidos como mano de obra e incluso transportados a España como mercancía. La reina Isabel I prohibió en 1500 la esclavitud de los indígenas en los territorios conquistados, pero existía el sistema de encomiendas, que consistía en la cesión de un grupo de indígenas a un conquistador español—el encomendero—generalmente como premio por sus servicios militares. Estos indígenas trabajaban a su servicio y a cambio el encomendero

Fig. 3-5. Indígenas y encomenderos

tenía la obligación de protegerlos y ocuparse de su educación en la religión católica. Los caciques de los grupos indígenas eran los intermediarios entre las comunidades y el régimen colonial, recogían los tributos que los indígenas pagaban a la corona (metales o alimentos) y se los llevaban al encomendero.

En 1511, bajo el reinado de Fernando el Católico, se aprobaron las Leyes de Burgos, que decían que los indios eran hombres libres, y en 1542 el rey Carlos I promulgó las Leyes Nuevas, prohibiendo la esclavitud y ordenando la liberación de todos los indígenas de las encomiendas. A lo largo del siglo XVI, sin embargo, las encomiendas fueron un sistema semiesclavista de facto y hubo muchas voces en contra de este sistema de trabajo. Aunque poco a poco fue desapareciendo, existe evidencia de que en el Caribe, en toda la región de México y en Colombia se compraron y vendieron indígenas en el siglo XVII e incluso en el XVIII.

COMPRENSIÓN

1. ¿Qué era una encomienda y cómo la obtenía un conquistador?
2. ¿Era tener una encomienda lo mismo que tener esclavos?
3. Explica la posición de la monarquía española respecto a la esclavitud.

REFLEXIÓN LINGÜÍSTICA: G-7

1. Observa los verbos en pasado marcados en el primer párrafo del texto. Di si el autor del texto se concentró en el *final* de los eventos o en la *duración*.

2. ¿Qué función tienen los verbos en el tiempo **imperfecto** en el primer párrafo?

3. Explica el uso del **pretérito** en los dos casos del párrafo dos.

3-3

2. **Lee este texto sobre el fraile español Bartolomé de las Casas, el "defensor de los indios". Luego mira el video y responde a las preguntas.**

Bartolomé de las Casas (1474–1566) fue un religioso español que defendió los derechos de los indígenas en los inicios de la colonización de América. Por ello es considerado uno de los precursores del derecho internacional moderno. Llegó a La Española en 1502 y se hizo cargo de una encomienda pero unos años después comenzó a tomar conciencia de la situación de los indígenas, renunció a su encomienda y se dedicó a defender sus derechos. En 1540 visitó al rey Carlos I y le habló en detalle de las condiciones en que vivían los pueblos originarios en las colonias americanas. El rey Carlos I, influenciado por estas conversaciones, promulgó en 1542 las Leyes Nuevas, que prohibían esclavizar a los indígenas. En su obra *Brevísima Relación de la Destrucción de las Indias* (1552) documentó las atrocidades a las que fueron sometidos los indígenas de América.

A mediados del siglo XVI, Carlos I decidió organizar un debate—La Junta de Valladolid (1550-1551)—sobre la legitimidad de la conquista y los derechos naturales de los habitantes del Nuevo Mundo para decidir, sobre bases teológicas, cómo debía la Corona española proceder con la colonización y población de América.

Fig. 3-6. Bartolomé de las Casas

COMPRENSIÓN

1. ¿Cómo justificó Ginés de Sepúlveda en este debate la conquista y el tratamiento que se daba a los indígenas?

2. ¿Por qué no tenían derecho la Iglesia o los conquistadores a someter a los indígenas, según de las Casas?

3. Di dos cambios en las colonias americanas que fueron resultado de la Junta de Valladolid.

4. Explica la trascendencia del debate de Valladolid.

PENSAMIENTO CRÍTICO

Lean esta información adicional sobre Bartolomé de las Casas. ¿Debe ser Bartolomé de las Casas reconocido como precursor de los derechos humanos? Después lean las cuatro informaciones adicionales. Marquen aquellas que les ayuden a formar una opinión. Finalmente hagan un debate en grupos de cuatro (dos contra dos). Elaboren dos argumentos para defender su posición.

http://www.puntos.encuentro.esp

En 1517 Bartolomé de las Casas, preocupado por el trato dado a los indígenas, propuso la importación de esclavos negros al Nuevo Mundo para hacer el trabajo de estos. Después de 30 años y de conocer y convivir con esclavos, de las Casas cambió su actitud, se arrepintió y cuestionó la legitimidad de esta esclavitud. En su libro *Historia de las Indias* denunció que no se podía justificar ninguna esclavización de personas.

OPINIONES

En aquella época, según el *derecho de gentes*, estaba permitido hacer esclavos a los capturados en una guerra justa. En España (y en Europa) había esclavos sarracenos (árabes y musulmanes) y negros africanos porque eran considerados infieles y enemigos de la cristiandad. En cambio, los indígenas del Nuevo Mundo eran esclavizados ilegalmente porque las guerras contra ellos no eran justas.

De las Casas escribió unas pocas páginas criticando la esclavitud africana, pero eso no es nada comparado con sus escritos sobre la defensa de los indígenas. Tampoco condenó nunca públicamente la esclavitud de los africanos.

El Padre Las Casas fue defensor de los negros. [...]. Fue el primero que los defendió y fue el único que los defendió hasta finales del siglo XVI.

La Iglesia Católica habló en defensa de algunos intereses de los indios, pero nunca en defensa de los negros. De las Casas fue muy cauteloso porque no quería problemas con el Santo Oficio.

	ARGUMENTOS
SÍ	1. No creo que ... porque ... 2. Además, en nuestra opinión ...
NO	1. Estamos en contra de ... porque ... 2. Otro argumento es que ...

PERSPECTIVA INTERCULTURAL

3-6   EL MESTIZAJE

1. Lee este texto sobre el mestizaje y la estructura social durante la época colonial.

La colonización europea del centro y sur de América tuvo como resultado el mestizaje o mezcla biológica y cultural de europeos, indígenas y africanos. Esto dio lugar a un sistema social de castas basado en el linaje de las personas que ha perdurado en el tiempo. En la sociedad colonial, el poder político y económico se concentraba en los españoles blancos venidos de Europa. También en la cima de la pirámide social, pero con menor poder político, estaban los criollos, españoles blancos nacidos en América que tenían grandes extensiones de tierras y pleno acceso a la educación. En escala descendiente había un gran número de **castas** o mezclas raciales, según la pureza de sangre de las personas: en el estrato medio estaban los mestizos, nacidos de un español y una mujer indígena, que solían ser artesanos o pequeños propietarios de tierras. Después había una clasificación sociorracial de más de cuarenta castas: mulatos (negro y español), castizos (mestizo y español), zambos (negro e indígena), coyotes (mestizo e indio), etc. En la base de la pirámide, destinados a los trabajos más duros en las minas y la agricultura, estaban los indígenas y los esclavos africanos.

Fig. 3-7. *De mestizo e india, coyote*, de Miguel Cabrera (1763)

Fuente: https://historia-edu-boliviana.jimdofree.com/unidades-tematicas/tema-2-la-colonizacion-y-la-colonia/.

COMPRENSIÓN

1. Según el texto que has leído, explica si los criollos eran una casta o no y por qué.
2. Lee el título del primer cuadro. Para cada miembro de la familia, completa las frases según su origen.
    - La madre es _____.
    - La *casta* del padre representa la mezcla de _____ y _____.
    - La *casta* de los hijos es _____.
3. Lee el título del segundo cuadro y completa las frases.
    - El padre es _____.
    - La *casta* de la madre representa la mezcla de _____ y _____.
    - La *casta* de los hijos es _____.
4. Describe y compara la ropa de las personas que aparecen en los cuadros. ¿Hay elementos indígenas, africanos, europeos?

Fig. 3-8. *De español y mulata, morisca,* de Miguel Cabrera (1763)

PENSAMIENTO CRÍTICO

1. Piensen en dos razones por las que el mestizaje no ocurrió en Estados Unidos de la misma manera que en América Latina. Después compártanlas con la clase.

2. Lean esta cita. Piensen sobre los retos que las personas pertenecientes a las castas debían enfrentar. ¿Creen que dependían del color de la piel o del estatus social? ¿Qué relación hay entre *casta* y *clase social*?

> "El sistema de castas se inspiró en la suposición de que el carácter y la calidad de las personas variaban según su nacimiento, color, raza y origen étnico. El sistema de castas era más que una clasificación socio-racial. Afectó a todos los aspectos de la vida, [...] se utilizó para el control social y también determinó la importancia de una persona en la sociedad".
>
> **Fuente:** https://nativeheritageproject.com/2013/06/15/las-castas-spanish-racial-classifications

3. Reflexionen sobre los conceptos de *pureza de sangre* y *casta*. ¿Conocen otros casos de sociedades, pasadas o presentes, en las cuales estos conceptos sean centrales? ¿Existen formas de castas hoy?

2. **Lee este texto sobre el mestizaje en Estados Unidos hoy. Después responde a las preguntas.**

Durante buena parte de la historia de EE. UU. las leyes prohibían que los blancos se casaran con personas de otras razas e incluso después de que el Tribunal Supremo abolió la última de esas leyes, en 1967, los matrimonios mixtos continuaron siendo mal vistos. Sin embargo, el proceso de mestizaje entre los distintos grupos que conforman la sociedad estadounidense ha ido creciendo.

La Oficina del Censo de Estados Unidos empezó a computar datos sobre los ciudadanos multirraciales en el año 2000, cuando por primera vez les permitió marcar más de una raza al cumplimentar el formulario. Ese año 6,8 millones de personas se identificaron como multirraciales. En el censo de 2010 la cifra aumentó a 9,3 millones. Este aumento está acompañado de otro en el número de bebés multirraciales: uno de cada siete en 2015, según un análisis del Centro de Investigación Pew.

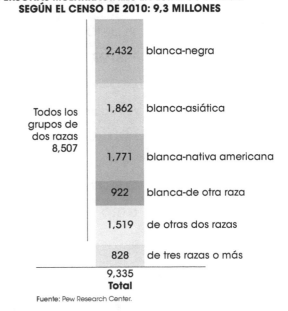

PERSONAS MULTIRRACIALES EN ESTADOS UNIDOS SEGÚN EL CENSO DE 2010: 9,3 MILLONES

Todos los grupos de dos razas 8,507	2,432	blanca-negra
	1,862	blanca-asiática
	1,771	blanca-nativa americana
	922	blanca-de otra raza
	1,519	de otras dos razas
	828	de tres razas o más

9,335
Total
Fuente: Pew Research Center.

Fig. 3-9. Número de personas multirraciales en Estados Unidos en 2013

Aunque la opción de marcar múltiples razas constituye un progreso, no hay que olvidar que esta taxonomía, establecida a finales del siglo XVIII por el científico alemán Johann Friedrich Blumenbach, es ficticia. La raza no es una realidad biológica, como han demostrado los genetistas, sino un constructo social. Sin embargo, en un mundo en el que el racismo existe, el hecho de que la gente pueda autoidentificarse como multirracial es importante: la determinación de la raza de los individuos se utiliza, por ejemplo, para hacer cumplir las leyes antidiscriminación.

Fuente: https://www.nationalgeographic.com.es/ciencia/grandes-reportajes/la-faz-cambiante-de-estados-unidos-2_7703.

PENSAMIENTO CRÍTICO

1. Reflexionen sobre los factores que, en su opinión, han contribuido al cambio en la percepción del mestizaje en EE. UU.

2. Escuchen a las personas que hablan en el video y hagan una lista de las ventajas de ser multirracial y también de los retos específicos que las personas mutirraciales pueden experimentar hoy.

3. Las investigaciones muestran que los niños con una verdadera identidad multirracial o multicultural suelen llegar a ser más felices que los niños multirraciales que crecen con una "sola identidad" racial. Sin embargo, la raza y la identidad son definidas de modo diferente por distintas personas dependiendo de sus circunstancias de vida y otros factores. Den un ejemplo de cómo cada uno de estos factores puede influir en cómo se define una persona birracial o multirracial. Luego piensen en uno o dos factores más.

	EJEMPLOS
LEYES	
RELIGIÓN	
HISTORIA	
GEOGRAFÍA	
APARIENCIA FÍSICA	
POLÍTICA	
VENTAJAS	
LEALTAD	
OTRO	

PERSPECTIVA ARTÍSTICA

3-7   EL *CANTO GENERAL* DE PABLO NERUDA

Numerosos escritores latinoamericanos han escrito sobre la historia de Latinoamérica. El poeta chileno Pablo Neruda (1904–1973) fue uno de ellos.

La obra más importante de Pablo Neruda (Premio Nobel de Literatura en 1971), *Canto General* (1950), es una crónica de toda Hispanoamérica y de la naturaleza e historia entera del continente americano. Cada una de las secciones de esta obra está centrada en una etapa de la historia de América: las comunidades precolombinas, la conquista, los libertadores y los periodos dictatoriales. Consta de quince secciones, 231 poemas y más de quince mil versos, y es la obra de mayor amplitud temática y síntesis americanista realizada en el continente. En la tercera parte, titulada "Los Conquistadores", Neruda habla de una América pura destruida por los conquistadores. El poeta los acusa duramente porque en su opinión sumergieron a las tierras americanas en una profunda agonía. En general, Neruda percibe de forma negativa la conquista excepto por algunas características puntuales de su legado cultural, como por ejemplo el idioma.

Túpac Amaru I (1542–1572) fue el último soberano inca. Después de la conquista española del Perú, la resistencia inca estaba en Vilcabamba. Allí Tupac Amaru ocupó el trono en 1570. El nuevo virrey de Perú, Francisco de Toledo, asaltó Vilcabamba en 1572 con un ejército español. La familia de Túpac Amaru fue perseguida y capturada y el virrey trasladó a Cuzco al soberano inca, al que bautizó antes de ejecutarle públicamente.

III. Los conquistadores

*¡Ccollanan Pachacutec! ¡Ricuy
anceacuniy yahuarniy richacaucuta!*
(Madre Tierra, atestigua cómo
mis enemigos derraman mi sangre)
                              Túpac Amaru I

Vienen por las islas (1493)

Los carniceros desolaron las islas.
Guanahaní fue la primera
en esta historia de martirios.

Los hijos de la arcilla vieron rota
su sonrisa golpeada,
su frágil estatura de venados,
y aún en la muerte no entendían.

Fueron amarrados y heridos,
fueron quemados y abrasados,
fueron mordidos y enterrados.
Y cuando el tiempo dio su vuelta de vals
el salón verde estaba vacío.

Fuente: http://www.neruda.uchile.cl/obra/cantogeneral.htm

COMPRENSIÓN/INTERPRETACIÓN

1. ¿De qué trata el poema *Vienen por las islas*? Explícalo con tus propias palabras.
2. Identifica las palabras que usa Pablo Neruda para referirse a los conquistadores, a los indígenas y a las islas.
3. Identifica los verbos que usa el poeta para referirse a las acciones de los conquistadores.

El 16 de noviembre de 1532, el español Pizarro invitó al emperador inca Atahualpa a encontrarse con él a las afueras de Cajamarca, un pequeño pueblo inca. Atahualpa consintió en asistir con solo 5.000 hombres desarmados. Fue recibido por Vicente de Valverde, un fraile que viajaba con Pizarro.

Fig. 3-10. *La captura de Atahualpa en Cajamarca*

Valverde ofreció a Atahualpa una biblia y le instó a convertirse. Atahualpa se negó; entonces Valverde dio la señal de abrir fuego. Los hombres de Pizarro masacraron a los incas en solo una hora. Pizarro mantuvo a Atahualpa en cautiverio, pero después decidió que debía ser quemado en la hoguera. En el último momento, Valverde le ofreció clemencia a cambio de su conversión al cristianismo. Atahualpa aceptó y fue ejecutado por estrangulamiento.

XIV
Las agonías

En Cajamarca empezó la agonía.
El joven Atahualpa, estambre azul,
árbol insigne, escuchó al viento
traer rumor de acero.
Era un confuso
brillo y temblor desde la costa,
un galope increíble
–piafar y poderío–
de hierro y hierro entre la hierba. [...]

Las visitas
de otro planeta, sudadas y barbudas,
iban a hacer la reverencia.
El capellán Valverde,
corazón traidor, chacal podrido,
adelanta un extraño objeto, un trozo
de cesto, un fruto
tal vez de aquel planeta
de donde vienen los caballos.
Atahualpa lo toma. No conoce
de qué se trata: no brilla, no suena,
y lo deja caer sonriendo. [...]

Diez mil peruanos caen
bajo cruces y espadas, la sangre
moja las vestiduras de Atahualpa.
Pizarro, el cerdo cruel de Extremadura
hace amarrar los delicados brazos
del Inca. La noche ha descendido
sobre el Perú como una brasa negra.

COMPRENSIÓN/INTERPRETACIÓN

1. Asocia cada nombre con cada definición.

Cajamarca	a. Fraile dominico español que participó en la colonización de América.
Atahualpa	b. Región de España de la que procedieron numerosos conquistadores.
Vicente Valverde	c. Ciudad de Perú, donde tuvo lugar la captura del emperador inca.
Francisco Pizarro	d. Emperador o sapa inca.
Extremadura	e. Explorador y conquistador español del Perú.

2. Explica con tus propias palabras qué parte del episodio de la batalla de Cajamarca cuenta este poema.
3. Identifica las expresiones que usa el poeta para referirse a estos elementos de la historia. ¿Qué efecto busca el autor al usarlas?

	Expresiones	Efecto
LOS CONQUISTADORES		
ATAHUALPA		
VALVERDE		
PIZARRO		

4. Usen ejemplos de los dos poemas para ilustrar la visión del viejo mundo que tenían los indígenas.
5. Pablo Neruda fue un autor comprometido que pensaba que la poesía tenía la función de concienciar a la sociedad. ¿De qué quiere concienciar el autor del *Canto General* a los lectores?

SOSTENIBILIDAD: EL TRABAJO DECENTE

Lee este texto sobre la esclavitud en la actualidad y luego responde a las preguntas expresando tu opinión.

La esclavitud moderna o trabajo forzoso toma formas diversas. En muchos países del mundo existe el trabajo doméstico forzoso: mediante amenazas o violencia, a los trabajadores no se les permite abandonar el domicilio del empleador. El trabajo en régimen de servidumbre es también común en ciertas áreas del mundo: millones de hombres, mujeres y niños no pueden escapar a un círculo vicioso de deudas que nunca se terminan de pagar. La trata de seres humanos es otro ejemplo: un gran número de mujeres y niños son víctimas de traficantes, que los venden para actividades de prostitución forzosa o explotación económica, generalmente bajo coerción o engaño. Los matrimonios forzados también son considerados una forma de esclavitud que continúa hoy día. De acuerdo con datos de la organización Global Alliance 8.7, veinticinco millones de personas en el mundo viven en condiciones de esclavitud y el sesenta por ciento son mujeres y niñas. La esclavitud genera ganancias económicas de miles de millones de dólares, especialmente en las economías desarrolladas y en la Unión Europea.

El ODS 8 tiene como finalidad promover el crecimiento económico inclusivo y sostenible, el empleo y el trabajo decente para todos. La meta 8.7 en particular se refiere a la adopción de medidas inmediatas y eficaces para erradicar el trabajo forzoso, poner fin a las formas contemporáneas de esclavitud y la trata de personas, y eliminar el trabajo infantil. La idea de promover el 'trabajo decente' en general es importante en sí misma, porque la pobreza es una de las causas fundamentales de la esclavitud y la trata de personas. La creación de empleo puede abordar una de las principales circunstancias que ponen a las personas en riesgo.

La Organización Internacional del Trabajo (OIT) tiene un Convenio sobre el Trabajo Forzoso desde 1930, actualizado en 1959 y ratificado por 176 países. En un Protocolo sobre este Convenio que se hizo efectivo a partir de noviembre de 2016 y ha sido ratificado por 52 países, la OIT refuerza las medidas de prevención, protección e indemnización de las víctimas e intensifica los esfuerzos para eliminar todas las formas de esclavitud moderna. Todos los países parte de la OIT están obligados a luchar contra el trabajo forzoso y la esclavitud.

1. ¿Con cuál de las tres dimensiones de la sostenibilidad se relaciona el ODS 8? Si es con más de una, explica cómo interactúan.
2. ¿Qué formas de trabajo forzoso existen en la parte del mundo donde vives? ¿Y en tu país?
3. ¿Qué personas piensas que son más vulnerables a este tipo de explotación y por qué?
4. Explica cómo estas otras metas del ODS 8 pueden ayudar a la consecución de la meta 8.7.

   - Meta 8.6. Reducir considerablemente la proporción de jóvenes que no están empleados y no cursan estudios ni reciben capacitación
   - Meta 8.8. Proteger los derechos laborales y promover un entorno de trabajo seguro y sin riesgos para todos los trabajadores, incluidos los trabajadores migrantes, en particular las mujeres migrantes y las personas con empleos precarios

VIDEO

3-6 Trabajo forzoso; historia de una víctima en la Amazonía peruana

Vocabulario
chamba = trabajo
cojo = disabled
aserradero = sawmill
soles = moneda de Perú
enganchadores = traficantes de trabajadores
voluntad = will
tunche = demonio o espíritu de la selva

COMPRENSIÓN

1. ¿Qué discrepancia encontró el joven indígena entre el salario que le mencionaron y el que el patrón le ofreció?
2. Describe cómo eran las condiciones de trabajo del muchacho.
3. ¿Qué protecciones tenían los trabajadores en caso de accidentes?
4. ¿Por qué no podía irse el muchacho?
5. El compañero de trabajo, Cochabano, le dijo que eran esclavos y le dio tres razones. ¿Cuáles?

ANÁLISIS

1. ¿Qué formas de esclavitud actual, de entre las que aparecen en el texto anterior, pudieron ver en el video? ¿Cómo se crea el círculo vicioso en este caso?
2. ¿Es este un ejemplo común de víctima de trabajo forzoso? Expliquen si fue víctima de coerción o engaño.
3. Lean esta cita de la Agenda 2030. ¿Cuántas dimensiones del desarrollo sostenible tiene en cuenta? Expliquen cómo se reflejan en el caso del video y cómo interactúan unas con otras.

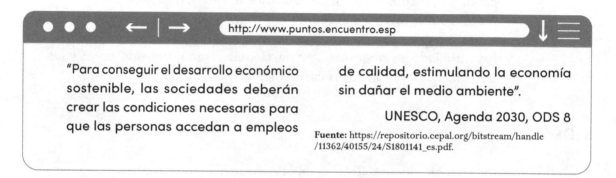

http://www.puntos.encuentro.esp

"Para conseguir el desarrollo económico sostenible, las sociedades deberán crear las condiciones necesarias para que las personas accedan a empleos de calidad, estimulando la economía sin dañar el medio ambiente".

UNESCO, Agenda 2030, ODS 8

Fuente: https://repositorio.cepal.org/bitstream/handle/11362/40155/24/S1801141_es.pdf.

4. Hagan una lista de lo más básico que tiene que saber cualquier persona sobre el trabajo forzado y qué puede hacer. Escriban dos ideas para cada área.

¿Cómo puede alguien...	
... reconocer el trabajo forzado, comprender qué es?	1. Es necesario entender que ... 2.
... conocer las causas?	1. Hay que comprender que ... 2.
... rechazarlo y dar ejemplo?	1. Una manera es ... 2.

CASO

1. La película argentina *El patrón*, del director Sebastián Schindel, ganó numerosos premios al abordar la esclavitud laboral moderna y sus múltiples causas. La OIT eligió la película en 2016 como parte de su campaña "50 for Freedom" iniciada para conseguir la ratificación del Protocolo sobre el Trabajo Forzoso por al menos menos cincuenta países. El objetivo se cumplió en marzo de 2021. Lean la información sobre la película y miren el tráiler.

3-7

"El Patrón" explora los límites de la servidumbre y explotación humana

---

La película *El Patrón: radiografía de un crimen* (2014), en línea con los objetivos del Protocolo sobre Trabajo Forzoso de la OIT, expone la necesidad de erradicar las causas profundas de este fenómeno. Basada en una historia real, muestra las condiciones físicas y psicológicas en las que se encuentran las víctimas de la esclavitud moderna en todo el mundo.

El protagonista, Hermógenes, representa uno de tantos casos en que la vulnerabilidad social deriva en esclavitud laboral. Sin hogar ni educación, decide migrar a Buenos Aires buscando un futuro mejor. Allí se encuentra con un patrón que explota hasta el último minuto de su trabajo. Hermógenes está sometido a horribles condiciones de trabajo y atrapado en un laberinto psicológico diseñado por su patrón. Todo esto constituye "las pesadas cadenas de la esclavitud moderna", según Sebastián Schindel. La película muestra también el aspecto de las ganancias ilegales del trabajo forzoso en la economía. La trama muestra la importancia que tiene el Estado para erradicar, prevenir y proteger a las víctimas del trabajo forzoso.

Fuente: https://www.ilo.org/buenosaires/noticias/WCMS_429100/lang--es/index.htm

---

a. Identifiquen los paralelismos entre el caso de Hermógenes y el del joven indígena de la película animada.

b. Para el director de la película, este trabajo forzado usa la violencia sicológica como cadenas de esclavitud. ¿Qué ejemplos vemos en el tráiler?

   · mentiras y falsas promesas: ＿＿＿＿＿

   · círculo vicioso de la deuda: ＿＿＿＿＿

   · otros: ＿＿＿＿＿

2. El caso representado en la película *El patrón* muestra la amenaza que esta práctica constituye para el desarrollo sostenible de países, sociedades y poblaciones vulnerables.

2-1. ¿Hay una dimensión medioambiental? Expliquen cuál es.

2-2. Lean la información de la página web sobre la manera en que las tres dimensiones de la sostenibilidad interactúan. Identifiquen qué tipo de interacciones existen en un caso como el de la película y determinen el grado de insostenibilidad de esta práctica.

	Interacciones
economía–sociedad	
sociedad–medio ambiente	
medioambiente–economía	

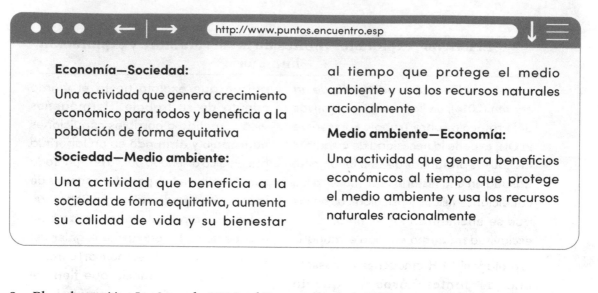

Economía—Sociedad:

Una actividad que genera crecimiento económico para todos y beneficia a la población de forma equitativa

Sociedad—Medio ambiente:

Una actividad que beneficia a la sociedad de forma equitativa, aumenta su calidad de vida y su bienestar

al tiempo que protege el medio ambiente y usa los recursos naturales racionalmente

Medio ambiente—Economía:

Una actividad que genera beneficios económicos al tiempo que protege el medio ambiente y usa los recursos naturales racionalmente

3. **Plan de acción.** La Agenda 2030, el Protocolo de la OIT y otras organizaciones y ONGs proponen un acercamiento a este problema desde varios ángulos. En grupos pequeños o parejas, cada uno/a se encargará de una de estas áreas de acción y elaborará una propuesta. Después hagan un panel de discusión con el objetivo de elaborar una campaña nacional de seis puntos contra el trabajo forzoso.

ÁREA	Propuesta

Educación
    de la población general
    de la población vulnerable
    de los empleadores	

Justicia para las víctimas	
Rescate y reinserción de las víctimas	
Persecución y endurecimiento de las leyes para personas y corporaciones que usan o apoyan esta práctica	
otro/a	

DEBATE

LA REVISIÓN DEL PAPEL DE ESPAÑA EN LA CONQUISTA

OBJETIVOS

1. Demostrar conocimiento y comprensión de
   a. el revisionismo histórico sobre la conquista de América por España
   b. la controversia sobre la petición de disculpas planteada por el presidente mexicano al Estado español
2. Analizar críticamente las distintas posiciones sobre este tema de debate
3. Justificar y apoyar estas posiciones mediante argumentos y contraargumentos

¿QUÉ NECESITAS SABER?

Sobre el contexto histórico

En los últimos años, cada doce de octubre se reabre el debate en España y en los países americanos sobre la celebración de esta fecha. En España, los políticos y el público se dividen entre los que se felicitan y los que defienden que no hay nada que celebrar, y publican sus mensajes críticos en las redes sociales con las etiquetas #nadaquecelebrar y #YoNoCelebroGenocidios. Además, en marzo de 2019, tres semanas y quinientos años después de la llegada de Hernán Cortés a Veracruz, el presidente de México, Andrés Manuel López Obrador, envió una carta el rey de España Felipe VI y al papa Francisco donde pidió a España y al Vaticano reconocer y pedir perdón a los pueblos originarios por los abusos de los conquistadores españoles en México hace más de 500 años. Esta petición forma parte del debate sobre la necesidad de revisar el papel de España en los eventos que dieron lugar a la exterminación de grandes cantidades de población indígena en América. Entre tanto, los historiadores publican artículos y libros argumentando a favor o en contra de una revision crítica de la conquista de América.

▶ 3-8

1. Explica brevemente cuál fue la respuesta del gobierno español y del Vaticano a la petición del presidente de México.
2. En el video hemos escuchado dos tipos de respuesta ante esta petición. ¿Cuáles son y cómo se justifican de modo general?

¿Qué dicen algunos historiadores?

El historiador español Alberto G. Ibáñez dice que efectivamente hubo abusos, pero que los mayores abusos hacia los indígenas fueron los que ocurrieron después de la independencia. "Si hay algún responsable de supuestos excesos, serían los antecesores de los que se quedaron allí, es decir, los criollos, que son los que gobiernan actualmente en todos los países de Latinoamérica [...]. Además, actualmente en México—hablo de Ciudad de México, que es prácticamente la mitad de la población del país—el 60% son mestizos, el 30% indígenas y el 10% blancos. Es decir, que el señor López Obrador pertenecería a una minoría dominante. Si alguien tiene que hacer autocrítica son ellos".

Ibáñez recuerda que España fue el primer país en legalizar el matrimonio mestizo en época de Fernando el Católico, mientras que en Estados Unidos el matrimonio interracial no estuvo permitido hasta 1967. Ibáñez también recuerda el pasado de conquistas por parte de poblaciones extranjeras que se han sucedido en la Península a lo largo de la historia. "El primer país invadido y conquistado ha sido España: por los romanos, por los fenicios, los griegos, 700 años por los árabes... Y nosotros no nos pasamos la vida pidiendo que nadie se disculpe. También hubo muerte, porque los romanos tardaron 300 años en conquistarnos; no fue una ONG, fue duro: nos quitaron nuestro idioma, lo asumimos, nos fusionamos. Esta letanía de las clases dirigentes hispanoamericanas es para no asumir su propia responsabilidad hoy, porque los indígenas siguen estando discriminados. [...] Por otra parte, a diferencia de lo que ocurrió con la colonización francesa, inglesa o belga en África, desde la primera hora Bartolomé de las Casas y otros insignes representantes de la cultura española denunciaron el mal trato que se estaba dando a los nativos y los indígenas con la figura de la Encomienda, lo que fue una excepción en el contexto de la Europa del siglo XVI".

Marta Medina and Paula Cantó, "¿Perdón a México, por qué? Los historiadores y la conquista de América," *El Confidencial*. Copyright © 2019 by Titania Compañía Editorial. Reimpreso con permiso.

Fig. 3–11. Explotación de México por los conquistadores españoles

3. Según el texto que has leído, ¿el historiador Alberto Ibáñez está a favor o en contra de pedir disculpas a México?

4. Sintetiza cada uno de los cuatro argumentos que usó Ibáñez para justitificar su posición.

	Argumentos
Compara las colonias españolas con el periodo de independencia	
Compara las colonias españolas con las americanas (EE. UU.)	
Compara las colonias españolas con otras en África	
Otra comparación	

¿Qué dicen otros historiadores?

El historiador Antonio Espino López, en su libro *La conquista de América: Una revisión crítica*, usa los testimonios dejados en las numerosas crónicas de Indias para describir con precisión la crueldad de las guerras de conquista. "En realidad todo el mundo es más o menos consciente de que tenemos una factura pendiente con los descendientes de las poblaciones aborígenes. Pero no sólo los españoles, sino todas las potencias europeas imperialistas en las épocas moderna y contemporánea. [...] No somos ninguna excepción. Hay que entender este tipo de realidades, conocerlas y procurar erradicarlas en nuestro presente y en el futuro".

"La conquista de América fue un proceso terrible, muy alejado de la imagen idílica que habitualmente se tiene. [...] Fue una guerra muy dura bajo el paraguas jurídico-religioso del derecho hispano a su presencia en aquellas tierras con el único interés por la civilización y la evangelización de sus habitantes, cuando más bien lo que se escondía era un deseo brutal por obtener riquezas. [...] la codicia fue el verdadero motor de la conquista. Leyendo numerosos testimonios de la época es evidente que fue así. [...] En el caso de América, el etnocidio cultural cometido durante y después de la etapa colonial hispana es evidente".

Jaview Zurro, "'Ejecuciones, mutilaciones, violaciones; así fue la Conquista de América," *El Confidencial.* Copyright © 2013 by Titania Compañía Editorial. Reimpreso con permiso.

5. Según el texto que has leído, ¿el historiador Antonio Espino López está a favor o en contra de pedir disculpas a México?

6. Explica el argumento principal de Espino López.

Sobre la visión política

7. En el video el profesor John Ackerman ofrece una perspectiva política. ¿Está a favor o en contra de pedir disculpas a México?

3-9

8. Resume sus dos argumentos más importantes.

	Argumentos
#1	
#2	

Sobre la visión de la conquista como genocidio

En 1944 se creó la palabra "genocidio" y en 1948 las Naciones Unidas aprobaron la sanción del delito de genocidio. Se entiende por genocidio "cualquier acto perpetrado con la intención de destruir, total o parcialmente, a un grupo nacional, étnico, racial o religioso como tal".

Fuente: http://web.archive.org/web/20071111190205; http://www.elcorreo.eu.org/esp/article.php3?id_article=5833.

9. Lean estas citas y digan con cuáles están de acuerdo.

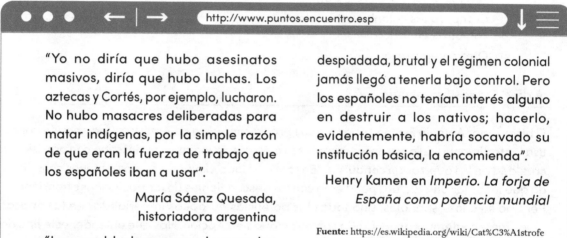

http://www.puntos.encuentro.esp

"Yo no diría que hubo asesinatos masivos, diría que hubo luchas. Los aztecas y Cortés, por ejemplo, lucharon. No hubo masacres deliberadas para matar indígenas, por la simple razón de que eran la fuerza de trabajo que los españoles iban a usar".

María Sáenz Quesada, historiadora argentina

"La crueldad que emplearon los españoles es incontrovertible. Fue despiadada, brutal y el régimen colonial jamás llegó a tenerla bajo control. Pero los españoles no tenían interés alguno en destruir a los nativos; hacerlo, evidentemente, habría socavado su institución básica, la encomienda".

Henry Kamen en *Imperio. La forja de España como potencia mundial*

Fuente: https://es.wikipedia.org/wiki/Cat%C3%A1strofe_demogr%C3%A1fica_en_Am%C3%A9rica_tras_la_llegada_de_los_europeos.

APLICACIÓN

1. Hagan una predicción sobre la opinión de los mexicanos y la de los españoles sobre esta petición. Después examinen estos datos de una encuesta de opinión. ¿En qué país piensan que se realizó esta encuesta?

Encuesta
¿Debe el Rey de España ofrecer una disculpa por la Conquista, como pide AMLO?

Sí, sería un acto para consolidar la reconciliación. **26,69%**

No, la España de ahora no tiene nada que ver con la Conquista de hace 500 años. **66,88%**

No lo sé. Aún no tengo una opinión definida. **1,32%**

No me importa. **5,11%**

TOTAL VOTOS: 40157

Fig. 3-12. Resultados de una encuesta de opinión

2. Lean estas noticias y después escriban su opinión sobre ellas desde los dos diferentes puntos de vista del debate.

Pedir disculpas: ¿una forma de reparación?

En 2018 el presidente francés Emmanuel Macron reconoció las atrocidades cometidas por el ejército de su país durante la guerra de Argelia (1954-1962), que incluyeron la práctica sistemática de torturas. Macron pidió perdón a la viuda de una de las víctimas y, en su nombre, a todas. En 2017 admitió que la colonización francesa del norte de África fue un "crimen contra la humanidad" y pidió perdón también.

*****

En 2018 el primer ministro de Canadá, Justin Trudeau, se disculpó en nombre de su nación ante la comunidad judía. En 1939, en el marco de la Segunda Guerra Mundial, Canadá rechazó un barco con 907 judíos que fueron considerados "indignos" de tener un hogar.

*****

En 2015, durante una visita a Bolivia, el papa Francisco se disculpó por la complicidad de la Iglesia Católica en muchos de los eventos de la conquista que tuvieron como resultado la tortura y exterminio de gran cantidad de población indígena.

Adaptado de https://www.hispanidad.com /confidencial/francia-macron-pide-perdon-a-la-viuda -de-un-comunista-asesinado-por-militares-franceses -durante-la-guerra-de-argelia_12003958_102.html; Adapted from: https://www.elcorreo.com/politica/ paises-pidieron-perdon-20190327113422-ntrc.html.

LA REFUTACIÓN DE ARGUMENTOS

Cuando queremos refutar un argumento, repetimos lo que la otra persona dijo y, a continuación, introducimos nuestro argumento con una expresión como **pero**, **sin embargo** *(however)* o **no obstante** *(nonetheless)*:

Tú dijiste/has dicho que hubo muchas muertes; **sin embargo**, no fueron masacres deliberadas porque ...

Ustedes mencionaron que muchos indígenas murieron a causa de las epidemias; **no obstante**, la desaparición de indígenas en el Caribe fue un genocidio porque ...

ANÁLISIS

Identifiquen de qué lado del debate están estas opiniones y sugieran quién las pudo decir. Después elaboren un contraargumento para refutar esa opinión.

	¿Quién?	Contraargumento
La conquista la hicieron los indígenas que no eran aztecas. Los españoles eran cuatro gatos—600 frente a 150.000 habitantes—y Tenochtitlán fue tomada con ayuda de los tlaxcaltecas, la infantería de la conquista.		Aunque ... sin embargo ...

	¿Quién?	Contraargumento
Solo por medio de la verdad es posible la reconciliación y no hay libertad, igualdad y fraternidad sin ejercicio de verdad.		Es cierto que ... pero ...
El Estado español no existía a principios del siglo XVI: era la Corona de Castilla, la monarquía católica; y México tampoco, su territorio estaba compuesto de una diversidad de pequeños estados. Contra lo que cree la mayoría, España no conquistó México. Por lo tanto, no se trata de asuntos de Estados modernos.		Es verdad que ... pero ...
La negativa de España a pedir disculpas es arrogante y elitista, y no debería sorprender a nadie. Los ganadores finalmente son los que escriben la historia, y los españoles y sus descendientes inmediatos ayudaron a escribir esos libros de historia con imágenes de indígenas semidesnudos y hombres con armadura montados a caballo con los que hasta hoy en día se les enseña a los niños en México.		Quizá ... pero ...
La llegada, hace 500 años, de los españoles a las actuales tierras mexicanas no puede juzgarse a la luz de consideraciones contemporáneas. Nuestros pueblos hermanos han sabido siempre leer nuestro pasado compartido sin ira y con una perspectiva constructiva.		

Fuentes: https://www.lavanguardia.com/vida/20190326/461268036328/los-historiadores-califican-de-anacronica-la-pretension-de-lopez-obrador.html; https://elpais.com/internacional/2018/09/13/actualidad/1536850667_950542.html; https://www.elespanol.com/cultura/historia/20190327/razones-espana-no-perdon-mexico-siquiera-conquisto/386211747_0.html; https://www.sandiegouniontribune.com/en-espanol/noticias/columnistas/articulo/2019-04-08/si-espana-debe-pedir-disculpas-por-sus-atrocidades-columna; https://www.bbc.com/mundo/noticias-america-latina-47701387.

EVALUACIÓN

Con toda la información que tienen, identifiquen los dos lados principales del debate y formulen los argumentos para cada uno. Decidan qué personas van a estar en cada uno de los dos lados y por qué.

	¿Quién(es)?	Argumentos
LADO A		1. 2. 3.
LADO B		1. 2. 3.

FIGURE CREDITS

Fig. 3-1: Fuente: https://commons.wikimedia.org/wiki/File:Christopher_Columbus3.jpg.

Fig. 3-2: Fuente: https://commons.wikimedia.org/wiki/File:Ta%C3%ADnos.svg.

Fig. 3-3: Copyright © by Heralder (CC BY-SA 3.0) at https://commons.wikimedia.org/wiki/File:Colonial_Currency_Badge_of_the_Spanish_West_Indies.svg.

Fig. 3-4: Fuente: https://commons.wikimedia.org/wiki/File:Imperio_Espa%C3%B1ol_America_1800.png.

Fig. 3-5: Copyright © by Mikel6swimmer (CC BY-SA 4.0) at https://commons.wikimedia.org/wiki/File:Indigenas_enkomienda.jpg.

Fig. 3-6: Fuente: https://commons.wikimedia.org/wiki/File:Fray_Bartolom%C3%A9_de_las_Casas.jpg.

Fig. 3-7: Fuente: https://commons.wikimedia.org/wiki/File:Cabrera_15_Coyote.jpg.

Fig. 3-8: Fuente: https://commons.wikimedia.org/wiki/File:Cabrera_Pintura_de_Castas.jpg.

Fig. 3-9: Fuente: https://www.pewsocialtrends.org/2015/06/11/multiracial-in-america/st_2015-06-11_multiracial-americans_01-05/.

Fig. 3-10: Fuente: https://www.history.com/this-day-in-history/pizarro-traps-incan-emperor-atahualpa.

IMG 3-1: Fuente: https://commons.wikimedia.org/wiki/File:Sustainable_Development_Goal-es-10.jpg.

Fig. 3-11: Copyright © by Ecelan (CC BY-SA 3.0) at https://commons.wikimedia.org/wiki/File:Murales_Rivera_-_Ausbeutung_durch_die_Spanier_1_perspective.jpg.

Fig. 3-12: Fuente: https://www.esdiario.com/mundo/759778387/Preguntan-a-los-mexicanos-si-el-Rey-debe-pedir-perdon-y-el-resultado-es-glorioso.html.

4 Independencia y formación de nuevas naciones

OBJETIVOS DE APRENDIZAJE

1. Comprender, analizar y evaluar
   a. los procesos de independencia de las colonias españolas en América: sus influencias, causas y consecuencias
   b. el carácter social de algunos movimientos independentistas
   c. la figura de Simón Bolívar desde diversas perspectivas
2. Aprender sobre el muralismo mexicano en el contexto de la revolución de 1910
3. Analizar el ODS 10: la importancia de reducir las desigualdades y promover la inclusión de grupos desfavorecidos para alcanzar el desarrollo sostenible
4. Evaluar críticamente el estatus político de Puerto Rico

	Temas	Lengua
Aproximación	4-1. Antecedentes de las independencias	
Perspectiva Lingüística	4-2. España y las colonias durante el siglo XVIII 4-3. Causas de las revoluciones de independencia 4-4. Revoluciones sociales 4-5. Las nuevas naciones	G-7. El uso de los tiempos verbales del pasado G-8. El uso del pluscuamperfecto G-9. Los marcadores de tiempo
Perspectiva Intercultural	4-6. Simón Bolívar y los Estados Unidos	
Perspectiva Artística	4-7. El muralismo mexicano	
Sociedad — S — Economía — Medio Ambiente	El Objetivo de Desarrollo Sostenible 10 La inclusión para el desarrollo sostenible	Los conectores para expresar similitudes y contrastes
Debate	La descolonización de Puerto Rico	La comprensión y clarificación de ideas

APROXIMACIÓN

4-1 ANTECEDENTES DE LAS INDEPENDENCIAS

1. **Este texto resume los eventos que precedieron a las guerras independentistas en las colonias españolas. Después de leerlo responde a las preguntas.**

América 1794

- España
- Portugal
- Gran Bretaña
- Estados Unidos
- Rusia
- Francia
- Holanda

Fig. 4-1. América en 1794

En 1776 comenzó el proceso de descolonización del continente americano con la revolución de las trece colonias británicas que dio origen a los Estados Unidos. Al otro lado del océano, en Francia, tuvo lugar la Revolución Francesa: entre 1789 y 1799 Francia proclamó una Constitución y la primera Declaración de Derechos Universales. En este contexto surgió un nuevo tipo de sociedad que se basaba en conceptos políticos como la constitución, el federalismo y los derechos humanos. En 1791, quince años después de la revolución de las trece colonias, ocurrió una revolución de carácter abolicionista en Haití y en 1804 este país se convirtió en la primera república independiente de América Latina.

Las revoluciones de independencia de las colonias españolas, distribuidas en cuatro virreinatos y tres capitanías generales—Guatemala, Venezuela y Chile—, comenzaron en 1809. Las nuevas ideas europeas y la independencia de los Estados Unidos alentaron a los criollos a buscar la independencia y a defender sus intereses en contra de la Corona española. A partir de ese año las colonias iniciaron el proceso que más tarde llevaría al surgimiento de nuevas naciones. En varias ciudades como Caracas, Buenos Aires, Quito o Santiago estallaron revoluciones que reemplazaron a las autoridades coloniales con juntas de gobierno. A comienzos de 1816 la revolución avanzaba por todo el continente. Entre 1809 y 1826 se declararon independientes todas las colonias, con excepción de Cuba y Puerto Rico.

Océano Atlántico

México
1821

Cuba

República
Dominicana

Guatemala   Honduras
El Salvador   Nicaragua
Costa Rica
Panamá

Puerto Rico

1811

Venezuela

1821

Colombia

Océano Pacífico

Ecuador
1811

1811

Perú

1825

La independencia de la América
española

Año de independencia

1821

Bolivia

1813

Paraguay

Argentina

1825

Uruguay

Chile

1816

1818

Fig. 4-2. Declaraciones de independencia

COMPRENSIÓN

1. Di cuáles fueron los dos eventos que iniciaron la descolonización del continente americano.
2. Explica la diferencia entre la naturaleza de la revolución de 1776 y la revolución de Haití de 1804.
3. ¿Cuánto tiempo duró el periodo revolucionario que dio lugar a la independencia de la gran mayoría de las colonias de España en América?

PENSAMIENTO CRÍTICO

1. En el texto se mencionan tres nuevos conceptos políticos que formaron la base de la revolución que dio origen a los EE. UU. Identifica estos conceptos, explica su significado y da un ejemplo de cómo se manifiestan hoy.

1 _____	Es un/a ... Significa que ... Por ejemplo, EE. UU. ...
2 _____	Es un/a ... Esto quiere decir que ... Hoy en EE. UU. ...
3 _____	Es ... En EE. UU. ...

2. Piensa en los países que aparecen en el mapa tal y como los conocemos hoy. ¿Cuál de los tres conceptos políticos crees que fue más influyente en sus revoluciones de independencia y por qué?

2. **Lee el fragmento de la Declaración de Independencia de EE. UU. y los fragmentos de las Actas de Independencia de otros cuatro países americanos.**

La independencia como concepto político apareció con la Declaración de Independencia de Estados Unidos en 1776 en respuesta al colonialismo europeo y se extendió con las Actas de Independencia de los países latinoamericanos después de las Guerras de Independencia.

[...] declaramos que estas colonias unidas son y por derecho han de ser Estados libres e independientes; que están exentas de todo deber de súbditos para con la corona británica y que queda completamente rota toda conexión política entre ellas y el Estado de la Gran Bretaña [...]

Declaración de Independencia de Estados Unidos, 1776

Fig. 4-3. Bernardo O'Higgins firma el Acta de Independencia de Chile (1818)

[...] el territorio continental de Chile y sus islas adyacentes forman de hecho y por derecho un estado libre, independiente y soberano, y quedan para siempre separados de la monarquía de España, con plena aptitud de adoptar la forma de gobierno que más convenga a sus intereses.

Acta de la Independencia,
Chile, 1818

[...] declaramos solemnemente a la faz de la tierra, que es voluntad unánime e indubitable de estas Provincias romper los violentos vínculos que los ligaban a los reyes de España, recuperar los derechos de que fueron despojados, e investirse del alto carácter de una nación libre e independiente del rey Fernando séptimo, sus sucesores y metrópoli.

Acta de la Independencia, Argentina, 1816

La Nación Mexicana que, por trescientos años, ni ha tenido voluntad propia, ni libre uso de la voz, sale hoy de la opresión en que ha vivido [...] y declara solemnemente, por medio de la Junta Suprema del Imperio, que es Nación Soberana e independiente de la antigua España [...]

Acta de la Independencia de México, 1821

[...] por emanciparse del poder injusto, opresor y miserable de Rey Fernando VII, [...] y que cese para con esta privilegiada región la condición degradante de colonia de España, junto con toda dependencia, tanto de ella, como de su actual y posteriores monarcas: que en consecuencia [...] se erige en un Estado soberano e independiente de todas las naciones. Los departamentos del Alto Perú protestan a la faz de la tierra entera que su voluntad irrevocable es gobernarse por sí mismos.

Acta de la Independencia de Bolivia, 1825

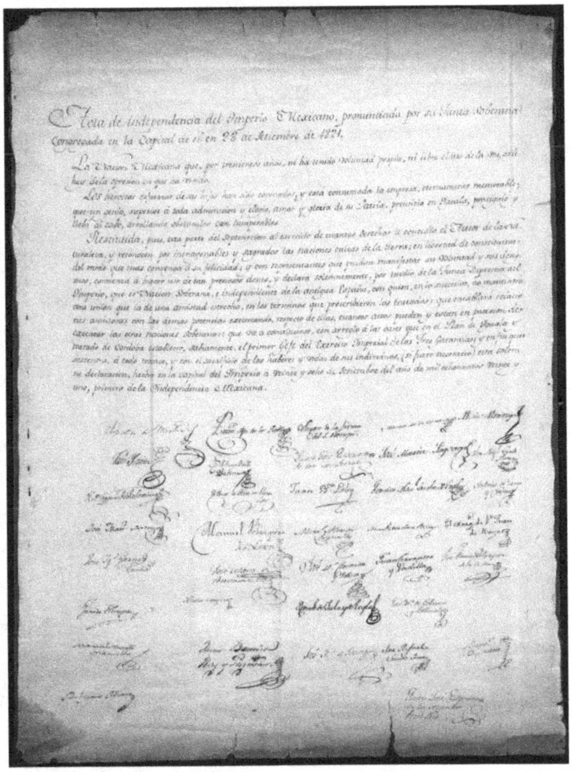
Acta de independencia del Imperio Mexicano, pronunciada por su Junta Soberana congregada en la Capital de él en 28 de Setiembre de 1821.

Fig. 4-4. Acta de Independencia de México (1821)

COMPRENSIÓN

Identifica en los fragmentos anteriores las palabras y expresiones que enfatizan las relaciones de dependencia o independencia entre dos países.

Dependencia	Independencia
vínculos	emanciparse

PENSAMIENTO CRÍTICO

1. Haz una lista de las cuatro razones más importantes por las que una colonia desea obtener la independencia de la metrópolis.
2. ¿Deben exisitir las colonias hoy día? Da una razón para justificar tu respuesta.

PERSPECTIVA LINGÜÍSTICA

VOCABULARIO META

alentar	*to encourage*	independizarse	*to become independent*
arrasar	*to destroy; to devastate*	injusto/a	*unfair*
asociación (la)	*assembly*	junta (la)	*assembly*
cargo (el)	*position; post*	levantamiento (el)	*uprising*
cesar	*to stop*	levantarse	*to rise; to revolt*
ciudadano (el)	*citizen*	liberar	*to liberate; to free*
comercio (el)	*trade*	libertador (el)	*liberator*
convenir	*to be in someone's interest*	liderar	*to lead; to head*
convertirse en	*to become*	luchar	*to fight*
criollo (el)	*creole*	metrópoli (la)	*mother country*
dar lugar a	*to lead to; to cause*	militar (el, la)	*soldier; military man/woman*
derogar	*to abolish; to repeal*	monarquía (la)	*monarchy*
derrota (la)	*defeat*	negarse a	*to refuse to*
desigual	*unequal*	negocio (el)	*business*
dirigir	*to lead*	nobleza (la)	*nobility*
doloroso/a	*painful*	pensamiento (el)	*thought*
dominio (el)	*power; control*	poder (el)	*power*
ejército (el)	*army*	propiedad (la)	*property*
emanciparse	*to become emancipated*	provecho (el)	*benefit; profit*
establecer	*to establish*	regreso (el)	*return*
estallar	*to break out*	reinado (el)	*reign*
éxito (el)	*success*	revuelta (la)	*revolt*
fiel	*faithful*	soberanía (la)	*sovereignty*
fracasar	*to fail*	soberano (el)	*sovereign*
fracaso (el)	*failure*	súbdito (el)	*subject*
funcionario/a (el, la)	*civil servant; official*	sublevación (la)	*uprising; revolt*
garantía (la)	*guarantee*	sublevarse	*to revolt; to rise up*
gobernarse	*to self-govern*	suceder	*to occur; to take place*
gobierno (el)	*government*	surgir	*to appear; to rise up*
guerra (la)	*war*	vacío (el)	*gap; vacuum*
igualitario/a	*egalitarian*	ventaja (la)	*advantage*
implantar	*to institute*	vínculo (el)	*link*

4-2   ESPAÑA Y LAS COLONIAS DURANTE EL SIGLO XVIII

▶
4-1
1. En el siglo XVIII la dinastía de los Borbones se instauró en España y ocurrieron varias reformas. Esto tuvo consecuencias para las colonias americanas. Mira el video y responde a las preguntas.

COMPRENSIÓN

1. ¿Qué fue la Guerra de Sucesión española y qué resultado tuvo para España?
2. Explica cuál fue el objetivo principal de la dinastía de los Borbones.
3. Explica cuál era la situación en las colonias americanas cuando los Borbones llegaron a la monarquía.

REFLEXIÓN LINGÜÍSTICA: G–8

1. Identifica y escribe los tiempos verbales del pluscuamperfecto usados en estas partes del video.

   [min. 3:34]: _____   _____   _____

   [min. 8:28]: _____

2. Determina si estos verbos podrían sustituirse por verbos en pretérito. Debes escuchar el contexto donde aparecen.

	Las Reformas Borbónicas	Consecuencias
1713-1759	• Reinados de Felipe V y Fernando VI • España se convierte en una monarquía absoluta centralizada	• Disminución en los ingresos de las colonias españolas • Decrecimiento industrial de las colonias • Restricciones al poder de la aristocracia criolla • Mayor centralización y control por parte de España hacia las colonias • Crecimiento en los ingresos de la Corona procedentes de las colonias • Disturbios por el descontento de las colonias con las reformas económicas
1759-1788	• Reinado de Carlos III: reformas inspiradas en la Ilustración • Reforma de la administración de las colonias: los criollos pierden los altos cargos y los ocupan funcionarios españoles • Se establece el comercio libre entre España y Las Indias (1778) • Suben los impuestos para varios productos	
1788-1808	• Reinado de Carlos IV • Guerras con G. Bretaña (1796-1802; 1803-1807): fin del monopolio del comercio colonial	
1808	• Reinado de Fernando VII • Francia invade España	

2. Usa el cuadro que resume el siglo XVIII en España para responder a las preguntas.

COMPRENSIÓN

1. ¿Qué tipo de monarquía establecieron los Borbones en la primera mitad del siglo XVIII y qué consecuencia tuvo?
2. ¿Qué reforma administrativa estableció el rey Carlos III en las colonias y cuál fue una consecuencia de esto?
3. ¿Qué dos reformas económicas estableció el rey Carlos III en las colonias y cuáles fueron dos consecuencias de esto?

PENSAMIENTO CRÍTICO

Usen la información anterior y la de este texto de una página de historia para determinar si estos grupos sociales de las colonias querían formar naciones independientes y por qué. Después reflexionen sobre los beneficios que obtuvieron.

http://www.puntos.encuentro.esp

Los españoles nacidos en España, a diferencia de los criollos, eran quienes recibían tierras y ventajas económicas de la Corona española. Solo los peninsulares tenían los permisos para realizar negocios de gran escala con España. Entre tanto, los mestizos eran discriminados tanto por los criollos y españoles—quienes los consideraban inferiores—como por los indígenas. En muchos casos no podían tener acceso a algunas profesiones o estudiar en las universidades. El resto de las castas era tratado de forma inferior, al igual que los negros e indígenas.

	¿Querían la independencia? ¿Por qué?	¿Qué esperaban obtener?	¿Qué obtuvieron?
Los indígenas, mulatos, negros			
Los mestizos			
Los criollos			

4-3   CAUSAS DE LAS REVOLUCIONES DE INDEPENDENCIA

Lee el texto sobre los eventos ocurridos en España entre 1808 y 1814 que aceleraron el proceso independentista de las colonias.

En 1808 Francia invadió España y el país (estar) inmerso en una guerra contra Francia (Guerra de la Independencia) hasta 1814. Durante este periodo (haber) un vacío de gobierno. El rey Fernando VII (estar) preso en Francia, ya que Napoleón (nombrar) a su hermano, José Bonaparte, rey de España. En este contexto, las provincias españolas y las americanas formaron Juntas de Gobierno (*local ruling assemblies*) cuyo objetivo era autogobernarse, porque no reconocían a José Bonaparte como rey de España.

Fig. 4-5. Promulgación de la Constitución de 1812 (Salvador Viniegra)

En 1810, en reacción a la invasión francesa, se convocaron las Cortes (*Constitutional Assembly*) de Cádiz, en las que participaron representantes de todas las provincias españolas y de las colonias americanas. Estas Cortes instituyeron en 1812 la primera Constitución española, de carácter liberal, que establecía la división de poderes—reduciendo el poder del rey—, incluía ideas como la libertad de expresión del pensamiento y la soberanía nacional, promulgaba la igualdad política y de derechos entre criollos e indígenas, y reducía el número de representantes americanos del parlamento, entre otras muchas innovaciones. Con la derrota de los ejércitos napoleónicos y la expulsión de José Bonaparte, Napoleón le devolvió el trono de España a Fernando VII, quien restauró el absolutismo y derogó, en 1814, la Constitución de 1812. En América, el trabajo de autogobierno de las Juntas en las colonias se transformó en un proceso revolucionario e independentista.

COMPRENSIÓN

1. Describe qué fueron las Juntas de Gobierno, cuándo se organizaron y con qué propósito.
2. ¿Cómo reaccionaron en España los sectores liberales ante la invasión napoleónica?
3. Explica cómo cambió el papel de las Juntas de Gobierno después del regreso de Fernando VII a España.

REFLEXIÓN LINGÜÍSTICA: G–7 Y G–8

1. En el primer párrafo del texto anterior hay cuatro verbos en infinitivo. Teniendo en cuenta el contexto en el que aparecen, decide si el tiempo correcto de cada uno debería ser *imperfecto*, *pretérito* o *pluscuamperfecto*. Justifica tus respuestas.

PENSAMIENTO CRÍTICO

1. Imaginen que ustedes son criollos de las colonias españolas a principios del siglo XIX que desean la independencia de España. Identifiquen dos ideas de la Constitución de Cádiz de 1812 y dos artículos de este extracto de la Declaración de Derechos del Hombre que apoyen sus intereses. Después identifiquen una idea de cada uno de estos documentos que vaya en contra de sus intereses.

Art 1: los hombres nacen y permanecen libres e iguales en derechos

Art. 3: el principio de toda soberanía reside en la Nación

Art. 6: la ley es la expresión de la voluntad general: todos los ciudadanos tienen derecho a contribuir a su elaboración

Art. 11: la libre comunicación de pensamientos y de opiniones es uno de los derechos más preciosos del hombre

Declaración de Derechos del Hombre (1789)

Fuente: https://www.conseil-constitutionnel.fr/es/declaracion-de-los-derechos-del-hombre-y-del-ciudadano-de-1789.

	Declaración de los Derechos del Hombre	Constitución española de 1812
A favor de nuestros intereses		
En contra de nuestros intereses		

2. Lean este fragmento de un libro. Decidan si esta información apoya o no alguno de los datos que han escrito en la tarea anterior.

Dueños de ricas plantaciones cultivadas con trabajo esclavo o de enormes latifundios beneficiados por el trabajo indígena servil, los criollos aspiraban a una emancipación política de España que los convirtiese en miembros de una clase dominante con plenos derechos, y no a una revolución social que, como la francesa, arrasara legal y físicamente con la nobleza. Lo que querían, en definitiva, no era transformar esencialmente a la sociedad colonial, sino mantenerla para su exclusivo provecho [...] Atrapada entre su deseo de transformación política y su temor a una insurrección popular, la clase criolla optó por proclamarse fiel a Fernando VII. Solo más tarde, cuando los administradores coloniales se negaron a hacer concesiones políticas al criollismo, la clase criolla en su conjunto optó por la guerra de independencia.

Jorge Núñez: *La Revolución Francesa y la independencia de América Latina*

Fuente: https://nuso.org/articulo/la-revolucion-francesa-y-la-independencia-de-america-latina/.

4-4 REVOLUCIONES SOCIALES

1. **Desde 1740 ya habían ocurrido revueltas y movimientos de emancipación que no tuvieron éxito. Lee este texto y mira el video. Después responde a las preguntas.**

4-2

Entre los antecedentes de los movimientos emancipadores destacan varias rebeliones indígenas: México en 1761, Perú en 1770, Ecuador en 1776 y 1777, Bolivia en 1779. En Perú, el cacique indígena Túpac Amaru II y su esposa Micaela Bastidas, considerados precursores de la independencia, lideraron una rebelión entre 1780 y 1782 para mejorar las condiciones laborales de los indígenas, la cual fracasó por falta de organización técnica y de armamentos militares. En 1795 se sublevaron en Coro (Venezuela) los negros y mestizos, inspirados en la rebelión de Haití.

COMPRENSIÓN

1. La profesora Claudia Rosas dijo que en el siglo XVIII hubo un cambio importante en la sociedad indígena. ¿Cuál fue? Explica cómo Túpac Amaru representa un ejemplo de este cambio.
2. Micaela Bastidas, su esposa, es considerada también una figura revolucionaria. ¿Qué indicaciones de esto obtuviste escuchando el video?
3. ¿Cómo murieron Micaela y Túpac Amaru?
4. De acuerdo con Antonio Zapata, ¿cuál fue la transcendencia de la revolución de Túpac Amaru?

Fig. 4-6. Túpac Amaru II (1742–1781)

2. **En México, el sacerdote Miguel Hidalgo lideró una rebelión en 1810 apoyado por indígenas y mestizos, quienes se levantaron para luchar por la libertad del país con el objetivo de mejorar su situación social. Mira este video sobre Miguel Hidalgo y responde a las preguntas.**

4-3

COMPRENSIÓN

1. ¿Qué tipo de personas formaron parte de la conspiración de Querétaro?
2. ¿Por qué perdió simpatizantes el movimiento de Hidalgo en Guanajuato?

Fig. 4-7. Miguel Hidalgo (1753–1811)

3. ¿Cuándo llegó Hidalgo al Monte de Las Cruces?
4. ¿Qué ocurrió el 17 de enero de 1811?
5. Compara brevemente los ejércitos de de Miguel Hidalgo y de José María Morelos.

REFLEXIÓN LINGÜÍSTICA: G–9

1. Escucha los tres fragmentos del video indicados. Identifica los marcadores de tiempo que usó el narrador en el video.

   [min. 2:45–3:07] _____ hubo intensos golpes de estado y conspiraciones ...

   [min. 4:48–5:04] _____ tomar el pueblo de San Nicolás de El Grande ...

   [min. 5:20–5:32] _____ los insurgentes entraban a la rica ciudad de Guanajuato ...

   [min. 8:42–8:54] _____ sufrir la degradación eclesiástica fue fusilado.

2. Escribe un párrafo usando los fragmentos marcados en el texto. Incluye al menos seis marcadores de tiempo que indiquen la relación entre fechas y eventos que pasaron antes o después de otros.

PENSAMIENTO CRÍTICO

1. ¿Por qué creen que estos primeros movimientos no tuvieron éxito? Piensen en dos posibles razones.

2. Miren este fragmento de un video sobre el movimiento revolucionario de Túpac Amaru. Expliquen qué información ofrece para ayudar a dar respuesta a la pregunta anterior. Hagan lo mismo con este texto.

4-4

Muchos principios de la Declaración de los Derechos del Hombre—como la igualdad jurídica de los ciudadanos, la soberanía popular, las garantías personales, la separación de poderes y el derecho a la propiedad—fueron incorporados generalmente a las leyes supremas de los nuevos países independientes, aunque, en la práctica, se mantuviera esencialmente la estructura socioeconómica heredada de la colonia. La real democratización de nuestras sociedades la irían conquistando progresivamente los pueblos, con doloroso esfuerzo, a través de la vida republicana.

Jorge Núñez: *La Revolución Francesa y la independencia de América Latina*
Fuente: https://nuso.org/articulo/la-revolucion-francesa-y-la-independencia-de-america-latina/.

4-5   LAS NUEVAS NACIONES

Lee este breve texto sobre el periodo de las guerras de independencia en los territorios de España en América. Después responde a las preguntas.

En España, se habían creado juntas de gobierno para luchar contra la ocupación francesa y proteger los intereses del rey Fernando VII y de la monarquía. También los criollos habían formado juntas en América con un propósito similar, pero en ellas los criollos y los mestizos vieron pronto la oportunidad de alcanzar el gobierno de sus propias patrias. Así, a partir de 1810 comenzaron una serie de movimientos locales que se convirtieron en luchas independentistas. Estas enfrentaron a *patriotas* o revolucionarios contra los defensores de la monarquía española o *realistas*. La independencia **fue** el carácter esencial de estos movimientos, por encima de otros—como el de Túpac Amaru en Perú— que **fueron** además revoluciones sociales. En algunos lugares como la Nueva Granada,

Fig. 4-8. El Imperio mexicano en 1821

Venezuela, Chile y Río de la Plata las juntas de autogobierno pronto se convirtieron en congresos nacionales de cada estado naciente, los cuales redactaron sus declaraciones de independencia.

Para 1826 el imperio colonial se había disuelto, las colonias españolas en América—con excepción de Cuba y Puerto Rico—se habían declarado independientes y habían nacido siete nuevos países: el Imperio mexicano (1821-1823), la Gran Colombia (1821-1831), las Provincias Unidas del Río de la Plata (1816), Chile (1818), Perú (1821), la República de Bolívar (1825) y Paraguay (1813). El independentismo continuó como proceso político más allá de la emancipación de España. Debido a constantes luchas internas y guerras civiles, muchos de estos países originales continuaron el proceso de fragmentación dando lugar a países nuevos. España renunció oficialmente a sus posesiones en América en 1836; esto significó la pérdida de relevancia internacional al tiempo que reforzó la posición de Inglaterra como la mayor potencia mundial.

COMPRENSIÓN

1. ¿Cuál fue el propósito inicial de las juntas de gobierno que se crearon en España y en América?
2. Explica cómo cambió la actividad de las juntas de gobierno americanas.
3. ¿Cuándo terminaron las guerras independentistas? ¿Qué tipo de conflictos reemplazaron a estas guerras?

REFLEXIÓN LINGÜÍSTICA: G-7

En el primer párrafo del texto anterior el verbo *ser* está marcado dos veces. Usa el contexto para explicar por qué el autor del texto usó el <u>pretérito</u>.

REFLEXIÓN LINGÜÍSTICA: G-8

1. En los dos párrafos del texto el autor usa el tiempo <u>pluscuamperfecto</u> en varias ocasiones (marcadas). Usa el contexto para explicar por qué.

2. Decide en qué casos el autor podría usar el pretérito en lugar del pluscuamperfecto.

PENSAMIENTO CRÍTICO

Estas son algunas de las consecuencias del primer periodo independiente (siglo XIX) de la mayoría de las nuevas naciones americanas. Clasifíquenlas en tres grupos: sociales, políticas y económicas. Después elijan tres y den al menos un ejemplo de cómo se manifestaron en la historia más reciente (siglo XX) o actualmente. Pueden dar un ejemplo de un país o de varios.

---

http://www.puntos.encuentro.esp

☐ La estructura social colonial de castas pasó a ser una estructura de clases, aunque en la práctica nada cambió excepto para los criollos.

☐ La exportación de recursos naturales fue la base de la economía, lo cual creó una élite rica que controlaba la mayor parte de las tierras y los recursos. Esto acentuó la brecha entre ricos y pobres.

☐ La región se hizo dependiente económicamente de Gran Bretaña, Francia y Estados Unidos.

☐ Se crearon regímenes políticos democráticos con gobiernos presidenciales, pero hubo caudillos (jefes militares) que en algunos lugares controlaban *de facto* el poder político. El militarismo influyó en la vida política.

☐ Hubo una gran fragmentación política y ninguno de los proyectos unificadores funcionó.

1	
2	
3	

PERSPECTIVA INTERCULTURAL

4-6   SIMÓN BOLÍVAR Y LOS ESTADOS UNIDOS

Entre las figuras más importantes del proceso independentista destaca Simón Bolívar. Lee esta breve biografía donde se habla de su relación con los Estados Unidos.

Simón Bolívar es considerado el héroe más destacado del proceso independentista y es uno de los pensadores que más influyó en las constituciones de las nuevas naciones americanas. Dirigió las guerras de independencia de Venezuela (1811), Colombia y Ecuador (1810). En 1819 convocó el Congreso de Angostura (Venezuela) donde pronunció uno de sus más famosos discursos. Allí Bolívar presentó un proyecto de Constitución para Venezuela. También allí se fundó la Gran Colombia (1819-1830), una república (formada por Venezuela, Colombia, Ecuador y Panamá) de la cual Bolívar fue nombrado presidente. Más tarde, junto con Antonio José de Sucre, Simón Bolívar logró la independencia de Perú y Bolivia, países de los que también fue presidente. Sin embargo, el sueño de Bolívar de formar un gran estado latinoamericano nunca se materializó.

Según el historiador David Bushnell, Bolívar fue uno de los pocos latinoamericanos de su época que visitó Estados Unidos. Allí conoció y trató con muchos ciudadanos y representantes del gobierno, y la prensa norteamericana lo consideraba el "Washington de América del Sur". De acuerdo con Bushnell, "la buena opinión que tenían los norteamericanos de Bolívar fue eclipsada por una corriente de crítica que cuestionaba la sinceridad de su compromiso con los principios republicanos". Esta

Fig. 4-9. Simón Bolívar (1783–1830)

reacción fue causada por las iniciativas políticas de Bolívar en América Latina. Allí, en la constitución que redactó para Bolivia, planteó la idea de un presidente vitalicio, la cual no fue bien recibida por la opinión en Estados Unidos, nación que defendía el republicanismo en un mundo dominado por monarquías.

La actitud de Bolívar hacia Estados Unidos tenía "elementos de admiración y desconfianza". En sus escritos encontramos muchas referencias positivas hacia Estados Unidos, su pueblo y sus instituciones. En su Discurso de Angostura de 1819, Bolívar declaró que "el pueblo norteamericano es un modelo singular de virtud política y rectitud moral; [. . .] esa nación nació en libertad, se crió en libertad y se mantuvo solo por la libertad". En contraste, en una carta al Vicepresidente de la Gran Colombia, advertía que "una nación muy rica y poderosa, sumamente dispuesta a la guerra y capaz de cualquier cosa, está a la cabeza de este continente". Bolívar admiraba las características positivas que vio en la cultura y las instituciones estadounidenses, pero reconocía que los intereses de las dos regiones no eran los mismos.

Fuente: https://web.archive.org/web/20190717183817/http://www.au.af.mil/au/afri/aspj/apjinternational/apj-s/2007/2tri07/bushnell.html.

COMPRENSIÓN

1. Explica la importancia del Congreso de Angostura.
2. Explica por qué Bolívar fue criticado en Estados Unidos.
3. ¿Cómo era la opinión de Bolívar sobre Estados Unidos, según David Bushnell?
4. ¿De dónde obtiene David Bushnell evidencia sobre las opiniones de Bolívar sobre Estados Unidos?

PENSAMIENTO CRÍTICO

1. Lean este fragmento de una carta de Bolívar. Expliquen la importancia de este fragmento.

> Es una idea grandiosa pretender formar de todo el Mundo Nuevo una sola nación con un solo vínculo que ligue sus partes entre sí y con el todo. Ya que tiene un origen, una lengua, unas costumbres y una religión, debería, por consiguiente, tener un solo gobierno que confederase los diferentes estados.
>
> Simón Bolívar, *Carta de Jamaica*, 1815.
>
> **Fuente:** http://www.ensayistas.org/antologia/XIXA/bolivar/.

Trabajen con su compañero/a y determinen dos razones posibles por las que el sueño de Bolívar no se realizó.

2. Analicen este fragmento del discurso que pronunció Bolívar en Angostura e identifiquen cuatro de las características del modelo de república que propuso Bolívar. ¿En qué aspectos era similar o diferente del modelo adoptado por Estados Unidos en 1787?

	Características de la república
1	
2	
3	
4	

Tengamos presente que nuestro pueblo no es el europeo, ni el americano del Norte: que más bien es un compuesto de Africa y América que una emanación de la Europa; pues que hasta la España misma deja de ser europea por su sangre africana, por sus Instituciones y por su carácter. Es imposible asignar con propiedad, a qué familia humana pertenecemos. La mayor parte del indígena se ha aniquilado, el europeo se ha mezclado con el americano y con el africano, y este se ha mezclado con el indio y con el europeo. Nacidos todos del seno de una misma madre, nuestros padres, diferentes en origen y en sangre, son extranjeros, y todos difieren visiblemente en la epidermis: esta desemejanza trae un reto de la mayor trascendencia...[...] Mi opinión es, Legisladores, que el principio fundamental de nuestro sistema depende inmediata y exclusivamente de la igualdad...[...] Un Gobierno Republicano ha sido, es y debe ser el de Venezuela; sus bases deben ser la soberanía del pueblo, la división de los poderes, la libertad civil, la proscripción de la esclavitud, la abolición de la monarquía y de los privilegios. Necesitamos de la igualdad para refundir, digámoslo así, en un todo, la especie de los hombres, las opiniones políticas y las costumbres públicas.

Simón Bolívar, *Discurso de Angostura*, 1819.

Fuente: https://storicamente.org/sites/default/images/articles/media/1880/Bolivar_Discurso_de_Angostura.pdf.

3. En el texto inicial se dice que Simón Bolívar era considerado "el Washington de América del Sur". Comparen y contrasten a estas dos figuras históricas y después determinen si se puede justificar o no este nombre.

DIFERENCIAS	_____, sin embargo _____.
	_____, en cambio _____.
SIMILITUDES	Ambos _____.
	Los dos _____.

4. Hoy día el revisionismo histórico hace que ciertos eventos y personajes históricos se miren desde otras perspectivas. Lean este fragmento de un artículo de prensa. Identifiquen los aspectos principales de la caracterización de Bolívar que hizo el autor del texto. ¿Es positiva?

¿Quién era realmente Bolívar?

"La historia recuerda a Simón Bolívar como el gran libertador de Sudamérica y el hombre que soñó con una confederación democrática de estados libres al estilo de EE. UU. Se cuidan los que han levantado esta pulida y mitificada versión de Bolívar, hoy reverenciado por cierta izquierda americana, en omitir el giro despótico que invadió al criollo en varios periodos de su vida. Aparte de su mala opinión de los indígenas, «seres incapaces de una concepción política»; o de su hostilidad hacia Perú, que veía como una amenaza a su Gran Colombia. [...] Bolívar llegó al Perú no tanto por dar la libertad a los peruanos, «sino principalmente por el interés geopolítico de destruir de raíz lo que consideraba como una amenaza para la Gran Colombia». Lo poco que le importaba la libertad local se demostró cuando, en 1825, Bolívar dispuso la anulación de la emancipación de los esclavos que había decretado San Martín y poco después implantó de nuevo el tributo del indígena, que también había sido eliminado por San Martín [...] Bolívar asumió en 1828 plenos poderes dictatoriales, lo que condujo a la rebelión colombiana contra su dictadura pretoriana".

Fuente: https://www.abc.es/historia/abci-traiciones-y-dictadura-autentico-simon-bolivar-millonario-espanol-hizo-revolucionario-201806280113_noticia.html.

4-5

5. Miren este video y presten atención a la caracterización de Bolívar que hizo el entrevistado. ¿Fue favorable o no? Luego preparen una respuesta para estas tres preguntas:

   a. ¿Qué país ha usado la figura de Simón Bolívar y sus ideas para definir su política? ¿Cuál es la orientación política?
   b. ¿Qué características de las ideas políticas de Bolívar se han usado en este contexto?
   c. ¿Es posible ofrecer una versión objetiva de las figuras históricas?

PERSPECTIVA ARTÍSTICA

4-7   EL MURALISMO MEXICANO

1. **Lee este texto sobre el muralismo mexicano, uno de los movimientos artísticos más importantes de Latinoamérica. Luego mira el video y finalmente responde a las preguntas.**

El muralismo nació en México a principios del siglo XX, después de la Revolución Mexicana (1910-1920) y se distinguió por tener una función social: se consideraba que el arte debía servir al pueblo y tener una finalidad educativa. Es representado por pintores como los mexicanos Diego Rivera o José Clemente Orozco. A causa del contexto histórico en el que nace este movimiento artístico, muchos de estos artistas, que recibieron influencias de las ideas marxistas, representaron en sus murales la situación social y política de México. Algunos de los temas que aparecen en sus murales son la conquista y la independencia de México, la Revolución Mexicana, el capitalismo, el marxismo, la industrialización o los militares.

COMPRENSIÓN

1. Di quién fue el promotor del muralismo mexicano y qué propósito tenía este movimiento artístico.
2. Explica brevemente en qué contexto histórico nació el muralismo.
3. Enumera tres características de las obras del muralismo mexicano.
4. ¿Por qué tuvo problemas Diego Rivera con un mural que pintó para el Rockefeller Center de Nueva York?
5. Identifica dos diferencias importantes entre Diego Rivera y José Orozco mencionadas en el video.

Fig. 4-10. *Historia de México*. Mural de Diego Rivera (Palacio Nacional de México)

Diego Rivera (1886–1957) pintó obras magistrales de contenido social y político en edificios públicos del centro histórico de la Ciudad de México y en otras ciudades mexicanas. También realizó algunas obras en Estados Unidos. En 1917 se unió al Partido Comunista Mexicano, una de las grandes influencias dentro de su pintura. Entre 1929 y 1935 creó, en el Palacio Nacional de la Ciudad de México, unos murales que ilustran eventos importantes y figuras prominentes de la historia mexicana, desde los tiempos de los aztecas hasta el siglo XX. En una parte del mural pintó la Revolución Mexicana de 1910 y en el arco central pintó 'Tierra y libertad', el lema que se refería al derecho de los campesinos a tener y trabajar sus propias tierras.

PENSAMIENTO CRÍTICO

1. Lean esta información de una página de historia sobre dos de los episodios más importantes de la historia de México. Después traten de identificar a los personajes en el fragmento del mural de Diego Rivera.

2. Comparen y contrasten la representación de Miguel Hidalgo—en el centro del mural de Diego Rivera—con la de José Orozco en este fragmento de uno de sus murales. Establezcan dos diferencias basándose en lo que saben sobre cada uno de estos artistas.

3. Los muralistas mexicanos inspiraron a muchos artistas para hacer un arte comprometido social y políticamente. Poco a poco se convirtió también en un arte popular y se llevó a la calle. Hoy día la pintura mural urbana se utiliza en muchos países como medio de expresión, de protesta y de reivindicación social. Busquen un ejemplo, de una ciudad de su país, de arte mural callejero comprometido socialmente. Expliquen qué representa y qué quiere expresar.

Fig. 4-11. *Miguel Hidalgo*. Mural de José Orozco (Palacio de Gobierno de Guadalajara)

---

http://www.puntos.encuentro.esp

La **Guerra de Independencia de México** se inició en 1810 con el levantamiento de Miguel Hidalgo. Cuando Hidalgo fue capturado y ejecutado, otro sacerdote llamado José Morelos continuó los esfuerzos revolucionarios hasta 1815. Esta fue una actividad guerrillera aislada hasta 1820, cuando el general Agustín de Iturbide se unió a las fuerzas rebeldes. En 1821 Iturbide se nombró presidente y se formó un nuevo gobierno. La guerra terminó después de más de 10 años de lucha por la independencia y la igualdad de derechos para los mexicanos.

La **Revolución Mexicana** comenzó en 1910 con un levantamiento contra un gobierno dictatorial. Durante casi 20 años México vivió una guerra civil. Dos líderes importantes de esta revolución fueron Emiliano Zapata—que lideró a los pequeños productores rurales—y Pancho Villa, que lideró a los campesinos indígenas. Para los dos, la revolución debía promover una transformación de propiedad de la tierra y dar lugar a una profunda reforma agraria. Esto los convirtió en héroes de las clases populares de muchas partes del continente americano.

LA INCLUSIÓN PARA EL DESARROLLO SOSTENIBLE

Lee este texto sobre la desigualdad y su impacto en el desarrollo sostenible. Luego responde a las preguntas expresando tu opinión.

La desigualdad se manifiesta en la disparidad de ingresos entre unas personas o grupos sociales y otros, y suele ser la causa principal de la exclusión y la falta de oportunidades, pero hay muchos otros factores que causan desigualdad y exclusión social: la cultura, la etnia, la raza, la religión, la nacionalidad, las costumbres y la ideología. Nunca ha existido una sociedad completamente igualitaria. La lucha contra la desigualdad social comenzó con la aparición de los derechos fundamentales (Declaración de Derechos del Hombre, 1789). La Carta de Derechos Humanos de 1948 reconoce también el derecho a la igualdad social, política, económica o cultural. Sin embargo, hoy día la desigualdad persiste, va en aumento y es uno de los principales retos para la sostenibilidad, especialmente en países en vías de desarrollo o en contextos de pobreza y exclusión.

En pleno siglo XXI, la desigualdad es un problema global que amenaza la consecución de una sociedad sostenible. El **ODS 10** se centra en la reducción, para 2030, de las desigualdades en los países y entre países. Estas se miden no solamente en términos económicos—desigualdad de ingreso—sino que hay muchos otros tipos de desigualdad. La meta 10.2 en particular se centra en potenciar y promover la inclusión social, económica y política de todas las personas, independientemente de su edad, sexo, discapacidad, raza, etnia, origen, religión o situación económica u otra condición. Existe un consenso cada vez mayor de que el crecimiento económico no es suficiente para reducir la pobreza si este no es inclusivo ni tiene en cuenta las tres dimensiones del desarrollo sostenible: económica, social y ambiental. Por eso hay que prestar atención a las necesidades de toda la población y especialmente a las poblaciones desfavorecidas y marginadas.

La desigualdad es, en muchos casos, un problema estructural: si el sistema fiscal es injusto o es fácil cometer fraude fiscal, o si el gobierno no pone los fondos públicos en las áreas más importantes (sanidad, educación) y en los grupos más vulnerables, la riqueza no se redistribuye y la desigualdad persiste o aumenta. Si un sistema político no promueve la participación de todos los ciudadanos también fomenta la desigualdad.

Fuentes: https://blog.oxfamintermon.org/desigualdad-social-ejemplos-en-la-vida-cotidiana/#Desigualdad_social_de_que_hablamos_exactamente; https://comunidades.cepal.org/ilpes/es/taxonomy/term/10.

1. ¿Con cuál de las tres dimensiones de la sostenibilidad se relaciona el ODS 10? Si es con más de una, explica cómo interactúan.
2. Define qué es la inclusión social, económica y política.
   a. Inclusión social es el proceso que permite a las personas ...
   b. Inclusión política es el proceso que permite a las personas ...
   c. Inclusión económica es el proceso que permite a las personas ...
3. La meta 10.2 enfatiza que la pertenencia a un grupo específico (edad, etnia, religión, etc.) en ningún caso debe interferir en la inclusión social, económica o política de una persona. Piensa en dos casos específicos en los que la pertenencia a un grupo hoy aumenta el riesgo de exclusión y qué tipo de exclusión.
4. En algunos países, la privatización de recursos naturales por parte de los gobiernos—como el agua, por ejemplo—promueve más desigualdad, en este caso desigualdad de acceso a servicios básicos. Piensa en otro ejemplo en el que el manejo del medio ambiente y sus recursos puede promover desigualdad.

LECTURA

La desigualdad en América Latina

América Latina no es la región más pobre del mundo, pero es la más desigual, lo que representa un obstáculo para el bienestar y el desarrollo sostenible de sus sociedades y economías. En términos de ingreso, el 10% más rico concentra una porción de los ingresos mayor que en cualquier otra región del mundo (37%), mientras que el 40% más pobre recibe la menor parte (13%).

Fuente: https://www.bbc.com/mundo/noticias-america-latina-51390621.

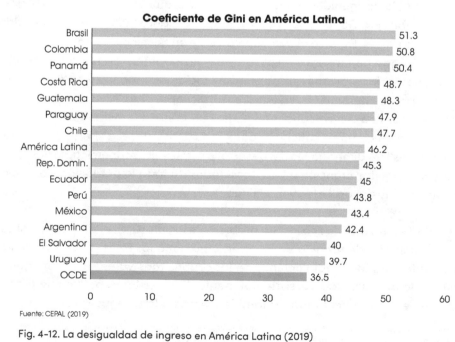

Coeficiente de Gini en América Latina

Brasil	51.3
Colombia	50.8
Panamá	50.4
Costa Rica	48.7
Guatemala	48.3
Paraguay	47.9
Chile	47.7
América Latina	46.2
Rep. Domin.	45.3
Ecuador	45
Perú	43.8
México	43.4
Argentina	42.4
El Salvador	40
Uruguay	39.7
OCDE	36.5

Fuente: CEPAL (2019)

Fig. 4-12. La desigualdad de ingreso en América Latina (2019)

Según Nora Lustig, profesora de economía en la universidad de Tulane y directora del Instituto de Compromiso con la Equidad, la desigualdad comenzó con el choque entre colonizadores e indígenas y la distribución de la tierra, lo que dio lugar a unas pocas familias ricas y muchas familias pobres. El sistema de castas creado por los españoles y basado en la pureza de sangre es un antecedente directo de la desigualdad económica y social: hoy día, la incidencia de la pobreza es mayor para las personas indígenas (unos 58 millones de personas o el 9,8% de la población de la región) y afrodescendientes (unos 133 millones o el 24% de la población); asimismo, ambos grupos tienen menos posibilidades de terminar la escuela o lograr un trabajo formal. Por ejemplo, según datos de la Agenda 2030 del gobierno de México, las personas con una tonalidad de piel más oscura tienen un promedio de rezago educativo más alto que las personas con un color de piel más claro. También tienen menos oportunidades para conseguir trabajos con mejores salarios. Las estadísticas son más negativas si la persona indígena o afrodescendiente es mujer. Igualmente, los indígenas y los afrodescendientes son los más afectados por la 'brecha de equidad' al nacer.

Uruguay y la inclusión social

De acuerdo con varios organismos internacionales (Banco Mundial, ONU) Uruguay es el país de Latinoamérica con menor desigualdad y mayor índice de inclusión social. Entre 2006 y 2017 este país eliminó la pobreza extrema y redujo la pobreza a menos del 8%, amplió su clase media—que hoy es el 60% de la población—, redujo la desigualdad de ingresos y universalizó el acceso a la salud y la educación.

Fuente: https://sso.elpais.com.uy/cas/login?showAs=paywall&service=https%3A%2F%2Fwww.elpais.com.uy%2Fcas-check&utm_source=article.

La legislación innovadora de Uruguay visibiliza a grupos históricamente marginados, como la comunidad LGTBI+, los afrodescendientes y las mujeres. Uruguay invierte el 20% de su producto interior bruto (PIB) en programas sociales. Estos son algunos ejemplos de legislación que hacen de Uruguay un país reconocido mundialmente por sus avances en inclusión social:

LEGISLACIÓN		FINALIDAD
Ley de igualdad de trato y oportunidades en el ámbito laboral	1989	Prohibir toda discriminación que viole el principio de igualdad y trato de oportunidades
Ley de igualdad de oportunidades y derechos entre hombres y mujeres	2007	Prohibir toda discriminación basada en el género
Ratificación de la Convención Iberoamericana de Derechos de los Jóvenes	2008	Reconocer derechos en educación, trabajo digno, salud, información sobre sexualidad, etc.
Ley de protección integral de personas con discapacidad	2010	Establecer un sistema de protección integral para las personas con discapacidad
Ley de matrimonio igualitario	2013	Legalizar el matrimonio entre personas del mismo sexo; legalizar el derecho de adopción

Fuente: https://sustainabledevelopment.un.org/content/documents/23786Informe_Nacional_Voluntario_Uruguay_2019.pdf.

LEGISLACIÓN		FINALIDAD
Ley de acciones afirmativas para afrodescendientes	2013	Favorecer la participación de personas afrodescendientes en las áreas educativa y laboral mediante cupos
Consejo Nacional de la Diversidad Sexual	2015	Integrar políticas de diversidad sexual en todos los ámbitos; eliminar la discriminación basada en la orientación sexual y la identidad de género
Ley para la participación equitativa en política de ambos sexos	2017	Integrar a las mujeres en órganos electivos nacionales, departamentales y de dirección de los partidos políticos
Ley integral para personas trans	2018	Implementar y evaluar políticas públicas y programas (reparaciones, acción afirmativa, empleo juvenil, etc.)
Plan Nacional de Equidad Racial y Afrodescendencia	2019	Implementar y evaluar políticas públicas, programas y acciones afirmativas con perspectiva de equidad étnica-racial.

Sin embargo, un informe del Banco Mundial de 2020 reveló que la tasa de pobreza en Uruguay (8%) era 2,5 veces más alta para los afrodescendientes. También según este informe, ocho de cada diez adolescentes asisten a la educación formal, mientras que este número se reduce a cinco de cada diez en el caso de jóvenes con discapacidades severas. Además, el desempleo en el caso de personas transgénero es seis veces más alto que el del resto de la población. En el informe también se dice que en Uruguay las mujeres dedican el doble de tiempo a las tareas no remuneradas que los hombres.

COMPRENSIÓN

1. ¿Qué grupos sociales son los más afectados en América Latina por la desigualdad? ¿Cuál fue su estatus durante el régimen colonial y durante el periodo republicano?
2. ¿Qué tipo de desigualdades sufren estos grupos? Menciona tres ejemplos.
3. Revisa la legislación de Uruguay sobre igualdad social que aparece en la tabla. Haz una lista de los grupos sociales para los que trata de reducir la desigualdad y promover la inclusión social.
4. Según el Banco Mundial, ¿cuáles de estos grupos sufren aún desigualdad y exclusión en Uruguay y qué tipo de exclusión es?

CONECTORES: SIMILITUDES Y CONTRASTES

Para expresar que dos ideas son similares o para marcar el contraste entre dos ideas podemos usar estos conectores:

FUNCIÓN	CONECTOR
Similitud	_____; **del mismo modo,** _____
	_____; **de la misma manera,** _____
	_____; **de igual manera,** _____
	_____; **igualmente,** _____ (*similarly ...*)
	_____; **de modo similar,** _____ (*similarly ...*)
	_____; **asimismo,** _____ (*likewise ...*)
Diferencia	_____, **mientras que** _____ (*while*)
	_____; **en cambio** _____ (*in contrast*)
	_____; **por el contrario,** _____ (*on the contrary*)
	_____, **a diferencia de** _____ (*unlike*)
	A diferencia de _____, _____ (*unlike*)
	Por un lado/una parte _____; **por otro lado/otra parte** _____ (*On one hand ...; on the other hand ...*)

PRÁCTICA

Encuentra en el texto cuatro conectores que expresan semejanza o contraste. Después sustitúyelos por otro(s) que tenga(n) la misma función. Puedes cambiar el orden de las palabras en la frase si es necesario.

ANÁLISIS

1. Consideren los cuatro grupos identificados en el informe del Banco Mundial sobre Uruguay. ¿Creen que estos grupos sufren exclusión también en su país? ¿Existe legislación que protege sus derechos y trata de reducir la desigualdad? Completen la tabla.

Grupo social	¿Exclusión? Sí/No	¿Legislación?
1.		
2.		
3.		
4.		

2. El Banco Mundial propone un marco de inclusión que tiene tres áreas; es decir, la inclusión debe darse en todos estos ámbitos. Determinen en qué área(s) principales sufre discriminación cada uno de los cuatro grupos; en otras palabras, qué tipo(s) de inclusión se deben promover.

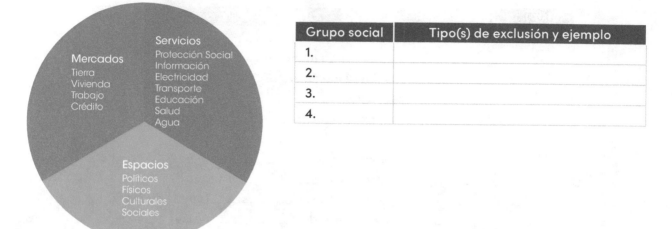

Grupo social	Tipo(s) de exclusión y ejemplo
1.	
2.	
3.	
4.	

Fig. 4–13. Areas de inclusión social (Banco Mundial)

3. Lean este texto sobre la población transgénero en Uruguay. Añadan a la tabla anterior áreas de exclusión adicionales para este grupo. Después miren el video y respondan a las preguntas.

4-7

En Uruguay las personas trans siguen enfrentando formas de exclusión. Cerca del 45% declara haber sufrido violencia debido a su identidad de género. El 45% vive en viviendas precarias (comparado con el 15% de otros uruguayos). La tasa de deserción escolar es muy elevada: sólo cerca del 25% ha completado la etapa primaria y solamente un 3% ha finalizado la secundaria. Con respecto a la participación en el mercado laboral, alrededor del 43% de los hombres trans y 30% de las mujeres trans están desempleados, lo cual representa más de cuatro y tres veces la tasa promedio de desempleo de hombres y mujeres en el país, respectivamente.

Fuente: https://documents1.worldbank.org/curated/en/215211595402950751/pdf/Social-Inclusion-in-Uruguay.pdf.

3-1. Identifiquen dos ámbitos más de exclusión en las áreas de *servicios* y/o *espacios*.

3-2. ¿Cuáles son las dos áreas principales de exclusión que sufre la comunidad transgénero en Uruguay y cómo afecta a su desarrollo sostenible? ¿Afecta esto al desarrollo sostenible de Uruguay en su conjunto? ¿Cómo?

3-3. ¿Qué dos efectos positivos de la Ley Trans (2018) se mencionaron?

CASO

4-8

1. Lean esta información y miren el video para conocer la historia de Delfina, una mujer transgénero y afrodescendiente de Uruguay. Determinen si el caso de Delfina es un ejemplo de *amenaza* al desarrollo sostenible de la comunidad transgénero o, por el contrario, de *progreso* hacia el desarrollo sostenible.

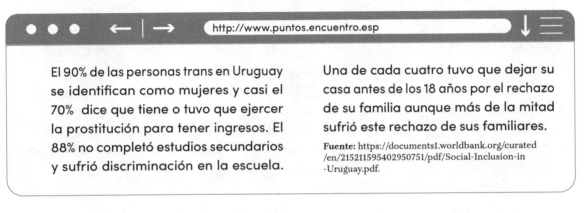

http://www.puntos.encuentro.esp

El 90% de las personas trans en Uruguay se identifican como mujeres y casi el 70% dice que tiene o tuvo que ejercer la prostitución para tener ingresos. El 88% no completó estudios secundarios y sufrió discriminación en la escuela.

Una de cada cuatro tuvo que dejar su casa antes de los 18 años por el rechazo de su familia aunque más de la mitad sufrió este rechazo de sus familiares.

Fuente: https://documents1.worldbank.org/curated /en/215211595402950751/pdf/Social-Inclusion-in -Uruguay.pdf.

Completen la tabla explicando cuál fue la posición de cada una de las partes implicadas en este caso, las causas o motivaciones, y cómo estas pusieron a Delfina en una situación de exclusión o inclusión social.

Partes implicadas	Posición(es)	Causas/ motivaciones	Exclusión / inclusión
persona transgénero			N/A
familia			
sociedad-entorno educativo			
sociedad-entorno laboral			
gobierno y marco legal (antes de 2018)			

2. Plan de acción. El documento *For All: The Sustainable Development Goals and LGBTI People* de la asociación RFSL (2019) es un plan con seis áreas prioritarias para alcanzar la inclusión de la comunidad LGBTI. Preparen un proyecto de ley para avanzar en la inclusión social y económica de las personas transgénero en su país. En grupos pequeños o parejas, cada uno/a se encargará de una de estas áreas de acción y elaborará una propuesta de dos puntos. Después hagan un panel de discusión con el objetivo de seleccionar seis puntos que serán parte del Proyecto de Ley Integral para la Inclusión de las Personas Transgénero.

☐ Salud
☐ Educación
☐ Trabajo
☐ Seguridad
☐ Formación de una familia
☐ Reconocimiento legal del género

DEBATE

LA DESCOLONIZACIÓN DE PUERTO RICO

OBJETIVOS

1. Demostrar conocimiento y comprensión de
   a. el concepto de 'descolonización' en el pasado y en el presente
   b. la historia de Puerto Rico desde sus luchas independentistas hasta 1952
   c. el estatus territorial y político actual de Puerto Rico según diversas perspectivas
2. Analizar críticamente las distintas posturas existentes sobre el estatus colonial de Puerto Rico
3. Justificar y apoyar estas posturas mediante argumentos y contraargumentos

¿QUÉ NECESITAS SABER?

Sobre la definición de 'colonia'

Hasta mediados del siglo XX la mayor parte del mundo era territorio colonial dominado por unos pocos países europeos y EE. UU. En América, el último territorio español que se independizó fue Cuba (en 1902). Otros territorios americanos consiguieron su independencia mucho más tarde, por ejemplo, Guyana (del Reino Unido) en 1966, Surinam (de Holanda) en 1975 o Belice (del Reino Unido) en 1981. Al terminar la Segunda Guerra Mundial 750 millones de personas, casi una tercera parte de la población mundial, vivían en territorios coloniales. Desde entonces, más de 80 colonias han obtenido su independencia, otras han establecido una relación de libre asociación con otro estado o se han integrado en otros estados. Un estado en libre asociación es un territorio soberano que tiene un acuerdo con otra nación, acuerdo que cada una de esas naciones puede terminar unilateralmente. El estado en libre asociación tiene derecho a la independencia total si lo desea.

Sin embargo, todavía quedan colonias en el mundo: 16, según la ONU. El Artículo 73 de la Carta de las Naciones Unidas (ONU, 1946) dice que las colonias son territorios cuyos habitantes no han alcanzado totalmente un nivel pleno de autogobierno. Gran Bretaña tiene diez, entre ellas Bermudas, Gibraltar, Islas Malvinas o Islas Vírgenes Británicas. EE. UU. tiene tres: Samoa Americana, Islas Vírgenes y Guam.

1. En pleno siglo XXI, ¿por qué existen todavía estos 'restos' del mundo colonial? ¿Qué importancia tienen?
2. ¿Es Puerto Rico una colonia? Usa datos del texto para justificar tu respuesta.

3. Completa esta ficha sobre el estatus político de Puerto Rico. Después, en clase, compara tus respuestas con las de tu compañero/a.

	C	F
Los puertorriqueños son ciudadanos de EE. UU.		
Los puertorriqueños tienen representación y voto en el Congreso.		
Los puertorriqueños no pueden votar en las elecciones presidenciales de EE. UU.		
El gobierno de Puerto Rico está bajo la autoridad del Congreso de EE. UU.		
Puerto Rico no tiene autonomía administrativa como los estados de EE. UU.		
Algunos países reconocen la ciudadanía puertorriqueña.		
30% de los estadounidenses no saben cuál es la nacionalidad de los puertorriqueños.		
Los puertorriqueños no pagan impuestos federales por sus ingresos.		

Sobre el contexto histórico

La lucha por la independencia de Puerto Rico se ilustra con el episodio histórico llamado Levantamiento de Lares, el 23 de septiembre de 1868, cuando cientos de hombres y mujeres pobres de la ciudad de Lares se levantaron para pedir la independencia. Este levantamiento fue aplastado rápidamente por los españoles. Después de este conflicto hubo reformas: se abolió la esclavitud en 1873 y se crearon las primeras organizaciones políticas en la isla. En 1887 se creó el Partido Autonomista Puertorriqueño. Diez años después la Reina Regente de España promulgó la Carta Autonómica de Puerto Rico, que instauró un parlamento con dos cámaras y un gobernador. En julio de 1898, en el contexto de la guerra hispano-americana, Puerto Rico fue invadido EE. UU. y al final de la guerra España le cedió la isla.

En 1947 se aprobó una ley federal que permitía a los territorios de EE. UU. elegir un gobernador. Luis Muñoz Marín ganó las primeras elecciones democráticas en la historia de Puerto Rico. En 1952 se aprobó una Constitución local ratificada por el Congreso de EE. UU. y por el gobernador Muñoz Marín. La isla pasó a ser Estado Libre Asociado (ELA) y en 1953 la Asamblea General de la ONU aprobó la Resolución 748, que eliminó a Puerto Rico de la lista de colonias. Esto eximió a (*exempted*) EE. UU. de la obligación de la Carta de Naciones Unidas de presentar informes periódicos sobre la condición política de la isla.

4. Explica cómo cambió el estatus político de Puerto Rico en 1897 y por qué.
5. Explica cómo cambió el estatus político de Puerto Rico en 1898 y por qué.
6. Explica cómo cambió el estatus de Puerto Rico en 1952.
7. ¿Qué importancia tuvo para Estados Unidos la Resolución 748 de la ONU?

Sobre Puerto Rico como Estado Libre Asociado

4-9

1. ¿Qué tipo de soberanía tiene Puerto Rico?
2. Según el presentador, ¿tiene Puerto Rico un estatus político claro?
3. Di dos razones por las que los puertorriqueños, hasta el año 2005, alcanzaron un alto nivel económico.
4. Explica por qué el gobierno de Puerto Rico declaró la bancarrota en 2015 y cuál fue la respuesta del gobierno de Estados Unidos.
5. ¿Por qué el estatus de Estado Libre Asociado (ELA) impide que la situación económica de Puerto Rico mejore?

4-10

1. ¿Por qué no tuvo éxito la imposición del inglés como lengua única en Puerto Rico, según Marcia Rivera?
2. Describe el modelo agrícola que usó Estados Unidos en Puerto Rico.
3. ¿Qué opina Marcia Rivera sobre el estatus de ELA que tiene Puerto Rico?
4. Describe el futuro que anticipa Marcia Rivera para el estatus de la isla.
5. ¿Cuál es el estatus político actual de Puerto Rico, según Marcia Rivera? ¿Cuáles son sus tres opciones políticas para el futuro?

Sobre la opinión del Comité de Descolonización de la ONU

El Comité Especial de Descolonización de la ONU, creado en 1960, ha aprobado ya 39 resoluciones donde pide a Estados Unidos que reconozca el derecho de Puerto Rico a la autodeterminación y que facilite el proceso para que los puertorriqueños puedan ejercer ese derecho. La resolución de 2021 dice que "el pueblo de Puerto Rico constituye una nación latinoamericana y caribeña que tiene su propia e inconfundible identidad nacional" y que el gobierno de EE. UU. debe permitir un proceso que permita a Puerto Rico ejercer su derecho a la libre determinación.

http://www.puntos.encuentro.esp

"La continuación del colonialismo [...] entorpece el desarrollo social, cultural y económico de los pueblos dependientes".

"La sujeción de los pueblos a dominio extranjero es una denegación de los derechos humanos fundamentales [...] todos los pueblos tienen derecho a la libre determinación, y se deben tomar medidas para traspasar el poder a los pueblos colonizados".

Declaración sobre la concesión de la independencia a los países y pueblos coloniales (Resolución 1514). Asamblea General de la ONU, 1960

Fuente: https://www.ohchr.org/SP/ProfessionalInterest/Pages/Independence.aspx#:~:text=La%20Asamblea%20General%2C,-Teniendo%20presente%20que&text=1.y%20de%20la%20cooperaci%C3%B3n%20mundiales.

8. Averigua cómo se distribuyó el voto del año 2021 de la resolución 39 sobre Puerto Rico (cuántos países votaron a favor, en contra, etc.).
9. Las 39 resoluciones del Comité de Descolonización de la ONU no han tenido ningún efecto. Elabora una posible explicación para este hecho.

Sobre la opinión de los ciudadanos puertorriqueños

En el referéndum del año 2012, con una participación del 77,7% de la población, los puertorriqueños respondieron a dos preguntas: *¿Está de acuerdo con la situación actual de Puerto Rico (Estado Libre Asociado de EE. UU.)?* El 53,97% de los votantes dijo que no. Con la segunda pregunta los puertorriqueños expresaron su opinión sobre tres opciones alternativas. Estos fueron los resultados:

En 2017 el gobierno de Puerto Rico aprobó la *Ley para la Descolonización Inmediata de Puerto Rico*. El gobernador Ricardo Rosselló denunció que Puerto Rico era una colonia y que esa situación era la causa de los males de la isla, incluyendo su inhabilidad de pagar su deuda de 70.000 millones de dólares. Ese mismo año hubo un referendo que, como todos los anteriores, no tuvo carácter vinculante para EE. UU. Las opciones en la papeleta de votación (*ballot*) fueron: estadidad, libre asociación/independencia—ser un país independiente, con un posterior referendo para escoger entre independencia o libre asociación—o el actual estatus territorial. Con una participación de solo el 22%, el 97% de los votantes aprobó la opción de la estadidad.

En 2020, en el marco de las elecciones generales, tuvo lugar otro referendo, en esta ocasión con solo una pregunta. Al igual que en ocasiones anteriores, el Departamento de Justicia de EE. UU. no aprobó estos resultados.

10. Usando los resultados de los últimos referendos, explica si los puertorriqueños apoyan el estatus político actual de la isla.
11. ¿Tiene apoyo popular la opción de ser un estado de EE. UU.?
12. Compara el nivel de participación en estos referendos.

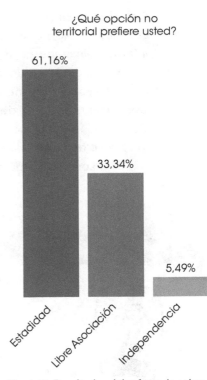

¿Qué opción no territorial prefiere usted?

Fig. 4-14. Resultados del referendo sobre el estatus territorial de Puerto Rico (2012)

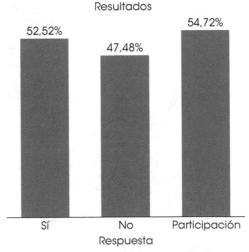

Referendo sobre el estatus de Puerto Rico (2020)

¿Debería Puerto Rico ser admitido en la Unión como un estado?

Fig. 4-15. Resultados del referendo sobre el estatus territorial de Puerto Rico (2020)

Sobre la opinión del gobierno de Estados Unidos

De acuerdo con el Departamento de Justicia de Estados Unidos, Puerto Rico es un territorio con autogobierno limitado que posee una Constitución para el manejo de sus asuntos internos. Sin embargo, no tiene soberanía propia porque es propiedad de EE. UU. El Congreso de EE. UU. decide todo lo relacionado con su sistema financiero, sus relaciones exteriores, la migración y el comercio. La fuente de autoridad del sistema legal de Puerto Rico es el Congreso de EE. UU. desde 1953, año en el que autorizó a Puerto Rico a tener su propia Constitución y formar un gobierno local. Ese mismo año la Asamblea General de la ONU lo eliminó de la lista de territorios con estatus de colonia. Por lo tanto, el caso político de la isla es un asunto doméstico, no de derecho internacional.

Sobre la posición de los principales partidos políticos de Puerto Rico

	Principales partidos políticos	Elecciones 2020 (votos)
	El Partido Nuevo Progresista (PNP) es un partido de centro-derecha con diez escaños (*seats*) en el Senado y 21 en el Congreso. Defiende la anexión de Puerto Rico como estado federado y sus seguidores son llamados 'estadistas'. Incluye a miembros de los partidos Demócrata y Republicano, a diferencia de su oposición, el PPD, que se identifica mayormente con el Demócrata.	33,24%
	El Partido Popular Democrático (PPD) se sitúa ideológicamente en el centro. Tiene 12 escaños en el Senado y 26 en el Congreso. Su objetivo es mantener la relación actual que existe entre Puerto Rico y EE. UU., aunque una facción dentro del partido desea terminar con el estatus actual y llevar a Puerto Rico a un pacto de libre asociación auténtico.	31,56%
	El Movimiento Victoria Ciudadana, fundado en 2019, es un partido de centro-izquierda que tiene como objetivo la descolonización de Puerto Rico. Tiene dos escaños en el Senado y dos en el Congreso. Contempla la creación de una asamblea constituyente que determine su estatus: estadidad, independencia o libre asociación con Estados Unidos.	14,21%
	El Partido Independentista Puertorriqueño (PIP) es un partido de izquierda con un escaño en el Senado y uno en el Congreso. Propone que el país se convierta en una nación soberana. El PIP cree en la lucha cívica y electoral para lograr la independencia.	13,72%

13. Examinen la información sobre los partidos políticos y determinen si hay alguna relación entre la ideología política y el estatus deseado para Puerto Rico.

APLICACIÓN

1. ¿A qué posición sobre este caso apoya la información de estas fuentes?

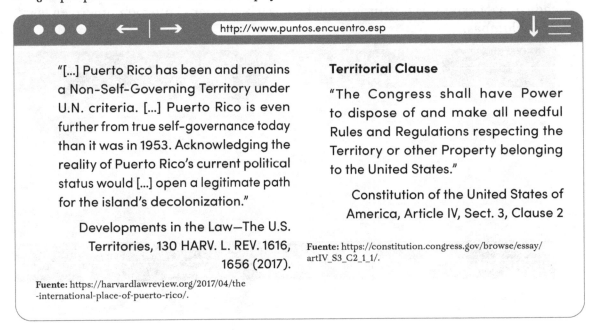

http://www.puntos.encuentro.esp

"[...] Puerto Rico has been and remains a Non-Self-Governing Territory under U.N. criteria. [...] Puerto Rico is even further from true self-governance today than it was in 1953. Acknowledging the reality of Puerto Rico's current political status would [...] open a legitimate path for the island's decolonization."

Developments in the Law—The U.S. Territories, 130 HARV. L. REV. 1616, 1656 (2017).

Fuente: https://harvardlawreview.org/2017/04/the-international-place-of-puerto-rico/.

Territorial Clause

"The Congress shall have Power to dispose of and make all needful Rules and Regulations respecting the Territory or other Property belonging to the United States."

Constitution of the United States of America, Article IV, Sect. 3, Clause 2

Fuente: https://constitution.congress.gov/browse/essay/artIV_S3_C2_1_1/.

2. Prepara, de modo individual, una respuesta para cada una de las citas desde dos puntos de vista diferentes: (a) Puerto Rico es una colonia y (b) Puerto Rico no es una colonia. Después adopta uno de los dos puntos de vista y busca a un/a compañero/a de clase que elija el opuesto. Asegúrense de (*make sure*) que comprenden bien las opiniones de su compañero/a.

LA COMPRENSIÓN Y CLARIFICACIÓN DE IDEAS

Durante una conversación es usual que no comprendamos lo que alguien dijo. Expresar que *no comprendiste* algo y *pedir una clarificación* son estrategias fundamentales en una segunda lengua.

DECIR QUE NO COMPRENDEMOS

Lo siento, (pero) no comprendo / entiendo.   *I'm sorry, but I don't understand.*

PEDIR CLARIFICACIÓN O REFORMULACIÓN

¿Qué quieres decir?   *What do you mean?*

¿Puedes/podrías repetir lo que has dicho?   *Can/could you repeat what you said?*

¿Puedes/podrías ser más específico/a?   *Can/could you be more specific?*

¿Puedes/podrías clarificar eso, por favor?   *Can/could you clarify that for me, please?*

CLARIFICAR O REFORMULAR LO QUE DECIMOS

Quiero decir que ...   *I mean that...*

Lo que quiero decir es que ...   *What I mean is that ...*

ANÁLISIS

1. Hagan una lista de las diferentes partes interesadas (*stakeholders*) en defender cada una de estas dos posturas del debate. Deben tener el mismo número en las dos columnas.

PUERTO RICO ES UNA COLONIA	
¿Quién?	Argumento

PUERTO RICO NO ES UNA COLONIA	
¿Quién?	Argumento

2. En grupos. Cada uno de ustedes asume el papel de una de estas partes implicadas (*stakeholders*) y su postura ante el problema y prepara el mejor argumento posible para defenderla. Usen datos, ejemplos u otra información relevante.

EVALUACIÓN

1. Individualmente
   1-1. prepara tu papel con toda la información necesaria para poder participar en el debate (quién eres, cómo te llamas, de dónde eres, dónde trabajas, a quién representas ...).
   1-2. revisa los materiales e información relevante y cualquier otra que te ayude a comprender mejor cuál es tu posición en este caso.
2. Prepárense para el debate. En su grupo, decidan qué argumentos quieren usar y en qué orden.

FIGURE CREDITS

5

Las dictaduras del siglo XX

OBJETIVOS DE APRENDIZAJE

1. Comprender, analizar y evaluar:
   a. las causas, características y consecuencias de algunas de las dictaduras del siglo XX (El Salvador, Cuba, España, Argentina y Chile)
   b. los procesos de transición a la democracia en estos países
   c. el fenómeno de la desaparición forzada de personas durante las dictaduras
2. Aprender cómo el género cinematográfico ha abordado las dictaduras de Latinoamérica
3. Analizar el ODS 16: la importancia del estado de derecho y del acceso equitativo a la justicia para alcanzar el desarrollo sostenible. Aprender sobre la justicia transicional
4. Evaluar críticamente la Ley de Amnistía de 1977 en España

	Temas	Lengua
Aproximación	5-1. Dictadura y democracia	
Perspectiva Lingüística	5-2. Centroamérica: El Salvador (1931–1979) 5-3. Las dictaduras en Cuba 5-4. La dictadura militar en España (1939–1975) 5-5. Las dictaduras de Argentina (1976–1983) y Chile (1973–1990)	G-10. El uso de la voz pasiva G-11. El uso del condicional en el pasado
Perspectiva Intercultural	5-6. Derechos humanos: los desaparecidos	
Perspectiva Artística	5-7. El cine sobre las dictaduras	
	El Objetivo de Desarrollo Sostenible 16 El estado de derecho La justicia transicional para el desarrollo sostenible	
Debate	España y la Ley de Amnistía de 1977	

APROXIMACIÓN

5-1 DICTADURA Y DEMOCRACIA

1. **¿Qué es una dictadura? Elabora una definición usando algunas de estas expresiones.**

el sistema de gobierno	los derechos políticos	el golpe de estado
la participación del pueblo	los derechos sociales	la libertad de expresión
las elecciones	la autoridad	los partidos políticos

2. **Lee el texto, mira el cuadro con la lista de periodos dictatoriales y responde a las preguntas.**

La vida independiente de las nuevas naciones hispanohablantes de América no siempre estuvo caracterizada por los ideales democráticos que las establecieron. La inestabilidad política que estos países sufrieron en el siglo XIX continuó especialmente en el siglo XX. Mientras tanto en España, con la pérdida de Puerto Rico—la última de sus colonias en América—en 1898, se inician unos años de crisis social y el ejército comienza a interferir en la vida política.

PAÍS	PERIODOS DICTATORIALES SIGLO XX	PAÍS	PERIODOS DICTATORIALES SIGLO XX
ARGENTINA	1930–1932; 1955–1958; 1966–1973; 1976–1983	GUATEMALA	1931–1944; 1954–1986
BOLIVIA	1930–1952; 1971–1982	HONDURAS	1933–1948; 1963–1971; 1972–1982
CHILE	1927–1931; 1973–1990	MÉXICO	1853–1855
COLOMBIA	1953–1958	NICARAGUA	1934–1979
COSTA RICA	1917–1919	PANAMÁ	1968–1989
CUBA	1925–1933; 1952–1959; 1959–	PARAGUAY	1940–1948; 1954–1989
REP. DOMINICANA	1889–1899; 1930–1961	PERÚ	1948–1956; 1968–1980
EL SALVADOR	1931–1979	URUGUAY	1933–1938; 1973–1985
ECUADOR	1963–1965; 1972–1978	VENEZUELA	1908–1935; 1952–1958
ESPAÑA	1923–1930; 1939–1975		

1. Lee esta cita. ¿Qué característica común tenían estos países y España cuando se inicia el siglo XX?

> "La peor herencia de la violencia de las guerras independentistas fue el militarismo. La independencia creó a los ejércitos que la hicieron posible, militarizó nuestra vida pública. Los militares fueron desde entonces los dueños de las nacientes naciones [...]. Desde entonces, la fuerza militar no sujeta a control de los gobiernos civiles es una sombra persistente de nuestra vida pública y ha llenado de golpes militares nuestra historia."
>
> Héctor Aguilar Camín, *Primer Foro Bicentenario Latinoamericano* (2005)
>
> **Fuente:** http://www.comercioexterior.ub.edu/latinoamerica/lecturas07_08/leccionesdelaindependencia.pdf.

2. Identifica los cuatro países con el mayor y el menor número de años bajo un régimen de dictadura en el siglo XX.
3. ¿En qué década del siglo XX terminaron muchas de las últimas dictaduras?
4. ¿Crees que los datos anteriores (pregunta 2 y 3) están relacionados con la calidad democrática actual de estos países? ¿Cómo?

3. **¿Qué es la democracia? El concepto de "democracia" no es igual para todo el mundo. Lee este texto y después responde a las preguntas.**

El "Economist Intelligence Unit's Index of Democracy" evalúa el nivel democrático de los países y establece una clasificación mundial. En el informe sobre el año 2020 se evalúan 167 países: 23 son considerados democracias plenas (13,8%); 52 países son considerados democracias imperfectas (31,1%); los siguientes 37 países son considerados regímenes híbridos (21%); y los últimos 57 representan regímenes autoritarios o dictaduras (34,3%). Los países con democracias plenas son aquellos en los que las libertades civiles y políticas se respetan, el funcionamiento del gobierno es satisfactorio, y los medios de comunicación y el poder judicial son independientes. En una democracia imperfecta hay elecciones libres y justas, y las libertades básicas se respetan; sin embargo hay problemas como bajos niveles de participación democrática o ataques a la libertad de prensa. En un régimen híbrido, las elecciones pueden no ser libres ni justas, hay corrupción, presión del gobierno sobre la oposición y el sistema judicial no es independiente. Un régimen autoritario es una dictadura.

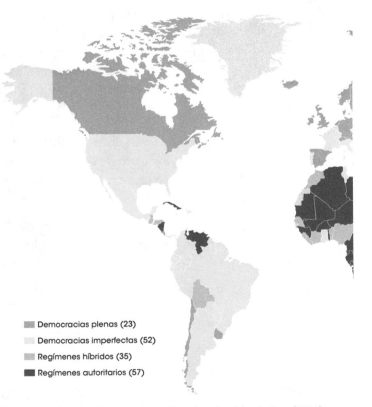

Democracias plenas (23)
Democracias imperfectas (52)
Regímenes híbridos (35)
Regímenes autoritarios (57)

Fig. 5-1. Indice de democracia en España y América Latina (2020)

Esto significa que casi la mitad de los países del mundo pueden ser considerados democráticos, aunque sólo en unos pocos (23) se dan todas las condiciones para una democracia plena. También significa que más de un tercio de la población mundial vive bajo un régimen autoritario. El índice de "The Economist" considera que la existencia de elecciones libres y de libertades civiles es una condición necesaria, pero no suficiente, para una democracia sólida. Por ello, el índice considera cinco indicadores: (1) proceso electoral y pluralismo (ej.: ¿tienen los electores total libertad para votar?), (2) funcionamiento del gobierno (ej.: ¿hay un gobierno eficiente en el país?), (3) nivel de participación política de los ciudadanos (ej.: ¿qué porcentaje de gente vota en el país?), (4) cultura política (ej.: ¿se educa en el país a todos los ciudadanos sobre los valores de la democracia?) y (5) libertades civiles (ej.: ¿hay libertad de expresión y de protesta en el país?).

COMPRENSIÓN/PENSAMIENTO CRÍTICO

1. ¿Crees que es beneficioso romper la dicotomía democracia / no democracia y establecer dos grados más de nivel democrático de un país? ¿Por qué?
2. ¿Es posible medir la democracia?
3. ¿Qué países hispanohablantes son democracias plenas? ¿Por qué lo son?
4. Examina los países considerados democracias imperfectas. ¿Por qué crees que no son democracias plenas? ¿Qué factores crees que inciden en esto? ¿Son los mismos factores para todos?
5. Examina los países considerados regímenes híbridos y los clasificados como dictaduras. ¿Qué los caracteriza? ¿Qué los diferencia?
6. A pesar de la presencia de dictaduras durante gran parte del siglo XX, España es hoy una de las 23 democracias plenas del mundo. ¿Qué factores crees que han contribuido a este hecho?
7. Lee estas citas e interprétalas. Después responde, justificando tu respuesta: ¿Es la democracia la mejor forma de gobierno?

La democracia es la peor forma de gobierno, excepto todas las otras formas que se han probado de tiempo en tiempo.

Winston Churchill

Fuente: https://es.wikiquote.org/wiki/Winston_Churchill.

Si no hay comida cuando se tiene hambre, si no hay medicamentos cuando se está enfermo, si hay ignorancia y no se respetan los derechos elementales de las personas, la democracia es una cáscara (*shell*) vacía, aunque los ciudadanos voten y tengan parlamento.

Nelson Mandela

Fuente: https://es.wikipedia.org/wiki/Democracia_social.

PERSPECTIVA LINGÜÍSTICA

VOCABULARIO META

acabar con	to put an end to	forzado/a, forzoso/a	forced
alfabetización (la)	literacy	ganador (el)	winner
ámbito (el)	field; area	golpe de estado (el)	coup
analfabetismo (el)	illiteracy	hacer frente	to face; to confront
apertura (la)	(political) opening	huelga (la)	strike
apoyo (el)	support	huir	to flee
avance (el)	advance; progress	indultar	to pardon
caída (la)	fall, drop	indulto (el)	pardon
celebrar	to hold; to take place	influir	to influence
censura (la)	censorship	intentar	to try; to attempt
comenzar	to start; to begin	intento (el)	attempt
comienzo (el)	start; beginning	izquierda (la)	left (political)
comprometerse a	to commit to	juicio (el)	trial
condena (la)	sentence	junta (la)	board; committee
condenar	to sentence	juzgar	to try (law)
convocar	to call; to organize	logro (el)	achievement
crimen de lesa humanidad (el)	crime against humanity	lucha (la)	fight
decretar	to order; to rule	manifestación (la)	demonstration
delito (el)	crime	obrero (el)	worker
derecha (la)	right (political)	pacífico/a	peaceful
derrocar	to overthrow	partidario/a	supporter (political)
derrotar	to defeat	poder judicial (el)	judicial branch
desaparecer	to disappear	provocar	to cause
detener	to arrest; to detain	rechazar	to reject
deterioro (el)	deterioration; decline	restaurar	to restore; to reinstate
deuda (la)	debt	salud (la)	health
elecciones (las)	elections	sindicato (el)	union (labor)
elegir	to choose	socavar	to undermine
encarcelar	to imprison	suprimir	to supress; to abolish
enviar	to send	surgimiento (el)	emergence
estar al frente	to be in charge	tratado (el)	treaty
estar en peligro	to be in danger	trato (el)	treatment
finalidad (la)	purpose; objective	unirse a	to join
firmar	to sign	voluntad (la)	will

5-2 CENTROAMÉRICA: EL SALVADOR (1931–1979)

Durante los años 30 del siglo XX se instauraron dictaduras en cuatro de los seis países de Centroamérica: Guatemala, El Salvador, Honduras y Nicaragua. En estos países los periodos dictatoriales se extenderían durante décadas. Lee este texto sobre las dictaduras y posterior guerra civil (1979-1992) en El Salvador. Después responde a las preguntas.

Desde comienzos del siglo XX las naciones centroamericanas tuvieron dificultades para consolidar sus estados. Las oligarquías introdujeron un modelo económico basado en la exportación de productos como el tabaco o el café y controlado por empresas extranjeras como la United Fruit Company de EE. UU. La crisis económica mundial de 1929 promovió el surgimiento de dictaduras militares que tenían el apoyo de EE. UU. y de las empresas extranjeras. Estas dictaduras fueron rechazadas por la población civil, que tuvo que organizar movimientos de resistencia.

En diciembre de 1931, debido a la grave situación económica causada por la caída de los precios del café, el gobierno de El Salvador fue derrocado por un grupo de militares. El Partido Comunista Salvadoreño, con Farabundo Martí al frente, lideró en 1932 una insurrección popular que fue derrotada sangrientamente por la dictadura y en la que el número de víctimas civiles fue de entre 20.000 y 30.000. Durante la dictadura (1931-1944) las condiciones de vida de los salvadoreños se deterioraron significativamente. Tras este periodo dictatorial vino otra serie de gobiernos militares o cívico-militares apoyados por los terratenientes cafetaleros. Entre 1962 y 1967 El Salvador se unió a (*joined*) la Alianza para el Progreso, un plan de EE. UU. para contrarrestar los movimientos de izquierda inspirados en la revolución cubana de 1959. Durante este tiempo EE. UU. concedió préstamos al país, enfocó su política en la neutralización del comunismo y ayudó a organizar grupos paramilitares como los Escuadrones de la Muerte, que intensificaron la represión hacia la población civil. Durante los años setenta fueron creadas varias organizaciones populares con participación activa de sindicatos, grupos campesinos y universidades con el objetivo de ofrecer resistencia ante el aumento de la violencia política y la represión del régimen del dictador Carlos H. Romero (1977-1979).

Fig. 5-2. Estatua de Óscar Romero en la Abadía de Westminster (Londres)

En octubre de 1979 un grupo de jóvenes militares y civiles tomó el mando del país mediante un golpe de estado, formando una Junta de Gobierno que se comprometió a parar la violencia política y las violaciones de derechos humanos y prometió restablecer las garantías constitucionales, fortalecer la democracia y redistribuir la riqueza. Pero el 24 de marzo de 1980 fue asesinado el Arzobispo de San Salvador, Óscar Romero. Dentro del movimiento popular, la opción revolucionaria estaba creciendo y ese mismo año el movimiento guerrillero se unificó bajo el nombre Frente Farabundo Martí para la Liberación Nacional (FMLN) y declaró la guerra al gobierno.

Durante los años de guerra civil (1979-1992) sucedieron varias masacres de civiles a manos de las Fuerzas Armadas y grupos paramilitares, cientos de asesinatos políticos, violaciones de derechos humanos, desapariciones de miles de personas y migraciones forzadas. Aunque en 1983 se aprobó una nueva Constitución y en 1984 hubo elecciones, la guerra continuó hasta el inicio de las negociaciones entre el gobierno del presidente Alfredo Cristiani y el FMLN en abril de 1991, que culminaron en enero de 1992 cuando fueron firmados los Acuerdos de Paz en México. El balance de la guerra civil fue de 75.000 civiles salvadoreños muertos y alrededor de 8.000 desaparecidos.

Fuente: Copyright © 2021 by Maria de la Fuente (CC BY-SA 4.0) at https://www.wikiwand.com/es/Historia_de_El_Salvador.

COMPRENSIÓN

1. Explica quién fue Farabundo Martí y cómo fue usado su nombre en los años ochenta del siglo XX.
2. Explica el papel de EE. UU. en El Salvador durante los años treinta y los años sesenta del siglo XX.
3. Describe los dos lados del conflicto armado (1979-1992).

	Partes implicadas	Objetivos
LADO 1		
LADO 2		

4. Identifica los dos eventos más significativos de la década de 1980-1990 en El Salvador y explica por qué lo son.
5. ¿Cómo se inició el proceso de paz y cómo llegó la paz a El Salvador?

REFLEXIÓN LINGÜÍSTICA: G-10

1. En el texto aparecen sombreadas seis frases pasivas (verbo *ser* + participio). Identifica el agente en cada una de estas frases.

2. Estas frases contienen información del texto: complétalas usando el pretérito de los verbos y la voz pasiva con *ser*.

   a. La dictadura de El Salvador (iniciar) en 1931 por un grupo de militares.

   b. En 1932 (fundar) el Partido Comunista Salvadoreño.

   c. En los años sesenta, el régimen militar (apoyar) por Estados Unidos.

   d. Muchos civiles (asesinar o torturar) por grupos paramilitares del ejército.

   e. Oscar Romero (asesinar) en 1980.

   f. Las negociaciones de paz (iniciar) en abril de 1991.

PENSAMIENTO CRÍTICO

1. ¿Por qué fue asesinado Oscar Romero? ¿En qué lado del conflicto pueden situarlo? Lean el texto antes de responder.

---

http://www.puntos.encuentro.esp

La participación de la Iglesia Católica en este escenario tiene particular importancia. Normalmente, se le veía como una institución conservadora, comprometida con el orden social establecido, pero a partir del Concilio Vaticano II de 1965 una parte de la iglesia asumió un papel mucho más activo en el campo social. [...] En correspondencia con el Concilio, los obispos latinoamericanos definieron una línea de acción denominada *opción por los pobres* [...] lo que llevó al gobierno y a la derecha a considerarlos a todos como parte de la misma conspiración comunista ya presente en El Salvador. Los múltiples ataques de que fueron objeto los cristianos aumentaron hasta llegar a los primeros asesinatos de sacerdotes en 1977, lo que atrajo la atención internacional sobre El Salvador.

Fuente: https://www.mined.gob.sv/descarga/cipotes/historia_ESA_TomoII_0_.pdf.

Después interpreten esta cita de Óscar Romero. ¿Por qué, según Romero, lo llaman comunista? ¿Qué crítica hace Romero del sistema capitalista?

> Cuando se le da pan al que tiene hambre, lo llaman a uno santo, pero si se pregunta por las causas de por qué el pueblo tiene hambre, lo llaman comunista, ateo. Pero hay un ateísmo más cercano y más peligroso: el ateísmo del capitalismo, cuando los bienes materiales se erigen en ídolo.
>
> Óscar Romero, 1978

Fuente: http://es.slideshare.net/villamarcos/monseor-scar-romero-frases-de-homilas.

2. Miren la foto donde aparece Óscar Romero. ¿Cómo y junto a quién está representado? Establezcan al menos tres similitudes relevantes entre estas dos figuras históricas.

3. El Acuerdo de Paz de 1992 incluyó el mandato de establecer una Comisión de la Verdad para investigar las violaciones de derechos humanos durante la guerra civil y hacer recomendaciones para evitar estas situaciones en el futuro. Decidan cuatro acciones que debería recomendar esta comisión.

Recomendaciones	
Sobre las acciones ocurridas	1. Es necesario investigar ... 2. Hay que ...
Preventivas	3. 4.

5-3 LAS DICTADURAS EN CUBA

5-1

1. **Mira el video sobre los antecedentes de la dictadura militar de Fulgencio Batista en Cuba (1952–1959) y el movimiento revolucionario que provocó su caída. Organiza estos eventos mencionados en orden cronológico, de 1 (= más antiguo) a 8 (= más reciente).**

Ataque al cuartel Moncada contra Batista	
Fulgencio Batista dio un golpe de estado en 1952	
Dictadura de Gerardo Machado	
La guerrilla tomó La Habana y Batista huyó de Cuba	
Se formó la guerrilla en Cuba	
Fundación del *Movimiento Revolucionario 26 de Julio*	
Fidel Castro fue sentenciado a 15 años de prisión	
Fulgencio Batista fue presidente de Cuba	
Nacieron las organizaciones estudiantiles de oposición	

Lee este texto para saber más sobre las dos dictaduras previas a la Revolución Cubana.

Desde su nacimiento como país independiente en 1902, Cuba tuvo una relación de dependencia con Estados Unidos y poca estabilidad política. Durante el siglo XX el país solamente vivió breves periodos democráticos. Gerardo Machado ganó las elecciones presidenciales en 1925. Machado decidió reformar la constitución para perpetuarse en el poder por seis años y gobernó con una política represiva contra obreros, estudiantes y líderes políticos, reduciendo la libertad de expresión. Con la crisis económica de 1929 se agravó la situación y casi todas las facciones de la sociedad se organizaron para hacer frente a Machado. En agosto de 1933, después de una huelga general y bajo la presión popular, Machado huyó del país.

Fig. 5-3. Tugurios (*slums*) en La Habana (1954)

Tras algunos años de inestabilidad política se hicieron cambios democráticos en el país y en 1940 se aprobó una Constitución que recogía importantes reivindicaciones populares. Sin embargo, desde mediados de los cuarenta la corrupción, la violencia y las divisiones políticas aumentaron, y todo ello propició el golpe militar del general Fulgencio Batista en 1952. El gobierno de Batista abolió la Constitución de 1940; anuló la libertad de expresión, de reunión y de huelga; y eliminó la autonomía universitaria. Ese mismo año Estados Unidos reconoció oficialmente al régimen.

Durante la dictadura, Batista aplicó una política de reducción del cultivo de azúcar que causó un aumento de la pobreza en el campo y la desigualdad social. Batista alentó el juego a gran escala en La Habana y aumentó la prostitución y el tráfico de drogas al servicio de organizaciones criminales estadounidenses. Los niveles de corrupción subieron hasta niveles sin precedentes y el comercio exterior era controlado por Estados Unidos. Cuando la guerrilla entró en La Habana, Batista huyó de Cuba con 100 milones de dólares.

COMPRENSIÓN

Completa esta tabla respondiendo a las preguntas referidas a las dos dictaduras: la de Machado y la de Batista. ¿Hay más similitudes o más diferencias?

	Machado	Batista
¿Cómo llegó al poder?		
¿Cuánto tiempo fue dictador?		
¿Cómo usó la Constitución?		
¿A qué grupos sociales se enfrentó?		
¿Cómo fue derrocado?		

REFLEXIÓN LINGÜÍSTICA: G-10

1. En el segundo párrafo del texto que has leído, observa los dos primeros verbos marcados y determina qué tipo de verbos son.

   • ¿Por qué crees que el autor del texto usó este tipo de verbos?

   • Escribe las frases otra vez cambiando sus verbos a formas de voz pasiva con *ser*.

2. Los tres verbos siguientes, marcados en el mismo párrafo, tienen un sujeto explícito: "el gobierno militar". Quieres escribir esta frase otra vez con los tres verbos, pero no te interesa mencionar quién hizo estas acciones: solamente que estas acciones ocurrieron. Hazlo usando la voz pasiva con *se*.

3. Escribe otra vez las frases, en esta ocasión usando la voz pasiva con *ser* y especificando quién hizo estas acciones (el *agente*).

5-2 2. **Lee la cronología de eventos que marcan el inicio de la revolución de Fidel Castro en Cuba y la dictadura que le siguió. Después mira el video donde se resumen los sesenta años de la dictadura y responde a las preguntas.**

febrero de 1959	• Fidel Castro se convierte en primer ministro de Cuba.
abril de 1959	• Fidel Castro visita EE. UU. y se entrevista con Nixon.
mayo de 1959	• El gobierno cubano **decreta** la ley de la reforma agraria (expropiación de tierras)
1960	• Cuba **nacionaliza** los bancos y las empresas estadounidenses y extranjeras. • Cuba **establece** relaciones comerciales con la Unión Soviética. • Cuba **inicia** la campaña de alfabetización.
1961	• Bahía de Cochinos: un grupo de opositores cubanos ayudados por EE. UU. **invade** la isla para derrocar a Fidel Castro pero fracasa. • Fidel Castro **prohíbe** las elecciones y confirma el socialismo de la Revolución.
1962	• EE. UU. **decreta** el bloqueo económico, comercial y financiero a Cuba. • Crisis de los misiles. EE. UU. se compromete a no invadir Cuba.
1963	• Fidel Castro viaja a la Unión Soviética y obtiene ayuda de Moscú.
1976	• Fidel Castro se convierte en presidente de Cuba. Una nueva Consitución confirma el carácter socialista del estado cubano con el Partido Comunista como único partido.
1980	• EE. UU. **recibe** a más de 100.000 cubanos procedentes del Puerto de Mariel en Cuba.
fines de los 80	• Ocurre el colapso económico de la Unión Soviética.
agosto de 1994	• Crisis de los balseros: más de 30.000 personas abandonan Cuba en balsas.
2006	• Raúl Castro asume el poder como presidente de Cuba.
2019	• Miguel Díaz-Canel se convierte en el nuevo presidente de Cuba y los cubanos **aprueban** una nueva Constitución socialista.

COMPRENSIÓN

1. Marca en la cronología los eventos que fueron mencionados en el video.
2. Según el video, ¿cuáles de estos aspectos de la Cuba socialista fueron alabados (A) o criticados (C) en otros países?

   ☐ políticas de salud
   ☐ situación de los presos políticos
   ☐ reformas de la educación
   ☐ avances en derechos humanos

3. ¿Qué caracterizó la presidencia de Raúl Castro?
4. Di tres características de la nueva Constitución de 2019. ¿En qué se parece a la Constitución de 1976? ¿En qué se diferencia?

Fig. 5-4. Fidel Castro, Washington, DC, abril de 1959

REFLEXIÓN LINGÜÍSTICA: G-10

Usa la información de la cronología —frases con verbos en negrita— para escribir ocho frases donde expreses la misma información con los verbos en el pasado y usando la construcción pasiva con *se*.

Ejemplo: Durante el período de la dictadura socialista de Cuba ...

1. [Ley de la reforma agraria] → ... **se decretó** la ley de la reforma agraria.

2. [bancos y empresas estadounidenses] → ...

3. [relaciones comerciales con la Unión Soviética] → ...

4. [campaña de alfabetización] → ...

5. [Bahía de los Cochinos] → ...

6. [elecciones] → ...

7. [comercio de EE. UU. con Cuba] → ...

8. [más de 100.00 cubanos] → ...

9. [nueva Constitución] → ...

PENSAMIENTO CRÍTICO

1. *La historia me absolverá* es el título del discurso de autodefensa que Fidel Castro pronunció en el juicio de octubre de 1953 en el que fue sentenciado a 15 años de prisión. En este discurso Fidel Castro describió cuáles eran los problemas de Cuba. Lean estos fragmentos y expliquen a qué problema específico se refiere cada uno.

    -   analfabetismo
    -   intervencionismo extranjero
    -   pobreza de los campesinos
    -   corrupción política

1. "El ochenta y cinco por ciento de los pequeños agricultores está pagando renta y vive bajo la amenaza del desalojo. Más de la mitad de las mejores tierras de producción está en manos extranjeras. Si Cuba es un país agrícola, si su población es en gran parte campesina, si la ciudad depende del campo, si el campo hizo la independencia, ¿cómo es posible que continúe este estado de cosas?"

2. "A las escuelitas públicas del campo asisten descalzos, semidesnudos y desnutridos menos de la mitad de los niños en edad escolar y muchas veces es el maestro quien tiene que adquirir con su propio sueldo el material necesario. ¿Es así como puede hacerse una patria grande?"

3. "El acceso a los hospitales del Estado, siempre repletos, sólo es posible mediante la recomendación de un magnate político que le exigirá al desdichado su voto y el de toda su familia para que Cuba siga siempre igual o peor".

4. "No hay razón, pues, para que exista miseria. Lo inconcebible es que haya hombres que se acuesten con hambre; lo inconcebible es que haya niños que mueran sin asistencia médica; lo inconcebible es que el treinta por ciento de nuestros campesinos no sepan firmar y el noventa y nueve por ciento no sepa la historia de Cuba; lo inconcebible es que la mayoría de las familias de nuestros campos estén viviendo en peores condiciones que los indios que encontró Colón".

La historia me absolverá, Fidel Castro (1953)

Fuente: https://www.ecured.cu/La_historia_me_absolver%C3%A1_(libro)#El_documento.

Revisen la tabla cronológica e identifiquen tres eventos específicos que trataban de resolver tres de estos problemas.

Fecha / Evento	Problema

2. Lean esta cita. Luego miren los datos del "Economist Intelligence Unit's Index of Democracy" de 2020, donde Cuba está en el puesto 143 de 167 países. ¿Con qué criterio—de los cinco que usa el índice—se relaciona esta cita? ¿Qué significa el puntaje (*score*) en los otros cuatro criterios?

El acceso a servicios como la salud y la educación para las personas en Cuba mejoraron substancialmente tras la revolución cubana [...]. Sin embargo, a pesar de los logros en políticas sociales, los cuarenta y nueve años de Fidel Castro en el poder fueron caracterizados por una represión despiadada a la libertad de expresión.

Erika Guevara-Rosas, Directora para las Américas de Amnistía Internacional (2016)

Fuente: https://www.amnesty.org/es/latest/news/2016/11/fidel-castro-s-human-rights-legacy-a-tale-of-two-worlds/.

	Proceso electoral y pluralismo	Funcionamiento del gobierno	Participación política	Cultura política	Libertades civiles
Índice	0,00	3,57	3,33	4,38	2,94

3. Lean estos dos datos sobre Cuba. ¿Qué dos derechos tienen los ciudadanos cubanos? ¿Son derechos usualmente garantizados bajo una dictadura o bajo un régimen democrático? ¿Qué relación existe entre *dictadura, democracia* y *bienestar social*?

http://www.puntos.encuentro.esp

La salud se considera un derecho humano fundamental bajo la Constitución de Cuba. Según el índice de Bloomberg de los países más saludables del mundo, Cuba es el país más saludable de América Latina y está en el número 30 de 169 países. El país tiene una larga expectativa de vida, tasas muy bajas de mortalidad infantil y una de las mayores densidades de médicos per cápita. La Organización Mundial de la Salud (OMS) ha alabado en varias ocasiones el sistema de salud cubano por tener un sistema de financiación muy justo y un costo de 813 dólares anuales por persona.

En 1959 había casi un millón de personas en Cuba que no sabían leer y escribir (el 23,59% de la población). Después de la campaña de alfabetización iniciada por el gobierno de Fidel Castro, en diciembre de 1961 solo el 3,9% de la población era analfabeto. Hoy en Cuba el índice de alfabetismo es de 99,9%, lo que le sitúa en el puesto número 12 mundial. La educación es un derecho de todos los ciudadanos que garantiza la Constitución.

4. Respondan primero de modo individual a estas preguntas, *explicando su opinión* sobre ellas. Después, compartan sus opiniones con su compañero/a. Este/a debe ofrecer argumentos en contra.

Estudiante A	Estudiante B
1. En Cuba hay educación y sanidad para todos. ¿Justifica esto el tipo de gobierno?	1. Si en un país toda la gente tiene cubiertas sus necesidades básicas, ¿podemos decir que hay democracia?
2. ¿Es mejor vivir en democracia y tener derecho a votar pero no poder ir a la escuela ni tener acceso a un médico, o vivir en un régimen autoritario y tener salud y educación?	2. ¿Es la libertad de expresión lo más importante en una democracia?

5-4 LA DICTADURA MILITAR EN ESPAÑA (1939–1975)

1. **Mira el cuadro con los antecedentes históricos de la dictadura militar que comenzó en 1939 en España. Después responde a las preguntas.**

1902-1923	• Monarquía parlamentaria de Alfonso XIII; gran inestabilidad política
1923–1930	• Golpe de estado y dictadura militar de Miguel Primo de Rivera, con el apoyo del rey
1931-1936	• Fin de la dictadura. Salida de España del rey Alfonso XIII • Instauración de la Segunda República: Constitución de 1931, primera constitución republicana democrática de la historia
1936	• Elecciones: victoria de la izquierda (coalición de partidos socialistas y comunistas) • Golpe de estado de una parte del ejército
1936-1939	• Guerra civil. División de España en dos zonas: una bajo el gobierno de la República y otra controlada por los sublevados, de ideología fascista • Fin de la guerra (1 de abril de 1939): victoria del bando fascista. Comienzo de la dictadura militar del general Francisco Franco.

COMPRENSIÓN

1. ¿Existían antecedentes de dictaduras militares en España antes de 1939?
2. Nombra los tres sistemas políticos que estuvieron en conflicto en España entre 1902 y 1936.
3. ¿Qué evento causó el comienzo de la Guerra Civil española?
4. ¿Qué evento causó el inicio de una dictadura militar que duraría casi cuarenta años?

2. **Mira este video sobre los primeros años de la dictadura en España, tras terminar la guerra, y responde a las preguntas de comprensión.**

5-3

COMPRENSIÓN

1. ¿Cuál fue el destino de más de medio millón de republicanos al final de la guerra en España?
2. Describe brevemente cuál era el estado de la población civil de las clases menos privilegiadas después de la guerra.
3. Di dos consecuencias que tuvo la pobreza causada por la guerra.
4. ¿Qué tipo de economía quiso tener el gobierno de la dictadura?
5. Describe cómo era la situación económica en España en esta época.

3. **Lee este texto sobre las dos etapas de la dictadura militar: 1939-1959 y 1960-1975. Luego responde a las preguntas.**

Fig. 5-5. Franco y Eisenhower, Madrid (1959)

Francisco Franco instauró un régimen autárquico basado en tres pilares—el ejército, la iglesia católica y el partido único—donde él acumulaba todos los poderes ejecutivos y legislativos. Entre 1939 y 1945 el régimen franquista apoyó a la Alemania de Hitler y a la Italia de Mussolini. Aunque se declaró neutral en el conflicto de la Segunda Guerra Mundial, en 1941 Franco envió un contingente de 40.000 soldados a Rusia—la División Azul—para luchar con Alemania. Además, el régimen incorporó el ideario fascista en España. Después de la derrota del Eje en 1945, España sufrió el aislamiento internacional: no fue admitida en las Naciones Unidas y Francia le cerró su frontera. Franco promulgó el Fuero de los Españoles, un documento con mínimos y restringidos derechos y libertades para los ciudadanos, mandó eliminar los símbolos fascistas y reforzó la identificación del régimen con la iglesia católica. Sin embargo, el país siguió aislado hasta que, en el contexto de la Guerra Fría, su posición geográfica adquirió un interés estratégico para EE. UU. y sus aliados europeos frente a la Unión Soviética. España negoció con EE. UU. la instalación de cuatro bases militares a cambio de una limitada ayuda económica, lo que puso fin a su aislamiento internacional y favoreció una lenta apertura de su economía. En 1955 fue admitida en la ONU y en 1959 la visita del presidente Eisenhower de EE. UU. marcó el fin de esta etapa.

La segunda etapa del franquismo se pareció a la anterior en el ámbito de los derechos civiles y políticos, pero fue muy distinta de esta en el área económica. En 1959 Franco aprobó un plan para estabilizar la economía: autorizó la inversión extranjera y España entró en una economía de mercado. Esto era necesario para poder sobrevivir en una Europa occidental democrática. España pasó de ser un país eminentemente agrario a ser un país industrializado; abrió sus puertas al resto de Europa y el turismo fue un motor importante del desarrollo económico. Poco a poco la sociedad española se convirtió en una sociedad de consumo.

Creció gradualmente la oposición política, que surgió de las universidades y de las organizaciones de trabajadores, en un contexto en el que todavía no existía el derecho a la protesta, la huelga o la asociación sindical. En 1969 Francisco Franco decidió designar como su sucesor a Don Juan Carlos de Borbón, nieto del rey Alfonso XIII, para estar al frente de una 'Monarquía del Movimiento Nacional', parecida a la dictadura y continuadora de esta. Sin embargo, dentro del franquismo, la situación ya no era la misma que antes: los partidarios de la continuidad de la dictadura tenían menos poder que los "aperturistas", especialmente aquellos que deseaban una reforma política. La situación de protestas y violencia política en diversas partes del país y la presión de los partidos políticos, entre otros, fueron factores que finalmente contribuyeron a la restauración del régimen democrático y de una monarquía constitucional, diferente de la que Franco imaginó, con el rey Juan Carlos como Jefe de Estado.

COMPRENSIÓN

1. En la primera etapa de la dictadura, identifica dos etapas y defínelas muy brevemente.
2. En la primera parte del texto hay una información subrayada. ¿Por qué tomó Franco estas decisiones? ¿Tuvieron el fin deseado?
3. El régimen autoritario de España le valió el rechazo de la ONU. Explica si esta situación había cambiado cuando finalmente fue admitida en 1955.
4. Entre 1960 y 1975 España tuvo que implementar un modelo económico _____ porque _____.
5. Algo que ayudó especialmente al 'milagro económico' español fue _____.
6. ¿Qué nuevos derechos políticos adquirieron los españoles en esta etapa de la dictadura?
7. Explica el tipo de monarquía que deseaba Franco y contrástalo con el tipo de monarquía que adoptó España después de su muerte en 1975.

REFLEXIÓN LINGÜÍSTICA: G–10

Basándote en la información de la primera parte del texto, escribe cuatro frases para describir cuatro eventos que ocurrieron después del fin de la Guerra Civil. Usa la forma de voz pasiva con 'se'.

En los primeros años de la dictadura ...

1. (40.000 soldados, *enviar*): se...
2. (ideas fascistas, *incorporar*): se...
3. (frontera, *cerrar*): se...
4. (España, *aislar*): se...

REFLEXIÓN LINGÜÍSTICA: G–2

1. Observa las expresiones comparativas marcadas en el texto. Escribe otra vez las frases usando **otras expresiones de comparación**.

2. Compara la primera etapa de la dictadura española con la segunda respecto a estos aspectos. Escribe frases comparativas de superioridad o inferioridad.

   - economía
   - industrialización
   - turismo
   - protestas

PENSAMIENTO CRÍTICO

1. Con el comienzo de la Guerra Fría, Estados Unidos concedió créditos a España a cambio de la instalación de bases militares en territorio español. ¿Por qué fue importante el apoyo de EE. UU. para la dictadura de Franco? Evalúen este evento pensando en dos efectos positivos y dos negativos.

2. Hagan una comparación de los periodos dictatoriales en Cuba y en España entre 1953 y 1959. Analicen los aspectos sugeridos y añadan uno más. Después expliquen la influencia de EE. UU. en ambos casos.

	Cuba	España
Contexto internacional		
Características políticas		
Eventos de 1959		

4. **Lee esta cronología con los eventos más importantes del periodo que siguió a la dictadura, conocido como la Transición. Después mira los videos e identifica dos momentos de la transición democrática mencionados en ellos.**

5-4

5-5

noviembre de 1975	Murió Franco. Juan Carlos de Borbón **fue coronado** rey de España.
julio de 1976	Adolfo Suárez (aperturista del Movimiento Falangista) **fue elegido** primer presidente del gobierno democrático.
junio de 1977	**Se celebraron** las primeras elecciones generales libres en 41 años.
octubre de 1977	**Se promulgó** la Ley de Amnistía, que perdonó los delitos contra la humanidad cometidos durante y después del conflicto, y se liberó a los presos políticos.
diciembre de 1978	La actual Constitución española **fue aprobada** y ratificada por referéndum popular. España se convirtió en una monarquía parlamentaria.
febrero de 1981	**Se abortó** un golpe de estado militar.

REFLEXIÓN LINGÜÍSTICA: G–10

En la cronología anterior hay seis eventos expresados con la voz pasiva. Escribe estos eventos usando una forma alternativa de voz pasiva (con *se* o con *ser*).

PENSAMIENTO CRÍTICO

1. Un golpe de estado se define como un intento ilegal organizado de tomar el poder político a través de la fuerza. Miren este cuadro y examinen los datos. ¿Qué tipos de golpe fueron los más comunes en América Latina en la segunda mitad del siglo XX? ¿Cuál fue el resultado de estos golpes?
2. En el gráfico 5-7 aparecen los golpes ocurridos desde el año 2002. Investiguen sus circunstancias y resultado. Compárenlos con los anteriores.

País	Año	Tipo de golpe
Cuba	1952	militar/derecha
Colombia	1953	militar/derecha
Paraguay	1954	militar/derecha
Guatemala	1954	militar/derecha
Argentina	1955	militar/derecha
Cuba	1959	fuerzas rebeldes/izquierda
Honduras	1963	militar/derecha
Argentina	1966	militar/derecha
Perú	1968	militar/derecha
Bolivia	1970	militar/derecha
Ecuador	1972	militar/derecha
Chile	1973	militar/derecha
Uruguay	1973	militar/derecha
Argentina	1976	militar/derecha
Perú	1992	autogolpe/derecha

Fig. 5-6. Golpes de estado entre 1950 y 1990

País	Año	Tipo de golpe	Contra...
Venezuela	2002	político-militar/derecha	Presidente electo Chávez
Bolivia	2008	cívico/derecha	Presidente electo Morales
Honduras	2009	político-militar/derecha	Presidente electo Zelaya
Ecuador	2010	policía nacional/político	Presidente electo Correa
Bolivia	2019	cívico-militar	Presidente electo Morales

Fig. 5-7. Golpes de estado desde 2000

3. Miren el video otra vez y lean esta noticia. Después evalúen el caso de España.
   a. ¿Qué factores creen que causaron este golpe de estado?
   b. ¿Qué factores creen que contribuyeron al fracaso del golpe?

La manifestación más grande de la historia de España desfiló ayer por las calles de Madrid

27 febrero 1981

La libertad, la democracia y la Constitución congregaron ayer, en Madrid, a la mayor manifestación celebrada jamás en la historia de España. Un millón y medio de personas, aproximadamente, ocuparon todo el recorrido de la marcha gritando "Viva la libertad", "Viva la democracia" y "Viva el Rey".

Fuente: https://elpais.com/diario/1981/02/28/espana/352162810_850215.html.

---

4. ¿Qué demuestra el evento del 23-F en España y los eventos del gráfico 5-7? Hagan una reflexión y extraigan dos conclusiones que sean relevantes hoy para cualquier persona que vive en una democracia.

5-5   LAS DICTADURAS DE ARGENTINA (1976–1983) Y CHILE (1973-1990)

5-6

1. **Lee el texto y mira el video sobre la última dictadura militar en Argentina. Después responde a las preguntas.**

En 1973, Juan Domingo Perón—que había sido presidente de Argentina entre 1946 y 1955—ganó las elecciones y fue elegido presidente, pero murió menos de un año después. Fue sucedido por su esposa, Isabel Perón, pero el acelerado deterioro de la situación económica anunciaba la intervención militar. El 24 de marzo de 1976 un golpe militar dio lugar a la dictadura que vivió el país entre 1976 y 1983.

Durante el gobierno de la Junta Militar cientos de personas fueron detenidas, interrogadas y torturadas clandestinamente. Miles de personas fueron ejecutadas y, según algunos organismos de derechos humanos, durante la llamada "Guerra Sucia" desaparecieron más de 30.000 personas. La derrota de 1982 en la Guerra de las Malvinas contra el Reino Unido provocó la caída de la Junta Militar y fueron convocadas unas elecciones en las que triunfó Raúl Alfonsín, primer presidente de la democracia.

COMPRENSIÓN

1. ¿Qué fue la Junta Militar de Argentina?
2. Describe cómo fueron los años de la presidencia de Rafael Videla.
3. Explica el origen del grupo Madres de Plaza de Mayo.
4. Explica brevemente cómo nació el Movimiento por los Derechos Humanos en Argentina.
5. Da un ejemplo del tipo de presiones internacionales que tuvo la dictadura argentina.
6. ¿Por qué los argentinos apoyaron la Guerra de las Malvinas?
7. Di dos razones por las que Argentina perdió la Guerra de las Malvinas.
8. Pon en orden cronológico estos eventos del final de la dictadura:

   ☐ Los archivos sobre crímenes de guerra son destruidos
   ☐ Elecciones democráticas
   ☐ Ley de amnistía para los militares
   ☐ Reynaldo Bignone es nombrado presidente

REFLEXIÓN LINGÜÍSTICA: G–10

1. Escribe las cuatro frases marcadas en el texto cambiando sus verbos (verbo *ser* + participio) a la forma de **voz pasiva con** *se*. Haz los cambios necesarios.

2. Resume la información del texto: escribe estas frases usando la **voz pasiva con** *ser*.

   a. Las elecciones de 1973 (ganar) por Juan Perón.

   b. Después de la muerte de Perón en 1974, la presidencia (asumir) por su esposa.

   c. Tras el golpe de 1976, los partidos políticos (suspender) y miles de personas (asesinar o secuestrar).

   d. Miles de personas (torturar) durante este período de represión.

   e. La democracia (restaurar) en 1983.

2. Lee este breve texto y mira el video para saber cómo llegó la dictadura a Chile en 1973. Después responde a las preguntas.

5-7

En 1970 el socialista Salvador Allende fue elegido presidente y comenzó un plan para nacionalizar la economía chilena. En 1973 un golpe de estado acabó con su gobierno.

COMPRENSIÓN

1. ¿Cuántas veces se presentó Allende a la presidencia de Chile y en qué años?
2. Di tres medidas que tomó Allende cuando comenzó su presidencia.
3. Describe cómo era la situación económica en 1972.
4. ¿Qué circunstancia propició el golpe de 1973?

3. **Este texto resume cómo fue la dictadura de Chile. Usa la información del texto para completar la columna sobre Chile. Después completa la columna sobre Argentina con la información que aprendiste en la actividad anterior.**

Fig. 5-8. Bombardeo al palacio de la Moneda. Santiago de Chile, 11 de septiembre de 1973

El bombardeo al Palacio de la Moneda, sede del gobierno democrático, fue el inicio de la dictadura del general Augusto Pinochet. De este modo se eliminaron las libertades democráticas y comenzó un régimen militar lleno de represión y de violaciones de derechos humanos que terminó con más de 3.000 asesinados, 35.000 torturados, más de 1.000 detenidos desaparecidos y alrededor de 200.000 exiliados. A comienzos de los ochenta, la crisis económica provocó protestas contra el gobierno de Pinochet; a mediados de la década la economía había mejorado, pero aumentaron la pobreza y la desigualdad. Comenzó así un periodo de apertura en el que la oposición política se organizó, y las protestas populares y la presión internacional contra el régimen de Pinochet crecieron.

En 1980 se aprobó una nueva Constitución: se decidió que Pinochet seguiría en el poder ocho años más (un periodo de transición) y que después habría un plebiscito nacional (en 1988) para decidir si Pinochet continuaría o no en el poder. Casi dos años después de este referéndum, en el que ganó la opción "No" con casi un 55% de los votos, Pinochet dejó el poder. Poco tiempo más tarde fue restaurado el régimen democrático.

	Chile	Argentina
¿Cómo y por qué empezó la dictadura?		
Características del periodo dictatorial		
Factores que contribuyeron a la apertura		
Proceso de transición a la democracia		

REFLEXIÓN LINGÜÍSTICA: G–11

Presta atención a los tres verbos marcados en el texto y al contexto en el que aparecen. ¿Cuál es el tiempo verbal usado y qué función tiene?

    a. referirse al pasado

    b. referirse a un tiempo simultáneo

    c. referirse al futuro

PENSAMIENTO CRÍTICO

1. Es importante entender que las dictaduras llegan a existir porque tienen el apoyo de parte de la población. Hoy, en América Latina, las formas de gobierno autoritarias no son rechazadas por todos los ciudadanos. Examinen el gráfico 5-9 de Latinobarómetro, una organización que recoge datos de opinión de dieciocho países de Latinoamérica.
   a. Extraigan la información más relevante (dos o tres puntos).
   b. Piensen en dos razones posibles (una de ellas histórica) por las que la democracia no es valorada.

Fuente: http://hdr.undp.org/sites/default/files/hdr_2002_es.pdf.

APOYO A LA DEMOCRACIA Total América Latina 1995–2018
P. ¿Con cuál de las siguientes frases está usted más de acuerdo?
   a) La democracia es preferible a cualquier otra forma de gobierno
   b) En algunos casos, un gobierno autoritario puede ser preferible a uno democrático
   c) A la gente como a mí nos da lo mismo un régimen democrático que uno no democrático

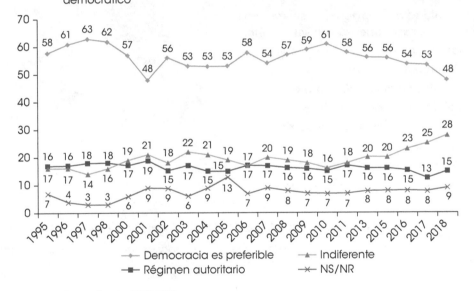

Fuente: Latinobarómetro 1995-2018

Fig. 5-9. Apoyo a la democracia en América Latina, 1995–2018

Me da lo mismo un régimen democrático que uno no democrático
Porcentajes por país (2018)

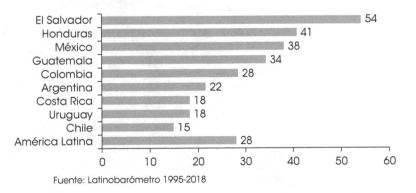

Fuente: Latinobarómetro 1995-2018

Fig. 5-10. Apoyo a la democracia en América Latina, 2018

2. Examinen el gráfico 5-10 y comparen el porcentaje de personas que eligieron la respuesta *(c)* en cada país. Determinen dos posibles razones que explicarían estas diferencias.

3. Completen esta encuesta de Latinobarómetro. Después recojan los datos y computen los resultados de la clase. Comparen los resultados con los de la opinión de los ciudadanos latinoamericanos (gráfico 5.11). Identifiquen y expliquen diferencias en (a) garantías civiles y políticas y (b) garantías sociales y económicas.

¿Hasta qué punto están garantizadas en su país estas libertades, derechos y oportunidades?			
	Completamente	Algo	No
Libertad de religión			
Libertad de elegir profesión			
Libertad de participación política			
Libertad de expresión siempre y en todas partes			
Igualdad de oportunidad sin importar origen, raza, orientación sexual, etc.			
Igualdad entre hombres y mujeres			
Propiedad privada			
Protección del medio ambiente			
Solidaridad con los pobres			
Oportunidades de conseguir trabajo			
Seguridad social			
Protección contra el crimen			
Justa distribución de la riqueza			

GARANTIAS DEMOCRÁTICAS Total América Latina 2015

P. ¿Hasta qué punto las siguientes libertades, derechos, oportunidades y seguridades están garantizadas en el país?
*Aquí solo "completamente garantizadas" más "Algo garantizadas".

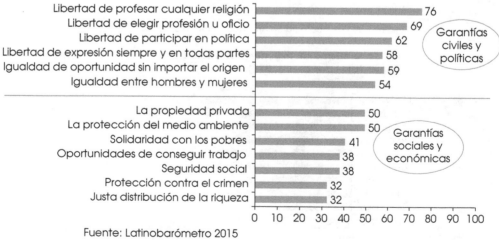

Fuente: Latinobarómetro 2015

Fig. 5-11. Opinión sobre garantías democráticas

PERSPECTIVA INTERCULTURAL

5-6 DERECHOS HUMANOS: LOS DESAPARECIDOS

1. **Lee este texto sobre las detenciones ilegales y las desapariciones forzadas durante las dictaduras. Después responde a las preguntas.**

	Desaparecidos	Periodo
ARGENTINA	13.000–30.000	Dictadura militar (1976–1983)
CHILE	1.200	Dictadura militar (1973–1989)
EL SALVADOR	8.000	Dictaduras militares (1931–1989)
ESPAÑA	114.266	Dictadura militar (1939–1975)
GUATEMALA	45.000	Dictaduras militares (1978–1986)
URUGUAY	300	Dictadura militar (1975–1989)

La más frecuente violación de los derechos humanos realizada por las dictaduras militares fue la detención ilegal y arbitraria de personas. Según la Declaración Universal de Derechos Humanos nadie puede ser detenido sin una base legal, ni tampoco por ejercer derechos como la libertad de expresión o solicitar asilo. En España, diez años después del comienzo de la dictadura, funcionaban más de cien campos de internamiento donde había más de 30.000 presos políticos, muchos de los cuales no fueron acusados de ningún delito. De modo similar, durante la dictadura militar agentina funcionaron unos 700 centros clandestinos de detención y en Chile se estima que hubo

Fig. 5-12. Madres de la Plaza de Mayo

más de mil. Las personas eran privadas de su libertad sin comunicárseles el motivo ni ser formalmente acusadas; no se especificaba quién había emitido la orden ni se comunicaba la duración de su detención; tampoco eran informadas sobre las garantías constitucionales que les asistían, dado que no tenían ningún derecho.

La detención ilegal era muchas veces el primer paso de otras graves violaciones de derechos humanos, como torturas y otros tratos crueles e inhumanos, exilio forzado o desapariciones forzadas. La desaparición forzada, o desaparición involuntaria de personas, es un delito que supone la violación de múltiples derechos humanos y que en determinadas circunstancias constituye también un crimen de lesa humanidad. Sus víctimas son conocidas como *desaparecidos*. Los mayores casos de desaparición de personas en América Latina ocurrieron durante las dictaduras militares.

En España hubo más de 100.000 desapariciones forzadas durante el franquismo y, según la ONU, es el segundo país del mundo con mayor número de víctimas de desapariciones forzadas cuyos restos no han sido recuperados ni identificados. Este delito fue reconocido por el derecho internacional a partir de los casos de desaparecidos en Argentina y gracias a la movilización de grupos como las Madres de Plaza de Mayo.

En 2006, la Asamblea General de la ONU aprobó el texto de la Convención Internacional sobre la Desaparición Forzada de Personas, firmada en la actualidad por 98 países.

Fuente: Copyright © 2021 by Maria de la Fuente (CC BY-SA 4.0) at https://es.wikipedia.org/wiki/Desaparici%C3%B3n_forzada.

COMPRENSIÓN

1. Explica con tus propias palabras qué es la *detención ilegal y arbitraria*, qué es la *desaparición forzada* de personas y qué relación hay entre estos dos delitos.
2. ¿Desde cuándo es un delito, según la justicia internacional, la desaparición forzada?

PENSAMIENTO CRÍTICO

1. Lean y escuchen la canción del cantante panameño Rubén Blades titulada *Desapariciones*. Usen ejemplos de la letra (*lyrics*) para responder a estas preguntas.
   a. ¿Cuántas personas están buscando a sus familiares en esta canción? ¿A quiénes buscan?
   b. ¿Qué detalles específicos se usan en la canción para describir a estos desaparecidos?
   c. Expliquen cómo se sienten las personas que están buscando a sus familiares.
   d. Interpreten las respuestas a estas preguntas de la canción: "¿A dónde van los desaparecidos?"; "¿Y porqué es que se desaparecen?"

> ### *Desapariciones*, de Rubén Blades
>
> Que alguien me diga si ha visto a mi esposo-, preguntaba la doña;
>
> se llama Ernesto X; tiene 40 años, trabaja de celador en un negocio de carros.
>
> *Fuente: https://www.letras.com/mana/69706; https://www.letras.mus.br/ruben-blades/1811491*

2. La detención ilegal de personas no ocurre solo durante las dictaduras y tampoco es algo que pertenece solamente al pasado. Consideren este episodio de la historia de EE. UU. Completen el cuadro y busquen seis puntos de comparación y contraste con los casos que hemos estudiado.

---

http://www.puntos.encuentro.esp

Entre 1942 y 1948, en respuesta al ataque de Pearl Harbor durante la Segunda Guerra Mundial, unas 120.000 personas, en su mayor parte de etnia japonesa, fueron trasladadas forzosamente a campos de internamiento. Más de la mitad eran ciudadanos estadounidenses. Los japoneses, en su mayoría de la costa del Pacífico de EE. UU., fueron obligados a vender sus casas y negocios o a abandonar sus posesiones, y llevados a los llamados "centros de reubicación". EE. UU. hizo además acuerdos con casi todos los países de Latinoamérica (excepto Argentina, Paraguay y Chile) para aplicar estos programas de internamiento en esos países o enviar a sus ciudadanos de origen japonés a los campos de EE. UU. y Panamá. En la primavera de 1944 el Departamento de Guerra recomendó la disolución de los campos de detención al presidente Roosevelt. El gobierno estadounidense se disculpó en 1988, afirmando que la concentración de prisioneros fue causada por "los prejuicios raciales, la histeria bélica y la deficiencia del liderazgo político".

Fig. 5-13. Centro de internamiento Manzanar (California)

Fuente: Adapted from: https://www.wikiwand.com/es /Campos_de_concentraci%C3%B3n_para_japoneses_en _Estados_Unidos.

PAÍSES	MOTIVOS	CONSECUENCIAS
Argentina, Chile		
EE. UU.: Campos de reubicación		

3. Identifiquen un caso donde también han existido o existen las desapariciones forzadas. Expliquen quiénes son las fuerzas o actores que las provocaron / provocan, con qué propósitos y qué soluciones se buscaron / buscan para remediarlas.

2. Lee esta información sobre la desaparición de niños durante las dictaduras militares de Argentina y de España. Luego mira el video sobre el caso de España y finalmente responde a las preguntas.

5-8

El caso de Argentina

La apropiación de niños fue una práctica sistemática en Argentina en el marco de la dictadura militar que consistió en el secuestro, desaparición y ocultamiento de la identidad de hijos de detenidas-desaparecidas, los cuales eran adoptados de forma ilegal por familias adeptas al régimen dictatorial. La Asociación Abuelas de Playa de Mayo estima que unos 500 niñas y niños de madres detenidas en prisiones clandestinas desaparecieron. La mayoría de estos bebés nacidos en cautiverio se criaron con familias que no eran las suyas, sin conocer su verdadera procedencia. El objetivo de Abuelas de Plaza de Mayo es localizar y restituir a sus legítimas familias todos los niños secuestrados-desaparecidos. Hasta junio de 2019, en Argentina ya se había restituido la identidad de 130 de esos niños y se había juzgado y condenado a docenas de responsables por los secuestros.

El caso de España

Desde los primeros años de la dictadura miles de niños que nacieron o vivían en las prisiones franquistas con sus madres fueron separados de sus familias y, en muchos casos, adoptados de forma ilegal. Según el informe del año 2008 del juez español Baltasán Garzón, más de 30.000 niños desaparecieron entre 1940 y 1952. Este episodio está además vinculado a la Iglesia Católica, que bajo el franquismo asumió un papel destacado en los servicios sociales de España, incluyendo hospitales, escuelas y hogares infantiles. El robo de niños continuó durante toda la dictadura. En su informe, el juez Garzón dijo que el robo de menores era un crimen contra la humanidad que no prescribía y por lo tanto era imperativo investigar, castigar a los culpables y conceder reparaciones a las víctimas. Naciones Unidas y otros grupos de derechos humanos han pedido al gobierno español, sin éxito, la derogación de la Ley de Amnistía de 1977 porque va en contra de las normas internacionales de derechos humanos.

COMPRENSIÓN

1. ¿Qué dos aspectos tuvieron en común los casos de niños desaparecidos en Argentina y en España?
2. ¿En qué dos aspectos fundamentales difieren estos dos casos?
3. ¿Con qué elemento del nazismo se puede vincular el fenómeno del robo de bebés durante la dictadura española?
4. ¿Por qué los familiares muchas veces no pueden probar con evidencia estas desapariciones? ¿A qué obstáculos se enfrentan?

PENSAMIENTO CRÍTICO

1. Lean estas dos noticias y elaboren una lista de cuatro puntos donde se expongan las diferencias entre ambos países en el tratamiento de estos crímenes. Usen ejemplos de las noticias.

Argentina: identificada la "nieta 129"

martes, 9 de abril de 2019

Las Abuelas de Plaza de Mayo anunciaron hoy la restitución de la identidad de la "nieta 129", que fue apropiada ilegalmente durante la dictadura militar. Se trata de una mujer cuyo padre sobrevivió al terrorismo de Estado. A mediados de la década de 1980, las Abuelas impulsaron la creación de un banco por el gobierno para almacenar sus perfiles genéticos y garantizar la identificación de sus nietos. En ese banco están almacenadas todas las muestras de los familiares que buscan a los niños desaparecidos y de todas las personas que sospechan ser hijas de desaparecidos. El año pasado anunciaron la restitución de identidad de otro bebé robado: Marcos, el nieto 128, hijo de Rosario del Carmen Ramos, quien fue secuestrada a principios de 1976.

Fuente: https://www.lavanguardia.com/politica/20190409/461572119701/abuelas-de-plaza-de-mayo-identifican-a-la-nieta-129-robada-en-la-dictadura.html.

España

lunes 21 de noviembre de 2018

El Proyecto de Ley de Bebés Robados, presentado ayer en el Congreso, no fue aprobado. Este proyecto de ley pide que el Estado asuma la búsqueda activa de los bebés y su identidad, ya que ahora son las víctimas las que buscan a sus hijos o nietos. Además, propone que estos delitos se declaren de lesa humanidad y por lo tanto no prescriban—como ahora—a causa de la Ley de Amnistía de 1977. También obliga a las administraciones públicas y a la Iglesia católica a abrir sus archivos, lo que podría ser útil a los juzgados para investigar o a cualquier ciudadano interesado que quiera acceder. Hasta ahora la mayoría de las denuncias ha sido archivada y solo una llegó a juicio, pero el acusado fue absuelto porque se consideró que el delito había prescrito.

Fuente: https://www.elperiodico.com/es/sociedad/20200623/bebes-ninos-robados-congreso-ley-8011351.

2. Tienen que elaborar una propuesta de ley sobre los niños robados del franquismo. Elaboren seis puntos que incluirá esta propuesta.

Obligaciones del gobierno, el sistema judicial, los hospitales, la iglesia	• El sistema judicial debe garantizar ... • Los hospitales tienen que ...
Derechos de las víctimas (personas que fueron robadas y sus familiares)	• Las personas que descubren su identidad ... • Los familiares ... • Todas las víctimas ...

PERSPECTIVA ARTÍSTICA

5-7   EL CINE SOBRE LAS DICTADURAS

1. **Este texto contiene algunos ejemplos de la manera en que el cine ha tratado el tema de las dictaduras latinoamericanas del siglo XX. Después de leerlo responde a las preguntas.**

El conflicto militar de El Salvador fue reflejado en dos películas estadounidenses: *Salvador* (Oliver Stone, 1986) y *Romero* (John Duigan, 1989), sobre la vida del arzobispo asesinado por los Escuadrones de la Muerte. En la película mexicana *Voces inocentes* (Luis Mandoki, 2004) se aborda (*address*) el tema del uso de los niños por parte del ejército en la guerra civil salvadoreña. En particular se relata la historia de Chava, un niño que vive con la preocupación de ser reclutado. Su padre dejó a su familia para ir a los Estados Unidos, por lo que Chava es el hombre responsable de la casa. La madre de Chava trabaja para mantener a la familia. En 2007 se estrenó *Sobreviviendo Guazapa*, del salvadoreño Roberto Dávila, que cuenta la historia de dos soldados de bandos opuestos que deben unirse para salvar sus vidas.

Desde el fin de las dictaduras, el cine argentino y el chileno han producido docenas de películas y documentales basados en estos periodos represivos. Los temas tratados son: la persecución, la censura, los desaparecidos, los niños robados, las madres de los desaparecidos, los lugares de represión, la tortura, el miedo, el genocidio, la identidad, la impunidad, etc. En el cine argentino, tres de las mejores películas son:

- *La historia oficial* (1985), que trata el tema del robo de bebés nacidos en cautiverio y cuyas madres luego desaparecían. La historia central gira en torno a una profesora de historia cuyo marido empresario colabora con la dictadura, y su toma de conciencia sobre lo que ha estado pasando en el país cuando descubre que su hija adoptada es hija de desaparecidos.
- *La noche de los lápices* (1986), que recrea el secuestro y tortura de siete adolescentes en septiembre de 1976, de los cuales cuatro continúan desaparecidos. Basada en el libro de un sobreviviente, transmite de manera gráfica los métodos que utilizó la dictadura para eliminar disidentes políticos.
- *Cautiva* (2003), que cuenta la historia de Sofía Lombardi, una hija de desaparecidos registrada fraudulentamente como propia por parte de un policía y su esposa, que descubre la verdad sobre sus padres y trata de reconstruir sus verdaderos orígenes y lazos biológicos. *Cautiva* muestra el proceso del robo de niños durante la dictadura y el proceso de búsqueda de las familias biológicas.

COMPRENSIÓN/PENSAMIENTO CRÍTICO

1. Mira las partes asignadas de la película *Voces inocentes*. Di qué se muestra en cada una y qué tema se trata.

FRAGMENTO	TEMAS
1	Se trata el tema de ... . Se muestra(n) ...
2	
3	
4	
5	
6	

2. Explica el propósito del sermón que dio el sacerdote en la calle y el significado de su frase: "Hoy, hermanos, ya no basta con rezar".

3. Describe con ejemplos cómo se presenta en la película la intervención estadounidense en la guerra.

4. Mira las partes asignadas de la película *Cautiva*. ¿Cuáles de estos temas aparecen? Ilustra tu respuesta con ejemplos.

la censura	la impunidad
el exilio	la identidad
los desaparecidos	el genocidio
los lugares de represión	la tortura

5. Según la Asociación Abuelas de Plaza de Mayo, todos los jóvenes que descubren su identidad verdadera pasan por fases similares: (1) descubren la verdad y la niegan; (2) después de aceptar la verdad, descubren que su historia está ligada (*linked*) a la historia de su país; (3) al final, el reencuentro con su origen reintegra al joven en su propia historia y le devuelve a la sociedad la justicia. Expliquen con un ejemplo cómo se reflejan estas tres etapas en el caso de *Cautiva*.

6. ¿Cuáles son los temas comunes o elementos de unión de las dos películas: *Cautiva* y *Voces inocentes*?

7. ¿Creen que las niñas y los niños robados deben conocer su historia? Piensen en dos argumentos a favor y dos en contra. Después elijan una postura justificando su elección.

A favor	1. En mi opinión, es mejor porque ...
	2. Para mí, es importante porque ...
En contra	1. Creo que es mejor no _____ porque ...
	2. No estoy de acuerdo con _____ porque ...

LA JUSTICIA PARA EL DESARROLLO SOSTENIBLE

Lee este texto sobre el acceso a la justicia y su importancia para el desarrollo sostenible. Luego responde a las preguntas expresando tu opinión.

El ODS 16 se enfoca en promover sociedades justas, pacíficas e inclusivas para el desarrollo sostenible, proporcionar a todas las personas acceso a la justicia y desarrollar instituciones eficaces, responsables e inclusivas en todos los niveles. Una de sus metas en particular (16.3) es *promover el estado de derecho y garantizar la igualdad de acceso a la justicia para todos*. El estado de derecho es el que establece que toda persona esta sujeta a una ley escrita y que nadie está por encima de esa ley, incluyendo las autoridades del Estado; y que las leyes protegen los derechos y se aplican de forma justa y equitativa. Las dictaduras y los conflictos internos son periodos en los que el estado de derecho no es respetado por quienes toman el poder y por eso los derechos básicos son anulados, las personas son detenidas sin el debido proceso y sometidas a tratos abusivos e incluso desaparecen.

Cuando en un país termina un periodo de dictadura o guerra civil todavía tiene que enfrentar el legado de ese periodo, algunas veces reciente y en otros casos no tanto. Hay muchas maneras de hacerle frente a ese pasado, pero todas las organizaciones internacionales de derechos humanos y las cortes internacionales de justicia coinciden en que este proceso debe enfocarse en las víctimas y en ofrecerles reparaciones; en saber la verdad de lo que ocurrió y preservar la memoria; en garantizar la rendición de cuentas y hacer justicia; en prevenir la repetición de futuras violaciones de derechos humanos; y en promover el estado de derecho y restaurar la confianza en las instituciones y el sistema legal. Estas son las características de la *justicia de transición o justicia transicional*, la cual se enfoca en los derechos—dando prioridad a las víctimas y a su dignidad como seres humanos—pero además tiene el objetivo de facilitar el retorno a la democracia y al estado de derecho. Cuando el Estado comete crímenes contra una parte de la población, causa debilidad e inestabilidad en las instituciones políticas y socava la confianza de los ciudadanos. Por eso su finalidad es que la sociedad tenga garantías de que el Estado protegerá sus derechos y garantizará su seguridad en el futuro. En varios casos la justicia transicional ha ayudado a fortalecer la democracia y las instituciones de un país.

La obtención de justicia en periodos de transición no es fácil: se trata de lograr un equilibrio entre la justicia y el riesgo de la inestabilidad política. Si el nuevo gobierno es fuerte y estable, si la sociedad se moviliza y la división de poderes es clara, es posible llevar a cabo medidas de justicia de transición; pero si las instituciones son débiles, el país está muy polarizado, o hay personas en algunos sectores del poder que son responsables y temen las acciones judiciales, será mucho más difícil. Por eso en algunos países las víctimas no pueden obtener reparación por el daño sufrido y/o no se hace justicia con los culpables de los crímenes.

Fuente: https://www.ictj.org/es/que-es-la-justicia-transicional.

1. ¿Con cuál de las tres dimensiones de la sostenibilidad se relaciona el ODS 16 de forma directa? ¿Se relaciona con alguna dimensión más de forma indirecta? Da un ejemplo.

2. En un estado de derecho, ¿qué limita el poder del gobierno? ¿Por qué es importante esto para el desarrollo de una sociedad?

3. ¿Qué es la rendición de cuentas y por qué crees que es necesaria en el proceso de transición?

4. ¿Qué factor crees que puede dificultar más el proceso de justicia transicional y por qué?

   - las instituciones son débiles
   - el país está muy polarizado
   - hay personas en sectores del poder que temen las acciones judiciales
   - la sociedad no se moviliza

LECTURA

El Mozote: 39 diciembres esperando justicia

Vocabulario

aledaño = adjacent	juzgado = court
blindaje = shielding	llevar a juicio = to prosecute
castrense = military	relay = relevos
cotidianeidad = everyday life	saldar = to settle
estafeta = relay	sancionar = to penalize
fortalecer = to strengthen	tierra arrasada = scorched earth
imputado/a = accused	traba = obstacle

Entre el 10 y el 13 de diciembre de 1981, en el marco del conflicto armado interno, el ejército salvadoreño ejecutó el asesinato masivo de hombres, mujeres, niños, niñas y adolescentes en la comunidad de El Mozote y lugares aledaños, como parte de una estrategia militar de 'tierra arrasada', una táctica que implica destruir comunidades enteras. A 39 años de los hechos en donde alrededor de 1000 personas perdieron la vida, entre ellas cerca de 500 menores de edad, tenemos una nueva ocasión para reflexionar.

Durante este tiempo muchas de las personas sobrevivientes a las masacres murieron esperando que el Estado saldara su deuda. Tan solo en 2020 fallecieron cuatro de ellas, pero también uno de los exmilitares imputados, el general Rafael Flores Lima, sin haber sido llevado a juicio. La búsqueda de justicia es entonces una dramática carrera contra reloj en la que las víctimas mantienen el paso con la convicción de llegar a la meta. Por eso también es una carrera de relevos en la que las generaciones que heredaron la indignación de sus madres, padres, abuelas y abuelos han tomado la estafeta con conciencia. Superando obstáculos como la falta de voluntad de las autoridades, la debilidad institucional del aparato judicial, la Ley de Amnistía y hasta una pandemia, actualmente el proceso penal avanza en contra de un grupo de militares en el Juzgado de Instrucción de San Francisco Gotera. Esta vez, aunque se derogó la amnistía, hay nuevas trabas que amenazan la justicia: una Asamblea Legislativa obstinada en perpetuar la impunidad disfrazada de reconciliación, y un presidente de la República y un Ministerio de Defensa que se rehúsan a permitir el acceso a los archivos militares que ayudarían a desvelar la verdad y reconstruir lo sucedido.

Que se haga justicia en el caso de El Mozote no solo es de interés para las salvadoreñas y salvadoreños. Es también un emblema de la justicia transicional y la deuda histórica en Latinoamérica por las graves violaciones a los derechos humanos, en especial las perpetradas por fuerzas armadas, como ocurrió en los conflictos armados en Guatemala y Perú, o las dictaduras en Argentina, Brasil, Chile y Uruguay. La deuda es con la sociedad en conjunto, porque tenemos derecho a saber qué y cómo ocurrió, porque los Estados tienen la obligación de garantizar que nunca más vuelvan a suceder estas atrocidades y cuando hay impunidad hay un peligroso incentivo para su repetición.

La corrupción y el poder político de las élites castrenses latinoamericanas han garantizado su blindaje ante la rendición de cuentas por los casos del pasado a través de amnistías, obstaculización de procesos judiciales y otras estrategias. En este contexto, las violaciones a derechos humanos por parte de militares persisten en países como México o Colombia, donde la tortura, la violencia sexual, las desapariciones forzadas y las ejecuciones extrajudiciales son parte de la cotidianeidad. Esto demuestra que aún quedan lecciones por aprender de nuestra historia para la construcción del Estado de Derecho y la garantía de derechos.

El caso de El Mozote es una oportunidad única para romper el ciclo de impunidad y abrir camino a otros casos de la época en el país, pero también para fortalecer los procesos de justicia transicional en todo el continente y afirmar que la justicia es alcanzable y que, no importa el rango o la institución a la que pertenezcan, las personas responsables por este tipo de crímenes serán juzgadas y sancionadas. De ese tamaño es la responsabilidad que el Estado salvadoreño tiene en sus manos.

Eduardo Guerrero
Viernes, 11 de diciembre de 2020

Eduardo Guerrero es abogado del Centro por la Justicia y el Derecho Internacional (CEJIL) organización correpresentante de las víctimas ante la Corte Interamericana de Derechos Humanos.

COMPRENSIÓN

1. Eduardo Guerrero describe la actitud de las víctimas en el segundo párrafo. ¿Cómo la describirías tú?
2. Explica por qué llama Guerrero a las peticiones de justicia "una carrera de relevos".
3. ¿Qué instituciones dificultan el proceso de búsqueda de justicia hoy?
4. Explica brevemente qué deuda histórica existe en las sociedades latinoamericanas donde ha habido violaciones de derechos humanos durante dictaduras militares y conflictos armados.
5. Guerrero se refiere a "las élites" del estamento militar como principales responsables de las violaciones de derechos humanos en los conflictos y dictaduras de varios países de la región. ¿Cómo ha podido y puede este grupo evadir la justicia en muchos casos, según Guerrero?
6. ¿Qué repercusión principal tendría una sentencia a favor de las víctimas de El Mozote

   - en El Salvador?
   - en Latinoamérica?

ANÁLISIS

1. El caso judicial sobre El Mozote, con dieciocho altos mandos militares imputados, se reabrió en 2016 y en 2021 continuaba abierto. Lean el contexto histórico y determinen qué aspectos básicos de la justicia transicional se han llevado a cabo en el Salvador.

---

http://www.puntos.encuentro.esp

Una Comisión de la Verdad, creada bajo la cobertura de las Naciones Unidas, elaboró un informe en el que recomendó reparaciones morales y económicas para las víctimas y la investigación de los crímenes cometidos entre 1980 y 1991. Como resultado se aprobó la Ley de Reconciliación Nacional en 1992, que no concedía amnistía a los responsables de graves delitos de violación de derechos humanos. Sin embargo, esta ley fue rechazada por el presidente Cristiani. La Asamblea Legislativa aprobó la Ley de Amnistía General para la Consolidación de la Paz en 1993, que negaba a las víctimas el derecho a determinar responsabilidades o reclamar reparaciones. Esta fue declarada inconstitucional en 2016 y cuatro años más tarde la Asamblea Legislativa presentó la Ley de Justicia Transicional, Reparación y Reconciliación Nacional, que fue rechazada por los defensores de derechos humanos y las víctimas por ser una amnistía 'de facto'.

	Aspectos de la justicia transicional
verdad	
justicia (procesos penales)	
reparaciones	
garantías de no repetición	

2. Promover el estado de derecho y la justicia para todos es una de las metas del ODS 16. La justicia transicional es más posible en un país donde el Estado de Derecho es más sólido. ¿Es El Salvador un Estado de Derecho? Examinen esta información antes de responder.

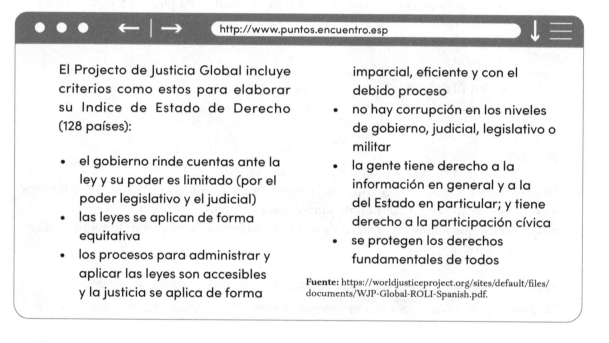

El Projecto de Justicia Global incluye criterios como estos para elaborar su Indice de Estado de Derecho (128 países):

- el gobierno rinde cuentas ante la ley y su poder es limitado (por el poder legislativo y el judicial)
- las leyes se aplican de forma equitativa
- los procesos para administrar y aplicar las leyes son accesibles y la justicia se aplica de forma imparcial, eficiente y con el debido proceso
- no hay corrupción en los niveles de gobierno, judicial, legislativo o militar
- la gente tiene derecho a la información en general y a la del Estado en particular; y tiene derecho a la participación cívica
- se protegen los derechos fundamentales de todos

Fuente: https://worldjusticeproject.org/sites/default/files/documents/WJP-Global-ROLI-Spanish.pdf.

Fuente: *World Justice Project. Rule of Law Index 2020*

Fig. 5-14. Indice de Estado de Derecho 2020

CASO

1. Lean la información de estas noticias y determinen cómo los eventos relatados contribuyen a debilitar el Estado de Derecho en El Salvador. Después hagan una lista de los principales aspectos que obstaculizan la consecución del ODS 16.

La Asamblea Legislativa destituye a todos los jueces de la Corte Suprema de El Salvador

Mayo de 2021

La Asamblea Legislativa (Congreso), controlada por el presidente Bukele, ha tomado la decisión en su primera sesión tras las elecciones, con los votos favorables de 64 de los 84 diputados, desafiando una decisión de la Corte Suprema.

Fuente: https://es.euronews.com/2021/05/02/el-salvador-el-congreso-destituye-a-los-magistrados-del-constitucional.

Bukele no permitirá revisión de archivos militares

Octubre de 2020

El presidente de El Salvador aseguró que en los cuarteles militares no hay pruebas de la masacre ocurrida en El Mozote y calificó de un "show" la intención de quienes buscan pruebas de esa matanza.

Fuente: https://www.dw.com/es/bukele-no-permitir%C3%A1-revisi%C3%B3n-de-archivos-militares-por-caso-de-el-mozote/a-55292692.

---

2. Dentro de las metas del ODS 16 está la de garantizar el acceso público a la información (meta 16.10). En el video se explica su importancia en el proceso de justicia transnicional. ¿En qué aspectos del proceso ayudaría el acceso a la información que contienen los archivos militares de El Salvador?

5-9

☐ saber la verdad
☐ conocer los nombres de todas las víctimas
☐ reformar la institución militar
☐ iniciar procesos penales contra altos mandos del poder militar

3. Plan de acción. Ustedes son parte de un grupo de organizaciones cívicas que están preparando una campaña para promover el estado de derecho en El Salvador. Hagan grupos más pequeños, divídanse estas áreas y preparen

   a. una propuesta
   b. una predicción de qué pasará en caso contrario (*si no hay ..., el país tendrá ...*)

Elaboren un plan de cuatro puntos breves que será el póster de su campaña.

ÁREA	
poder del presidente	
acceso a la información	
procesos judiciales	
aplicación de las leyes	
protección de los derechos	

DEBATE

ESPAÑA Y LA LEY DE AMNISTÍA DE 1977

OBJETIVOS

1. Demostrar conocimiento y comprensión de
   a. los procesos de transición a la democracia de Argentina, Chile y España
   b. los retos de los procesos de reconciliación nacional
   c. el caso de la Ley de Amnistía de 1977 en España y sus consencuencias
2. Analizar críticamente las distintas posiciones sobre este tema de debate
3. Justificar y apoyar estas posiciones mediante argumentos y contraargumentos

¿QUÉ NECESITAS SABER?

Sobre la transición de una dictadura a una democracia

En todos los países que tuvieron dictaduras militares en el siglo XX—y que hoy son democracias más o menos estables—hubo violaciones masivas de los derechos humanos. Y todos ellos pasaron, finalizada la dictadura, por un periodo de transición en el que hubo que establecer procesos de reconciliación y democratización. Pero ¿es suficiente con el establecimiento de una democracia? ¿Es el perdón y el olvido la mejor manera de reconciliar a una sociedad dividida? Si no lo es, ¿cómo se debe hacer justicia? ¿Es hacer justicia una manera de perpetuar el conflicto o es la única manera de que la sociedad avance? Y, si no se debe olvidar, ¿cuáles son las políticas de memoria más adecuadas? ¿Existe una memoria o muchas memorias? ¿Son válidas todas las memorias?

En cada transición, una parte importante de la sociedad de estos países estuvo interesada en iniciar procesos de recuperación de la verdad, la memoria y la justicia. La reconciliación con el pasado, "para los supervivientes y familiares, significa superación del trauma, miedo y pérdida. [...] Para los jóvenes que no vivieron directamente la represión, recordar el pasado significa tratar de entender lo que hizo la generación de sus padres o de sus abuelos y cómo fue posible ese nivel de violencia. Para los hijos o nietos de los desaparecidos, las políticas de memoria pueden tener que ver con la recuperación de la dignidad de los ideales por los que lucharon sus padres. Y los represores, sus hijos y aliados, también tienen que reconciliarse con el pasado, someterse a la sanción social y enfrentarse a sus propios prejuicios y justificaciones ideológicas".

Fuente: https://aceproject.org/electoral-advice-es/ace-workspace/questions/open-questions/804639440/812434278 /Reconciliation-y-democratizacion-en-America-Latina.pdf.

1. ¿Cuáles de estos factores te parecen imprescindibles para un proceso de reconciliación tras una dictadura?

☐ perdonar todos los crímenes
☐ olvidar
☐ esclarecer la verdad y recuperar la memoria
☐ encontrar a todos los desaparecidos
☐ democratizar la sociedad
☐ perdonar todos los crímenes excepto los crímenes contra la humanidad

2. ¿Cuál de estos procesos te parece más problemático para llevar a cabo en la práctica: saber la verdad, recuperar la memoria o hacer justicia?

Sobre el Proceso de Reconciliación Nacional en Argentina y en Chile

El primer presidente argentino de la democracia, Raúl Alfonsín, creó una Comisión de la Verdad para investigar las violaciones de derechos humanos ocurridas entre 1976 y 1983. Tras la investigación, recogida en el libro *Nunca más*, se inició el Juicio a Las Juntas Militares. El tribunal condenó a sus integrantes y sentenció a la reclusión perpetua a los principales responsables. Este fue un hecho único en el mundo y la ONU declaró la desaparición forzada de personas 'delito de lesa humanidad'. Sin embargo, más tarde, a causa de las presiones de sectores militares, el gobierno de Alfonsín promulgó las leyes de Obediencia Debida y Punto Final, las cuales darían impunidad a los mandos intermedios que participaron en la dictadura. En 1990 el nuevo presidente, Carlos Menem, concedió un indulto a los jefes militares condenados en el Juicio a las Juntas. En 2005 la Corte Suprema argentina declaró que las leyes de impunidad eran inconstitucionales. A partir de entonces se abrieron miles de causas (*lawsuits*) por delitos de genocidio y terrorismo, y se reabrieron causas contra los indultados. Desde el año 2006, cada 24 de marzo se conmemora a las víctimas en el Día Nacional de la Memoria por la Verdad y la Justicia.

En el caso de Chile, la Ley de Amnistía—que fue aprobada en 1978 cuando Pinochet aún estaba en el poder—absolvió a todos los implicados en delitos cometidos entre 1973 y 1978. El presidente Patricio Aylwin creó una Comisión Nacional de Verdad y Reconciliación en 1990, cuyo informe identificó a los desaparecidos y facilitó programas de reparaciones, pero hasta 1998 la Ley de Amnistía continuó impidiendo la investigación de los crímenes de la dictadura. Ese año, la Corte Suprema de Chile decidió que esa ley no podía aplicarse a casos de violaciones de derechos humanos. Desde entonces, gracias a los esfuerzos de la sociedad civil y las organizaciones de derechos humanos, ha habido cientos de juicios y condenas. La Ley de Amnistía, aunque no se aplica, todavía está vigente y el Comité de Derechos Humanos de la ONU ha pedido su derogación al Estado de Chile.

Fig. 5-15. Protesta contra la Ley de Punto Final (Argentina)

Fuente: http://news.bbc.co.uk/hi/spanish/international/newsid_4696000/4696473.stm.

3. Compara los procesos de Argentina y de Chile. ¿En qué se diferenciaron inicialmente? ¿En qué coincidieron en un momento determinado? ¿Cuál de ellos favoreció más una situación de impunidad y cómo?
4. ¿Cuál de los dos países tiene una legislación más clara con respecto a la impunidad de los crímenes de la dictadura?
5. ¿Cuál de las dos Comisiones de la Verdad tuvo más influencia a corto plazo y por qué?

Sobre el proceso en España

En 1977, dos años después de la muerte del dictador, se aprobó la Ley de Amnistía, que inicialmente tenía la finalidad de liberar a miles de presos políticos encarcelados por la dictadura. Los partidos de derecha, herederos de la dictadura, introdujeron una cláusula que extendió la amnistía a los delitos cometidos contra los derechos de las personas. Cuando la ciudadanía comenzó a pedir justicia para las víctimas de la represión franquista, los gobiernos y el poder judicial se apoyaron en esta ley para rechazar la investigación de estos crímenes, incluidos los de lesa humanidad. Esta situación continuó durante más de cuarenta años, independientemente de la orientación política del gobierno.

En un informe de 2005, Amnistía Internacional (AI) decía que España no había seguido las directrices de Naciones Unidas porque no había ofrecido verdad, justicia y reparación para las víctimas de la Guerra Civil y la dictadura que le había seguido. El duro informe de AI consideraba que España tenía que aprender de países como Argentina o Chile donde se había hecho mucho más para esclarecer la verdad.

Fig. 5-16. Exhumación de una fosa común. Asociación para la Recuperación de la Memoria Histórica

En el año 2007 se aprobó la *Ley de Memoria Histórica*, que condenó formalmente el régimen dictatorial y permitió comenzar el trabajo para identificar las fosas comunes (*mass graves*) de la época de la Guerra Civil, además de retirar los símbolos en honor del franquismo. Esta ley reconoció los derechos de las personas que sufrieron violencia por razones políticas o ideológicas durante la guerra y la dictadura; sin embargo, no tuvo ningún efecto en la situación de impunidad, la cual persiste hasta el día de hoy. La ley también dio impulso a las asociaciones para la recuperación de la memoria histórica, gracias a las que se han recuperado los restos de miles de desaparecidos en cientos de fosas comunes que hay por todo el país. En 2020 se presentó el proyecto de Ley de Memoria Democrática para dar más derechos a las víctimas y a sus familiares.

Para la oposición política conservadora, esta ley divide a la sociedad española y está en contra del espíritu conciliador que tuvo la Ley de Amnistía.

Durante los primeros años después de la dictadura, la estabilización política fue muy difícil: hubo un intento de golpe militar y acciones terroristas de grupos de extrema derecha e izquierda. La población española quería disfrutar de sus libertades; quería cambios profundos pero sin violencia y veía en la monarquía una salida hacia la paz y la democracia. El rey estableció un discurso de unidad dejando atrás casi un siglo de violencia y de terror. Esa Transición española fue un modelo para otros países porque fue negociada, gradual y pacífica, basada en un consenso político, a través de una amnistía, que incluyó a los que fueron encarcelados por sus ideas políticas y a los que cometieron crímenes, incluyendo los de lesa humanidad. Sin embargo, esa amnistía tuvo el apoyo de casi todos los partidos políticos, desde la derecha hasta la izquierda, y de la gran mayoría de los ciudadanos. Sin ella, el gobierno habría tenido dificultades para construir una democracia pacífica en España. Los gobernantes y la población echaron al olvido de manera consciente los eventos pasados para garantizar el futuro. Es el precio que decidieron pagar para salir adelante y unir la nación.

Fuente: https://dumas.ccsd.cnrs.fr/dumas-00926189/document.

6. ¿Qué aspectos del proceso en España fueron diferentes de los procesos de los otros países? ¿Cuáles fueron similares?

7. Las opiniones sobre la Ley de Memoria Histórica de 2007 fueron diferentes según la ideología política. ¿Qué argumentos tenía cada uno de los dos lados?

	Argumentos
Conservadores	
Liberales	

8. ¿Fue esta ley un mecanismo efectivo de reconciliación? Explica.

APLICACIÓN

1. Lean esta cita. ¿Apoyan los casos que hemos visto las palabras de Carlos Beristain? Expliquen cómo.

> La manera en que las primeras autoridades elegidas democráticamente se enfrentan con el pasado, junto con la fuerza relativa del movimiento de derechos humanos, establecen el programa para la posterior evolución.
>
> Carlos M. Beristain. *Verdad, justicia y reparación: Desafíos para la democracia y la convivencia social*, IIDH (2005)

Fuente: https://www.iidh.ed.cr/IIDH/media/2126/desafios-para-la-democracia-2005.pdf.

	sí / no	EVIDENCIA
En el caso de Argentina		
En el caso de Chile		
En el caso de España		

2. Lean esta información. Decidan en cuál de los dos países (España o El Salvador) creen que es más posible hoy la consecución de estos objetivos.

http://www.puntos.encuentro.esp

Naciones Unidas y el Sistema Internacional de los Derechos Humanos consideran que los Estados, después de un periodo como el de una dictadura, deben garantizar:

- El **derecho a la verdad**, identificado como un derecho individual pero también como el derecho de cada pueblo de conocer lo que sucedió. Esto incluye la creación de "Comisiones de la Verdad".

- El **derecho a la justicia**, que implica un sistema de justicia efectivo para los casos de violaciones de los derechos humanos que rechace las declaraciones de prescripción o la adopción de amnistías.

- El **derecho a la reparación** en beneficio de las víctimas de violaciones de derechos humanos, que incluye **garantías de no repetición**.

	El Salvador	España
verdad		
justicia		
reparaciones		
garantías de no repetición		

ANÁLISIS

1. Identifiquen de qué lado del debate están estas opiniones sobre la Ley de Memoria Histórica. Después elaboren un contraargumento para refutar esa opinión.

Opiniones sobre la Ley de Memoria Histórica	Contraargumento
El rescate de la memoria histórica "aviva viejos fantasmas y reabre heridas; es la representación perfecta de la imagen de la izquierda que vive anclada en el pasado. El enfrentamiento entre bandos fue superado por los españoles ya hace años".	Es verdad que... pero...
"Mi memoria histórica tiene tres mil años ¿sabes? y el problema es que la memoria histórica analfabeta es muy peligrosa, porque contemplar el conflicto del año 36 al 39 y la represión posterior como un elemento aislado, como un periodo concreto y estanco respecto al resto de nuestra historia es un error [...] Cualquiera que haya leído la historia de España sabe que aquí todos hemos sido hijos de puta. Todos".	Es cierto que... pero...

2. Hagan lo mismo con estas opiniones sobre la Transición y la Ley de Amnistía de 1977 en España.

Opiniones sobre la Transición	Contraargumento
"La Transición tuvo sus errores y no es tarde para corregirlos. La Transición nació de negociaciones entre élites en donde los ciudadanos fueron dejados de lado, basándose en los pactos secretos que impidieron medidas a favor de las víctimas de la dictadura. [...] España escondió la basura debajo de la alfombra. Hay una deuda con la historia y eso tiene solución".	Aunque... sin embargo...
La amnistía es necesaria y un "presupuesto ético-político para la institucionalización de un estado democrático de derecho que ampare la libertad de todos, así como medio de superar las diferencias que nos enfrentaron en el pasado".	Es cierto que... pero...
"El discurso oficial acerca de la Transición en España afirma que representó un proceso modélico, digno de ser exportado a otras latitudes y que, aunque tuvo sus ligeras sombras, estas aparecen compensadas por sus muchas luces [...]. No obstante, [...] existen modelos alternativos en los que, al contrario que en España, se aplicaron medidas de justicia de transición de manera más amplia y efectiva y se procedió a recuperar la memoria democrática anterior a la dictadura. [...] la Transición española consagró un modelo de impunidad para los criminales de la dictadura. En lugar de ser exportada, debiera ser revisada y sus errores enmendados".	Es verdad que... pero...

Fuentes: https://elpais.com/diario/2007/09/23/opinion/1190498406_850215.html; https://elpais.com/diario/1977/10/15/espana /245718002_850215.html; https://revistaseug.ugr.es › revpaz › article › download; https://www.lasprovincias.es/politica/201508/29 /acusa-consell-avivar-heridas-20150829001838-v.html; https://www.libertaddigital.com/cultura/libros/2020-11-15/arturo-perez-reverte -cowboys-de-medianoche-guerra-civil-espana-historia-politicos-linea-de-fuego-6680422.

EVALUACIÓN

Con toda la información que tienen, identifiquen los dos lados principales del debate y formulen los argumentos para cada uno. Decidan qué personas van a estar en cada uno de los dos lados.

	¿Quién(es)?	Argumentos
LADO A		1. 2. 3.
LADO B		1. 2. 3.

FIGURE CREDITS

Fig. 5-1: Adaptado de: https://elordenmundial.com/mapas/el-mapa-del-indice-de-democracia/.

Fig. 5-2: Copyright © by Cristian Bortes (CC BY 2.0) at https://commons.wikimedia.org/wiki/File:Romero_Westminster.jpg.

Fig. 5-3: Fuente: https://commons.wikimedia.org/wiki/File:HavanaSlums1954.jpg.

Fig. 5-4: Fuente: http://commons.wikimedia.org/wiki/File:Fidel_Castro_-_MATS_Terminal_Washington_1959.jpg.

Fig. 5-5: Fuente: http://commons.wikimedia.org/wiki/File:Franco_eisenhower_1959_madrid.jpg.

Fig. 5-8: Copyright © by Biblioteca del Congreso Nacional de Chile (CC BY 3.0) at https://commons.wikimedia.org/wiki/File:Golpe_de_Estado_1973.jpg.

Fig. 5-9: Adaptado de: http://www.latinobarometro.org/latContents.jsp.

Fig. 5-10: Adaptado de: http://www.latinobarometro.org/latContents.jsp.

Fig. 5-12: Copyright © by Roblespepe (CC BY-SA 4.0) at http://commons.wikimedia.org/wiki/File:Madres-Fundadora-Oct2006.JPG.

Fig. 5-13: Fuente: https://commons.wikimedia.org/wiki/File:MANZ_entrance,-adams.JPG.

IMG 5-2: Fuente: https://www.wikiwand.com/es/Objetivo_de_Desarrollo_Sostenible_16.

Fig. 5-14: Fuente: https://worldjusticeproject.org/rule-of-law-index/global/2020.

Fig. 5-15: Copyright © by Pablo D. Flores (CC BY-SA 2.5) at http://commons.wikimedia.org/wiki/File:No_al_Punto_Final.jpg.

Fig. 5-16: Copyright © by FCPB (CC BY-SA 3.0) at http://commons.wikimedia.org/wiki/File:Exhumaci%C3%B3n_ARMH.jpg.

PERSPECTIVA SOCIOPOLÍTICA

CAPÍTULOS 6 Y 7

CAPÍTULO 6

La población hispana de Estados Unidos

CAPÍTULO 7

El mapa político de los países hispanohablantes

6

La población hispana de Estados Unidos

OBJETIVOS DE APRENDIZAJE

1. Comprender, analizar y evaluar
   a. la historia y contribuciones de la población de origen hispano de Estados Unidos
   b. el activismo social de los latinos
   c. la influencia del voto latino
2. Aprender sobre el impacto cultural de los latinos y su contribución a la identidad multicultural de Estados Unidos
3. Analizar el ODS 10, meta 7: cómo puede la migración contribuir al desarrollo sostenible de los países
4. Evaluar críticamente la existencia e impacto de la valla en la frontera México-EE. UU.

	Temas	Lengua
Aproximación	6-1. La población hispana/latina/ latinx de Estados Unidos	
Perspectiva Lingüística	6-2. La historia de los hispanos de Estados Unidos 6-3. El activismo social latino 6-4. Sonia Sotomayor, líder latina 6-5. El voto y el poder político de los hispanos	G-12. El uso del subjuntivo para expresar el objetivo o propósito G-13. El uso del subjuntivo para expresar opiniones personales G-14. El uso del subjuntivo para expresar la posibilidad
Perspectiva Intercultural	6-6. El movimiento chicano y César Chávez	
Perspectiva Artística	6-7. Lin-Manuel Miranda	
	El Objetivo de Desarrollo Sostenible 10 Migración, derechos de los migrantes y desarrollo sostenible	Conectores para expresar causas y consecuencias
Debate	La valla de la frontera México-Estados Unidos	La concesión y el cuestionamiento de ideas

APROXIMACIÓN

6-1   LA POBLACIÓN HISPANA/LATINA/LATINX DE ESTADOS UNIDOS

1. Lee este texto sobre la población de origen hispano en Estados Unidos y responde a las preguntas.

En los Estados Unidos el término 'hispano/a' (*Hispanic*) se refiere a las personas que son de cualquier país de cultura hispana o de ascendencia de cualquiera de esos países (España o los países hispanohablantes de América Latina). El Censo de EE. UU. comenzó a usar este término en los años setenta. Sin embargo, unos años más tarde aparece el término 'latino/a' para abarcar a todas las personas de ascendencia de cualquier país de América Latina, incluyendo las islas del Caribe y cualquier otro país donde no se habla español—como Brasil o Haití—pero excluyendo a España. En EE. UU. ambas palabras se usan indistintamente desde el año 2000 en el censo de población. Aunque 'latino' se usa frecuentemente para referirse a personas que hablan español y como sinónimo de 'hispano', para ciertos grupos esto es incorrecto: la comunidad latina habla inglés, portugués, quechua o spanglish, además de español.

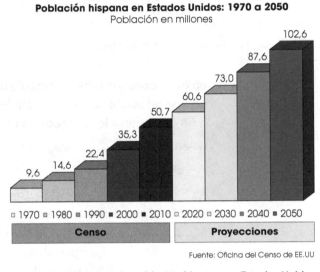

Población hispana en Estados Unidos: 1970 a 2050
Población en millones

□ 1970 □ 1980 ▣ 1990 ■ 2000 ■ 2010 □ 2020 □ 2030 ▣ 2040 ■ 2050

| Censo | Proyecciones |

Fuente: Oficina del Censo de EE.UU

Fig. 6-1. Proyecciones de población hispana en Estados Unidos

En el último censo del año 2020, 60,4 millones de personas (el 18,4% de la población) se identificaron como hispanas o latinas: el 80% son ciudadanos estadounidenses y un 10% son residentes permanentes. Hay 23 estados donde más del 10% de la población es hispana.

La encuesta nacional de latinos del Centro Hispano Pew de 2019 indicó que el 47% de los estadounidenses de raíces hispanas prefería identificarse usando el país de origen de sus familias mientras que el 39% usaba 'hispano' o 'latino'. Muchos opinan que ambos términos globalizan estadísticamente y no atienden a la amplitud cultural de una comunidad que tiene diferentes orígenes. El 69% no cree que haya una cultura hispana común.

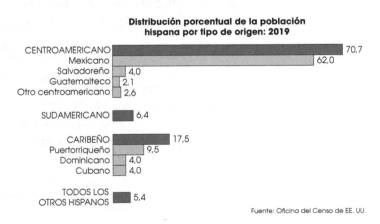

Distribución porcentual de la población hispana por tipo de origen: 2019

CENTROAMERICANO	70,7
Mexicano	62,0
Salvadoreño	4,0
Guatemalteco	2,1
Otro centroamericano	2,6
SUDAMERICANO	6,4
CARIBEÑO	17,5
Puertorriqueño	9,5
Dominicano	4,0
Cubano	4,0
TODOS LOS OTROS HISPANOS	5,4

Fuente: Oficina del Censo de EE. UU.

Fig. 6-2. Origen de la población hispana de EE. UU.

Promedio de crecimiento anual de la población hispana de Estados Unidos

4,5% 4,8 3,8 3,4 2,1 1,9

1990–1995 1995–2000 2000–2005 2005–2010 2010–2015 2015–2019

Fuente: Pew Research Center

Fig. 6-3. Crecimiento de la población hispana en EE. UU.

Más recientemente ha surgido el término 'latinx', asociado a la lucha por los derechos de la comunidad LGTBIQ y que trata de ser más incluyente introduciendo un nombre neutral en lugar de una palabra que tiene género masculino y femenino. Una encuesta de 2019 reveló que la mayoría de los adultos latinos no había oído hablar del término 'latinx': solo el 23%. En contraste, 42% de los jóvenes hispanos de 18 a 29 años había oído esta palabra.

La población hispana sigue creciendo, aunque entre 2015 y 2019 el crecimiento fue menor que en años anteriores. Su promedio de edad es de 30 años, frente a los 44 años de los blancos no hispanos. De hecho, en 2018 la edad más común entre los hispanos era 11 años, frente a 58 años entre los blancos no hispanos.

Fuente: https://www.pewresearch.org/fact-tank/2020/09/15/who-is-hispanic/.

COMPRENSIÓN

1. ¿Qué diferencia establece el censo entre los términos 'hispano' y 'latino'?
2. Para muchas personas el término 'latino/a' es más inclusivo. ¿Por qué?
3. Explica qué problema representan las palabras 'hispano' o 'latino' para muchas personas de origen o ascendencia de un país latinoamericano.
4. ¿De qué manera la palabra 'latinx' es más inclusiva?

PENSAMIENTO CRÍTICO

1. Lean la pregunta del Censo. ¿Usa la Oficina del Censo de EE. UU. los términos 'hispano' y 'latino' de forma correcta? ¿Qué responderá una persona de España? ¿Y una de Brasil?
2. ¿Por qué creen que existen tres opciones individuales para personas de cierta ascendencia y después otra para el resto?

Reproducción de la pregunta sobre origen hispano proveniente del Censo del 2020

→ NOTA: Por favor, conteste la Pregunta 8 sobre origen hispano y la Pregunta 9 sobre raza. Para este censo, origen hispano no es una raza.

8. ¿Es la Persona 1 de origen hispano, latino o español?

☐ No, no es de origen hispano, latino o español
☐ Sí, mexicano, mexicano americano, chicano
☐ Sí, puertorriqueño
☐ Sí, cubano
☐ Sí, otro origen hispano, latino o español — *Escriba el origen, por ejemplo, argentino, colombiano, dominicano, nicaragüense, salvadoreño, español, etc.* ⇗

Fuente: Cuestionario del Censo del 2020. Oficina del Censo de EE. UU.

Fig. 6-4. Pregunta del Censo de EE. UU.

6-1

2. **Usa la información del video para responder a estas preguntas sobre las personas de ascendencia u origen hispano.**

COMPRENSIÓN

1. El 67% de los latinos dice que 'hispano/a' es su
   a. raza
   b. origen étnico
2. ¿Qué porcentaje de hispanos se considera multirracial, según el estudio del Centro Pew?
3. ¿Cuál es la actitud de los hispanos multirraciales sobre la mezcla de razas?
4. ¿Qué porcentaje de hispanos tiene un esposo o esposa de otra raza?
5. ¿Qué porcentaje de la población de EE. UU. será multirracial para el 2060?
6. Lean este titular de un periódico y justifiquen si la terminología es adecuada. Si no lo es, ¿cómo debería estar escrito?

El número de latinos ya supera el número de blancos en California

Associated Press 08.07.2015

Los hispanos californianos comenzaron a superar a los californianos blancos en el primer trimestre del 2014, de acuerdo con los números publicados por la oficina del Censo. California se une a Nuevo México como el segundo estado con mayoría latina.

Fuente: https://www.20minutos.com/noticia/25384/0/numero-latinos/supera-numero-blancos/california/.

---

7. Miren este gráfico en el que el Centro Hispano Pew ofrece información sobre el promedio de edad en EE. UU. ¿Es esta clasificación más adecuada o menos?

Promedio de edad

Hispanos	30
Nacidos en EE.UU.	18
Nacidos en otro país	38
Blancos no hispanos	44
Negros no hispanos	35
Asiáticos no hispanos	38
Otros no hispanos	23
Total	**37**

Fuente: Pew Hispanic Center

Fig. 6-5. Promedios de edad en EE. UU.

PERSPECTIVA LINGÜÍSTICA

VOCABULARIO META

abarcar	to include; to cover	llegar a ser	to become
abordar	to address, to deal with	marcha (la)	walk; rally; protest
angloparlante	English-speaking	mayoría (la)	majority
ascendencia (la)	heritage; descent	medida (la)	measure
beneficiar	to benefit	mejora (la)	improvement
cada vez más/menos	more and more/less and less	mejorar	to improve
ciudadanía (la)	citizenship	minorías (las)	minorities
concienciar	to raise awareness	muro (el)	wall
cruzar	to cross	nacionalización (la)	naturalization
denuncia (la)	complaint	nacionalizado/a	naturalized
derechos (los)	rights	nacionalizarse	to become naturalized
desafío (el)	challenge	orgullo (el)	pride
descender de	to be a descendant of	patria (la)	homeland
descendiente (el, la)	descendant	patrón (el)	pattern
desconocer	to not know	pertenecer	to belong
desconocimiento (el)	lack of knowledge	pertenencia (la)	belonging
desfavorecido/a	disadvantaged	poder (el)	power
encuesta (la)	survey	política (la)	policy
etiqueta (la)	label	promedio (el)	average
extranjero/a	foreign	promulgar	to enact
extranjeros/as (los, las)	foreigners	provenir	to come from
fallo (el)	ruling; verdict	quedarse	to stay
frontera (la)	border	raíces (las)	roots; origins
fronterizo/a	border (adj.); bordering	rechazo (el)	rejection
gestión (la)	management	sin techo	homeless
herencia (la)	heritage	soñador/a (el, la)	dreamer
hispano/a	Hispanic	soñar	to dream
hogar (el)	home	superar	to overcome
huelga (la)	strike	tardar (tiempo) en	to take (time) to
igualdad (la)	equality	tendencia (la)	trend
indocumentado/a	undocumented	valla (la)	fence
liderar	to lead	votante (el, la)	voter
liderazgo (el)	leadership		

6-2 LA HISTORIA DE LOS HISPANOS DE ESTADOS UNIDOS

En EE. UU. el conocimiento sobre la población de herencia hispana es bastante limitado. Lee este texto sobre la futura construcción del Museo Nacional Latino.

En 2020 el Congreso y el Senado de Estados Unidos aprobaron el proyecto de ley **para** crear el Museo Nacional Latino en Washington D.C. **con el fin de** celebrar las principales contribuciones de los latinos a este país. El museo será construido en el Mall Nacional en Washington, D.C.—donde se encuentran los otros museos principales del Smithsonian—y tardará entre ocho y diez años en ser terminado. En su página de Internet los impulsores del proyecto, la fundación Amigos del Museo Nacional de los Estadounidenses Latinos, dicen que, dado que (*given that*) los latinos son un grupo étnico con vínculos que se remontan a la fundación de Estados Unidos, es fundamental crear este museo **para que** todos los estadounidenses comprendan "la riqueza y diversidad de la experiencia latina estadounidense en el país" y "las contribuciones hechas por íconos latinos, pioneros y comunidades al estilo de vida estadounidense".

Fig. 6-6. *Americanos todos*. Póster de propaganda (1943) Oficina de Información de Guerra de EE. UU.

El congresista de California Tony Cárdenas, en un discurso sobre este momento histórico, dijo: "La idea de ser un grupo invisible de personas es un sentimiento que reconocen muchos latinoamericanos. El papel de los latinos en la historia de Estados Unidos ha sido pasado por alto constantemente. [...] no debemos olvidar los más de 400.000 latinos que lucharon en la Segunda Guerra Mundial y los más de 800.000 latinos que sirvieron con distinción en Vietnam. Uno de esos soldados latinos era mi propio abuelo, Hilario Vélez. A pesar de esto, las historias como la suya no se muestran en nuestros libros de historia. [...]Todos los estadounidenses deben apoyar los esfuerzos **para que** este museo sea una realidad, para dar reconocimiento a las muchas comunidades y culturas latinas que existen aquí y también **para** aceptar y recibir con brazos abiertos la sociedad multicultural que este país representa".

Fuentes: https://americanlatinomuseum.org/our-story-es/; https://virginiapolitics.org/online/2021/5/6/el-museo-nacional-del-latino-americano.

COMPRENSIÓN

1. ¿A qué público estará destinado especialmente este museo?
2. ¿Por qué se refirió Tony Cárdenas a los latinos como "un grupo invisible"?
3. El texto incide en un área en particular sobre la cual hay muy poco conocimiento. ¿Cuál es?

REFLEXIÓN LINGÜÍSTICA: G-12

1. Las frases marcadas en el texto expresan el objetivo o propósito de algunas acciones que se hicieron o se van a hacer. Divide estas frases en dos grupos: las que necesitan subjuntivo y las que no. ¿Puedes explicar la diferencia?

2. Rescribe la segunda frase del texto: en esta ocasión, el sujeto de 'celebrar' será 'los estadounidenses'.

3. Rescribe la tercera frase del texto: en esta ocasión, no habrá un sujeto específico.

PENSAMIENTO CRÍTICO

1. Analicen el póster de propaganda de guerra. ¿Quién era la audiencia de este póster y cuál era su propósito?
2. Lean este fragmento de un artículo de opinión aparecido en un periódico en 2020 en referencia al Museo Nacional Latino. El punto de vista del autor es el desconocimiento de la historia de los latinos en EE. UU.
   a. Hagan una lista de las principales áreas en las que los latinos han hecho contribuciones relevantes (columna uno de la tabla).
   b. Digan qué profesiones o perfiles tenían o tienen los latinos que han tenido impacto en la historia de EE. UU. (columna dos de la tabla).

http://www.puntos.encuentro.esp

El desconocimiento de la historia de los latinos [...] está muy extendido. Un nuevo museo podría [...] mostrar el papel de los trabajadores, emprendedores y empresarios latinos en la economía [...]. La mayoría de los estadounidenses tiene poca comprensión de [...] los esfuerzos de los organizadores sindicales latinos, activistas por los derechos de los inmigrantes, defensores de la libertad de expresión y organizaciones LGBTQ para proteger los derechos de sus comunidades.

Fig. 6-7. Dolores Huerta, líder sindical estadounidense y activista de derechos humanos

What Americans don't know about Latino history could fill a museum. De Stephen Pitti. Los Angeles Times, diciembre de 2020

Areas	Tipos de perfil o profesión de los latinos	Ejemplos
economía	emprendedores...	

3. Lean ahora este fragmento de otro artículo de opinión de 2016 escrito por el actor latino John Leguizamo. ¿En qué área coincide este fragmento con el anterior y con el discurso de Tony Cárdenas en 2020? Piensen sobre las razones por las que todos ponen énfasis en el mismo aspecto.

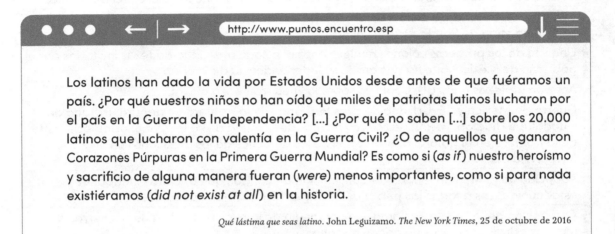

http://www.puntos.encuentro.esp

Los latinos han dado la vida por Estados Unidos desde antes de que fuéramos un país. ¿Por qué nuestros niños no han oído que miles de patriotas latinos lucharon por el país en la Guerra de Independencia? [...] ¿Por qué no saben [...] sobre los 20.000 latinos que lucharon con valentía en la Guerra Civil? ¿O de aquellos que ganaron Corazones Púrpuras en la Primera Guerra Mundial? Es como si (*as if*) nuestro heroísmo y sacrificio de alguna manera fueran (*were*) menos importantes, como si para nada existiéramos (*did not exist at all*) en la historia.

Qué lástima que seas latino. John Leguizamo. *The New York Times*, 25 de octubre de 2016

4. La clase está a cargo de preparar una sala de historia de los hispanos en EE. UU. para el museo de la universidad. Cada grupo tiene asignado un periodo:
   a. antes de 1900
   b. 1901–1950
   c. 1951–2012
   Revisen el periodo asignado en la cronología de la página siguiente. Su periodo solo puede tener tres espacios en la sala, así que elijan tres eventos, resuman cada uno de ellos y decidan qué tipo de artefactos (cuatro) seleccionarían para ilustrarlos y con qué propósitos.

		Evento. ¿Qué pasó? Cuándo? ¿En qué contexto?	Tipo de artefactos y objetos ¿Para qué?
	1.		
Periodo:	2.		
	3.		

1565	Fundación de San Agustín, primer asentamiento europeo en Estados Unidos.
1598	Colonización de Nuevo México por los españoles y fundación de Santa Fe, la ciudad capital más antigua de América del Norte.
1775–1781	Colaboración de España en la Revolución de independencia con ayuda militar. Bernardo de Gálvez recluta soldados mexicanos y cubanos para luchar contra el ejército británico.
1776	Declaración de independencia de Gran Bretaña por parte de las colonias americanas del este. Fundación de San Francisco por los españoles en el oeste.
1821	Llegada de los primeros colonos anglosajones al estado mexicano de Texas invitados por el gobierno de México, que ha declarado su independencia de España.
1845	Anexión de Texas a EE. UU. Conflicto sobre la línea fronteriza oficial.
1846–1848	Guerra de México y EE. UU. debido a los territorios de la frontera en disputa. Tratado de Guadalupe Hidalgo: cesión de México de más de la mitad de su territorio; establecimiento de la frontera en el río Bravo; protección de los derechos de los mexicanos en el nuevo territorio de EE. UU.
1868	Adopción de la 14ª Enmienda a la Constitución de EE. UU., que declara ciudadanos estadounidenses a todas las personas de origen hispano nacidas en EE. UU.
1902	Aprobación de la Ley de Reclamación por medio de la cual se despoja de sus tierras a muchos estadounidenses de origen hispano.
1910–1917	Llegada de miles de mexicanos a Estados Unidos a causa de la Revolución Mexicana.
1917	Reclutamiento de 20.000 puertorriqueños para luchar en el ejército en la primera Guerra Mundial. Ley de servicio militar selectivo: los inmigrantes mexicanos deben alistarse en el ejército.
1932	Deportaciones: más de un millón de mexicano-estadounidenses son obligados a salir de EE. UU. durante la década de 1930.
1940	Segunda Guerra Mundial: más de 500.000 latinos sirven en el ejército de EE. UU. y luchan en la guerra. Se conceden 13 Medallas de Honor a latinos.
1942	Programa de braceros México-EE. UU.: importación de trabajadores temporales para llenar el vacío del empleo en el campo. Entrada de un promedio anual de 350.000 trabajadores mexicanos a Estados Unidos entre 1951 y 1964.
1947	Caso Méndez v. Westminster: prohibición de la segregación en las escuelas públicas de California por un Tribunal de Apelaciones. El fallo es un precedente para el histórico caso de la Corte Suprema de Brown contra la Junta de Educación siete años después.
1954	Caso Hernández vs. el Estado de Texas: decisión de la Corte Suprema de que los mexicano-estadounidenses son iguales ante la ley.
1954	Creación de la Operación "Mojados" para localizar y deportar a los trabajadores indocumentados. En cuatro años, 3,8 millones de personas de ascendencia mexicana son deportadas.
1962–1966	Formación de la National Farm Workers Association por César Chávez y Dolores Huerta. En 1966 Chávez marcha 340 millas hasta la capital de California: Sacramento.
1964	Ley de Derechos Civiles de 1964: establecimiento de programas de acción afirmativa y prohibición de la discriminación por motivos de origen étnico, credo, raza o género.
1967–1968	Organización de los estudiantes del Este de Los Ángeles promovida por el profesor de secundaria Sal Castro para exigir educación en lengua española y cultura mexicana.
1974	Aprobación por el Congreso de la Ley de igualdad de oportunidades educativas para fomentar la igualdad en las escuelas públicas ofreciendo educación bilingüe a los estudiantes hispanos.
2012	Establecimiento del programa Deferred Action for Childhood Arrivals (DACA) por el presidente Barak Obama, que protege a los migrantes que llegaron a EE. UU. de niños.

6-3 EL ACTIVISMO SOCIAL LATINO

1. **En EE. UU. los activistas latinos han trabajado durante décadas para mejorar las vidas de todos aquellos que comparten su herencia y cultura, a menudo a través de los movimientos populares de base y de la organización. Lee sobre estos cuatro importantes activistas en la historia de Estados Unidos. Después responde a las preguntas.**

César Chávez (1927-1993) nació en Yuma, Arizona. Fue un líder laboral y activista de derechos civiles estadounidense. Dedicó su vida a la lucha por los derechos de los trabajadores agrícolas en Estados Unidos para mejorar sus condiciones de vida y de trabajo mediante la organización y la negociación de contratos con los empleadores. Comprometido con la lucha no violenta, Chávez fundó—con la activista chicana Dolores Huerta—la Asociación Nacional de Trabajadores Agrícolas y promovió huelgas, protestas y boicoteos con los que obtuvo importantes victorias para esta causa. También fue un activista ambiental que hizo campañas contra el uso de pesticidas en la agricultura.

Fig. 6-8. César Chávez

"Es sorprendente que las personas puedan emocionarse tanto por un cohete que va a la Luna y no les importe nada la niebla tóxica, los derrames de petróleo, la devastación del medio ambiente con pesticidas, el hambre, la enfermedad".

Fuente: https://www.brainyquote.com/search_results.html?q=cesar+chavez.

Sal Castro (1933-2013) nació en Los Ángeles. Fue un educador y un líder de derechos civiles estadounidense que luchó contra la desigualdad en las condiciones de la educación de los estudiantes estadounidenses chicanos en el este de Los Ángeles, quienes tenían prohibido hablar español, no aprendían sobre la historia mexicano-estadounidense y no eran incentivados para ir a la universidad. Los estudiantes, con Castro al frente, organizaron una serie de huelgas en 1968 que fueron instrumentales para el desarrollo del movimiento chicano en Estados Unidos.

"Hoy en día, la gente habla de una interpretación estricta de la Constitución tal como la ven. No les importa que el Artículo I, Sección 8 de la Constitución diga que el gobierno está ahí para promover el bienestar general. ¿Eso no significa Medicare, Seguro Social y educación para todos los niños de K-16?"

Fuente: https://rethinkingschools.org/articles/teaching-is-a-fight-an-interview-with-sal-castro/.

Sylvia Rivera (1951-2002) nació en Nueva York. Fue una activista estadounidense que luchó por los derechos de las personas transgénero, incluyendo a aquellos encarcelados o sin hogar. Rivera fue una de las fundadoras del Frente de Liberación Gay y de la Alianza de Activistas Gay en Nueva York, pero más tarde protestó contra la exclusión del colectivo transgénero de la Ley de Derechos de Personas Gay en Nueva York (1986). Junto a su amiga Marsha Johnson ayudó a fundar STAR, un grupo dedicado a ayudar a jóvenes transexuales sin techo y la primera organización política del mundo dedicada a esta causa. Es reconocida mundialmente como una de las pioneras en la lucha por los derechos de este colectivo.

"Me molesta que me etiqueten. Ni siquiera me gusta la etiqueta 'transgénero'. Estoy cansada de vivir con etiquetas. Solo quiero ser quien soy. Soy Sylvia Rivera. Ray Rivera se fue de casa a los 10 años para convertirse en Sylvia. Y eso es lo que soy".

Fuente: https://dokumen.tips/reader/f/sylvia-rivera-queens-in-exile-the-forgotten-ones.

Fig. 6-9. Cristina Jiménez

Cristina Jiménez (1983) nació en Ecuador. Es una activista de inmigración y en 2008 fue cofundadora de United We Dream, la organización liderada por jóvenes inmigrantes más grande de EE. UU. Jiménez trabaja por los derechos de todos los inmigrantes, incluyendo los llamados 'dreamers': estudiantes indocumentados que hace varios años luchan por su estatus y entre los cuales estuvo ella casi toda la vida. Con United We Dream, Jiménez influyó en la promulgación de la Acción Diferida para los Llegados en la Infancia (DACA) en 2012. En 2017 fue nombrada MacArthur Fellow.

"Recibí una llamada de mi amiga, Gaby Pacheco, que estaba trabajando con United We Dream en ese momento, y ella me dice: "Va a suceder mañana. Acabo de recibir la confirmación". Y no puedo creerlo [...] Es increíble que hayamos presionado al hombre más poderoso a cargo en este país para que nos dé lo que nuestra comunidad necesita".

Fuente: https://static1.squarespace.com/static/5b778d31c258b45a4650928f/t/5e8a06bc85dd 3a1f8197a08c/1586103996679/Latina+to+Latina+Transcript+-+Cristina+Jimenez.pdf.

COMPRENSIÓN

1. ¿A qué grupos específicos de la comunidad latina de Estados Unidos representaron o representan estas personas?
2. ¿Qué tuvieron en común el activismo de César Chávez y el de Sal Castro?
3. Explica cómo Sylvia Rivera representa la lucha por una inclusión auténtica, sin excepciones, en la aplicación de los derechos humanos.
4. ¿Por qué la causa de los llamados 'dreamers' es especialmente importante para Cristina Fernández?

REFLEXIÓN LINGÜÍSTICA: G–13

1. Los verbos marcados en las citas del texto están en el modo subjuntivo. Explica la razón de este uso.

2. Completa estas frases refiriéndote a algunos aspectos de las cuatro biografías que has leído.

   - Es increíble que ...

   - Me parece absurdo que ...

   - Me molesta que ...

   - Me sorprende que ...

PENSAMIENTO CRÍTICO

Lean las citas de cada uno de los activistas latinos que aparecen en el texto.

a. Expliquen el significado de las citas con la ayuda de esta tabla y sus propias palabras.

César Chávez	A César le sorprendía que _____ porque _____.
Sal Castro	A Sal le parecía mal que _____ porque _____.
Sylvia Rivera	A Sylvia le molestaba que _____ porque _____.
Cristina Jiménez	A Cristina le parece increíble que _____ porque _____.

b. Y ustedes ¿qué opiniones tienen sobre estas personas y sobre las causas que promovieron? En grupos, hablen con sus compañeros/as sobre los aspectos de cada persona que les parecen increíbles/les sorprenden, etc. ¿Con cuál de sus causas querrían ustedes cooperar hoy y por qué?

2. **Miren estos videos para saber sobre el Programa de Acción Diferida para los Llegados en la Infancia (DACA) y conocer a Reyna Montoya, una joven activista.**

6-2

¿Qué es DACA?

COMPRENSIÓN

1. ¿Es DACA una manera de obtener la residencia legal en el futuro?
2. ¿Qué fue DREAM (Development, Relief, and Education for Alien Minors)?
3. ¿Cuál ha sido el estatus de DACA desde 2012 hasta ahora?

6-3

Reyna Montoya

Reyna Montoya es una joven mexicana, inmigrante indocumentada que fue incluida por la revista Forbes en 2018 en la lista de las 30 personas, menores de 30 años, más influyentes en EE. UU. Como miles de jóvenes indocumentados, Reyna depende del programa DACA y lucha por sus sueños y los de todos los "dreamers".

COMPRENSIÓN

1. ¿Cuántos jóvenes indocumentados hay en EE. UU.?
2. ¿Cómo le afectaron a Reyna las leyes antiinmigrantes de Arizona en su camino a la universidad?
3. ¿Cómo pudo Reyna asistir a la universidad?
4. ¿Cuáles son los tres tipos de programa que ofrece Aliento?

REFLEXIÓN LINGÜÍSTICA: G–12

Escucha a Cristina en el video desde el minuto 16:04 al 16:21 y completa las palabras que faltan en los espacios en blanco. Después explica el uso de los verbos.

"... hacemos talleres _____ los sábados desde chiquititos hasta siete hasta señores grandes, _____ por medio del arte y llevarse herramientas (tools)"

PENSAMIENTO CRÍTICO

1. Lean estos argumentos a favor de la continuación del programa DACA y de una reforma que permita a sus beneficiarios (más de 700.000 jóvenes) obtener la ciudadanía estadounidense. Determinen, por orden de importancia, el valor de estos argumentos en un debate sobre el tema. Añadan un argumento más.

Argumento	Valoración
Son directamente responsables de 613,8 millones en pagos anuales de hipotecas (*mortgages*). Pagan 2.300 millones por alquileres cada año.	
La edad promedio a la que llegaron a EE. UU. es de siete años y han vivido aquí durante 20. Más de un tercio llegó antes de los cinco años.	
Son padres de casi 256.000 niños ciudadanos estadounidenses, y casi todos son parte de una familia con estatus migratorio mixto.	
Pagan 5.700 millones en impuestos federales y 3.100 millones en impuestos estatales y locales que a su vez proporcionan beneficios a millones de estadounidenses.	

2. Hagan una lista de tres argumentos que podrían usarse en contra de DACA.
3. Según varias encuestas, entre el 80 y el 86 por ciento de los estadounidenses apoya el derecho a la residencia de los inmigrantes indocumentados que llegaron a los Estados Unidos cuando eran niños. ¿Cuál creen que es el argumento o factor más importante para las personas que están a favor o en contra, y qué determina su posición?

6-4   SONIA SOTOMAYOR, LÍDER LATINA

1.   **Lee este texto sobre Sonia Sotomayor, la jueza del Tribunal Supremo de Estados Unidos.**

Sonia Sotomayor, la primera persona hispana en el máximo tribunal de justicia de Estados Unidos, nació en el Bronx, Nueva York, en 1954. Estudió en Princeton, donde fue activista estudiantil y copresidenta de la organización Acción Puertorriqueña, cuyo objetivo era crear oportunidades para los estudiantes puertorriqueños. Su activismo en Princeton se concentró en aumentar la presencia de hispanos entre el profesorado y el alumnado. Para ello escribió artículos de opinión en el *Daily Princetonian* y se entrevistó con el presidente de la universidad. Acción Puertorriqueña presentó una denuncia formal, lo que resultó en cambios importantes pocos años después.

Posteriormente fue a la universidad de Yale—donde se doctoró en Derecho—y ejerció la práctica privada, además de continuar sus actividades de servicio público con la comunidad hispana. En 1997, el presidente Clinton la nominó para la Corte de Apelaciones

Fig. 6-10. Sonia Sotomayor

de Estados Unidos, y once años después, en 2008, entró a formar parte de la Corte Suprema. Muchas organizaciones hispanas apoyaron su nominación, un momento importante en la historia de los hispanos del país.

Una encuesta realizada en 2010 por el Centro de Investigaciones Pew, que preguntó a un grupo amplio de hispanos estadounidenses si podían identificar un líder hispano en Estados Unidos, reflejó que Sonia Sotomayor es la persona latina más influyente de Estados Unidos.

Mucha gente le llama 'la jueza del pueblo' porque trata de educar a las comunidades, especialmente las subrepresentadas, sobre la ley. Además habla a grupos de jóvenes con frecuencia sobre el compromiso cívico y escribe libros para niños. Sotomayor dijo una vez que se hace dos preguntas a sí misma cada día: ¿qué he aprendido hoy y a quién he ayudado? Este espíritu le permite continuar impactando las vidas de cientos de personas cada día. En 2013 publicó sus memorias en un libro titulado *Mi mundo adorado* donde, entre otros temas, destacó la importancia y el orgullo de ser latina en Estados Unidos.

Fuentes: https://www.hispaniccouncil.org/la-jueza-sonia-sotomayor-es-la-hispana-mas-influyente-en-eeuu-segun-el-instituto-de-latino-de-politica-publica/; https://portico.harker.org/index.php/2020/06/10/sonia-sotomayor-la-jueza-del-pueblo/.

COMPRENSIÓN

1. ¿Cuántos años tenía la jueza Sotomayor cuando fue nominada al Tribunal Supremo?
2. Antes de ser jueza, ¿qué trabajo tuvo?
3. Resume brevemente cuál fue el área específica de activismo en el que se involucró casi toda su vida.
4. ¿Cómo trata de continuar su servicio público hoy día?

REFLEXIÓN LINGÜÍSTICA: G–13

En el texto hay seis frases marcadas que dan información sobre Sonia Sotomayor. Expresa tus opiniones personales sobre esta información usando estas expresiones:

- Me parece _____ que ...

- Es _____ que ...

- Me sorprende que ...

- Me alegro de que ...

PENSAMIENTO CRÍTICO

1. Lean estas citas de Sonia Sotomayor y determinen cuál es el tema central de todas ellas.

http://www.puntos.encuentro.esp

"Llegué a aceptar durante mi primer año que muchas de las lagunas en mi conocimiento y comprensión eran simplemente límites relacionados con clase social y antecedentes culturales, no falta de aptitud o aplicación como temía".

"Creo que es importante que la gente vaya más allá de soñar con hacer cosas y las haga. Tienen que ser capaces de ver que tú eres como ellos y lo lograste".

"No tenía necesidad de pedir disculpas por el hecho de que la acción afirmativa que practicaban Princeton y Yale me había abierto las puertas. Ese era su propósito: crear las condiciones para que los estudiantes de las comunidades más desfavorecidas estuvieran en la línea de salida de una carrera que muchos ni siquiera sabían que estaba ocurriendo".

Fuente: https://www.brainyquote.com/authors/sonia-sotomayor-quotes.

2. Las medidas de acción afirmativa tienen el propósito de remediar situaciones de desventaja o exclusión de un grupo—por ejemplo, reparaciones históricas—para alcanzar la igualdad efectiva. Decidan qué grupos argumentarán a favor o en contra de la acción afirmativa en la universidad.

a. Revisen los argumentos y contesten a las preguntas de la tabla.

b. Añadan un argumento más.

c. Hagan un pequeño debate sobre este tema y usen el caso de Sonia Sotomayor.

En contra	¿Cómo? ¿Por qué?	Ejemplo
1. Discriminan al grupo destinatario.		
2. Perpetúan estereotipos y racismo.		
3. Violan el derecho a la igualdad del grupo no destinatario.		
4.		

A favor	¿Cómo? ¿Por qué?	Ejemplo
1. Garantizan una igualdad real y efectiva.		
2. Reparan una deuda histórica.		
3. Ayudan a minimizar prejuicios y discriminación.		
4.		

6-4

2. **Mira la entrevista del periodista Jorge Ramos con Sonia Sotomayor y responde a las preguntas.**

COMPRENSIÓN

1. Explica cuáles son los dos beneficios de la educación, según la jueza Sotomayor.

2. ¿En qué parte de su carrera le ayudó a Sonia Sotomayor el hecho de ser latina?

3. Sonia Sotomayor dijo que lo importante no es "cómo llegué a este momento, sino ... "

4. ¿Cuál es la importancia de sentir orgullo sobre tu origen?

PENSAMIENTO CRÍTICO

Sonia Sotomayor dijo que los latinos tienen que demostrar su valía más que otros por el hecho de ser latinos. ¿Ocurre esto con todas las minorías? Formulen dos argumentos para apoyar la opinión de la jueza y dos en contra.

	Argumentos
De acuerdo	1. _____ porque _____ . 2. _____ y por eso _____ .
En desacuerdo	1. _____ porque _____ . 2. _____ y por eso _____ .

6-5   EL VOTO Y EL PODER POLÍTICO DE LOS HISPANOS

Lee este artículo sobre la influencia del voto hispano en las elecciones de Estados Unidos. Después responde a las preguntas.

La población de origen latino constituye el 18,3% de la población y es la minoría étnica más grande de Estados Unidos, por lo que se le ha llamado 'el gigante dormido', en referencia a su poder político potencial. En las elecciones presidenciales de 2020 los hispanos elegibles para votar representaron el 13,3% de los votantes del país o unos 32 millones de personas.

Fig. 6-11. El voto hispano en EE. UU.

Es claro que el voto latino es más importante en unos estados que en otros: en Arizona y Florida, por ejemplo, fue determinante en las elecciones presidenciales de 2016 y 2020, pero esa tendencia está aumentando y es esperable que afecte a otros estados en el futuro, especialmente porque la población hispana con derecho a voto crece en mayor medida que el resto del país.

La participación de la comunidad latina ha sido históricamente baja, pero está aumentando: en las elecciones de 2016 solamente votó el 47% (13,5 millones) de los casi 28 millones de latinos que podían hacerlo. Esta cifra aumentó en 2020 cuando votaron 16,6 millones o el 53,7%.

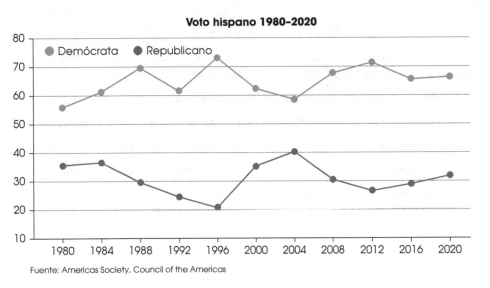

Fuente: Americas Society, Council of the Americas

Fig. 6-12. Partidos preferidos por los hispanos de EE. UU.

¿Qué significa el aumento en el porcentaje de votantes latinos? Si continúa el aumento de la participación y de votantes elegibles, es posible que los hispanos sean importantes y decisivos en la política de EE. UU. Los hispanos son cada vez más determinantes. Tal vez el voto latino no fuera el factor diferencial para la victoria de los demócratas en 2020, pero es bastante probable que el futuro político del país esté cada vez más marcado por el papel del voto hispano.

Fuente: https://www.hispaniccouncil.org/informes/.

COMPRENSIÓN

1. Explica cómo es la participación de los latinos en general en las elecciones de EE. UU. y cómo cambió entre 2016 y 2020 (usa la imagen 6-11).
2. Explica la orientación política de los latinos históricamente (usa la imagen 6-12).
3. ¿Por qué cree el autor que en el futuro el voto hispano será determinante en muchos más estados y, por lo tanto, en los resultados de las elecciones?

REFLEXIÓN LINGÜÍSTICA: G–14

1. En el texto hay cinco verbos marcados. Explica qué determina el modo (indicativo /subjuntivo) y el tiempo (presente / pasado) de estos verbos.

2. Considera o rechaza la posibilidad de que estas cosas ocurran:

   • Los votantes latinos decidirán las elecciones en más de diez estados en 2050.

   • El porcentaje de votantes latinos será similar al de no latinos en 2024.

   • Habrá más latinos que voten al Partido Republicano en el futuro.

   • Tendremos un presidente latino antes de 2050.

PENSAMIENTO CRÍTICO

6-5

1. Miren los datos del video sobre la distribución de los votantes latinos en EE. UU. Tomen notas sobre
   a. la distribución de la población latina votante en EE. UU.
   b. la diferencia entre los latinos y otros grupos étnicos del país en cuanto a su participación en el voto, y las causas de esta diferencia
2. Examinen el mapa de la página siguiente con los datos de crecimiento de votantes latinos en los estados. Si la tendencia continúa, ¿cómo podría aumentar la influencia del voto hispano y dónde? Extraigan tres posibles resultados.
3. Miren este video. Identifiquen y evalúen las estrategias de ambos partidos políticos para atraer el voto de la población latina.

6-6

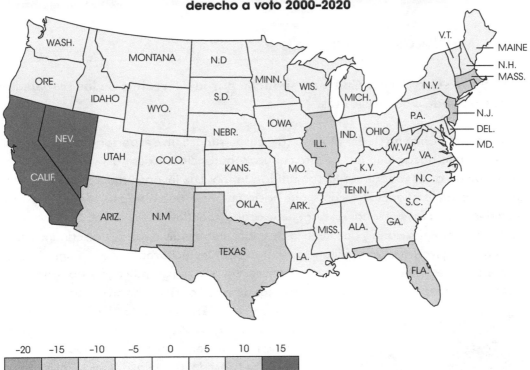

Mapa de crecimiento de la proporción de hispanos con derecho a voto 2000-2020

-20 -15 -10 -5 0 5 10 15

Fig. 6-13. Crecimiento de la proporción de hispanos con derecho al voto

4. Los latinos votan mayoritariamente por el Partido Demócrata, pero su voto no es monolítico y depende de muchos factores. Examinen estos y traten de determinar, para cada factor, cuál creen que es la tendencia de voto. Justifiquen sus respuestas.

	Tendencia de voto	¿Por qué?
1. Origen		
2. Tiempo de residencia en EE.UU.		
3. Lugar de nacimiento (EE. UU. o no)		
4. Condición social o económica		
5. Zona rural o urbana de EE. UU.		
6. Otro		

5. Trabajen en grupos y escriban el guión de un anuncio político en español para movilizar al electorado latino. El anuncio debe ser de un partido político específico.

PERSPECTIVA INTERCULTURAL

6-6   EL MOVIMIENTO CHICANO Y CÉSAR CHÁVEZ

Lee este texto sobre César Chávez y su lucha por los derechos de los trabajadores. Después responde a las preguntas.

El Movimiento Chicano (1965–1974)—o La Causa—supuso un despertar político, impulsado por el orgullo basado en la historia, cultura y herencia mexicanas, y realizó una gran contribución al despegue de la comunidad latina. Los jóvenes méxico-americanos se apropiaron de la etiqueta 'chicano', que hasta entonces había sido un término peyorativo para designar a las personas de origen mexicano, redefiniéndola con nociones de orgullo por la herencia mexicana y desafío a las instituciones e individuos que discriminaban a los mexicanos. Ejerciendo una militancia sin precedente, lucharon por el cambio social y el acceso al poder. El Movimiento tuvo un impacto cultural tan grande que en los años sesenta y setenta comenzaron a ofrecerse programas de estudios chicanos en varias universidades de California y Texas. El Movimiento Chicano tiene al menos tres niveles: la lucha juvenil en contra de la discriminación en las escuelas; el movimiento para obtener poder político, con la formación del partido de La Raza Unida; y el movimiento de los trabajadores agrícolas.

Fig. 6-14. César Chávez

A mediados del siglo pasado las condiciones laborales en los campos de California eran penosas. Los trabajadores, mayoritariamente de origen mexicano, no tenían descanso, estaban expuestos a los efectos nocivos de los pesticidas y no tenían seguro. Sus hijos, que acudían una media de dos o tres años a la escuela porque tenían que ayudar a sus padres en el campo, vivían condenados al mismo ciclo de pobreza. Muchos sentían que eran tratados sin dignidad ni respeto, viviendo permanentemente segregados. Con el liderazgo de César Chávez surgió la Asociación Nacional de Trabajadores Agrícolas, fundada después de largas huelgas laborales, marchas de protesta, boicots e incluso huelgas de hambre. Chávez fue un ejemplo de resistencia pacífica y persistencia, características que contribuyeron a que el sindicato lograra muchas victorias, como contratos con grandes empresas, mejora de las condiciones laborales, seguro de desempleo y cobertura médica en caso de accidente en el trabajo. La lucha de Chávez por los derechos laborales se extendió a los derechos civiles, convirtiendo a Chávez en un líder social.

COMPRENSIÓN

1. Explica cómo ha evolucionado la palabra 'chicano'.
2. ¿Qué tipo de tácticas usó Chávez para avanzar su causa?
3. ¿Qué tipo de movimiento fue el Movimiento Chicano? Justifica tu respuesta.

PENSAMIENTO CRÍTICO

6-7

1. Escuchen estos fragmentos de un discurso en el que César Chávez habló en contra de la Proposición 22 de California, que prohibiría las huelgas y también eliminaría el derecho al boicot.

   a. Estas son las ideas principales de su discurso. Pónganlas en orden de aparición en el discurso.

   b. Elijan uno de los temas y expliquen su relevancia hoy día.

Temas	Orden
Importancia de los trabajadores agrícolas	
Importancia del boicoteo	
Objetivo de la Proposición 22	
Leyes contra el movimiento de trabajadores agrícolas	
Impacto mundial del boicot	
¿Qué es la Proposición 22?	
La unión hace la fuerza: alianzas con otros grupos	

2. Lean estos eventos de la vida de César Chávez. Elijan dos cambios significativos que logró a través de su trabajo y dos estrategias que utilizó para materializar esos cambios.

1962	César Chávez creó la Asociación Nacional de Trabajadores Agrícolas (NFWA), más tarde conocida como el Sindicato de Campesinos (UFW).
1965–1966	El Comité Organizador de Trabajadores Agrícolas, una organización de trabajadores filipino-estadounidenses, comenzó el boicot a las uvas en Delano. La NFWA decidió unirse a la huelga. El boicot duró cinco años. En 1966 Chávez y docenas de huelguistas hicieron una marcha de 340 millas desde Delano hasta el Capitolio estatal en Sacramento para llamar la atención nacional sobre el tratamiento de los trabajadores agrícolas.
1968	Para concienciar a la opinión pública sobre la difícil situación de los trabajadores agrícolas y para reafirmar el compromiso del Movimiento Campesino a la no violencia, César llevó a cabo una huelga de hambre de 25 días en Delano, California. A medida que el boicot creció, más productores de uvas de California firmaron los contratos de UFW.
1972	César Chávez comenzó su segunda huelga de hambre, que duró 25 días, en Phoenix, Arizona, para protestar por una ley que prohibía el derecho de huelga o boicot para los trabajadores agrícolas.
1975	Entre 1973 y 1975, 17 millones de estadounidenses boicotearon las uvas. En 1975 se aprobó la Ley Agrícola de California, que garantizaba a los trabajadores el derecho a organizarse y a negociar con sus empleadores.

3. ¿Cuáles creen que fueron los mayores desafíos que enfrentó Chávez?
4. ¿Cómo demostró fortaleza de carácter a través de sus formas de expresión no violentas? ¿Qué hizo que sus métodos fueran efectivos?
5. Estos son algunos de los valores que Chávez encarnó a través de su vida y de su trabajo. Lean las citas del propio Chávez y asocien cada una de ellas con uno o más de estos valores.
   - La inclusión
   - La importancia del activismo
   - El pacifismo
   - La importancia de la educación
   - El sacrificio y la determinación

Citas	Valores
"Una vez que comienza el cambio social, no puede ser revertido. No se puede desalfabetizar a la persona que ha aprendido a leer. No se puede humillar a la persona que siente orgullo. No se puede oprimir a las personas que ya no tienen miedo".	
"La verdadera educación debe consistir en extraer la bondad y lo mejor de nuestros propios estudiantes. ¿Qué libros puede haber que sean mejores que el libro de la humanidad?".	
"Estoy convencido de que el acto de coraje más verdadero, el acto más fuerte de [humanidad] es sacrificarnos por otros en una lucha no violenta por la justicia".	
"La preservación de la cultura propia no requiere el desprecio o la falta de respeto a otras culturas".	
"Un ingrediente esencial para tener éxito con la organización de diversas fuerzas para lograr el cambio social, crear comunidad y hacer real la democracia es la aceptación de todas las personas: una necesidad absolutamente indispensable para el bienestar de este país".	
"La no violencia no es inacción. No es discusión. No es para el tímido o el débil ... Es trabajo duro. Es la voluntad de sacrificio. Es la paciencia para ganar".	

Fuente: https://www.brainyquote.com/search_results.html?q=cesar+chavez.

6. Piensen en otro movimiento social significativo y tres similitudes con el movimiento liderado por Chávez. Después piensen en otro líder de un movimiento social y hagan tres comparaciones de su vida y legado.

Movimiento Social	Líder
Comparación 1	Comparación 1
Comparación 2	Comparación 2
Comparación 3	Comparación 3

PERSPECTIVA ARTÍSTICA

6-7   LIN-MANUEL MIRANDA

1. **Lee este texto sobre Lin-Manuel Miranda y sus dos musicales de Broadway. Después responde a las preguntas.**

Lin-Manuel Miranda, neoyorquino de origen puertorriqueño, se graduó de la Universidad de Wesleyan en 2002. Mientras estudiaba en la universidad escribió el primer borrador de su musical *In the Heights*, además de escribir y dirigir otros musicales. El musical, con letra y música compuesta por Miranda, se estrenó en Broadway en 2008 y con él ganó un Premio Tony y un Premio Grammy. Trata de la vida de un grupo de latinos que vive en el vecindario de Washington Heights en Nueva York, los cuales, a pesar de proceder de culturas diferentes, tienen problemas similares dentro de su comunidad. Algunos de los personajes de la obra son Usnavi, el dueño de una pequeña bodega en Washington Heights, que sueña con regresar a la República Dominicana, lugar donde nació; la abuela Claudia, que se mudó de Cuba a Nueva York en 1943 con su madre y trabajó de sirvienta durante varios años pero nunca ganó dinero suficiente para regresar a Cuba; Nina Rosario, la primera de su familia en ir a la universidad y a quien todos en el barrio admiran por ser la primera que logró salir; o Carla, de ascendencia chilena, cubana, dominicana y puertorriqueña.

Para *Hamilton*, se inspiró en la biografía de Alexander Hamilton del historiador Ron Chernow. El musical, en el que predomina el hip-hop, ganó el Premio Pulitzer, un Premio Grammy y fue nominado a dieciséis Premios Tony, de los cuales ganó once, entre ellos el de Mejor Musical. También ganó el Premio Tony al mejor guión y a la mejor banda sonora original. El musical cuenta la vida de Alexander Hamilton y la forja de la identidad estadounidense, y está interpretado por actores negros y latinos. Esta <u>apropiación</u> es la clave del éxito de *Hamilton*, un musical que celebra el mestizaje y la multiculturalidad de EE. UU. Miranda plantea en *Hamilton* temas como la migración, los esclavos y las minorías.

Fig. 6-15. Lin-Manuel Miranda

COMPRENSIÓN

1. Identifica al menos cuatro características que tienen en común los dos musicales de Miranda.
2. Explica el significado de la palabra 'apropiación' (en el segundo párrafo) usando el contexto.

▶ 2. **Mira este video donde Lin-Manuel Miranda habla de su musical _Hamilton_ y las**
6-8 **influencias que tuvo, como hispano hijo de inmigrantes, para crearlo.**

COMPRENSIÓN

1. ¿Qué sabía Lin-Manuel sobre Alexander Hamilton antes de hacer el musical?
2. Di un aspecto de Alexander Hamilton que Lin-Manuel admira y cómo lo relaciona con la experiencia del inmigrante que llega a Estados Unidos.
3. ¿Por qué hizo Lin-Manuel el musical _In the Heights_? ¿Con qué propósito?

PENSAMIENTO CRÍTICO

1. Lean la estrofa de la canción _Paciencia y fe_ de _In the Heights_. Expliquen a qué experiencia vital específica alude esta estrofa y den ejemplos.
2. Lean la estrofa de la canción _Carnaval de barrio_ de _In the Heights_. Expliquen a qué experiencia vital específica alude esta estrofa y den ejemplos. ¿Cuál es el mensaje que quiere enviar Miranda?

Canción	Letra (fragmento)
Paciencia y fe: en esta canción, la abuela Claudia reflexiona sobre su niñez en Cuba, su migración a Estados Unidos en 1943 y su vida allá.	Mamá needs a job, Mamá says we're poor, one day you say, "Vamos a Nueva York ..." And Nueva York was far But Nueva York had work and so we came ...
Carnaval del barrio: los personajes cantan esta canción el día 4 de julio, la fiesta patriótica de Estados Unidos.	Uh ... My mom is Dominican-Cuban My dad is from Chile and P.R. which means: I'm Chile-Domini-Curican ... But I always say I'm from Queens!

Fuente: https://genius.com/Lin-manuel-miranda-in-the-heights-lyrics.

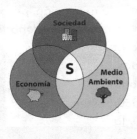

MIGRACIÓN Y DESARROLLO SOSTENIBLE

Lee este texto sobre la migración y su impacto en el desarrollo sostenible. Luego responde a las preguntas expresando tu opinión.

La desigualdad y la exclusión afectan de modo particular a migrantes y refugiados en los países de llegada, donde se ven desproporcionadamente afectados por la pobreza, la falta de empleo y de vivienda—y a veces otros recursos más básicos—y la discriminación. En América Latina, la rapidez de la migración y el elevado número de migrantes han creado retos para los países de tránsito y acogida para los cuales no estaban preparados. En los países receptores como EE. UU.—lugar de destino de la mayoría de los emigrantes de la región—la migración es un desafío, se ve como un problema y es un tema de política pública de enorme magnitud. Sin embargo, el derecho internacional considera que los migrantes deben ser protegidos por los estados, especialmente los que son indocumentados o están en situación irregular, debido a su situación de vulnerabilidad. En otras palabras, la protección de los derechos de los migrantes es independiente de su estatus legal. La detención, a menudo en condiciones inaceptables, y la devolución forzada de los migrantes a sus países de origen sin el debido proceso viola sus derechos y en muchos casos el derecho internacional.

http://www.puntos.encuentro.esp

El derecho internacional define las responsabilidades legales de los países en sus relaciones entre ellos y el trato a las personas dentro de sus fronteras. Entre sus áreas de competencia están los derechos humanos, los refugiados, las migraciones, el trato a los prisioneros, el uso de la fuerza o la conducta durante la guerra. También regula bienes comunes mundiales como el medio ambiente, el desarrollo sostenible, las aguas internacionales, las comunicaciones mundiales o el comercio internacional.

Organización de Naciones Unidas (ONU)

Varias de las metas de los ODS de la Agenda 2030 se relacionan con la migración, pero la principal se establece en el ODS 10, meta 10.7: *facilitar la migración y la movilidad ordenadas, seguras, regulares y responsables de las personas, incluyendo la aplicación de políticas migratorias planificadas y bien gestionadas.* Alcanzar los objetivos relacionados con la migración puede contribuir positivamente al logro de otros objetivos y metas de la Agenda 2030, incluidos los relacionados con la pobreza, la salud, la educación y la igualdad de género. La meta 10.7 se basa en objetivos delineados por la Organización Internacional para las Migraciones (OIM) que requieren "un esfuerzo de los Estados para elaborar políticas migratorias con base empírica que tengan en cuenta la seguridad y los derechos humanos de los migrantes según las normas internacionales; también es necesario un alto nivel de cooperación internacional".

En el año 2018, 164 países miembros de la ONU firmaron el Pacto Mundial para la Migración, un acuerdo no vinculante para (a) minimizar los factores que obligan a las personas a abandonar sus países, (b) mejorar la gestión de la migración, (c) garantizar el respeto a los derechos humanos de los migrantes y (d) enfatizar el vínculo entre la migración y el desarrollo sostenible, es decir, que la migración crea oportunidades para mejorar las condiciones económicas y sociales de los países de origen y de destino.

1. ¿Qué tipos de desigualdad sufre la mayoría de los migrantes?
2. Según el derecho internacional, ¿por qué los países que reciben migrantes deben proteger sus derechos sin tener en cuenta su situación legal?
3. Según el derecho internacional ¿pueden los países enviar a los migrantes que entraron de forma irregular a sus países de origen?
4. La meta 10.7 busca que los países faciliten un tipo de migración ordenada, segura, regular y responsable. ¿Qué crees que significa cada una de estas características?
5. El Pacto Mundial para la Migración se centra en cuatro objetivos generales.
   a. Decide qué países deben trabajar en cada objetivo: los de origen o los de llegada de los migrantes y
   b. da un ejemplo de cómo pueden hacerlo.

ÁREAS	Países de origen	Países de destino
a		
b		
c		
d		

Fuente: https://publications.iom.int/es.

VIDEO

Los Invisibles, documental

Antes de ver el video miren los datos de los gráficos sobre la migración de personas centroamericanas a Estados Unidos. Usen unos minutos para comentar los datos y compartir otros que ustedes sepan.

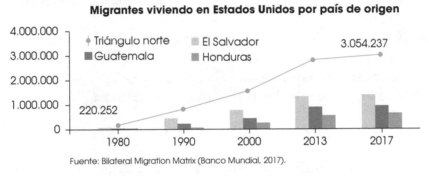

Fuente: Bilateral Migration Matrix (Banco Mundial, 2017).

Fig. 6-16. Migrantes del Triángulo Norte en EE. UU. por país de origen

Datos: Banco Interamericano de Desarrollo (2018).

Fig. 6-17. Migrantes de Guatemala, El Salvador y Honduras. Razones para emigrar

6-9 Parte 1: *Seaworld*. Filmado en un albergue para migrantes en el sur de México. El actor mexicano Gael García Bernal habla con algunos emigrantes centroamericanos.

COMPRENSIÓN

1. ¿A qué tipos de violencia se exponen los migrantes en su camino por México hacia Estados Unidos? Da dos ejemplos.
2. ¿Qué significa el título del documental?
3. ¿De qué se acusa al gobierno de México?
4. ¿Cómo podría el gobierno de México ayudar a estas personas, según uno de los migrantes?
5. ¿Qué son los albergues y quién los financia?

6-10 Parte 3: *Lo que queda*. En El Salvador, una madre habla de su desesperación porque no sabe dónde está su hijo, que salió hace diez años con destino a EE. UU.

COMPRENSIÓN

1. En la primera mitad del documental se habla de dos migrantes:
   a. uno asesinado y uno desaparecido.
   b. los dos desaparecidos.
   c. ambos fueron asesinados.
2. ¿Qué ocurre cuando encuentran a un migrante muerto y no pueden repatriarlo?
3. ¿Qué necesita hacer el Estado mexicano para dar visibilidad a estas víctimas?

CONECTORES: CAUSAS Y CONSECUENCIAS

| **Causa**: introducir ideas que representan causas o premisas de algo | • **Como** _____, _____ (*since*)
• **A causa de** _____, _____ (*due to*)
• _____ **a causa de** _____
• **Debido a** _____, _____ (*due to*)
• _____ **debido a** _____
• **Dado que** _____, _____ (*given that*)
• _____ **dado que** _____
• **Ya que** _____, _____ (*since*)
• _____ **ya que** _____ |
| **Consecuencia**: introducir consecuencias o efectos | • _____, **así que** _____ (*so*)
• _____; **entonces** _____ (*therefore, then*)
• _____**de manera/modo que,** _____ (*so*)
• _____; **por eso** _____ (*because of that*)
• _____; **por lo tanto** _____ (*therefore, thus*) |

PRÁCTICA

Escribe dos maneras de relacionar estas ideas: una que incida en la causa y otra en la consecuencia. Cambia el orden de las palabras en la frase si es necesario.

1. El viaje a EE. UU. tiene muchos peligros.

   Los albergues acogen a los migrantes y les dan comida e información.

2. Los voluntarios mexicanos quieren ayudar a los migrantes.

   Los migrantes hacen su viaje en condiciones terribles.

3. Muchos migrantes son considerados desaparecidos.

   No hay registros oficiales sobre las muertes de los migrantes.

ANÁLISIS

1. El documental presenta la situación de extrema vulnerabilidad que viven los migrantes centroamericanos en su paso por México camino a EE. UU. ¿Cuál es la responsabilidad del Estado mexicano según el derecho internacional?
2. Estos son cinco de los objetivos del Pacto Mundial para la Migración.
   a. ¿Qué aspectos del proceso migratorio que hemos visto en los videos están representados en esta lista?
   b. Elaboren una recomendación en cada caso: qué debe hacer cada país y para qué?

	SÍ/NO	... tiene que ___ para (que) ____
1. Reducir los peligros de la migración, incluyendo los grupos más vulnerables como los niños		
2. Aumentar la disponibilidad y flexibilidad de las vías de migración regular		
3. Salvar vidas y emprender iniciativas internacionales coordinadas sobre los migrantes desaparecidos		
4. Reforzar la respuesta transnacional al tráfico ilícito de migrantes		
5. Mejorar la protección, asistencia y cooperación de los consulados a lo largo de todo el ciclo migratorio		

3. La Organización Internacional para las Migraciones (OIM) definió un marco para ayudar a los países a desarrollar y evaluar su gestión de la migración basándose en la meta 10.7. Estas son áreas en las que cada Estado debería tener políticas específicas. ¿En qué áreas un país receptor de migrantes (por ejemplo EE. UU.) tendría una evaluación más positiva o menos positiva?

Fuente: https://migrationdataportal.org/es/overviews/mgi#0.

---

http://www.puntos.encuentro.esp

---

1. **Derechos de los migrantes**

   Acceso a servicios sociales básicos como salud, educación y seguridad social. Derechos a la reunificación familiar, al trabajo, a la residencia y la ciudadanía. Ratificación de los principales convenios internacionales.

2. **Cooperación**

   Esfuerzos para cooperar con otros estados y con otros actores no gubernamentales, incluidas las organizaciones de la sociedad civil y el sector privado.

3. **Bienestar de los migrantes**

   Políticas para la gestión del bienestar socioeconómico de los migrantes (reconocimiento de sus cualificaciones educativas y profesionales, inversión en el desarrollo de aptitudes, acuerdos laborales bilaterales entre países). Lograr la plena inclusión social; luchar contra la discriminación; promover un discurso público para modificar las percepciones de la migración.

4. **Dimensiones de movilidad de las crisis**

   Preparación para afrontar las dimensiones de movilidad de crisis vinculadas con desastres, el medio ambiente o conflictos. Procesos existentes para ciudadanos y migrantes durante y después de desastres o pandemias, como la ayuda humanitaria.

5. **Migración segura, ordenada y digna**

   Gestión de la migración en cuanto al control de fronteras; criterios de admisión de migrantes; preparación en caso de flujos migratorios inesperados; lucha contra la trata de personas y el tráfico ilegal de migrantes. Esfuerzos e incentivos para reintegrar, de manera segura y digna, a los migrantes que regresan.

---

4. Los datos de la OIM muestran que, de un total de 111 países que evaluaron su gestión hacia la consecución de la meta 10.7., solamente el 54% tiene un conjunto integral de políticas que casi completa o completamente alcanza el objetivo 10.7.

   a. Examinen el gráfico para averiguar el porcentaje de estos países que reportó cumplir con los criterios en cada una de estas áreas.

   b. Comprueben si coincide o no con sus predicciones anteriores. Si no coincide, formulen hipótesis sobre las razones posibles.

Fuente: https://unstats.un.org/sdgs/report/2020/The-Sustainable-Development-Goals-Report-2020_Spanish.pdf.

Fuente: UN DESA and International Organization for Migration (2019)

Fig. 6-18. Porcentaje de países que tienen políticas establecidas por dimensión (2019)

CASO

6-11

1. Este video presenta un caso ocurrido en Ceuta, España, a donde llegaron unos 8.000 migrantes desde Marruecos en dos días. Antes de ver el video vayan a la página del Portal de Datos de Migración y extraigan cinco datos que necesitamos saber sobre la migración a España. Compartan los datos con la clase.

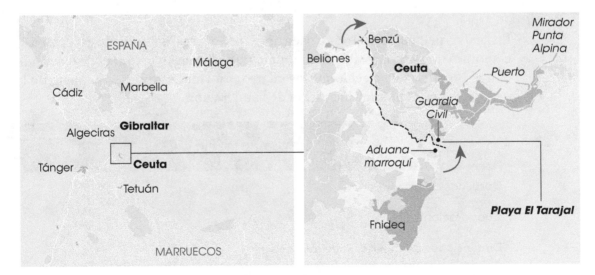

Fig. 6-19. Ceuta: frontera con Marruecos

2. Evalúen de 1 (mal) a 10 (excelente) estos cuatro aspectos de la gestión migratoria de España en casos de llegadas masivas de migrantes. ¿Qué aspectos específicos en cada categoría les llevaron a decidir esta puntuación? Den un ejemplo del video.

	1–10	Aspectos específicos
Derechos de los migrantes		
Cooperación		
Dimensiones de movilidad de las crisis		
Migración segura, ordenada y digna		

3. Plan de acción. Elaboren una propuesta con cuatro reformas prioritarias en la gestión migratoria para que España pueda enfrentar una situación similar en el futuro. Primero, identifiquen todas las partes implicadas en este caso y cuál fue su posición ante este problema específico.

Partes implicadas	Posición
migrantes marroquíes y subsaharianos	

En grupos pequeños o parejas, cada uno/a se encargará de una de estas áreas y elaborará una propuesta de dos puntos. Después hagan un panel de discusión con el objetivo de seleccionar las cuatro prioridades que serán parte de la propuesta para mejorar la gestión de la migración.

	Para gestionar de manera apropiada las situaciones de llegada masiva de migrantes ...
Derechos de los migrantes	
Cooperación	
Dimensiones de movilidad de las crisis	
Migración segura, ordenada y digna	

DEBATE

EL MURO DE LA FRONTERA ENTRE MÉXICO Y ESTADOS UNIDOS

OBJETIVOS

1. Demostrar conocimiento y comprensión de
   a. el fenómeno de la migración de Centroamérica a Estados Unidos
   b. la frontera física entre México y Estados Unidos
   c. los derechos de los migrantes indocumentados
2. Analizar críticamente las distintas posiciones sobre este tema de debate
3. Justificar y apoyar estas posiciones mediante argumentos y contraargumentos

¿QUÉ NECESITAS SABER?

Sobre la migración no autorizada a Estados Unidos

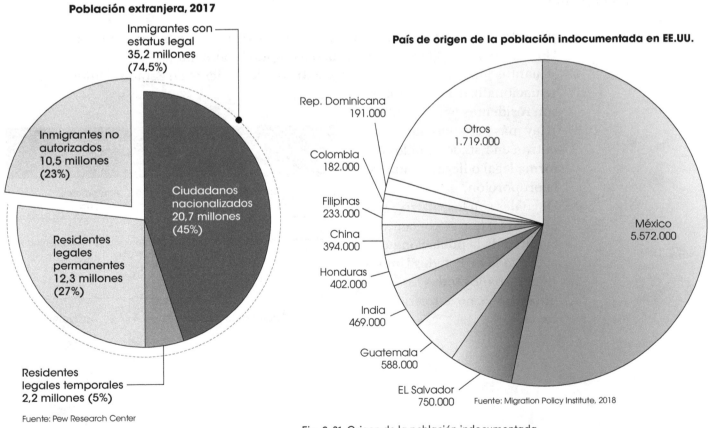

Población extranjera, 2017

Inmigrantes con estatus legal
35,2 millones (74,5%)

Inmigrantes no autorizados
10,5 millones (23%)

Ciudadanos nacionalizados
20,7 millones (45%)

Residentes legales permanentes
12,3 millones (27%)

Residentes legales temporales
2,2 millones (5%)

Fuente: Pew Research Center

Fig. 6-20. Población extranjera en EE. UU.

País de origen de la población indocumentada en EE.UU.

Rep. Dominicana 191.000
Colombia 182.000
Filipinas 233.000
China 394.000
Honduras 402.000
India 469.000
Guatemala 588.000
EL Salvador 750.000
Otros 1.719.000
México 5.572.000

Fuente: Migration Policy Institute, 2018

Fig. 6-21. Origen de la población indocumentada

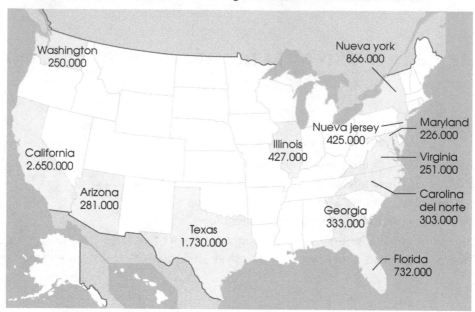

Estado de residencia de los inmigrantes indocumentados en EE. UU.

Fig. 6-22. Estados con más inmigrantes indocumentados

Usa la información de los tres gráficos anteriores y de la tabla para responder a las preguntas.

1. ¿Cuántos millones de personas nacidas en el extranjero había en Estados Unidos en 2019? ¿Qué porcentaje había llegado legalmente?
2. ¿Cuántos millones de personas que entraron legalmente en Estados Unidos se nacionalizaron? ¿Cuántos son residentes permanentes?
3. ¿Hay más personas que entran en Estados Unidos de forma legal o ilegal? ¿Cuál es la proporción?
4. Di cuáles son los cuatro estados en que se concentra la mitad de la población no autorizada de Estados Unidos.
5. ¿Son hispanos todos los inmigrantes no autorizados? Explica.

POBLACIÓN HISPANA DE ESTADOS UNIDOS 18,5% (60,6 millones)			
Ciudadanos: 80%		Inmigrantes: 20%	
Nacidos en EE. UU.: 67%	Nacionalizados: 13%	Residentes y otros con estatus legal: 11%	Indocumentados: 9%

Fig. 6-23. Estatus de la población hispana en EE. UU. (2019)

6. Basándote en los datos que has examinado, ¿cuáles son tres concepciones erróneas que existen en Estados Unidos respecto a la población indocumentada?
   a. Mucha gente cree que ... ; sin embargo ...
   b. Algunas personas piensan que ... pero la realidad es que ...
   c. Aunque es verdad que ... , lo cierto es que ...

Sobre la importancia en Estados Unidos de los migrantes no autorizados

Según un informe del Center for American Progress, siete millones de inmigrantes indocumentados trabajan en EE. UU. y, de estos, cinco millones son trabajadores esenciales. Los trabajadores indocumentados pagan $79.700 millones en impuestos federales y $41.000 millones en estatales; pagan $20.600 millones en hipotecas y $49.100 millones en alquileres anualmente. Sus empleadores contribuyen $17.000 millones al Seguro Social y $4.000 millones a Medicare, servicios a los que no tienen derecho.

Sector	Número	% del sector
Construcción	1.400.000	16%
Hospedaje y servicios de comidas	1.000.000	8,4%
Administración y servicios públicos, sanitación	710.000	10%
Servicios de salud (enfermeras, técnicos de laboratorio ...)	236.000	N/A

Sector	% de trabajadores indocumentados por sector laboral en EE. UU.
Agricultura, pesca, servicios forestales	25%
Construcción y extracción	16%
Limpieza y mantenimiento	15%
Preparación y servicio de comidas	7%
Transportes	6%
Pintura	30%

7. ¿En qué tres sectores laborales hay una mayor presencia de migrantes no documentados?
8. ¿Pagan impuestos los migrantes indocumentados que trabajan de manera formal en Estados Unidos? ¿Tienen acceso a los mismos beneficios que el resto de los trabajadores?
9. ¿Cuáles son los dos sectores que dependen más del trabajo de migrantes no documentados?

Fuente: https://www.americanprogress.org/press/release/2020/12/02/493404/release-millions-undocumented-immigrants-essential-americas-recovery-new-report-shows/.

Sobre la historia de la valla que separa México y Estados Unidos

Casi una tercera parte de los 3.200 kilómetros de la frontera entre México y Estados Unidos está cubierta por algún tipo de muro o valla de seguridad desde hace décadas. Con la llegada de Bill Clinton al poder en 1993, bajo el programa de lucha contra la inmigración ilegal conocido como Operación Guardián, los demócratas levantaron la valla que actualmente tiene varios kilómetros de extensión en la frontera Tijuana-San Diego (California) e incluye iluminación de alta intensidad, detectores de movimiento, sensores electrónicos y equipos de visión nocturna conectados a la policía fronteriza estadounidense, además de vigilancia permanente. Desde la playa de Tijuana se extiende hacia el Este atravesando ciudades como Tecate o Mexicali. Luego sube y baja por los montes de California, Arizona y Nuevo México. En total, hay vallas o barreras de separación en 1050 kilómetros de frontera. En otro tercio de la frontera hay un muro virtual, vigilado por cámaras, sensores térmicos y más de 20.000 agentes fronterizos. En otras partes de la frontera el muro es natural: son los ríos y desiertos de Sonora y Chihuahua, donde las temperaturas llegan a los 50 grados. Intentando cruzar por esta zona han muerto miles de migrantes en los últimos 20 años. En total, entre 2011 y 2016 se detuvo a más de 2 millones de personas tratando de cruzar la frontera. La mitad de los migrantes no autorizados en EE. UU. no entró en el país a través de esta frontera, sino que lo hizo de forma legal.

Fuente: http://internacional.elpais.com/internacional/2017/01/25/mexico/1485378993_672715.html http://www.bbc.com/mundo/noticias-internacional-54022541.

Valla fronteriza entre EE.UU. y México

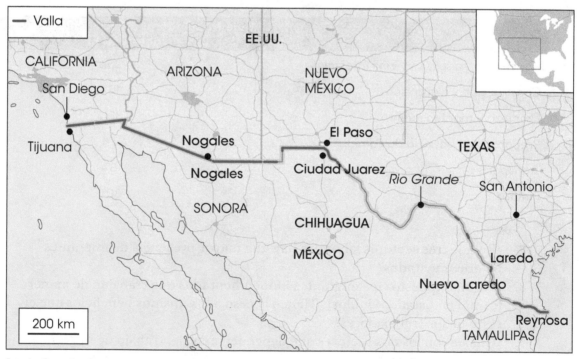

Fuente: Openstreetmap.org

Fig. 6-24. La valla entre México y Estados Unidos

Una ley ejecutiva firmada por el presidente Trump en 2017 autorizó la contrucción de 1.600 kilómetros adicionales, que costarían unos 25.000 millones de dólares. En 2019 el presidente Trump firmó una declaración de estado de emergencia nacional en la frontera, con la cual obtuvo financiación de los Departamentos de Seguridad Nacional, Defensa y Tesoro. En total, con los fondos aprobados por el Congreso, la suma recaudada para este proyecto fue de $15.000 millones. Sin embargo, y aunque a finales de 2020 se habían construido aproximadamente 500 kilómetros de barreras con balizas de acero, 450 de estos kilómetros fueron reparaciones y sustituciones de la valla original.

10. Explica qué fue la 'Operación Guardián' y su relación con el muro fronterizo.
11. Explica cómo es la situación en las áreas donde no existe una valla física.
12. ¿Es la frontera México-EE. UU. la principal vía de acceso de la inmigración no autorizada? Explica.
13. En total, ¿cuántos kilómetros nuevos de la valla fueron construidos entre 2017 y 2020?

Sobre el impacto de la valla en ambos países

En el documental de BBC *La vida a la sombra de un muro* el periodista Juan Paullier recorre la frontera entre México y Estados Unidos para conocer cuál es el impacto de la valla hoy y cuál podría ser en el futuro. Su viaje, de Este a Oeste, está dividido en seis partes. Mira la parte o partes asignadas del video y completa la tabla con los aspectos o dimensiones sobre la migración que ofrece cada parte del viaje.

6-12

	Valla: sí/no	Aspectos del debate presentados en esta parte
Reynosa (Tamaulipas, México)		• La actividad de los narcotraficantes • _____ • _____
Texas, al otro lado de Tamaulipas (Falfurrias, Parque Nacional Big Bend)		• _____ • _____ • _____
Nuevo Laredo (Tamaulipas, México)		• _____ • _____ • _____
El Paso (EE. UU.) y Ciudad Juárez (México)		• _____ • _____ • _____
Nogales (EE. UU.) y Nogales (Sonora, México)		• _____ • _____ • _____
Tijuana (México) y San Diego (EE. UU.)		• _____ • _____ • _____

APLICACIÓN

1. En grupos, según la parte asignada del documental, identifiquen a dos de las partes implicadas que aparecieron en ella. Resuman brevemente cuál fue su opinión/posición sobre el asunto y cómo la justificaron.
2. Lean esta información. ¿Constituye la valla una violación de derechos humanos? Trabajando en grupos de cuatro, dos de ustedes tomarán una posición a favor y dos en contra. Elaboren un argumento para defenderla.

http://www.puntos.encuentro.esp

Los derechos humanos de los inmigrantes indocumentados han sido articulados en varios instrumentos y tratados internacionales. La no discriminación, junto con la igualdad ante la ley, constituyen principios básicos de la protección de los derechos humanos. La Declaración Universal de los Derechos Humanos confirma que estos se aplican a todas las personas "sin distinción de ningún tipo, tales como raza, color, sexo, idioma, religión, opinión política u otra, origen social o nacional, propiedad, nacimiento u otro estatus". El Artículo 13(2) de la Declaración Universal de los Derechos Humanos dice que "Toda persona tiene derecho a salir de cualquier país, incluso del propio, y a regresar a su país".

La Convención de la ONU sobre los Derechos de los Migrantes (2003) se basa en la noción fundamental de que todos los migrantes deben tener acceso a un grado mínimo de protección. La Convención reconoce que los migrantes legales se benefician de la legitimidad para reclamar más derechos que los migrantes indocumentados, pero enfatiza que a estos últimos, tal y como a cualquier ser humano, se les debe respetar sus derechos humanos fundamentales.

Fuente: http://www.un.org/es/universal-declaration-human-rights/.

LA CONCESIÓN Y EL CUESTIONAMIENTO DE IDEAS

Hay varias maneras de expresar una concesión parcial (contemplar la posibilidad de que los argumentos de otro sean válidos, para luego rebatirlos):

- Es posible que ... (pero / sin embargo) ...
- Es verdad / cierto que ... (pero / sin embargo) ...
- Tal vez / puede ser que ... (pero ...)
- Quizá tengas razón, pero ...

Cuando ponemos en duda o cuestionamos el argumento del interlocutor lo expresamos de este modo:

- (Yo) dudo (mucho) que ... porque ...
- (A mí) me parece difícil / dudoso que ...
- No estoy seguro de que ...
- Comprendo lo que dices, pero/sin embargo ...
- Entiendo/comprendo tu punto de vista, pero/sin embargo ...

ANÁLISIS

1. Identifiquen de qué lado del debate están estas opiniones y sugieran qué tipo de persona las diría (quién sería la parte interesada). Después elaboren dos tipos de contraargumentos para refutarlas:
   a. expresando concesión parcial
   b. cuestionando la validez del argumento

1	"En los últimos años, al menos 6.500 cuerpos han sido recuperados y otros 1.500 más fueron enterrados sin identificar en EE. UU. Eso sin contar los cuerpos no recuperados. Si se continúa la construcción de la valla habrá más riesgo para los migrantes que intenten cruzar porque buscarán pasos más remotos y arriesgados. La emigración no disminuirá, pero aumentarán los muertos. Esto ya ocurrió con la construcción del muro existente".
2	"La gente que viene a este país necesita entrar bajo ciertas regulaciones y leyes. Por eso creo que, en esencia, un muro limitaría el flujo de personas que entran ilegalmente. Las tragedias— morir en el desierto y ser explotado por "coyotes"—también disminuirían. Creo que a la gente le llegará el mensaje de que con este muro será mucho más difícil cruzar la frontera. Y sí creo que mucha más gente dejará de intentarlo y mucha menos gente morirá tratando de llegar a la frontera".
3	"Cada día cruzan la frontera 300.000 vehículos, un millón de personas que trabajan, estudian, comercian o visitan el otro lado, y 15.000 camiones de transporte. El intercambio comercial en la frontera es de 1.000 millones de dólares diarios. Excepto por San Diego, el resto de las ciudades fronterizas dependen de la economía de sus vecinos del sur. El muro alterará la convivencia de una región muy interdependiente".
4	"Toda nación–estado tiene derecho a su autodeterminación económica. Tenemos todo el derecho de aislarnos económicamente de naciones con economías fallidas y fuerza de trabajo oportunista. El muro de Trump pondrá a nuestros propios contribuyentes por delante. Podría ser suficiente para mejorar nuestra economía".
5	"El muro supondrá un grave ataque a la vida ecológica y a los parques naturales que atraviesan la frontera. Hay cuencas que están divididas por la frontera y, si se interrumpen, habrá un impacto en el terreno natural, y la vida de decenas de especies estará en peligro. La migración de especies es necesaria y el muro simplemente les va a cortar el acceso".
6	"Lamento y repruebo la decisión de EE. UU. de continuar la construcción de un muro que, desde hace años, lejos de unirnos nos divide. México no pagará ningún muro".
7	"Estados Unidos ha sido durante años el principal proveedor de armas ilegales en México. La nueva seguridad del muro pondría un freno a la entrada de armas y permitiría disminuir los delitos violentos y homicidios. La llegada del nuevo muro fronterizo debilitará el comercio de los grupos narcotraficantes y dificultará el traslado de sus productos; con el tiempo el crimen organizado buscaría nuevas salidas, e incluso otros lugares donde operar, fuera de México".

Fuentes: http://www.paginasiete.bo/gente/2017/1/26/como-puede-eeuu-hacer-mexico-pague-muro-125010.html; https://vanguardia.com.mx/noticias/internacional/si-al-muro-de-trump-las-razones-de-los-que-apoyan-esta-idea-DPVG3252320; http://www.wealthauthority.com/articles/how-trumps-wall-would-benefit-the-economy/; http://www.eldiario.net/noticias/2017/2017_01/nt170127/politica.php?n=74.

2. Lean esta noticia de julio de 2021. Elaboren dos argumentos—uno a favor de la valla y otro en contra—usando esta información.

Estados Unidos supera en nueve meses el millón de detenciones en la frontera

---

Estados Unidos realizó 1,2 millones de arrestos de inmigrantes indocumentados desde octubre de 2020. Faltan tres meses para completar el año pero ya se ha superado el millón de arrestos. Solamente en junio de 2021 más de 188.000 personas fueron detenidas. De estas, 76.751 eran personas de Honduras, Guatemala y El Salvador, migrantes que huyen de la pobreza, la violencia y el cambio climático.

Fuente: https://elpais.com/internacional/2021-07-16/estados-unidos-supera-en-nueve-meses-el-millon-de-detenciones-en-la-frontera.html.

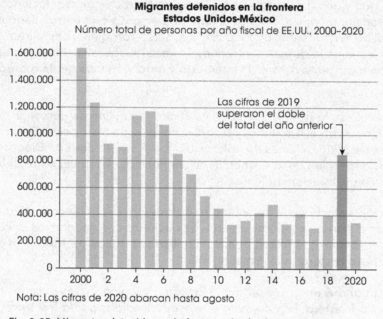

Migrantes detenidos en la frontera Estados Unidos-México
Número total de personas por año fiscal de EE.UU., 2000–2020

Las cifras de 2019 superaron el doble del total del año anterior

Nota: Las cifras de 2020 abarcan hasta agosto

Fig. 6-25. Migrantes detenidos en la frontera desde el año 2000

EVALUACIÓN

Identifiquen los dos lados principales del debate y formulen los argumentos para cada uno. Decidan qué personas van a estar en cada uno de los dos lados y por qué.

	¿Quién(es)?	Argumentos
LADO A		1. 2. 3.
LADO B		1. 2. 3.

FIGURE CREDITS

Fig. 6-1: Fuente: https://www.census.gov/library/visualizations/2018/comm/hispanic-projected-pop. html.

Fig. 6-2: Fuente: https://www.census.gov/library/visualizations/2018/comm/hispanic-projected-pop. html.

Fig. 6-3: Adaptado de: https://www.pewresearch.org/fact-tank/2020/07/07/u-s-hispanic-population-surpassed-60-million-in-2019-but-growth-has-slowed/ft_2020-07-07_hispanicpopulation_ 02/.

Fig. 6-4: Fuente: https://www.census.gov/acs/www/about/why-we-ask-each-question/ethnicity/.

Fig. 6-5: Fuente: https://www.pewresearch.org/fact-tank/2020/07/07/u-s-hispanic-population-surpassed-60-million-in-2019-but-growth-has-slowed/.

Fig. 6-6: Fuente: https://catalog.archives.gov/id/513803.

Fig. 6-7: Copyright © by Gage Skidmore (CC BY-SA 2.0) at https://en.wikipedia.org/wiki/File:Dolores_ Huerta_(25854563002).jpg.

Fig. 6-8: Fuente: https://en.wikipedia.org/wiki/File:C%C3%A9sar_Ch%C3%A1vez,_1972_(cropped).jpg.

Fig. 6-9: Copyright © by Run for Something (CC BY 3.0) at https://en.wikipedia.org/wiki/File:Cristina_ Jim%C3%A9nez_Moreta_in_%22National_Run_for_Office_Day_2018%22_video_(1).png.

Fig. 6-10: Fuente: https://en.wikipedia.org/wiki/File:Sonia_Sotomayor_in_SCOTUS_robe.jpg.

Fig. 6-11: Fuente: https://www.pewresearch.org/hispanic/2016/01/19/looking-forward-to-2016-the-changing-latino-electorate/.

Fig. 6-12: Fuente: https://www.hispaniccouncil.org/wp-content/uploads/THC-Voto-hispano-Final. pdf.

Fig. 6-13: Copyright © 2020 by Hispanic Council. Reprinted with permission.

Fig. 6-14: Fuente: https://commons.wikimedia.org/wiki/File:Cesar_Chavez_Day.jpg.

Fig. 6-15: Copyright © by Steve Jurvetson (CC BY 2.0) at https://commons.wikimedia.org/wiki/File:Lin-Manuel_Miranda_in_Hamilton.jpg.

IMG 6-2: Fuente: https://en.wikipedia.org/wiki/File:Sustainable_Development_Goal_10.png.

Fig. 6-16: Fuente: https://publications.iadb.org/publications/spanish/document/Tras_los_pasos_del_ migrante_Perspectivas_y_experiencias_de_la_migraci%C3%B3n_de_El_Salvador_Guatemala_y_ Honduras_en_Estados_Unidos.pdf.

Fig. 6-17: Fuente: https://publications.iadb.org/publications/spanish/document/Tras_los_pasos_del_ migrante_Perspectivas_y_experiencias_de_la_migraci%C3%B3n_de_El_Salvador_Guatemala_y_ Honduras_en_Estados_Unidos.pdf.

Fig. 6-18: Adaptado de: https://www.un.org/en/development/desa/population/publications/pdf/ technical/Policy%20Brief_10.7.2.pdf.

Fig. 6-19: Adaptado de: https://www.elperiodico.com/es/politica/20210519/ceuta-frontera-crisis-migracion-asalto-espana-marruecos-frente-polisario-11739858.

Fig. 6-20: Fuente: https://www.pewresearch.org/fact-tank/2020/08/20/ key-findings-about-u-s-immigrants/.

Fig. 6-21: Adaptado de: https://www.migrationpolicy.org/sites/default/files/publications/mpi-unauthorized-immigrants-stablenumbers-changingorigins_final.pdf.

Fig. 6-22: Adaptado de: https://www.migrationpolicy.org/programs/ us-immigration-policy-program-data-hub/unauthorized-immigrant-population-profiles.

Fig. 6-23: Adaptado de: https://www.pewresearch.org/fact-tank/2019/09/16/
key-facts-about-u-s-hispanics/.

Fig. 6-24: Copyright © 2019 by BBC. Reprinted with permission.

Fig. 6-25: Fuente: https://www.bbc.com/mundo/noticias-internacional-54022541.

El mapa político de los países hispanohablantes

OBJETIVOS DE APRENDIZAJE

1. Comprender, analizar y evaluar
   a. el mapa ideológico y las principales tendencias políticas de los países hispanohablantes
   b. el sistema político y territorial de España
   c. los modelos políticos de Bolivia y Uruguay
2. La influencia pasada y presente de Estados Unidos en América Latina
3. Analizar el poema *El Sur también existe* del poeta uruguayo Mario Benedetti
4. Analizar el ODS 16: la necesidad de gobiernos e instituciones sólidas para el desarrollo sostenible
5. Evaluar críticamente las medidas de acción afirmativa y las leyes de cuotas en el sistema político de los países hispanohablantes

	Temas	Lengua
Aproximación	7-1. El mapa político e ideológico	
Perspectiva Lingüística	7-2. Tendencias políticas en América Latina 7-3. El sistema político y territorial de España 7-4. El Socialismo del siglo XXI: Bolivia 7-5. El "milagro" democrático de Uruguay	G-15. Los verbos reflexivos G-16. El uso del subjuntivo para expresar la voluntad o ejercer influencia G-10. El uso de la voz pasiva
Perspectiva Intercultural	7-6. Las relaciones entre EE. UU. y América Latina	
Perspectiva Artística	7-7. Mario Benedetti: "El Sur también existe"	
	El Objetivo de Desarrollo Sostenible 16 Gobiernos e instituciones sólidas para el desarrollo sostenible	Los conectores para objetar y refutar argumentos
Debate	Las leyes de cuotas y participación política	La referencia a aspectos específicos de un tema o asunto

APROXIMACIÓN

7-1 EL MAPA POLÍTICO E IDEOLÓGICO

1. **Lee este texto y examina el mapa político. Después, para cada categoría, escribe una frase que ayude a comprender las tendencias políticas de los países hispanohablantes.**

   1. Ideologías predominantes
   2. Duración de los mandatos
   3. Posibilidad de continuidad
   4. Número de mujeres en la presidencia
   5. Tendencias políticas específicas de cada región
   6. Presidentes que llevan más tiempo en el cargo

De los 19 países hispanohablantes, todos excepto Cuba tienen la democracia como régimen político. De los 18 países con democracias, en todos excepto España—que es una monarquía constitucional—la forma de gobierno es la república presidencial. La mayoría de los países tienen periodos presidenciales de 4 años. En Perú, Cuba, El Salvador, Nicaragua y Bolivia el periodo es de cinco años, y en México y Venezuela es de seis. La reelección está permitida en 14 países, pero en Chile, Costa Rica, Panamá, Perú y Uruguay no puede ser inmediata. Cuatro países la prohíben: Colombia, México, Guatemala y Paraguay. Finalmente, Cuba, Nicaragua, Venezuela, Honduras y El Salvador permiten la reelección indefinida.

MAPA POLÍTICO

México
Andrés M. López Obrador (2018)

Honduras
Juan Orlando Hernández (2014)

Cuba
Miguel Díaz Canel (2019)

Guatemala
Alejandro Giammatei (2020)

Rep. Dominicana
Luis Abinader (2020)

El Salvador
Nayib Bukele (2019)

Nicaragua
Daniel Ortega (2007)

España
Pedro Sánchez (2018)

Costa Rica
Carlos Alvarado (2018)

Panamá
Laurentino Cortizo (2019)

Venezuela
Nicolás Maduro (2013)

Colombia
Iván Duque Márquez (2018)

Brasil

Ecuador
Guillermo Lasso (2021)

Paraguay
Mario Abdo (2018)

Perú
Pedro Castillo (2021)

Uruguay
Luis Lacalle (2020)

Bolivia
Luis Arce (2020)

Chile
Gabriel Boric (2022)

Argentina
Alberto Fernández (2019)

■ Centro ■ Izquierda ■ Derecha

Fig. 7-1. Orientación política y presidentes por país (2021)

COMPRENSIÓN / PENSAMIENTO CRÍTICO

Piensa sobre las tres posiciones que existen en estos países respecto a la reelección del presidente y después elabora un argumento que apoye y otro que no apoye cada una de las posiciones.

	A favor	En contra
No es posible la reelección		
Es posible la reelección por un total de dos mandatos		
Es posible la reelección indefinida		

2. **Asocia cada uno de estos conceptos con la izquierda política o con la derecha política. Después asocia cada ideología política con una definición.**

igualdad social   bien común   colectivismo

sindicato   sociedad laica   intereses privados

libre mercado   conservadurismo   religión

Socialismo	Se basa en un sistema económico mixto (propiedad privada y pública), programas de educación, salud universal y servicios sociales para todos los ciudadanos. El sistema social sirve para contrarrestar los efectos de la pobreza y asegurar a los ciudadanos un bienestar.
Social democracia	Se opone al capitalismo y se basa en la comunidad de los medios de producción y de los bienes producidos. En este modelo de sociedad todos producen y comparten, no hay clases sociales ni propiedad privada.
Comunismo	Es un sistema político, social y económico en el que predomina la propiedad privada, la libertad de empresa, la competencia y el sistema de precios o de mercado. El estado tiene un papel reducido.
Capitalismo	Se basa en la comunidad de los medios de producción, pero admite las diferencias entre personas de acuerdo con su productividad. El estado regula las actividades económicas y la distribución de los bienes. Admite un capitalismo controlado. Su objetivo es reducir las diferencias entre clases a través de una redistribución de la riqueza.

COMPRENSIÓN / PENSAMIENTO CRÍTICO

1. ¿Qué diferencia al socialismo del comunismo?
2. ¿Qué diferencia a la social democracia del socialismo?
3. Digan una ventaja y una desventaja de cada sistema.

PERSPECTIVA LINGÜÍSTICA

VOCABULARIO META

aliarse con	to form an alliance	equilibrio (el)	balance
alternancia (la)	turn-taking; rotation	giro (el)	turn
amenaza (la)	threaten	gobernante (el, la)	ruler
asegurar	to secure	índice (el)	rate
asesor/a (el, la)	adviser	involucrado/a	involved
asumir	to take on; to take over	involucrarse	to get involved
basarse en	to be based on	izquierdista (el, la)	leftist
bien común (el)	common good	jefe/a de Estado (el, la)	Head of State
bienes (los)	goods	libre mercado (el)	free market
bienestar (el)	well-being	liderazgo (el)	leadership
bipartidismo (el)	two-party system	lograr	to achieve
brecha (la)	gap	logro (el)	achievement
candidatura (la)	candidacy	mandato (el)	term (in office)
cargo (el)	position; post	materias primas (las)	commodities
conceder	to give; to grant	nombramiento (el)	appointment
concentrarse en	to focus on	nombrar	to appoint
confianza (la)	trust	oponerse a	to oppose
contrarrestar	to counteract	opositor/a (el, la)	opponent
convertirse en	to become	partidario/a (el, la)	supporter
convocar	to call	partido (el)	party
deberse a	to be due to	política exterior (la)	foreign policy
debilitar	to weaken	presupuesto (el)	budget
derechista (el, la)	right-wing supporter	reinado (el)	ruling (monarchy)
derrocamiento (el)	overthrow	reinar	to rule (monarchy)
derrocar	to overthrow	reivindicación (la)	demand; claim
desconfianza (la)	distrust	rendir cuentas	to be accountable
desprestigiar	to discredit; to smear	representante (el, la)	representative
deuda (la)	debt	separarse	to secede
diputado/a (el, la)	representative	separatista (el, la)	secessionist
enfrentarse a	to confront	ser candidato/a a	to run for
escaño (el)	seat in Congress	sindicato (el)	labor union
destinatario/a (el, la)	recipient	soborno (el)	bribery; bribe
destituir	to remove from office	sumarse a	to join
equilibrado/a	balanced	unirse a	to join

7-2   TENDENCIAS POLÍTICAS EN AMÉRICA LATINA

Este texto resume las tendencias políticas de la región en los últimos 20 años. Responde a las preguntas usando información del texto.

A finales del siglo XX y principios del XXI, dos movimientos de izquierda—el chavismo en Venezuela (donde el presidente Hugo Chávez inició su presidencia y la 'Revolución bolivariana' en 1998) y el kirchnerismo en Argentina (con Néstor Kirchner en la presidencia en 2003)—iniciaron en Latinoamérica lo que se ha llamado "la marea rosa" (*pink tide*) o marea socialdemócrata, que se extendió a la mayoría de los países. En 2005, dos países más se sumaron a este grupo: Bolivia, con Evo Morales, sindicalista y activista indígena; y Uruguay, bajo la presidencia de Tabaré Vázquez. Chile se unió a estos en 2006 con la primera presidenta de su historia: Michelle Bachelet. Un año más tarde Rafael Correa asumió el cargo en Ecuador y Cristina Fernández (2007–2015) se convirtió en presidenta de Argentina sucediendo a su esposo Néstor Kirchner. Estos gobiernos se centraron en la reducción de la pobreza y la redistribución aprovechando la subida de precios de las materias primas y el crecimiento de sus economías.

Fig. 7-2. Cristina Fernández y Michelle Bachelet

Más tarde, debido a la desaceleración económica, algunos países dieron un giro hacia la derecha. En Chile, el gobierno de Bachelet fue sustituido por uno de centroderecha entre 2010 y 2014, a cargo de Sebastián Piñera, pero a este le reemplazó Bachelet en un segundo periodo presidencial (2014-2018). Tras ella, Piñera volvió a la presidencia en 2018. En Argentina, la victoria de Mauricio Macri en 2015 puso fin a 12 años de kirchnerismo, aunque cuatro años después Alberto Fernández asumió la presidencia con Cristina Fernández como vicepresidenta, regresando así a la izquierda. Otros, como Uruguay, se mantuvieron: el izquierdista José Mujica (2010-2015) continuó la línea política iniciada por Tabaré Vázquez, quien regresó a la presidencia en 2015. Tras quince años de gobiernos de izquierda, el giro al centro-derecha llegó con Luis Alberto Lacalle en 2019.

Otros países se unieron en torno al llamado 'Socialismo del Siglo XXI', que representaba una izquierda más radical. En Venezuela, tras la muerte de Hugo Chávez en 2013, el actual presidente Nicolás Maduro continuó el proyecto de Chávez, llevando al país hacia un modelo cercano al totalitarismo de izquierda de Cuba. En Bolivia, Evo Morales siguió al frente de un gobierno de izquierda con su propio modelo de socialismo. En 2019 fue destituido de su cargo, pero las elecciones de 2020 dieron el triunfo a Luis Arce, quien continuó las políticas de Evo Morales.

En Ecuador, Rafael Correa gobernó hasta el año 2017 con un programa que también se basaba en el Socialismo del Siglo XXI, pero distinto al de Venezuela. Tras Correa, Lenín Moreno—anterior vicepresidente—dio continuidad a la izquierda en Ecuador, país que giró a la derecha en 2021 con la elección de Guillermo Lasso. Dentro de este grupo se puede situar también a Nicaragua, donde Daniel Ortega, candidato del partido de izquierda FSLN, ganó las elecciones de 2006 y continúa en el poder.

Se puede decir que en el resto de los países existe una alternancia política con una izquierda más moderada. En México, por ejemplo, el gobierno de centroizquierda existente desde el año 2000 fue sustituido en 2012 por uno de centroderecha, presidido por Enrique Peña Nieto. En 2018 ganó las elecciones Andrés Manuel López Obrador, candidato de una coalición de partidos de izquierda. En Perú, el gobierno de Ollanta Humala (2011-2015) trató de llevar al país al Socialismo del siglo XXI, pero fracasó, regresando el país a gobiernos de centroderecha hasta 2021, cuando el izquierdista Pedro Castillo ganó las elecciones.

COMPRENSIÓN

1. Hay dos tipos de izquierda política en la región. Di cuáles son y qué países pertenecen a cada uno de estos modelos.
2. Identifica los tres países que llevan más tiempo con una tendencia de izquierda y quién o quienes han sido los/las presidentes/as en estos periodos. ¿Qué tienen en común todos ellos?
3. ¿En cuáles de los países mencionados se ha dado una verdadera alternancia de poder?
4. ¿Cuáles de los gobernantes mencionados no siguieron las leyes de reelección de su país?

REFLEXIÓN LINGÜÍSTICA: G-15

Fíjate en los verbos marcados en el texto. Escribe su forma de infinitivo e identifica también su **sujeto**. Después cambia cada frase en la que aparecen estos verbos de singular a plural o viceversa. Haz los cambios necesarios.

Ejemplo:

Dos países **se opusieron** a la propuesta

verbo: **se opusieron**
infinitivo: **oponerse**
sujeto: dos países

Un país **se opuso** a la propuesta.

PENSAMIENTO CRÍTICO

1. Averigüen en qué países de la región ha habido cambios políticos con respecto al mapa de julio de 2021 y si estos cambios han sido hacia la izquierda o la derecha. Luego averigüen en qué países habrá elecciones próximamente.
2. La tabla muestra el Índice de Democracia en 2020 de los países mencionados en el texto. Lean la información sobre este índice y
    a. determinen en cuál de las cuatro categorías está cada uno de estos países
    b. definan qué significa cada uno de los cinco criterios que usa el índice y den dos ejemplos que ayuden a comprenderlos
    c. determinen cómo se relaciona la información del texto anterior con estos datos. Traten de establecer tres conexiones.

	Indice 2020 Democracia	Puesto mundial	I	II	III	IV	V
Uruguay	8,61	15	10	8,57	6,67	8,13	9,71
Chile	8,28	17	9,58	8,21	6,67	8,13	8,82
Argentina	6,95	48	9,17	5,36	6,67	5,63	7,94
Ecuador	6,13	69	8,75	5	6,67	3,75	6,47
México	6,07	72	7,83	5,81	7,78	3,13	5,88
Bolivia	5,8	94	6,08	3,57	6,11	3,75	5,88
Nicaragua	3,60	120	0,42	2,86	5	5,63	4,12
Cuba	2,84	140	0	3,57	3,33	4,38	2,94
Venezuela	2,76	143	0	1,79	5	4,38	2,65

Fuente: *The Economist*: Índice de Democracia 2020

Fig. 7-3. *The Economist*: Índice de Democracia 2020

http://www.puntos.encuentro.esp

El "Índice de Democracia" de *The Economist* evalúa el nivel democrático de los países. En el informe del año 2020 se evalúan 167 países: 23 son considerados democracias plenas, 52 son considerados democracias imperfectas, los siguientes 37 son considerados regímenes híbridos y los últimos 57 representan regímenes autoritarios o dictaduras. El índice de *The Economist* considera que la existencia de elecciones libres y libertades civiles es una condición necesaria, pero no suficiente, para una democracia sólida. Por ello, el índice considera cinco indicadores: I. **proceso electoral y pluralismo**, II. **funcionamiento del gobierno**, III. **nivel de participación política de los ciudadanos**, IV. **cultura política** y V. **libertades civiles**.

7-1

7-2

3. En estos dos videos se muestra a los presidentes de dos países que cambiaron su rumbo político en 2021: Perú y Ecuador. Con un/a compañero/a, miren los videos y completen la tabla:
   a. ¿Se refirieron a estos aspectos?
   b. ¿Qué dijeron sobre estos aspectos?
   c. Identifiquen dos áreas de contraste y dos comunes a ambos proyectos políticos.

	G. Lasso (Ecuador)	F. Castillo (Perú)
Referencias históricas		
La conquista o encuentro		
Las poblaciones originarias		
Gobernar para todas las clases y sectores sociales		
Las grandes empresas		
Medioambiente		
Economía		
Educación		
Autoritarismo		
Inclusión social		

7-3   EL SISTEMA POLÍTICO Y TERRITORIAL DE ESPAÑA

1. **Lee este texto sobre el sistema político y territorial de España.**

   España, país miembro de la Unión Europea, es una democracia parlamentaria y su forma de gobierno es la monarquía constitucional. Esto significa que Felipe VI de Borbón, rey desde 2014, es el jefe del Estado y de las fuerzas armadas, pero no dirige el poder ejecutivo—gobierno—ni tampoco el legislativo—Congreso—, aunque convoca y disuelve el Congreso y convoca las elecciones. España tiene un sistema multipartidista, pero dos grandes partidos—el PSOE (centroizquierda) y el PP (derecha)—han obtenido varias veces la mayoría electoral porque, en la práctica, el sistema promueve el bipartidismo. Entre 1982 y 1993 la tendencia política fue una izquierda moderada, representada por un presidente del PSOE. El país eligió la opción de un gobierno de derecha (PP) en 1996 que duró hasta 2004, para después volver a la misma izquierda hasta 2011. De nuevo la derecha gobernó entre 2011 y 2018, cuando el péndulo se movió de nuevo a la izquierda y Pedro Sánchez (PSOE) asumió la presidencia.

   Otros partidos con representación en el Congreso tienen diversas ideologías. La izquierda está representada por la coalición de partidos *Unidas Podemos* cuyas características ideológicas son el socialismo democrático, el republicanismo, el laicismo, el ecosocialismo y el igualitarismo— propone que la riqueza se redistribuya para eliminar las desigualdades derivadas del capitalismo. El *Partido Socialista Obrero Español* (PSOE) representa la centroizquierda desde 1979, cuando renunció al marxismo e incluyó a otros grupos socialdemócratas. En la centroderecha se sitúa el partido *Ciudadanos,* más cercano a la izquierda en cuestiones sociales (matrimonios del mismo sexo, igualdad de oportunidades, laicismo) pero no en contra de que existan movimientos nacionalistas. La ideología de la derecha está representada por el *Partido Popular* (PP), un partido conservador con elementos liberales en la política económica. Tanto el PSOE como el PP apoyan la monarquía y consideran que sirve una función importante. Finalmente, el partido Vox representa la extrema derecha. Vox quiere que España abandone la división en Comunidades Autónomas y que sea una monarquía bajo una sola nación. Defiende la monarquía, la familia tradicional y el liberalismo económico.

España se construyó sobre diferentes identidades y por eso el artículo 2 de la Constitución reconoce el derecho a la autonomía de las regiones y nacionalidades que componen el país, y a su diversidad lingüística y cultural. Es un país unitario con un gobierno central pero que funciona como una federación de 17 Comunidades Autónomas (CCAA)—cada una con un gobierno, un presidente y un parlamento—con diferentes niveles de autonomía. También hay dos ciudades autónomas en el norte de África: Ceuta y Melilla.

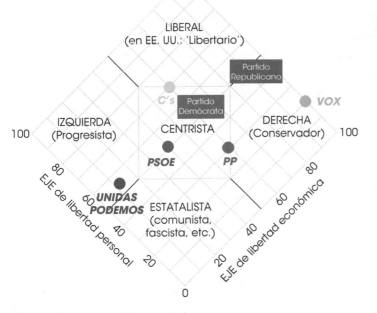

Fig. 7-4. El espectro político español

Fig. 7-5. Comunidades autónomas de España

Fig. 7-6. Ciudades autónomas: Ceuta y Melilla

Todas las CCAA administran sus sistemas sanitarios y educativos y parte de su presupuesto público. Cataluña, el País Vasco, Galicia y Andalucía tienen un estatus especial por ser nacionalidades históricas. Esto les da más derechos, como su propio idioma y sistema educativo (País Vasco, Galicia y Cataluña). Algunas, como Euskadi y Navarra, administran toda su financiación pública (impuestos). Hay partidos autonómicos que, en algunas CCAA como Cataluña y Euskadi, tienen una presencia importante en la vida política.

COMPRENSIÓN

1. ¿Qué tipo de sistema político tiene España: bipartidista o multipartidista?
2. ¿Quién gobierna el país: el presidente o el rey?
3. ¿Hay alternancia política? Ofrece evidencia para apoyar tu respuesta.
4. ¿Qué tipo de reelección presidencial existe en España?
   a. dos mandatos consecutivos
   b. indefinida
   c. no hay posibilidad de reelección
5. Basándote en la información del texto, asocia cada uno de estos conceptos con una o más de las tendencias ideológicas existentes en España: izquierda, centroizquierda, centroderecha, derecha.
   · Republicanismo
   · Laicismo
   · Igualitarismo
   · Liberalismo económico
6. ¿Qué Comunidades Autónomas tienen mayor independencia y cómo se manifiesta?

REFLEXIÓN LINGÜÍSTICA: G-16

1. En el texto hay cuatro verbos marcados en el modo subjuntivo y uno en el indicativo. Explica la razón de este uso.

2. Define estos cinco conceptos usando estas expresiones:

   · El republicanismo *está a favor de que ... y está en contra de que ...*

   · El laicismo *quiere que ...*

   · El igualitarismo *propone que ...*

   · El ecosocialismo ...

PENSAMIENTO CRÍTICO

1. Usando el diagrama del texto inicial, comparen la ubicación en el espectro político de los principales partidos de España y los de EE. UU. Extraigan cuatro conclusiones para compartir con la clase.

2. Examinen este gráfico con los resultados de las elecciones generales de abril y noviembre de 2019. Después de revisar las posiciones ideológicas de los partidos nacionales y autonómicos, elaboren una propuesta de gobierno—coalición de partidos—que tenga mayoría absoluta y sea viable para formar gobierno. Indiquen qué partidos formarán la coalición y por qué.

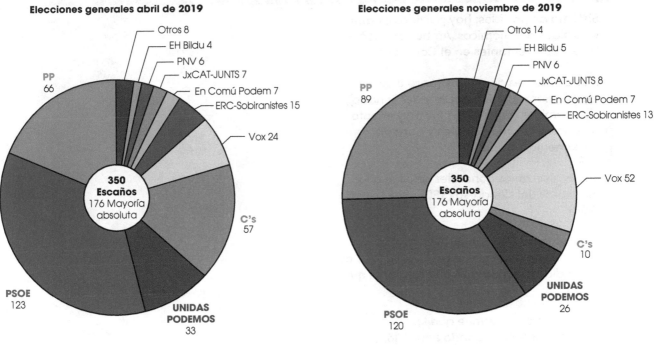

Fig. 7-7. Elecciones generales en España (abril de 2019)

Fig. 7-8. Elecciones generales en España (noviembre de 2019)

Ideología de los partidos autonómicos

PARTIDO	IDEOLOGÍA
Esquerra Republicana de Catalunya (ERC-Sobiranistes)	izquierda, republicanismo, nacionalismo e independentismo catalán, socialdemocracia
En Comú Podem	izquierda, socialismo democrático, catalanismo, plurinacionalismo, ecologismo, feminismo
JxCAT-JUNTOS	centroderecha, republicanismo, liberalismo, nacionalismo e independentismo catalán
Partido Nacionalista Vasco (PNV)	centroderecha, nacionalismo e independentismo vasco
Euskal Herria Bildu (EH Bildu)	izquierda-extrema izquierda, nacionalismo e independentismo vasco
En Común	izquierda, socialismo democrático, feminismo, galleguismo, plurinacionalismo, ecologismo
Partido Nacionalista Canario (PNC)	centroderecha, nacionalismo canario

Fig. 7-9. Partidos autonómicos con representación

3. El sistema electoral de España tiene similitudes y diferencias con el de Estados Unidos. Lean sus características principales y marquen las que comparte con el de EE. UU. Seleccionen las tres diferencias más importantes y compartan con la clase sus conclusiones.

ESPAÑA	EE. UU.
Sistema de partidos: hay partidos estatales y partidos autonómicos. Ambos pueden tener representantes en el Congreso.	
Hay elecciones generales (para elegir a los miembros del Congreso y del Senado), autonómicas (para elegir los parlamentos autonómicos), municipales y para el Parlamento Europeo.	
En las elecciones generales se elige a los miembros del Congreso (350) y del Senado (208).	
El sistema de elección es directo. Los ciudadanos votan por el presidente, que es el candidato del partido político por el que votan.	
La Constitución permite que los ciudadanos voten cuando tienen 18 años y exige que todos sean incluidos automáticamente en las listas electorales.	
Los extranjeros de países de la Unión Europea residentes en España son incluidos en las listas electorales y pueden votar en las elecciones municipales.	
No hay tarjeta de elector; se comprueba la identidad con el documento de identidad.	
Hay un sistema de representación proporcional. Cada provincia tiene un mínimo de dos representantes en el Congreso más uno adicional por cada 144.500 habitantes. Cada provincia tiene cuatro senadores independientemente de su población.	

2. **La monarquía parlamentaria es un tema de debate en la sociedad española. Lee este texto, parte de un artículo de opinión sobre el futuro de la institución.**

La monarquía tuvo un papel estabilizador después de la dictadura y durante la Transición española, y tiene el apoyo de los principales partidos políticos nacionales. No es incompatible con una democracia liberal, pero para que sea compatible es necesario que sea posible escrutinarla y pedirle que rinda cuentas.

Fig. 7-10. ¿Somos todos iguales?

Cuando Felipe VI llegó al trono en 2014 prometió que **adaptaría** la Corona a los tiempos, pero después del primer año de reinado, en el que decidió que hubiera mayor transparencia sobre las cuentas reales y pidió que se publicaran los sueldos de todas las personas que trabajan para esta institución, no pasó nada más. Un cambio significativo requiere que se reforme la Constitución para aclarar qué actividades de la vida privada del rey son incompatibles con la Corona. Además, debe requerir que los miembros de la realeza declaren su patrimonio. Sobre todo, debe dejar muy claro que el rey no está por encima de la ley. Esta reforma de la Constitución obligará a que se disuelvan las Cortes Generales, requerirá que se convoquen elecciones y que haya un referéndum para que los españoles decidan qué modelo de Estado quieren. Y es necesario que Felipe VI tome la iniciativa, **promueva** los cambios y demuestre que la justicia es igual para todos, para poder preservar la Corona.

Fuente: https://www.nytimes.com/es/2020/03/20/espanol/opinion/rey-espana-corrupcion.html.

COMPRENSIÓN

1. ¿Está el autor a favor o en contra de la monarquía en España?
2. ¿Quién decidió que hubiera reformas en 2014? ¿Fueron significativas?
3. Según el autor, para hacer cambios auténticos habría que disolver las Cortes Generales. ¿Por qué?
4. ¿Sería suficiente cambiar la Constitución para tener una monarquía compatible con la democracia liberal de España? ¿Por qué?

REFLEXIÓN LINGÜÍSTICA: G-16, G-10 (revisión)

1. En el texto aparecen varios verbos en el modo subjuntivo. Explica este uso.

2. El verbo en negrita (*bolded*) fue usado en el modo indicativo. ¿Por qué?

3. En estas tres ideas del texto el autor usó verbos en forma pasiva con 'se'. Identifica el sujeto gramatical de estos verbos.

   a. Un cambio significativo requiere que se reforme la Constitución

   b. La reforma de la Constitución obligará a que se disuelvan las Cortes Generales

   c. La reforma de la Constitución requerirá que se convoquen elecciones

4. Escribe otra vez las frases usando el infinitivo de los verbos.

PENSAMIENTO CRÍTICO

1. Comparen el sistema de gobierno de España—monarquía parlamentaria—con un sistema republicano de gobierno. Decidan cuáles son las tres diferencias más importantes.

Monarquía parlamentaria	República
• El Congreso regula el funcionamiento del Estado y también las funciones del rey. • Hay separación de poderes. • El Congreso y el Senado toman las decisiones (soberanía popular). • El rey y su familia son los máximos representantes del país. • La manutención de la familia real se hace con dinero del Estado. • El rey no pertenece a ningún partido político. • Ejemplos: Bélgica, Dinamarca, Gran Bretaña, Japón, Suecia, Noruega, Países Bajos	• En algunas repúblicas (EE. UU. o México) el jefe del Estado es también el jefe del gobierno. • En otras repúblicas (ej. Italia o Francia) hay elecciones diferentes para elegir al jefe del Estado y al jefe del gobierno. En ambos casos son elegidos por un tiempo limitado. • Hay separación de poderes. • El Congreso y el Senado toman las decisiones. • Todos los ciudadanos son considerados iguales. • Ejemplos: Alemania, Argentina, Brasil, Ecuador, Finlandia, Grecia, Guatemala, Irlanda, Nicaragua, Venezuela, Suiza

7-3

2. Miren este video que muestra partes del discurso que el rey de España dio el día de su nombramiento en 2014.
   a. El rey Felipe VI describió cómo sería su reinado. ¿Qué aspectos mencionó? Marca los que escuches.
      ☐ El rey está por encima de la Constitución.
      ☐ La monarquía parlamentaria es todavía relevante.
      ☐ El rey y la Corona no pueden ser neutrales políticamente.
      ☐ La monarquía debe ser transparente.
   b. Felipe VI cita al personaje de Don Quijote en la novela de Cervantes. Interpreta esta cita: *"No es un hombre más que otro si no hace más que otro".*
   c. Felipe VI dio las gracias en varias lenguas. ¿Con qué propósito?
   d. ¿Qué aspectos de la monarquía mencionó directa o indirectamente?
      ☐ El Congreso regula las funciones del rey.
      ☐ Hay separación de poderes.
      ☐ El Congreso y el Senado toman las decisiones (soberanía popular).
      ☐ El rey y su familia son los máximos representantes del país.
      ☐ El rey no pertenece a ningún partido político.

En grupos, elaboren argumentos y hagan un debate.

A favor de la monarquía	1. Nos parece bien que _____ ya que _____ 2. En nuestra opinión, _____ porque _____
En contra de la monarquía	1. No creemos que _____. Está claro que _____ 2. A nosotros nos parece absurdo que _____ porque _____

7-4   EL SOCIALISMO DEL SIGLO XXI: BOLIVIA

Lee este texto sobre el movimiento al socialismo en Bolivia, su nueva Constitución y su relación con la filosofía social del Buen Vivir. Después responde a las preguntas.

El socialismo del siglo XXI fue formulado originalmente por el sociólogo alemán Heinz Dieterich en 1996 como una forma alternativa al socialismo soviético o asiático del siglo XX. Dieterich propone un modelo económico opuesto a la economía de mercado y el capitalismo, que son en su opinión la causa de la explotación excesiva de recursos naturales y de la desigualdad social.

Desde el año 2006 el ahora expresidente Evo Morales, presidente del partido Movimiento al Socialismo (MAS), tuvo como objetivo la construcción del socialismo del siglo XXI en Bolivia mediante la creación de una sociedad plurinacional donde la democracia representativa coexiste con las formas indígenas de democracia.

Fig. 7-11. Evo Morales

El Movimiento al Socialismo-Instrumento Político por la soberanía de los Pueblos (MAS-IPSP) es el partido que gobierna Bolivia desde 2006. Originalmente se concentró en las reivindicaciones de los cultivadores de coca, para después adoptar una ideología de izquierda. Más tarde se alió con otros partidos indigenistas bajo la dirección de Evo Morales, liderando protestas sociales para pedir la nacionalización del gas y otros recursos. En las elecciones de 2005 Morales fue elegido presidente después de obtener el 54% de los votos, ocupando este cargo hasta 2020. Ese año el MAS ganó las elecciones de nuevo. El MAS, con mayoría en la Asamblea Constituyente hasta 2020, es una fuerza importante en la política boliviana. No es un partido político tradicional: es también una federación de movimientos sociales en la que hay numerosas organizaciones de trabajadores. Enfatiza la modernización del país, promueve una intervención mayor del Estado en la economía, la inclusión social y cultural, y la redistribución de los ingresos de los recursos naturales mediante programas de servicios sociales.

La Constitución Nacional aprobada en 2009 fue ratificada en un referéndum popular. En ella se incluyeron los derechos de los 36 pueblos originarios de Bolivia, quienes habían sido invisibles durante la historia del país. Específicamente, en el documento se establece (1) un capítulo para los derechos de las naciones indígenas originarias; (2) una cuota de parlamentarios indígenas; (3) la justicia indígena originaria al mismo nivel que la justicia ordinaria; (4) un tribunal constitucional con miembros del sistema ordinario y del sistema indígena; (5) un modelo económico social

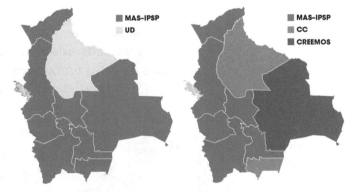

Fig. 7-12. El MAS en las elecciones presidenciales de 2014 y 2020

comunitario basado en la visión indígena; (6) el derecho a la tierra comunitaria e indígena, al uso del agua y a los recursos forestales de su comunidad; (7) una ley de autonomía o libre determinación; y (8) el reconocimiento de 37 lenguas oficiales junto con el español.

En el Artículo 8 se establece que Bolivia es un Estado Plurinacional que "asume y promueve como principios el Sumak Kawsay" o 'buen vivir'—la cosmovisión de los pueblos quechuas—y en el que se priman los derechos colectivos de los pueblos por encima de los individuales. También dice que "el modelo económico boliviano es plural y orientado a mejorar la calidad de vida y el vivir bien" (Art. 306), y se basa en "la redistribución justa de la riqueza y la industrialización de los recursos naturales" (Art. 313).

COMPRENSIÓN

1. ¿Qué característica comparten el modelo de socialismo de Dieterich y el boliviano?
2. ¿Cuál es la forma de gobierno existente en Bolivia?
3. Di dos características de la política social boliviana.
4. Explica con tus propias palabras el significado de los puntos 2, 3 y 4 del texto.
5. ¿Qué es el Buen Vivir y qué relación hay entre este principio y el modelo económico boliviano?

REFLEXIÓN LINGÜÍSTICA: G-15, G-10 (revisión)

1. En el texto hay tres verbos marcados en color morado (p. 1, p. 3 y p. 4). ¿Qué tipo de verbos son? ¿Quién lleva a cabo (*carries out*) la acción de 'formular', 'elegir' o 'ratificar'?

2. Cinco verbos aparecen en color verde. ¿Quién lleva a cabo la acción de cada uno de los cinco verbos? Según esto, divídelos en dos grupos: los que son verbos reflexivos y los que no.

3. ¿Qué tipo de verbos son los que no son reflexivos? Escribe otra vez las frases en las que aparecen estos verbos usando la forma pasiva **ser + participio**.

PENSAMIENTO CRÍTICO

1. Lean estos fragmentos de dos artículos de opinión. Identifiquen la opinión que ofrece cada uno sobre Bolivia y su tipo de Estado. Después marquen cuáles de estos temas toca cada uno y cómo los describe. Seleccionen los dos aspectos donde hay más polarización.

	Artículo 1	Artículo 2
Pobreza		
Economía		
Ayuda social		
Tipo de gobierno		
Indigenismo		
Uso de fondos públicos		

Opinión

Entre 2006 y 2019 Bolivia logró más avances económicos que el resto de los países latinoamericanos gracias a la inversión de fondos públicos. De acuerdo con la CEPAL, la pobreza cayó del 66,6% al 35,1%, y la pobreza extrema del 45,5% al 14,7%. El índice de Gini bajó de 61,2 a 43,9 y, como resultado, Bolivia dejó de ser el país más desigual de la región. El PIB boliviano pasó de 9.000 a 40.000 millones de dólares; es decir, estos logros no afectaron el crecimiento económico.

El caso de Bolivia no es una copia del modelo venezolano: es un liberalismo social demócrata para que todos vivan mejor y es lo que hace falta en Colombia. En el año 2006 preguntaron a Evo Morales, el entonces presidente del país, si su intención era establecer un régimen socialista en Bolivia, a lo que contestó: "Si socialismo significa una vida mejor, con igualdad y justicia, y que no tendremos problemas sociales y económicos, entonces es bienvenido".

Fuente: https://www.portafolio.co/opinion/mauricio-cabrera-galvis/el-triunfo-del-socialismo-boliviano-columnista-546011.

Opinión

"El MAS de Bolivia no es un partido político al uso. Es una estructura que acapara poder, una estructura dictatorial que aprovecha unas circunstancias muy particulares de un país muy particular. Bolivia es un país muy fragmentado, dividido en la zona del altiplano, los valles, la amazonia y con una diversidad étnica cultural y climática de todo tipo. En Bolivia no hay carreteras. Para ir de Tarifa a La Paz puedes tardar dieciocho horas. El MAS ha aprovechado esa fragmentación, unida a la debilidad institucional y toda

esa ideología del indigenismo, que cada vez toma más fuerza al estar respaldada por los organismos internacionales y por los cientos de agencias de cooperación que tiene Bolivia. Hay una archipresencia de ONG, institutos, observatorios, etc. y todos financiados con dinero público, incluso de otros entes que ya nos podemos imaginar cuáles son. Es una sociedad absolutamente asistida".

Fuente: https://www.libertaddigital.com/internacional/latinoamerica/2021-03-26/bolivia-instaura-dictadura-terror-socialista-jamas-vista-amigos-pablo-iglesias-zapatero-6739210/.

7-4

2. Lean la información donde se explica la filosofía del Vivir Bien del Estado boliviano y después miren el video.
   a. Reflexionen sobre el impacto que esta nueva Constitución ha tenido sobre la población indígena.
   b. Expliquen estas ideas del video: (a) Vivir Bien *vs* Vivir Mejor; (b) crisis de Occidente.

c. Clasifiquen estos conceptos en tres grupos: (1) compatibles con la filosofía del Buen Vivir, (2) no compatibles con la filosofía, (3) podrían ser compatibles. Expliquen su clasificación.

neoliberalismo   equidad

diversidad cultural   ecología

derechos individuales   explotación de recursos

capitalismo   consumismo

desigualdad

---

http://www.puntos.encuentro.esp

El Sumak Kawsay—o Buen Vivir—describe una cosmovisión ancestral de los pueblos quechuas de los Andes centrada en la comunidad, la ecología y las culturas. El Sumak Kawsay considera a las personas como un elemento de la Pachamama o "Madre Tierra", busca el equilibrio con la naturaleza para satisfacer las necesidades ("tomar solo lo necesario") y se opone al mero crecimiento económico. Es fundamental el sentido de lo colectivo: mientras el capitalismo promueve los derechos individuales—poseer, vender, tener—en el Buen Vivir tienen prioridad los derechos de los pueblos y de la naturaleza. El Buen Vivir tuvo una importante influencia en el espíritu y la redacción de la nueva Constitución de Bolivia (2009). Esta permite que los pueblos originarios, afrodescendientes, campesinado y comunidades urbanas mantengan su resistencia a modelos desarrollistas y al neoliberalismo.

---

3. Las Constituciones de Ecuador y Bolivia son las únicas en el mundo que recogen el concepto de Buen Vivir, pero ¿pueden dos países hacer una diferencia en un mundo donde prima el desarrollo capitalista? Basándose en toda la información, decidan cuáles son los tres principales retos de la implementación de este modelo político y económico en un país.

Reto 1	_____; por lo tanto _____
Reto 2	_____ debido a _____
Reto 3	_____; por eso _____

7-5   EL "MILAGRO" DEMOCRÁTICO DE URUGUAY

1.   Lee esta información sobre Uruguay y luego responde a las preguntas.

Con solo 3,3 millones de habitantes, Uruguay es la nación menos poblada de América Latina. También es el país menos corrupto y más democrático del continente. Según el índice de democracia de *The Economist* de 2020, Uruguay es uno de los tres países latinoamericanos que **está** entre las 23 "democracias plenas" del mundo. Su puesto en este índice **es similar** al de países como Alemania o Suiza; por eso se le ha llamado "la Suiza de Latinoamérica".

Fig. 7-13. Índice de libertad mundial

Uruguay recibió una calificación perfecta en el indicador *proceso electoral* y su calificación de 9,71 lo convierte en uno de los tres países del mundo con más libertades civiles y derechos políticos. Uruguay es también uno de los seis países con mayor grado de libertad del mundo. En el Indice de Libertad Mundial de Freedom House de 2020, que clasifica a los países de acuerdo a sus derechos políticos y libertades civiles, Uruguay obtuvo una calificación de 98; es decir, es uno de los países del mundo con más libertades civiles y derechos políticos.

Durante sus presidencias de 1903–1907 y 1911–1915, el liberal José Batlle y Ordóñez consiguió que Uruguay tuviera una sociedad equitativa en un continente donde la norma era un contraste pronunciado entre las élites y los marginados. Este legado moldeó al Uruguay de hoy.

En 2012 la presidencia de José Mujica hizo posible que Uruguay **llegara** a ser el segundo país de América Latina en legalizar el aborto y el primero en legalizar la venta de mariguana. Desde 2005 hasta 2020 el Frente Amplio—una coalición de varios partidos políticos de izquierda y centroizquierda—fue la fuerza política dominante. Tras 15 años de gobierno de la izquierda, durante los que se redujo la pobreza del 32,5% al 8,1% y desapareció la pobreza extrema, asumió la presidencia Luis Lacalle Pou, del Partido Nacional (centroderecha).

Fuente: https://www.nytimes.com/es/2016/02/16/el-discreto-milagro-democratico-de-uruguay/.

COMPRENSIÓN

1. Describe cuál es el estado de estos aspectos de la democracia en Uruguay:
   - libertades civiles
   - derechos políticos
   - desigualdad social
   - corrupción
   - pobreza
2. ¿En cuál de los aspectos anteriores tuvo José Batlle y Ordóñez gran influencia?
3. José Mujica fue presidente de Uruguay entre 2010 y 2015. Di dos logros de Mujica durante su mandato.

REFLEXIÓN LINGÜÍSTICA: G-15 Y G-16

1. Presta atención a los tres verbos marcados en negrita en el texto. Reescribe las frases en las que aparecen sustituyendo cada verbo por uno de estos verbos reflexivos:

   convertirse en   **parecerse a**   **encontrarse**

2. En el texto hay dos verbos sombreados (*shaded*). Explica y justifica su uso.

7-5

2. Mira este video sobre Uruguay y luego responde a las preguntas.

COMPRENSIÓN

1. ¿Qué era la Oficina de Asuntos Interamericanos de EE. UU.?
2. ¿Cuándo se aprobaron la ley de divorcio y la ley de sufragio femenino?
3. ¿En qué periodo de su historia reciente perdió Uruguay las libertades civiles? ¿Por qué?
4. Identifica en el video tres más de las leyes progresistas de Uruguay y el año en que se aprobaron.
5. Alana Tummino mencionó dos áreas más en las que Uruguay ha progresado. ¿Cuáles?

REFLEXIÓN LINGÜÍSTICA: G-15

Escucha estas partes del video sobre Uruguay. Identifica, en cada una, un verbo reflexivo. Escribe el verbo, su forma de infinitivo y su significado.

1. [min. 1:55–2:07] _____ _____ _____

2. [min. 2:42–3:00] _____ _____ _____

3. [min. 4:24–4:35] _____ _____ _____

4. [min. 5:06–5:18] _____ _____ _____

PENSAMIENTO CRÍTICO

1. El *Índice de libertad mundial* de Freedom House califica el acceso de las personas a los derechos políticos y libertades civiles en 210 países. Examinen la tabla y comparen a Uruguay con los otros países. Establezcan comparaciones y posibles razones para las diferencias.

	Total	Derechos políticos	Libertades individuales
Colombia	65	29	36
Cuba	13	1	12
El Salvador	63	30	33
España	90	37	53
Estados Unidos	83	32	51
México	61	27	34
Uruguay	98	40	58

2. Los derechos políticos son generalmente afectados por el Estado, pero las libertades individuales pueden ser afectadas por el Estado o por agentes no estatales. ¿Qué agentes afectan a estos derechos y libertades? Decidan, para cada país anterior, cuál es un derecho y una libertad afectada y cómo (quién la causa).

☐ Elecciones
☐ Derechos de los migrantes
☐ Libertad de expresión
☐ Igualdad ante la ley
☐ Límites en la presidencia

3. En Uruguay la población tiene acceso a la educación gratuita desde el primer nivel de preescolar hasta la graduación en la universidad. Lean este artículo de opinión e interpreten el gráfico.
   a. Piensen en algunas razones que podrían explicar estos datos.
   b. Decidan qué tiene que hacer Uruguay para mejorar este aspecto.

Porcentaje de graduados de la enseñanza media

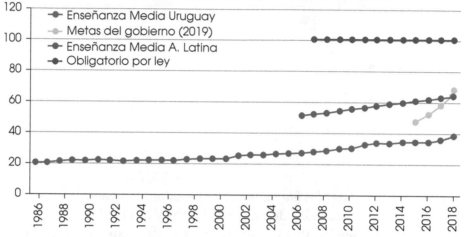

Fig. 7-14. Evolución de graduaciones de la Educación Media

Opinión

Uruguay tiene vocación por la inclusión educativa desde finales del siglo XIX. Desde un punto de vista teórico, la desigualdad educativa siempre ha estado solapada por algún elemento de desigualdad socioeconómica. Ergo, la mayoría de las reivindicaciones y políticas educativas han estado centradas en igualar condiciones del hogar de origen. No obstante, pese a una importante serie de políticas y programas de inclusión social, en uno de los países con mejores indicadores sociales y de equidad del continente, aproximadamente el 60% de la población nunca va terminar la Educación Media. [...]

Es altamente cuestionable que el 60% de la población que no acredita la Educación Media sea pobre y excluido, máxime en un país con un 7% de personas por debajo de la Línea de Pobreza.

Pablo Menese Camargo, Univ. de la República (Uruguay)

Fuente: http://www.scielo.edu.uy/scielo.php?pid=S1688-74682020000200034&script=sci_arttext.

	Plan para incrementar la graduación de la Educación Secundaria
Hogar de origen	1. 2.
Otros factores	1. 2.

PERSPECTIVA INTERCULTURAL

7-6   LAS RELACIONES ENTRE EE. UU. Y AMÉRICA LATINA

1. **Mira el mapa y lee la cronología de las intervenciones de EE. UU. en Latinoamérica a lo largo del siglo XX. Después responde a las preguntas.**

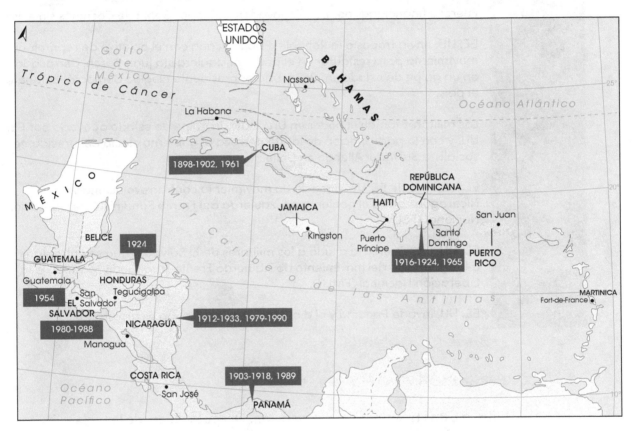

Fig. 7-15. Intervenciones de Estados Unidos: Centroamérica y Caribe

1898–1901	EE. UU. declara la guerra a España y ocupa Cuba. Con la enmienda Platt en la nueva Constitución de Cuba se establece que EE. UU. tiene el derecho de intervenir en los asuntos cubanos. Cuba cede a EE. UU. la base de Guantánamo.
1903–1918	EE. UU. apoya la separación de Panamá de Colombia y adquiere los derechos sobre el Canal de Panamá. Se instalan bases militares en Panamá.
1912–1933	EE. UU. invade Nicaragua y establece un protectorado para asegurar que una posible construcción de un canal no caiga en manos de potencias europeas. La ocupación se mantendrá hasta 1933 (dictadura militar de Somoza).

1916–1924	EE. UU. no aprueba la elección del presidente Henríquez y Carvajal, ocupa la República Dominicana y establece un gobierno militar con un almirante de EE. UU. al mando.
1924	Una fuerza de 'marines' de EE. UU. desembarca en Honduras para intervenir en un conflicto armado entre gobierno y opositores.
1954	La CIA organiza el derrocamiento del presidente de izquierda Jacobo Árbenz en Guatemala, que había nacionalizado la compañía United Fruit.
1961	Fuerzas financiadas por EE. UU. invaden Cuba por Bahía de Cochinos sin éxito.
1965	EE. UU. envía tropas a la República Dominicana con el objetivo de reprimir un movimiento para restaurar en el poder al izquierdista Juan Bosch, derrocado en un golpe de estado en 1963 y primer presidente elegido democráticamente en el país.
1973	Los militares toman el poder en Uruguay. Un golpe de estado apoyado por EE. UU. y con la participación de la CIA derroca al gobierno electo del presidente socialista Salvador Allende en Chile.
1979–1990	El gobierno de EE. UU. financia un movimiento contrarrevolucionario en Nicaragua contra el gobierno de izquierda del Frente Sandinista de Liberación Nacional (FSLN).
1980–1988	EE. UU. incrementa la ayuda a los militares de El Salvador que se enfrentan a las guerrillas del movimiento de izquierda Frente Farabundo Martí para la Liberación Nacional (FMLN).
1989	EE. UU. invade Panamá y el dictador Manuel Noriega es arrestado.

COMPRENSIÓN / INTERPRETACIÓN

1. Definan estos tres tipos de intervención. Después elijan, de la tabla anterior, dos ejemplos de cada tipo de intervención.
   a. Elaboren tres argumentos con su compañero/a: a favor o en contra, según les sea asignado.
   b. Mantengan un pequeño debate con otra pareja.

	Ejemplo	Argumentos
Intervención expansionista		
Intervención política		
Intervención económica		

2. Lean estas citas. ¿Qué posición sostienen sobre el tema de las intervenciones de EE. UU.? ¿Qué diferencias existen entre las dos?

"The day is not far distant when three Stars and Stripes at three equidistant points will mark our territory: one at the North Pole, another at the Panama Canal, and the third at the South Pole. The whole hemisphere will be ours in fact as, by virtue of our superiority of race, it already is ours morally."

William Howard Taft, 1912

Fuente: https://www.brainyquote.com/quotes/william_howard_taft_802404.

"What makes good sense in one set of circumstances may well be futile in another—and positively disastrous in a third. Consider, for example, the frequent, extended, and well-intentioned American interventions in Central America and the Caribbean earlier in this century. At best they were futile, at worst (as in the state of affairs resulting from the prolonged occupation of Haiti) positively harmful."

Owen Harries, 1997

Fuente: https://www.nytimes.com/1997/10/26/opinion/virtue-by-other-means.html.

3. En 1823, el presidente de EE. UU. James Monroe dijo la frase "América para los americanos". Examinen la viñeta (*cartoon*) política e identifiquen a quién representan los personajes. ¿Cuál era el significado original de la frase? ¿Cómo ha cambiado a través del tiempo?

Fig. 7-16. La Doctrina Monroe

2. **Mira los dos videos sobre dos de las intervenciones mencionadas en la tabla de datos. Luego responde a las preguntas.**

COMPRENSIÓN
7-6

1. ¿Por qué causó EE. UU. el derrocamiento del presidente Arbenz en Guatemala?
2. ¿Qué estrategias usó la compañía United Fruit para desestabilizar el gobierno de Arbenz? Di dos.
3. ¿Cuál fue el resultado del golpe de estado que derrocó a Arbenz? ¿Intervino EE. UU. en el golpe?
4. Di dos consecuencias que tuvo este evento para el país.

COMPRENSIÓN
7-7

1. ¿Cuál fue la reacción de EE. UU. en 1987 con respecto al general Noriega? ¿Cómo fue su relación anterior con Noriega?
2. ¿Qué hechos causaron que el presidente Bush pidiera la renuncia de Noriega?
3. ¿Qué causó la invasión de Panamá a finales de 1989?
4. ¿Cuántos soldados envió EE. UU. para invadir Panamá?
5. Explica cuándo terminó la invasión de Panamá y cuál fue una de sus graves consecuencias.

INTERPRETACIÓN

1. Decidan cuáles son las tres diferencias más importantes entre los dos episodios que han visto en los videos.
2. ¿Pueden justificarse algunas de estas intervenciones? ¿Por qué o por qué no?
3. Comparen el caso de Guatemala en 1954 con el de la República Dominicana, siete años más tarde. Identifiquen los elementos comunes.

---

http://www.puntos.encuentro.esp

En 1961, el dictador derechista de la República Dominicana, Rafael Trujillo—al que Estados Unidos apoyó durante mucho tiempo—fue asesinado con armas suministradas por la CIA. En un memorando interno la CIA describe su papel como un "éxito", ya que ayudó a la República Dominicana a pasar de una dictadura totalitaria a una democracia. El socialista Juan Bosch fue elegido presidente en las primeras elecciones libres, en diciembre de 1962, pero fue depuesto por un golpe de derecha un año más tarde. En 1965 comenzó una guerra civil en la que EE. UU. intervino enviando tropas para evitar que los partidarios de Bosch tomaran el poder y se creara "una segunda Cuba". El 1 de julio de 1966 Joaquín Balaguer ganó a Bosch en las elecciones, instaurando un régimen autoritario represivo que duró doce años.

INTERVENCIÓN	Argumentos
Tipo	_____ ; en cambio, _____ _____ ; del mismo modo, _____
Objetivo	_____ , mientras que _____ Al igual que _____ , _____
Resultado	

4. ¿Cuáles fueron los objetivos de las intervenciones? Lean la cita y elaboren otra que ofrezca una visión totalmente opuesta y más favorable hacia EE. UU.

http://www.puntos.encuentro.esp

Las múltiples intervenciones de Estados Unidos tuvieron como propósitos: la consolidación de una estructura comercial para apoyar su desarrollo económico, la protección y ampliación de sus propiedades e inversiones, el apoyo a políticos pro–estadounidenses y el derrocamiento de regímenes no deseados.

Fuente: https://portalacademico.cch.unam.mx/historiauniversal2/america-latina-1918-1945/intervencionismo-de-eu.

5. ¿Cómo serán las relaciones entre EE. UU. y los países hispanohablantes? ¿En qué aspectos creen que se enfocarán estas relaciones? ¿Cuáles son sus esperanzas y deseos para el futuro?

☐ Continuar las intervenciones en casos de abuso de poder, amenazas a la democracia, amenazas a los intereses de EE. UU. ...

☐ Continuar relaciones comerciales, inversiones e intereses en materias primas

☐ Continuar relaciones comerciales con bloques específicos de la región

☐ Combatir problemas comunes (narcotráfico, terrorismo, control migratorio ...)

1. Queremos que _____ por que así _____

2. Esperamos que _____ para que _____

PERSPECTIVA ARTÍSTICA

7-7   MARIO BENEDETTI: "EL SUR TAMBIÉN EXISTE"

Muchos escritores latinoamericanos han reflejado en sus obras su visión crítica de la relación de EE. UU. con América Latina. El poeta uruguayo Mario Benedetti lo hizo en su famoso poema "El Sur también existe". Lee este texto y el poema completo.

Fig. 7-17. Mario Benedetti (1981)

El escritor y poeta uruguayo Mario Benedetti (1920–2009) trató en gran parte de su obra temas sociopolíticos. Su afiliación política de izquierda causó que en 1973 abandonara Uruguay tras el golpe de estado militar. Vivió exiliado durante diez años en Argentina, Perú, Cuba y España y luego regresó a Uruguay. Escribió más de ochenta libros y sus obras se han traducido a más de veinte idiomas. En su poema "El Sur también existe"—de su libro *Preguntas al azar* (1986)—hace referencia al dominio de EE. UU. sobre Latinoamérica y al contraste entre las dos regiones del continente americano.

El Sur también existe

Con su ritual de acero [*steel*]
sus grandes chimeneas
sus sabios clandestinos [*wisemen*]
su canto de sirenas
sus cielos de neón
sus ventas navideñas
su culto de Dios Padre
y de las charreteras [*epaulettes*]
con sus llaves del reino
el Norte es el que ordena

pero aquí abajo, abajo
el hambre disponible
recurre al fruto amargo
de lo que otros deciden
mientras el tiempo pasa
y pasan los desfiles
y se hacen otras cosas
que el Norte no prohíbe
con su esperanza dura
el Sur también existe

Con sus predicadores [*preachers*]
sus gases que envenenan
su escuela de Chicago
sus dueños de la tierra
con sus trapos de lujo [*cloths*]
y su pobre osamenta [*skeleton*]
sus defensas gastadas [*worn-out*]
sus gastos de defensa
con su gesta invasora
el Norte es el que ordena

pero aquí abajo, abajo
cada uno en su escondite [*hideout*]
hay hombres y mujeres
que saben a qué asirse [*hold onto*]
aprovechando el sol
y también los eclipses
apartando lo inútil [*set aside*] [*useless*]
y usando lo que sirve
con su fe veterana
el Sur también existe

Con su corno francés
y su academia sueca
su salsa americana
y sus llaves inglesas
con todos su misiles
y sus enciclopedias
su guerra de galaxias
y su saña opulenta [*cruelty*]
con todos sus laureles
el Norte es el que ordena

pero aquí abajo, abajo
cerca de las raíces
es donde la memoria
ningún recuerdo omite
y hay quienes se desmueren [*come back to life*]
y hay quienes se desviven [*go out of their way*]
y así entre todos logran
lo que era un imposible
que todo el mundo sepa
que el Sur también existe

Mario Benedetti, "El Sur también existe," Preguntas al azar. Copyright © 1986 by Mario Benedetti.

COMPRENSIÓN

1. ¿Qué contraste presenta el poeta? ¿Cómo están distribuidas las seis partes del poema respecto a este contraste?
2. Identifica las dos estrofas donde Benedetti describe a Estados Unidos. ¿Cómo lo describe?
3. En la estrofa cinco describe a otros países del norte. Identifica los tres países a los que hace referencia. ¿Cómo los describe?
4. Lee los fragmentos dos, cuatro y seis. ¿Cómo se describe a Latinoamérica? Haz una descripción breve.

EE. UU.	
Países del Norte	
América Latina	

PENSAMIENTO CRÍTICO

1. Identifiquen expresiones específicas en el poema referidas a estos conceptos. ¿Son atributos del norte o del sur, según el poeta?

   desarrollo industrial y tecnológico   materialismo
   contaminación   militarismo
   consumismo   imperialismo

2. Interpreten las ideas que usó el poeta para describir a América Latina—marcadas en el texto.
3. ¿Es la imagen de América Latina que presenta el poeta negativa o positiva? Justifiquen su opinión.
4. Si Benedetti hubiera escrito (*had written*) este poema hoy, ¿habría escrito lo mismo? Justifiquen su opinión.
5. Escuchen y lean la letra de la canción *América* del grupo Calle 13. Identifiquen tres áreas temáticas que tiene en común con el poema de Benedetti.

7-8

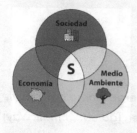

GOBIERNOS E INSTITUCIONES SÓLIDAS PARA EL DESARROLLO SOSTENIBLE

Lee este texto sobre la importancia de los gobiernos efectivos y transparentes. Después responde a las preguntas expresando tu opinión.

De acuerdo con el ODS 16, para que un país avance hacia el desarrollo sostenible necesita promover la paz, garantizar un sistema de justicia accesible y equitativo, y tener instituciones sólidas. En este último aspecto se centran las metas 5, 6 y 7: es fundamental que los países tengan gobiernos eficientes que luchen contra la corrupción y la violencia, trabajen para promover la participación inclusiva, apliquen políticas económicas justas, presten servicios básicos a los ciudadanos y comunidades de modo equitativo, y protejan el medio ambiente. También es necesario que los ciudadanos tengan confianza en su gobierno y puedan dar su opinión a través de sus representantes elegidos, y que el gobierno sea transparente y rinda cuentas de su actuación. La confianza pública en el gobierno es mayor cuando las personas reciben apoyo, cuando se les incluye en las decisiones que afectan a sus vidas y cuando disfrutan de un acceso equitativo a instituciones justas que prestan servicios y administran justicia. En suma: la vida de las personas mejora cuando su gobierno es eficiente y receptivo.

La percepción del poder político por parte de la población de los países hispanohablantes es muy negativa. El nivel de desconfianza respecto a las instituciones vinculadas al ámbito de la política (partidos políticos, Congreso y gobierno) crece cada año. En América Latina el 79% de la población cree que sus gobiernos trabajan por los intereses de unos cuantos grupos poderosos y que no representan y protegen los intereses de la ciudadanía. El promedio de aprobación de sus gobiernos ha caído hasta el 32%. En general, hay gran insatisfacción sobre cómo el Estado cumple con sus responsabilidades. En cuanto a los partidos políticos, la confianza de los ciudadanos—en promedio—es solo del 13% y es casi inexistente en países como El Salvador (5%) y Perú (7%). Tampoco confían en la institución electoral (28%) debido a la percepción de corrupción. Estos datos muestran la crisis en que se encuentran los sistemas políticos de la región.

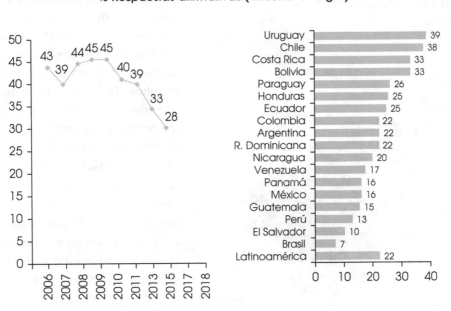

Confianza en el gobierno
Total América Latina 2006-2018—Totales por país 2018
% Respuestas afirmativas ('mucha' o 'algo')

Fig. 7-18. Confianza en los gobiernos

En España los ciudadanos desconfían de las instituciones políticas del país. Un 64% de los españoles cree que su gobierno está influido por los grandes intereses y solo el 16% estima que tiene en cuenta la opinión de las personas corrientes. El 90% desconfía de los partidos políticos y el 75% del gobierno y el Congreso, según el Eurobarómetro de la Comisión Europea.

¿Tiende usted a confiar en estas instituciones políticas?

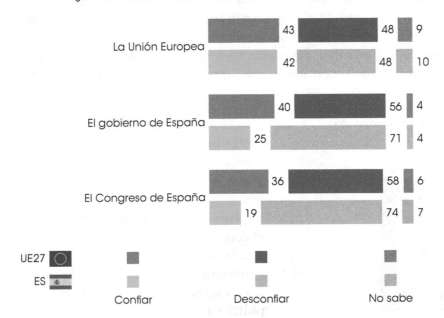

Fig. 7-19. España y UE: confianza en las instituciones

Corrupción Latinoamérica y el Caribe
Índice de percepción de la corrupción 2019
(0 muy corrupto, 100 sin corrupción)

60–80
50–60
40–50
30–40
20–30
<20

Cartografía:
Abel Gil Lobo (2000)
Fuente:
Transparencia Internacional (2020)

Fig. 7-20. Corrupción en Latinoamérica

En todos estos países, más de la mitad de los ciudadanos piensa que todos o casi todos los parlamentarios, presidentes y gobiernos locales están involucrados en actos de corrupción. La percepción de corrupción ha penetrado todos los ámbitos de la vida nacional, política, económica y social. Sin embargo, en los países latinoamericanos no está en el discurso público. Solo en tres países (Colombia, México y Perú) la consideran un problema importante. Hay mucha tolerancia y aceptación de la corrupción como instrumento para lograr objetivos y esto hace que no sea un tema central del discurso político, debilitando la gobernabilidad, limitando el crecimiento económico y dificultando la seguridad.

En España, en cambio, el 86% de los españoles cree que la corrupción es un gran problema y el 62% piensa que el gobierno no la está combatiendo, según la ONG Transparencia Internacional. En el Índice de Percepción de la Corrupción que publica esta organización, España aparece en el puesto 32 de 179 países. En Latinoamérica, Uruguay y Chile (puestos 21 y 25) están a la cabeza de la región. La corrupción es un cáncer que afecta a los derechos básicos de las personas al privarles de las mejoras que sus gobiernos deberían realizar en salud, educación o transporte con el dinero desviado en sobornos, manteniendo a los países en una situación de pobreza, desventaja y exclusión.

España - Índice de percepción de la corrupción

Fig. 7-21. Índice de Corrupción: España

1. ¿Con cuál de las tres dimensiones de la sostenibilidad se relaciona el ODS 16 de forma directa?
2. ¿Se relaciona con alguna dimensión más de forma indirecta? Ofrece un ejemplo.
3. Explica la importancia de la transparencia y el rendimiento de cuentas de un Estado y sus instituciones públicas.
4. Compara América Latina y España en cuanto a la desconfianza de los gobiernos y partidos políticos.

6. ¿En qué países consideran los ciudadanos que hay corrupción en el gobierno e instituciones? ¿En cuáles piensan que es un gran problema?
7. Explica la relación entre la corrupción y (a) el desarrollo económico y (b) el desarrollo social.

Fuentes: https://www.latinobarometro.org/latContents.jsp; https://www.efe.com/efe/espana/politica/el-86-de-los-espanoles-ve-la-corrupcion-como-un-gran-problema-segun-transparencia-internacional/10002-4562580.

LECTURA

Rumores y redes

Vocabulario

asesorar = to act as consultant to
blindar = to shield
burlarse de = to make fun of
cipote = kid (Centroam.)
contrincante = opponent

emboscada = ambush
involucrar = to involve
ocurrente = clever, witty
salir a bailar = to come out, come to light

– Si no mejoramos en las encuestas algo habrá que hacer—decía el candidato del partido UNIDOS—. Ya probamos de todo: cambiar el discurso, el estilo de verme en los medios, mensajes, slogan y nada; yo le pago por asesorarme y mejorar, ¿qué sucede?

El asesor caribeño Jonás Spooner escuchaba y buscaba una solución ... de repente ...

– Ya sé, la mejor solución no es que usted suba en las encuestas, sino que el otro baje; esto lo aprendí de escuchar al famoso J.J. Rendón y también de ver *House of Cards* en Netflix. ¿No lo ha visto?

– A ver, qué se le ha ocurrido ahora ...

– Pues, fácil, vamos a crear rumores del contrincante; rumores que comenzaremos a circular con nuestros troles en redes sociales; también memes. Por ejemplo, burlándonos con algunas fotos o afirmando que es gay, que es ladrón, que lo engaña su mujer, no sé, hay una gran cantidad de posibilidades.

– ¿Pero eso no es campaña sucia?

– Pues sí, y ¿cuándo ha visto una campaña limpia?; pero no se preocupe, tenemos unos cipotes muy buenos en tecnologías, bien creativos y ocurrentes; además usted no tendrá nada que ver con todo esto.

– ¿Y si después me la regresan con una campaña igual?

– Pues nada, respondemos y ya. Las campañas son como una guerra, hay bajas, hay emboscadas, el que tenga mejores tácticas gana y nosotros iniciaremos este proceso.

– La rumorología puede que funcione, pero me da miedo que luego toquen a mi familia, la cual no tiene nada que ver con esto; y recuerde que yo tengo un hijo con problemas, y puede salir a bailar en el asunto.

– No se preocupe, a él lo blindamos, y además tendremos un montón de páginas web a nuestro servicio; estamos en la era digital y a los jóvenes le gusta esto.

Al final de la campaña, efectivamente involucraron al hijo del candidato; esto generó el divorcio y dos intentos de suicidio de parte de su hijo. Su carrera política llegó hasta ahí.

La corrupción: Cuentos realistas sobre el "método".

Disruptiva es una publicación del Instituto de Ciencia, Tecnología e Innovación de la Universidad Francisco Gavidia (UFG).

Fuente: https://www.disruptiva.media/la-corrupcion-cuentos-realistas-sobre-el-metodo/.

COMPRENSIÓN

1. El candidato político de este cuento piensa que puede perder frente a otro candidato. ¿En qué se basa su opinión?
2. El candidato identifica la estrategia de su asesor como 'campaña sucia'. ¿Cuál es la característica principal de la campaña?
3. ¿De qué instrumento se van a servir para montar esta campaña?
4. ¿Qué es lo único que le preocupa al candidato?
5. ¿Fue efectiva esta 'campaña sucia'?

CONECTORES: OBJETAR Y REFUTAR

Los conectores son marcas que ayudan a identificar cómo se relacionan las ideas o información. Cuando queremos objetar o invalidar el argumento de otra persona, usamos conectores que ayudan a organizar los dos componentes de una contraargumentación: la objeción y la refutación.

FUNCIÓN	CONECTOR
Objeción o concesión: anticipar una posible objeción	**a pesar de** _____ (*in spite of, despite*) **a pesar de que** _____ (*even though*) **aunque** _____ (*although*)
Oposición o refutación: introducir una oposición a una idea expresada previamente	**no obstante** _____ (*nevertheless*) **sin embargo** _____ (*however*) **con todo** _____ (*despite all that*)

PRÁCTICA

Expresa una objeción para cada uno de estos argumentos y refuta el argumento con otro que exprese tu opinión. Usa diferentes conectores.

1. El uso de las redes sociales para desprestigiar a un candidato es muy efectivo.

2. La estrategia que propuso el asesor no es una forma de corrupción porque no es nepotismo.

3. El cuento demuestra que las campañas sucias pueden volverse contra el político que las inicia.

ANÁLISIS

1. Expliquen, usando esta información, cómo la estrategia de la campaña política es una violación de los derechos del otro candidato.

---

http://www.puntos.encuentro.esp

"Toda persona tiene el derecho de acceso, en condiciones de equidad, a las funciones públicas de su país".

Artículo 21.2. Declaración Universal de Derechos Humanos

---

2. Hay muchos tipos de acciones que constituyen corrupción política. Estos son algunos ejemplos. Asocien cada palabra con su definición.

clientelismo	Abuso del poder para favorecer a amigos y grupos o personas cercanas
amiguismo	Preferencia de un político o funcionario público para dar empleos a familiares sin importar el mérito
soborno	Uso de medios de comunicación, publicidad y redes sociales para vencer a un rival político mediante falsa información, manipulando a la sociedad.
campaña sucia	Intercambio de favores de una persona en un cargo político, quien usa su cargo para conceder servicios a otra a cambio de apoyo electoral.
nepotismo	Dar o aceptar ventajas (dinero, regalos, préstamos, comisiones ...) como incentivo para cometer una acción ilegal o no ética.

3. Lean las noticias y miren el video sobre cinco casos de corrupción en varios países. Identifiquen qué tipo o tipos de corrupción política representan. Después expliquen cuál es su impacto en el desarrollo sostenible del país o países donde ocurrieron.

7-9

	Corrupción	¿A quién afecta?	¿Cómo afecta?	Área(s) de desarrollo sostenible
1				
2				
3				
4				
5				

Pandemia y corrupción en América Latina

Cuatro ministros en Perú, Argentina y Ecuador han renunciado o están siendo investigados bajo sospecha de haber recibido o dado acceso preferente a las escasas inyecciones contra la COVID-19. En Perú, un viceministro fue vacunado con dosis adicionales de un ensayo clínico junto con su esposa, hermana, dos hijos, un sobrino y una sobrina. El ministro de Ecuador envió dosis del primer lote que llegó al país, destinado al sector público, al asilo de lujo privado donde vive su madre.

Fuente: https://www.nytimes.com/es/2021/02/25/espanol/corrupcion-vacunagate.html.

Diputados sancionados por contratar familiares

Varios diputados de la Asamblea Legislativa de El Salvador han sido sancionados por contratar a parientes con altos sueldos. Uno de los sancionados intervino en la contratación de su hijo para que ejerciera el cargo de Asistente de la Asamblea Legislativa.

Fuente: https://www.elsalvador.com/noticias/nacional/asamblea-legislativa-guillermo-gallegos-gana/853149/2021/.

Dos de los casos de corrupción más importantes de México

El gobernador de Chihuahua, César Duarte, fue denunciado por el banco ACM cuando trató de pagar una deuda personal de cuatro millones de pesos con dinero del estado. La investigación reveló que Duarte era accionista de una institución financiera y usó 80.000 millones de pesos del dinero público para comprar acciones.

Unos funcionarios cambiaron el mapa de áreas protegidas por la UNESCO para la construcción de un supermercado Walmart a un kilómetro y medio del sitio arqueológico de Teotihuacán. Los funcionarios actuaron a favor de la transnacional con sobornos de casi 4.000 millones de pesos.

Fuente: https://hipertextual.com/2016/08/top-8-corrupcion-mexico.

CASO

1. Lean este caso real ocurrido durante la campaña electoral de Ecuador en el año 2021.
   a. Determinen si constituye una campaña negativa o una campaña sucia y den ejemplos del texto que sirvan para justificar su respuesta.
   b. Revisen las metas 5, 6 y 7 del ODS 16 y determinen si este caso contribuye a alcanzar esas metas o no.
   c. ¿A qué aspectos de la sostenibilidad afecta este caso? Den un ejemplo para apoyar las respuestas.

   ☐ ambiental
   ☐ social
   ☐ económico

http://www.puntos.encuentro.esp

En la primera vuelta de la campaña por la presidencia de Ecuador (2021), el candidato Yaku Pérez—de la etnia quechua-cañari, activista en defensa del agua contra la minería en su región y dirigente de la Confederación Indígena del Ecuador—obtuvo más del 19% de votos, lo que le puso en tercer lugar. En este periodo las campañas contra Pérez en las redes sociales crecieron mientras se contaban los votos: por varios días el candidato indígena permaneció en el segundo lugar. Un observador electoral español de un partido progresista dijo que Pérez era un candidato falso, un producto de laboratorio financiado por EE. UU. para evitar la elección de otro candidato de izquierda. También dijo que la lucha antiminera no es auténtica y expresó su preocupación por el riesgo de enfrentamiento en la segunda vuelta con un candidato más competitivo que conoce los límites del progresismo y representa la movilización social.

Para desprestigiar su candidatura, analistas y políticos progresistas llevaron a cabo una campaña de difamación contra la reputación de Yaku Pérez que cuestionaba su carácter indígena y su legitimidad como ambientalista o indigenista. Pérez fue asociado con la derecha y el imperialismo, y acusado de ser un canal para el intervencionismo norteamericano. Otro artículo afirmó que defendía intereses extranjeros a través del contacto con ONGs. Usando una foto con el embajador norteamericano mientras era prefecto de la provincia Azuay, lo acusaron de estar al servicio de los Estados Unidos.

El hecho de que un candidato indígena de izquierda tenga que enfrentarse al progresismo es algo nuevo en Ecuador y en América Latina. Sin embargo, la persecución de líderes indígenas y medioambientalistas por parte de los gobiernos progresistas sudamericanos no es nueva. De hecho, los candidatos progresistas prefieren disputar elecciones con candidatos de derecha, iniciando campañas contra posibles alternativas.

Fuente: https://desinformemonos.org/las-varias-caras-progresistas-en-campana-sucia-contra-el-candidato-indigena-del-ecuador/.

Identifiquen algunas partes interesadas para añadir a la lista y determinen (a) su posición ante este problema de sostenibilidad y (b) sus motivaciones. Después decidan cuál será el impacto en los tipos de desarrollo que identificaron en 1-3.

Partes implicadas	posición	motivación	impacto en el desarrollo
Partido de Lasso (derecha)			
Partido de Arauz (izquierda)			
Partido Pachakutik (izquierda, indigenista)			

2. Estas son algunas propuestas para ayudar a erradicar este problema. ¿Les parece fácil su implementación? ¿Qué obstáculos pueden anticipar?
   a. Completen la tabla expresando su opinión.
   b. Pongan en orden estas ideas de más efectiva a menos efectiva
   c. Pongan en orden estas ideas de más fácil a más difícil de implementar

¿Qué se puede hacer?	Implementación
Divulgar los ingresos, gastos, bienes y préstamos de los partidos políticos o candidatos	Aunque _____ sin embargo es posible que _____
Generar un entorno seguro para que las ONG y los medios de comunicación vigilen y denuncien casos de corrupción	Es una buena idea, pero _____
Asegurar un entorno electoral transparente	Aunque _____, _____
Cumplir y reformar las normas de financiamiento de las campañas electorales	
Aplicar soluciones innovadoras en la prestación de servicios públicos	
Crear una ley que proteja a los denunciantes	
Mejorar la capacidad de las instituciones para responder a las demandas de la población	

3. Plan de acción. Ustedes son miembros de un partido político cuya plataforma es terminar con la corrupción y mejorar la percepción de los ciudadanos de la política. Seleccionen cuatro iniciativas (promesas) que ustedes van a usar en la campaña electoral. Para cada una, digan qué van a hacer y cómo, si su partido gana.

DEBATE

LAS LEYES DE CUOTAS Y PARTICIPACIÓN POLÍTICA

OBJETIVOS

1. Demostrar conocimiento y comprensión de
   a. las políticas de acción afirmativa, cuotas y paridad de género en los sistemas políticos
   b. la representación de las mujeres en la política de los países hispanohablantes
2. Analizar críticamente las distintas posturas sobre la existencia de las cuotas
3. Justificar y apoyar estas posiciones mediante argumentos y contraargumentos

¿QUÉ NECESITAS SABER?

¿Qué son las leyes de cuotas?

En muchas regiones del mundo persisten barreras estructurales y/o culturales que se reflejan en el acceso desigual de grupos sociales a diversos ámbitos. Tras la Tercera Conferencia Mundial contra el Racismo, la Discriminación Racial, la Xenofobia y demás formas de Intolerancia (2001), surgieron nuevos sujetos del derecho internacional. Un ejemplo son los *afrodescendientes*, concepto adoptado para denominar a los millones de personas de la diáspora africana. Entre los esfuerzos de gobiernos y organizaciones internacionales para lograr la inclusión de ciertos grupos están las medidas de *acción afirmativa*: políticas de carácter temporal con el fin de (a) eliminar o reducir las desigualdades de tipo social, cultural o económico que afectan a ciertos grupos y (b) lograr que un grupo subrepresentado tenga mayor representación. Las *cuotas* se sustentan en el hecho de que las condiciones sociales, por sí solas, no solucionan las desigualdades existentes en una sociedad. Se fundamentan en varios tratados internacionales de derechos humanos, como el Comité para la Eliminación de la Discriminación Racial; el Comité para la Eliminación de la Discriminación contra la Mujer; la Organización Internacional del Trabajo; y el Sistema Interamericano de Derechos Humanos. También se basan en pactos de derechos civiles y/o políticos (el Estado asigna de modo temporal una cuota a un grupo social). Con todo, son el tipo de política de acción afirmativa más controversial.

En las instituciones públicas las mujeres están muy lejos de la *paridad de género*, un principio que debe existir en la actividad política. El sistema de *cuotas de género* trata de reducir las desigualdades que enfrentan las mujeres para acceder a puestos políticos. El buen funcionamiento de las cuotas tiene que ver con el tipo de sistema electoral de cada país; en otras palabras, el establecimiento de un porcentaje de candidatas no garantiza un porcentaje similar de escaños.

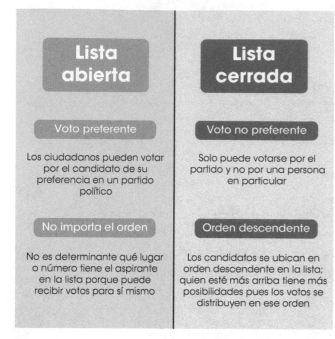

Lista abierta

Voto preferente

Los ciudadanos pueden votar por el candidato de su preferencia en un partido político

No importa el orden

No es determinante qué lugar o número tiene el aspirante en la lista porque puede recibir votos para sí mismo

Lista cerrada

Voto no preferente

Solo puede votarse por el partido y no por una persona en particular

Orden descendente

Los candidatos se ubican en orden descendente en la lista; quien esté más arriba tiene más posibilidades pues los votos se distribuyen en ese orden

Fig. 7-22. Listas abiertas y cerradas

En general, las cuotas funcionan mejor en sistemas de representación proporcional (los representantes son elegidos en función de los votos obtenidos por un partido). En los países en los que las listas de candidatos para los escaños legislativos son abiertas—como Ecuador, Panamá y Perú—son los votantes quienes determinan la colocación de los ganadores y, por lo tanto, la elección de mujeres a las legislaturas. En cambio, en los países donde las listas de candidatos son cerradas la promoción de las candidatas depende de los dirigentes del partido—tradicionalmente hombres—y por eso no ofrecen ninguna garantía de igualdad, ya que solo son efectivas cuando las mujeres han logrado penetrar en las estructuras de los partidos y colocarse en niveles altos de las listas electorales.

1. Explica la relación entre la acción afirmativa y las cuotas.
2. ¿Qué diferencia hay entre las cuotas y la paridad de género?
3. Explica la diferencia entre una lista electoral abierta y cerrada. ¿Cuál es mejor para la efectividad de las cuotas?
4. ¿Cómo se puede hacer más efectivo el uso de las cuotas en las elecciones? Da un ejemplo.

Fuentes: https://oig.cepal.org/es/laws/3/country/chile-8; https://www.idea.int/sites/default/files/publications/cuotas-de-genero-democracia-y-representacion.pdf.

Sobre la controversia acerca de las leyes de cuotas

Los defensores de las cuotas opinan que estas aseguran la presencia en la vida pública de grupos sociales discriminados que suelen carecer de apoyo y recursos financieros para participar en los espacios de toma de decisión. Refuerzan la imagen social de esos grupos al asegurarles una representación permanente, neutralizando los prejuicios; y ayudan a reparar la discriminación social y estructural. Además, crean diversidad en la representación y pueden beneficiar a grupos desfavorecidos de la sociedad asegurando mejores servicios, ya que las personas procedentes de esos grupos comprenden mejor sus problemas. Finalmente, ayudan a construir una mejor nación sobre el valor de la diversidad y las identidades múltiples.

Quienes están en contra de las cuotas dicen que violan el derecho a la igualdad, ya que ubican a los otros grupos en circunstancias de inferioridad. Además discriminan, porque sugieren que sus destinatarios son inferiores y no pueden ocupar cargos de responsabilidad por sus propios méritos. Por lo tanto, contribuyen a perpetuar estereotipos de invalidez, discriminación y debilidad. Otra razón que se da es que las cuotas imponen una carga sobre las personas que no se benefician.

5. Explica la razón por la que, para unos, las cuotas refuerzan la equidad y, para otros, crean desigualdad.
6. ¿Por qué se argumenta que las cuotas discriminan a los grupos destinatarios?

Sobre la participación política de las mujeres latinoamericanas

En Europa hay siete mujeres que son jefas de gobierno y tres que son jefas de Estado; y aunque ni en Estados Unidos ni en España ha habido todavía una mujer presidenta, ha habido una (EE. UU.) y cinco (España) vicepresidentas. ¿Cuál es la situación en Latinoamérica?

En esta región las mujeres han logrado altos niveles de participación política y ha habido varias presidentas. Hoy es la segunda región del mundo con más representación de mujeres en los parlamentos (28,8%), un porcentaje que aumentará con el incremento de las leyes de paridad. En una región del mundo marcada por la desigualdad de género y en la que hay países—como México, El Salvador, Honduras o Guatemala—con las tasas de asesinatos de mujeres más altas del mundo, es paradójico que estas accedan a puestos políticos relevantes. Según algunos expertos, la fuerte alianza entre la Iglesia y las clases dirigentes—que sigue imponiendo una estructura conservadora en las familias y en el papel de la mujer—hace que las mujeres no disfruten de auténtica igualdad social, aunque tengan poder político. Su presencia en las esferas de poder se debe a una fuerte voluntad política: la gran mayoría de los países tienen cuotas para facilitar el acceso de las mujeres a cargos políticos.

PRESIDENTA	
Estela Martínez, presidenta de Argentina (1974–1976)	Asumió el poder tras la muerte de su esposo en 1974. Fue derrocada por un golpe militar dos años después.
Violeta Chamorro, presidenta de Nicaragua (1990–1996)	Fue candidata de la Unión Nacional Opositora en las elecciones de 1990 en las que derrotó a Daniel Ortega, actual presidente. Ingresó en la política después de que su esposo fue asesinado.
Mireya Moscoso, presidenta de Panamá (1999–2004)	Inició su carrera política tras la muerte de su esposo, Arnulfo Arias, quien fue presidente de Panamá tres veces.
Michelle Bachelet, presidenta de Chile (2006–2010; 2014–2018)	Candidata del Partido Socialista, previamente había sido ministra de Defensa y de Salud. Tras ser directora de la Agencia de la ONU para la Igualdad de Género, volvió a ganar la presidencia de Chile en 2014.
Cristina Fernández, presidenta de Argentina (2007–2015)	Sucedió a su esposo Néstor Kirchner. Estudió leyes en la universidad y después fue senadora de Santa Cruz y de Buenos Aires. Tuvo dos mandatos como presidenta. Es vicepresidenta de Argentina desde 2019.
Laura Chinchilla, presidenta de Costa Rica (2010–2014)	Antes de asumir la presidencia fue vicepresidenta durante el gobierno de Oscar Arias. Estudió en Costa Rica y en Estados Unidos. Se le considera una "conservadora social".

El informe del Foro Económico Mundial titulado *Índice Global de la Brecha de Género 2020* mide la paridad entre hombres y mujeres en cuatro áreas clave: salud, educación, economía y política. Cada país obtiene un puntaje global y otros por diferentes aspectos en cada una de las áreas. Los países hispanohablantes se sitúan en estas posiciones mundiales según (a) el índice de empoderamiento político de la mujer, (b) el número de mujeres en los parlamentos y (c) el número de mujeres ministras.

	Empoderamiento político	Mujeres en parlamentos	Mujeres ministras	Índice global
Nicaragua	5	47%	58%	5
Costa Rica	8	46%	52%	13
España	15	44%	50%	8
México	18	48%	42,1%	25
Argentina	25	41%	18,2%	30
Cuba	27	53%	22,6%	31
Bolivia	34	46%	22,2%	42
El Salvador	35	33%	43,8%	80
EE. UU.	37	27%	46,2%	53
Ecuador	40	39%	32%	48
Perú	43	26%	42,1%	66
Chile	49	23%	30,4%	57
Panamá	57	23%	31,3%	46
Colombia	67	18%	36,8%	22
Venezuela	77	22%	22%	67
Honduras	85	21%	28%	58
R. Dominicana	88	28%	27%	86
Paraguay	94	16%	30,6%	100
Uruguay	107	21%	23%	37
Guatemala	122	19%	13,3%	113

Fig. 7-23. Representación de las mujeres en la política

7. ¿Qué aspecto facilita que haya muchas mujeres en la política latinoamericana?
8. Lee la información sobre las presidentas latinoamericanas. Identifica al menos dos aspectos que varias tienen en común y dos diferencias entre unas y otras.
9. Mira la tabla de datos. ¿En qué países hay grandes diferencias entre el nivel de representación política y el índice global? ¿En qué países son los criterios más uniformes?

Sobre la efectividad de las cuotas y leyes de paridad en los países hispanohablantes

En 1991 Argentina fue el primer país de la región en establecer una cuota de mujeres (del 30%) para los candidatos legislativos. Desde entonces, 16 países han hecho reformas para establecer o incrementar la representación de las mujeres. Las cuotas de género han supuesto un cambio cuantitativo importante. El promedio de legisladoras se triplicó entre 1990 y 2016, pasando de 9% a 28,8%. Para agosto de 2016, Bolivia, Nicaragua, Ecuador, México y Argentina se encontraban entre los veinte países del mundo con mayor representación legislativa femenina a nivel nacional. En España la ley de cuotas se introdujo en 2007 y para 2015 la proporción de mujeres en el Congreso había subido del 16% al 41,1%. En 2017 se aprobó la llamada "ley cremallera" que exige que mujeres y hombres sean colocados en las listas electorales de modo intercalado.

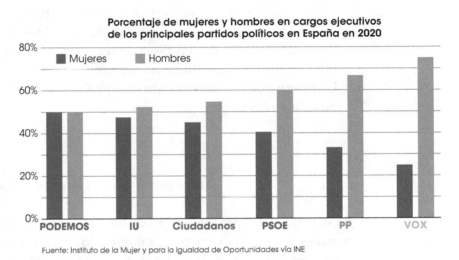

Fuente: Instituto de la Mujer y para la Igualdad de Oportunidades vía INE

Fig. 7-24. Porcentaje de mujeres y hombres en cargos políticos

Sin embargo, hay aspectos de la práctica política que no han cambiado, sobre todo en los partidos políticos. Esto explica que haya países con leyes de cuotas cuyos congresos tienen una representación de mujeres que no alcanza el 20% del total de congresistas, como es el caso de Colombia, Paraguay y Guatemala. En contraste Cuba, sin cuotas, ha conseguido la paridad (53,8% en el parlamento).

PAÍS	Desde...	Cuota mínima
Argentina	1991	30%
Bolivia	1997	50%
Chile	2015	40%
Colombia	2011	30%
Costa Rica	1996	50%
Ecuador	1997	50%
El Salvador	2013	30%
Honduras	2000	40%
México	1996	30%
Panamá	1997	50%
Paraguay	1996	20%
Perú	1997	30%
R. Dominicana	1997	33%
Uruguay	2009	33%
Venezuela	1988	50%

Fig. 7-25. Países que instituyeron leyes de cuotas

PAÍS	Paridad desde
Argentina	2017
Bolivia	2010
Colombia	2020
Costa Rica	2009
Ecuador	2008
España	2007
Honduras	2021
México	2015
Nicaragua	2012
Perú	2020

Fig. 7-26. Países con ley de paridad

10. ¿Garantizan las cuotas una mayor representación de las mujeres en la política (congresos, senados …)? Da un ejemplo para apoyar tu respuesta.
11. ¿Qué problema soluciona la «ley cremallera» en un sistema de listas cerradas?
12. ¿Qué dato del texto podría usarse para elaborar un argumento en contra de las cuotas?

APLICACIÓN

1. Examinen la información de esta noticia sobre Paraguay.
   a. Usen la información de las diversas tablas anteriores (ej.: si existe un sistema de cuotas, cuáles son las tasas de representación política …) para explicar la falta de representación de las mujeres.
   b. Elaboren dos soluciones para este problema: una basada en las cuotas y otra no basada en las cuotas.

¿100 años para obtener la igualdad?

En Paraguay, la representación de las mujeres en cargos políticos continúa siendo escasa, como reflejo de la "fuerte cultura patriarcal" de los partidos tradicionales en el país. Si la tendencia continúa, serán necesarios 100 años para lograr la efectiva paridad en cargos públicos. El problema de la falta de representación femenina es que las mujeres son incluidas en las listas electorales, pero en lugares en los que es difícil que salgan elegidas. Paraguay fue el último país de Sudamérica en aprobar el sufragio femenino, en el año 1961.

Fuente: https://www.abc.com.py/nacionales/onu-lamenta-escasa-representacion-de-mujeres-en-politica-paraguaya-1351466.html.

Solución 1	1. Hace falta _____ para _____ 2. Además, hay que _____ 3. Es muy importante _____
Solución 2	1. Hace falta que _____ para que _____ 2. Además, hay que _____ 3. Queremos que _____

2. **Cuotas para poblaciones originarias.** Estas dos noticias se refieren a cómo México y Chile aplican nuevas leyes de cuotas para sus poblaciones originarias.

7-10

a. Miren el video para determinar quiénes son los beneficiarios y de qué modo se benefician. Identifiquen qué retos tiene el sistema de cuotas en este caso. Decidan dos maneras diferentes de resolver esta situación: una con el sistema de cuotas y otra fuera del sistema de cuotas.

Solución 1	1. Hace falta _____ para _____
	2. Además, hay que _____
Solución 2	1. Hace falta que _____ para que _____
	2. Queremos que _____

b. Lean la noticia sobre Chile para determinar quiénes son los beneficiarios. Identifiquen qué retos tiene el sistema de cuotas en este caso.

c. Basándose solamente en estos datos, ¿qué país está llevando a cabo una mejor política de cuotas para incluir a los pueblos originarios?

Chile elige a los primeros candidatos indígenas de su historia

Mayo de 2021

Las elecciones de este fin de semana en Chile son históricas. Por primera vez, Chile elegirá a candidatos de sus diez pueblos originarios, que tienen reservados 17 escaños de los 155 existentes, para escribir una nueva Constitución. La Convención Constituyente que redactará la nueva Constitución será además paritaria, un hecho inédito en el mundo. En forma de elección paralela, 1,2 millones de personas que se autoidentifican como indígenas solicitarán una papeleta verde con el nombre de candidatos de pueblos originarios. De los 17 escaños reservados, siete serán para los mapuche, el pueblo originario mayoritario; dos para el pueblo aymara y ocho para el resto de los diez pueblos originarios reconocidos.

¿Son suficientes 17 escaños para los diez pueblos originarios? "Los escaños reservados fueron definidos por no indígenas, por la élite política", afirma Elisa Loncon, "el pueblo mapuche tiene 1.700.000 miembros y vamos a estar representados con 7 escaños".

Fuente: https://www.france24.com/es/am%C3%A9rica-latina/20210515-mapuches-constituyentes-elecciones-chile-indigenas.

3. Describan y evalúen el plan de cuotas de Chile usando la tabla como guía.

Justificación (datos)	
¿Cómo se produjo la situación de exclusión?	
Beneficiarios	
Medidas específicas y cómo promueven la inclusión	
¿Qué resultados tendrán las medidas?	1. Esperamos que _____ 2. Deseamos que _____
Sectores donde se adoptarán las medidas y qué instituciones las aplicarán	
Plan de seguimiento y evaluación	1. Proponemos _____ 2. Y también _____

REFERIRSE A ASPECTOS ESPECÍFICOS DE UN TEMA

Durante una conversación o debate es importante referirse a aspectos que se quieren tratar o a un argumento que alguien usó previamente. Es común el uso de

- En cuanto a ...   *Regarding ...*
- Respecto a ...   *With respect to, regarding ...*
- Con respecto a ...   *With respect to, in regard to ...*
- Por lo que respecta a ...   *As far as _____ is concerned ...*

ANÁLISIS

7-11

7-12

1. En estos videos podemos escuchar las opiniones de algunas personas sobre las cuotas de género en la política. Miren los videos y seleccionen, para cada uno, las dos ideas más importantes. Después elaboren contraargumentos para refutarlas.

	A favor o en contra	Dos ideas	Contraargumentos
Video 7–11		1. 2.	En cuanto a _____ Con respecto a _____
Video 7–12		1. 2.	Respecto a _____ Por lo que respecta a _____

2. Lean este texto con la opinión de un famoso presidente de EE. UU. ¿Qué tipo de argumentos usa para apoyar su opinión?

> *No se puede tomar a alguien que ha estado encadenado, liberarlo, ponerlo en la línea de arranque y decirle que ahora está libre para competir con los demás, y creer sinceramente que hemos actuado con toda justicia [...] Hombres y mujeres de todos los pueblos nacen con las mismas capacidades, pero la capacidad no es solo cuestión de nacimiento, la capacidad se ve ampliada o impedida según la familia en la que se vive, la escuela a la que se asiste, el grado de pobreza o de riqueza que a uno lo rodea, es el producto de cientos de fuerzas invisibles que actúan sobre el pequeño infante, sobre el niño y finalmente sobre el hombre.*
>
> Lyndon Johnson

Fuente: https://www.americanrhetoric.com/speeches/lbjhowarduniversitycommencement.htm.

3. Divídanse en grupos y elijan una de estas dos posiciones sobre las cuotas de género. Lean los argumentos y añadan uno más. Después respondan a la pregunta y piensen en un ejemplo concreto que ilustre el argumento.

	OPINIONES A FAVOR DE LAS CUOTAS	¿Cómo?¿Por qué?	Ejemplo
1	Garantizan una igualdad real y efectiva.		
2	Refuerzan la imagen social de un grupo; ayudan a minimizar prejuicios y discriminación.		
3	Reparan una deuda histórica de discriminación social y/o estructural.		
4	Las cuotas para mujeres no discriminan, sino que compensan los obstáculos reales que impiden a las mujeres tener su parte justa de los puestos políticos.		
5	Las mujeres tienen derecho como ciudadanas a la igualdad de representación.		
6			

	OPINIONES EN CONTRA DE LAS CUOTAS	¿Cómo?¿Por qué?	Ejemplo
1	Violan el derecho a la igualdad y discriminan al grupo destinatario.		
2	Contribuyen a perpetuar estereotipos de racismo, invalidez, discriminación y debilidad.		
3	Violan el derecho a la igualdad del grupo no destinatario.		
4	Implican que los políticos son elegidos por su género, no por sus cualificaciones, y que candidatos más cualificados son puestos de lado.		
5	Crean conflictos significativos dentro de las organizaciones y partidos políticos.		
6			

EVALUACIÓN

Usen la información anterior para mantener el debate. Decidan qué personas podrían estar en cada uno de los dos lados y por qué. Luego elijan los que consideran sus tres argumentos más convincentes.

	¿Quién(es)?	Argumentos
A favor		1. 2. 3.
En contra		1. 2. 3.

FIGURE CREDITS

Fig. 7-1: Adaptado de: https://www.eluniverso.com/noticias/internacional/que-paises-cambiaron-la-tendencia-politica-de-sus-gobiernos-tras-elecciones-en-latinoamerica-en-este-2021-nota/.

Fig. 7-2: Copyright © by Presidencia de la Nación Argentina (CC BY-SA 2.0) at https://en.wikipedia.org/wiki/File:Cristina_Fern%C3%A1ndez_y_Michelle_Bachelet_-_2009_(1).jpg.

Fig. 7-3: Fuente: https://www.eiu.com/n/campaigns/democracy-index-2020/?utm_Fuente=economist-daily-chart&utm_medium=anchor&utm_campaign=democracy-index-2020&utm_content=anchor-1.

Fig. 7-4: Adaptado de: https://commons.wikimedia.org/wiki/File:Diagrama_de_nolan.png.

Fig. 7-5: Copyright © by Rodriguillo (CC BY-SA 3.0) at https://commons.wikimedia.org/wiki/File:Comunidades_aut%C3%B3nomas_de_Espa%C3%B1a.svg.

Fig. 7-6: Copyright © by Anarkangel (CC BY-SA 3.0) at http://commons.wikimedia.org/wiki/File:Ceuta-melilla.png.

Fig. 7-7: Adaptado de: http://www.europapress.es/nacional/noticia-pp-ganara-117-121-escanos-unidos-podemos-sera-segundo-91-95-sigma-dos-20160626200311.html.

Fig. 7-8: Adaptado de: http://www.europapress.es/nacional/noticia-pp-ganara-117-121-escanos-unidos-podemos-sera-segundo-91-95-sigma-dos-20160626200311.html.

Fig. 7-11: Copyright © by Simon Wedege (CC BY 3.0) at https://commons.wikimedia.org/wiki/File:Evo_Morales_at_COP15.jpg.

Fig. 7-12a: Copyright © by Sfs90 (CC BY-SA 4.0) at https://en.wikipedia.org/wiki/File:2014_Bolivian_elections_map.png.

Fig. 7-12b: Copyright © by P Cesar Maldonado (CC BY-SA 4.0) at https://commons.wikimedia.org/wiki/File:Mapa_Electoral_de_Bolivia_2020_Bolivia.svg.

Fig. 7-13: Adaptado de: https://freedomhouse.org/countries/freedom-world/scores.

Fig. 7-14: Fuente: http://www.scielo.edu.uy/scielo.php?pid=S1688-74682020000200034&script=sci_arttext.

Fig. 7-15: Adaptado de: Intervenciones de Estados Unidos en el siglo XX: Centroamérica y Caribe

Fig. 7-16: Fuente: https://commons.wikimedia.org/wiki/File:%22Keep_off!_The_Monroe_Doctrine_must_be_respected%22_(F._Victor_Gillam,_1896).jpg.

Fig. 7-17: Copyright © by Elisa Cabot (CC BY-SA 2.0) at https://commons.wikimedia.org/wiki/File:Mario_Benedetti,_1981.jpg.

IMG 7-2: Fuente: https://commons.wikimedia.org/wiki/File:Obiettivo_di_sviluppo_sostenibile_16.svg.

Fig. 7-18: Fuente: https://www.latinobarometro.org/latdocs/INFORME_2018_LATINOBAROMETRO.pdf.

Fig. 7-19: Adaptado de: https://europa.eu/eurobarometer/surveys/detail/2262 .

Fig. 7-20: Fuente: https://elordenmundial.com/mapas/la-corrupcion-en-america-latina/.

Fig. 7-21: Fuente: https://datosmacro.expansion.com/estado/indice-percepcion-corrupcion/espana.

Fig. 7-22: Adaptado de: https://www.eltiempo.com/elecciones-colombia-2018/jurados-y-votantes/que-son-las-listas-abiertas-y-cerradas-al-congreso-168178.

Fig. 7-23: Fuente: http://www3.weforum.org/docs/WEF_GGGR_2021.pdf.

Fig. 7-24: Adaptado de: https://es.statista.com/grafico/24360/porcentaje-de-mujeres-y-hombres-en-cargos-ejecutivos-de-los-principales-partidos-politicos-en-espana/.

Fig. 7-25: Fuente: https://www.flacsochile.org/wp-content/uploads/Cuotas-de-Genero-Democracia-y-Representacion.pdf.

Fig. 7-26: Fuente: https://www.flacsochile.org/wp-content/uploads/Cuotas-de-Genero-Democracia-y-Representacion.pdf.

PERSPECTIVA DE DESARROLLO

8 El desarrollo humano sostenible

OBJETIVOS DE APRENDIZAJE

1. Comprender, analizar y evaluar
   a. el concepto de desarrollo humano, sus diferentes interpretaciones y los factores que lo amenazan
   b. la incidencia de la violencia y la importancia de la educación en el desarrollo humano
   c. el efecto de la exclusión en los pueblos originarios y afrodescendientes de América Latina
2. Aprender sobre el pintor ecuatoriano Oswaldo Guayasamín y analizar algunas de sus obras
3. Analizar el ODS 1: la necesidad de reducir la pobreza como base del desarrollo sostenible
4. Evaluar críticamente el comercio justo como forma de economía social

	Temas	Lengua
Aproximación	8-1. El desarrollo humano	
Perspectiva Lingüística	8-2. El desarrollo en los países hispanohablantes 8-3. La violencia: obstáculo para el desarrollo 8-4. La violencia de género 8-5. La educación: motor del desarrollo	G-3. El uso de frases relativas para describir G-17. El uso del subjuntivo en las frases relativas G-18. El uso del condicional y el subjuntivo para expresar situaciones hipotéticas
Perspectiva Intercultural	8-6. La exclusión social: indígenas y afrodescendientes	
Perspectiva Artística	8-7. La pintura de Oswaldo Guayasamín	
	El Objetivo de Desarrollo Sostenible 1 La reducción de la pobreza: clave para el desarrollo sostenible	Los conectores para enfatizar datos o ideas
Debate	La economía social: el comercio justo	El uso de argumentos de autoridad

APROXIMACIÓN

8-1   EL DESARROLLO HUMANO

1. **El concepto de desarrollo ha estado tradicionalmente vinculado a la esfera económica pero las nuevas concepciones del desarrollo consideran otros aspectos.**

    a. Lee las definiciones y examina el gráfico con los datos de estos países latinoamericanos. Identifica los cuatro países con las mejores y peores estadísticas. ¿Qué aspectos consideran estas tres mediciones?

    ☐ económicos   ☐ sociales   ☐ ambientales

---

http://www.puntos.encuentro.esp

El **ingreso nacional bruto** o INB per cápita es la suma de todos los bienes y servicios producidos por los residentes de un país durante un año dividido por el número de habitantes.

La **pobreza** se puede medir de múltiples formas. En este caso se refiere al porcentaje de la población de un país con ingresos por debajo de $1,9 dólares por día.

El **índice de igualdad** o Coeficiente de Gini mide la distribución de ingreso entre los individuos u hogares dentro de una economía. El cero representa la igualdad perfecta, en la que todos tienen los mismos ingresos; el 100 representa la desigualdad absoluta, en la que una persona tiene todos los ingresos y los demás ninguno.

Indicadores de desarrollo (2019)

	INB per cápita	Índice de igualdad (coeficiente Gini)	Pobreza (%)
Argentina	21.190	42,9	35,5
Bolivia	8.554	41,6	37,2
Chile	23.261	44,4	8,6
Colombia	14.257	51,3	35,7
Costa Rica	18.486	48,2	21
Cuba	8.621		
Ecuador	11.044	45,7	25
El Salvador	8.359	38,8	42,9
Guatemala	8.494	48,3	59,3
Honduras	5.308	48,2	48,3
México	19.160	45,4	41,9
Nicaragua	5.284	46,2	24,9
Panamá	29.558	49,8	22,1
Paraguay	12.224	45,7	23,5
Perú	12.252	41,5	20,2
R. Dominicana	17.501	41,9	21
Uruguay	20.064	39,7	8,8
Venezuela	7.045	44,8	
España	40.975	33	0

Fuentes: PNUD y Banco Mundial

Fig. 8-1. Indicadores de desarrollo (2019)

b. La pobreza se puede medir en términos económicos o considerando múltiples factores. En este gráfico se consideró el ingreso. Explica cómo han evolucionado la pobreza y la pobreza extrema en Latinoamérica.

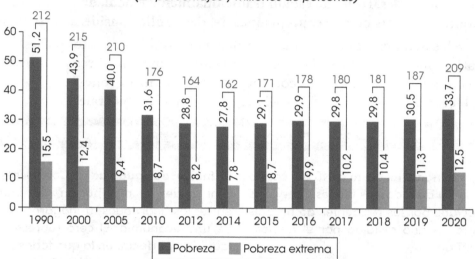

América Latina: Evolución de la pobreza y la pobreza extrema
(En porcentajes y millones de personas)

Fig. 8-2. Pobreza e indigencia en Latinoamérica (1990–2020)

2. La pobreza multidimensional

Un mejor análisis de la pobreza incluye indicadores no monetarios de privaciones o carencias (necesidades básicas no satisfechas). La medición de la pobreza con un enfoque multidimensional de privaciones complementa las mediciones basadas solamente en la insuficiencia de ingresos: hay grupos en los que ambos parámetros coinciden, pero otros padecen privaciones en necesidades básicas sin que necesariamente sus ingresos los ubiquen bajo la línea de pobreza. Estas carencias se clasifican en cinco grupos: vivienda, servicios básicos, estándar de vida, educación, y empleo y protección social. Con un análisis de todas estas variables se determina si una persona es pobre o no en términos multidimensionales. Se considera que una persona es pobre si la suma de carencias—que tienen un valor porcentual asignado—es igual o mayor al 25%.

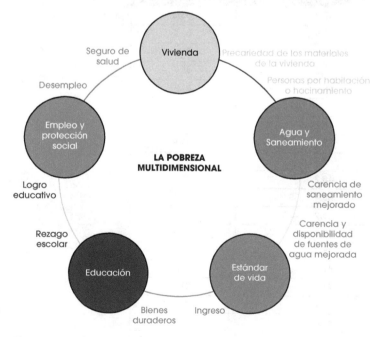

Fig. 8-3. La pobreza multidimensional

La pobreza de ingresos es la privación que más aporta a la pobreza multidimensional total, seguida de la insuficiencia del logro educativo de los adultos del hogar, las privaciones en empleo, las insuficiencias en protección social y hacinamiento, y las carencias en materia de energía y dotación de bienes duraderos. La forma y la intensidad con que se manifiestan las carencias entre los pobres varían entre los países; por eso la formulación de políticas eficaces para superar la pobreza requiere tomar en cuenta esta heterogeneidad.

En América Latina 39 millones de personas (el 7,5% de la población) viven en hogares con pobreza multidimensional aguda, de acuerdo a las estimaciones del Índice de Pobreza Multidimensional Global (IPM–G). Aproximadamente uno de cada diez niños habita en un hogar con pobreza multidimensional severa. En 2019 había 39 millones de personas pobres por IPM–G en la región, 10 millones (2% de la población) sufrían de pobreza multidimensional *severa* por la cantidad de carencias que padecían y el 7,7% de la población era vulnerable a ella (OPHI, 2019).

En la Unión Europea, el índice AROPE (At Risk of Poverty and Exclusion) mide la pobreza en términos de riesgo y considera tres factores: (a) estar en riesgo de pobreza, (b) tener cuatro o más privaciones materiales severas, y (c) vivir en un hogar con precariedad laboral. En 2020, el 21% de la población española estaba en riesgo de pobreza y/o exclusión. El umbral de riesgo de pobreza (de ingreso) es el porcentaje de la mediana nacional de ingresos; es decir, mide cuántas personas tienen ingresos bajos (debajo del 60%) en relación con el conjunto de la población. No mide la pobreza absoluta. En 2020, el 26,4 % de la población española estaba en riesgo de pobreza: 1.1% más que en 2019.

Fuentes: https://www.latinamerica.undp.org/content/rblac/es/home/blog/2020/pobreza-multidimensional-en-tiempos-del-covid-19.html; https://www.eapn.es/estadodepobreza/ARCHIVO/documentos/Informe_AROPE_2021_Avance_resultados_julio.pdf.

COMPRENSIÓN/INTERPRETACIÓN

1. Relaciona cada carencia con una dimensión de la pobreza multidimensional.

   rezago escolar

   desocupación   **vivienda**

   carencia de energía   **servicios básicos**

   carencia de acceso a agua mejorada   **estándar de vida**

   carencia de bienes duraderos   **educación**

   hacinamiento   **empleo y protección social**

2. Explica por qué es importante tener en cuenta aspectos no monetarios de la pobreza. Da un ejemplo.
3. Considera las ayudas monetarias que da un gobierno. ¿Son suficiente para luchar contra la pobreza? Da un ejemplo.
4. ¿Qué diferencia hay en la medición de la pobreza de ingreso en España y América Latina?

3. **Una nueva manera de entender el desarrollo incluye la consideración de aspectos sociales y no solo económicos, tales como la educación o el bienestar general de las personas. Lee el texto y examina el mapa.**

El Índice de Desarrollo Humano (IDH) del Programa de Naciones Unidas para el Desarrollo (PNUD) es una alternativa a las mediciones convencionales, como el nivel de ingresos y la tasa de crecimiento económico. El IDH define el desarrollo humano como el proceso por el que una sociedad mejora las condiciones de vida de sus ciudadanos a través de un aumento de los bienes con los que pueden cubrir sus necesidades básicas y complementarias, y de la creación de un entorno en el que se respeten los derechos humanos de todos ellos. El IDH es una forma de medir la calidad de vida del ser humano en el medio en el que habita y contempla tres dimensiones: disfrutar de una vida larga y saludable, tener acceso a la educación y vivir con un nivel de vida digno. Usa diversos indicadores para cada dimensión, como por ejemplo la esperanza de vida al nacer, los años de escolarización o el ingreso familiar disponible. En este sentido, la desigualdad afecta al desarrollo humano pero también al económico: por ejemplo, España tiene 11,4% menos de desarrollo a causa de la desigualdad y EE. UU. tiene un 71% menos.

Índice de Desarrollo Humano 2020
Programa de las Naciones Unidas para el Desarrollo

México 76 (A)
Honduras 132 (M)
Cuba 71 (A)
España 25 (MA)
Rep. Dominicana 89 (A)
Guatemala 128 (M)
Nicaragua 127 (M)
El Salvador 124 (M)
Venezuela 101 (A)
Costa Rica 61 (MA)
Panamá 58 (MA)
Colombia 83 (A)
Ecuador 84 (A)
Paraguay 104 (A)
Perú 78 (A)
Bolivia 108 (A)
Uruguay 56 (MA)
Chile 43 (MA)
Argentina 46 (MA)

*Puesto mundial MA = muy alto; A = alto; M = medio

Fuente: PNUD

Fig. 8-4. Índice de Desarrollo Humano

a. ¿Qué aspectos considera el IDH?
☐ económicos
☐ sociales
☐ ambientales

b. Completa las tablas: identifica los cuatro países con el índice de igualdad más alto y los cuatro con el más bajo. ¿Es consistente su índice con los datos de pobreza?

Países con MEJORES estadísticas			
	Índice GINI	Pobreza %	Diferencias (SÍ/NO)
1.			
2.			
3.			
4.			

Países con PEORES estadísticas			
	Índice GINI	Pobreza %	Diferencias (SÍ/NO)
1.			
2.			
3.			
4.			

COMPRENSIÓN/INTERPRETACIÓN

1. ¿Qué factores causan la pobreza? Divide esta lista de factores en dos grupos: económicos y sociales. Después ordénalos según el mayor o menor impacto que puedan tener en situaciones de pobreza.
   - ☐ desempleo y/o ausencia de ingresos
   - ☐ ausencia de derechos civiles
   - ☐ segregación o exclusión social
   - ☐ distribución desigual de la riqueza

2. Lee estas afirmaciones y organízalas en una escala de 1 a 4 (1= muy de acuerdo y 4= muy en desacuerdo). Después compara tus opiniones con las de tus compañeros de clase.
   - El desarrollo (humano, ambiental, social) no es compatible con el modelo económico actual.
   - Un aumento del consumo significa un mejor nivel de vida y, por lo tanto, un mayor desarrollo—entendido como bienestar.
   - En el Norte hay que hablar de crecimiento; en el Sur, de desarrollo. El Norte tiene que ayudar al desarrollo del Sur.

3. Identifica los tres países hispanohablantes con un índice de desarrollo humano más alto y los tres con un índice más bajo. ¿Cuáles pueden ser las razones para las diferencias entre estos dos grupos? Da un ejemplo para cada categoría.

	bienestar social	educación	vida larga y saludable	economía
Países con índice más alto				
Países con índice más bajo				

4. La dimensión medioambiental del desarrollo

En el año 1987 la publicación del libro Nuestro Futuro Común, más conocido como Informe Brundtland, popularizó el concepto de desarrollo sostenible. Este concepto plantea la búsqueda de progreso económico que no descuide aspectos tales como la calidad de vida o la preservación del medio ambiente, además de un compromiso ético con las generaciones futuras. A partir del informe Brundtland el mundo se concibe como un sistema global cuyas partes están interrelacionadas. El concepto de desarrollo sostenible es un proceso multidimensional que afecta al sistema económico, ecológico y social.

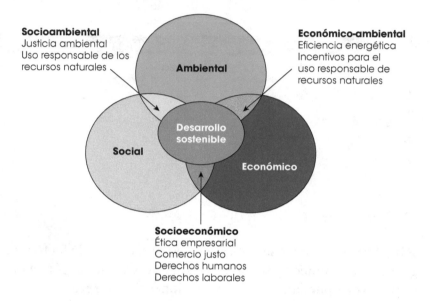

Fig. 8-5. El desarrollo sostenible

COMPRENSIÓN/INTERPRETACIÓN

1. ¿Qué significa 'sostenible' en este contexto?
2. Mira el diagrama y las interacciones entre las dimensiones de la sostenibilidad. Para cada una de las interacciones elige un área, explica qué es y cómo representa una intersección de dos dimensiones.
3. Lee estas tres citas y explica si estás de acuerdo o no y por qué.

"El término 'desarrollo sostenible' es un oxímoron: o es desarrollo, o es sostenible, pero no los dos".

Serge Latouche, *La apuesta por el decrecimiento* (2010)

"El desarrollo sostenible es un pretexto más para la intervención estatal".

Terry Anderson, *Ecología de mercado* (2003)

"Estas tres dimensiones no son suficientes para reflejar la complejidad de la sociedad contemporánea. [...] La creatividad, el conocimiento crítico, la diversidad y la belleza son condiciones imprescindibles de la sostenibilidad. La cultura es el cuarto pilar del desarrollo sostenible".

Organización Mundial de Ciudades Patrimonio de la Humanidad (2010)

PERSPECTIVA LINGÜÍSTICA

VOCABULARIO META

amenazar	to threaten	gubernamental	government related
asesinar	to kill; to murder	impuestos (los)	taxes
asesinato (el)	murder	ingreso (el)	income
carencia (la)	deprivation	intermediario/a (el, la)	middleman
castigar	to penalize; to punish	inversión (la)	investment
castigo (el)	punishment	matrícula (la)	enrollment
comercio justo (el)	fair trade	medir	to measure
condena (la)	sentence	narcotráfico (el)	drug trafficking
crecimiento (el)	growth	nivel de vida (el)	living standard
delincuencia (la)	crime	padecer de	to suffer from; to endure
delincuente (el, la)	criminal; crook	pandilla (la)	gang
delito (el)	crime; felony	pandillero/a (el, la)	gang member
denuncia (la)	report; complaint	pedir perdón	to apologize
denunciar	to report (someone)	pobres (los)	the poor
desafiar	to challenge	pobreza (la)	poverty
desarrollado/a	developed	privación (la)	deprivation
desigualdad (la)	inequality	privar de	to deprive
detener	to arrest	proceder de	to come from; originate in
digno/a	decent; livable	proveedor/a (el, la)	supplier
disculparse	to apologize	reconocimiento (el)	recognition
disfrutar de	to have; to enjoy	retroceder	to go backward
disparar	to shoot	retroceso (el)	set back
disparo (el)	gunshot	rezagado/a	s/he who is behind
distinto/a	different	rezago educativo (el)	educational gap
empoderamiento (el)	empowerment	riesgo (el)	risk
empoderar	to empower	secuestrar	to kidnap
encarcelamiento (el)	imprisonment	secuestro (el)	kidnapping
encarcelar	to imprison	superar	to overcome
enfrentamiento (el)	confrontation	toma de decisiones (la)	decision-making
etiquetado (el)	labeling	umbral de pobreza (el)	poverty line
fortalecer	to strengthen	venganza (la)	revenge
fracasar	to fail	vengarse de	to get revenge on
fracaso (el)	failure	vinculado/a	linked

8-2   EL DESARROLLO EN LOS PAÍSES HISPANOHABLANTES

1.   **Este texto presenta los factores que inciden en el desarrollo de los países de América Latina. Después de leerlo responde a las preguntas.**

Varios factores, los cuales están interrelacionados, tienen un impacto negativo en el desarrollo de América Latina. Un informe del Programa de Naciones Unidas para el Desarrollo (PNUID) de 2021 atribuye este hecho a la concentración de poder, la inefectividad de muchos de los gobiernos de estos países y la violencia—política, criminal y social—las cuales son las tres causas principales del lento desarrollo de la región.

El poder está altamente concentrado en grupos que defienden los intereses privados y esto causa que no se gobierne para el bien común, lo que, a su vez, debilita las instituciones y los gobiernos. Además, la influencia política de los monopolios y grandes empresas tiene como consecuencia que se paguen pocos impuestos, lo que se traduce en poca inversión en los servicios públicos y en políticas sociales. Con respecto a la violencia, Latinoamérica tiene el 9% de la población mundial, pero representa el 34% del total de muertes violentas, lo que la convierte en la región más violenta del mundo. Además, tiene cifras muy elevadas en otras formas de violencia como la violencia sexual, los robos, los secuestros, el abuso policial y la trata de personas.

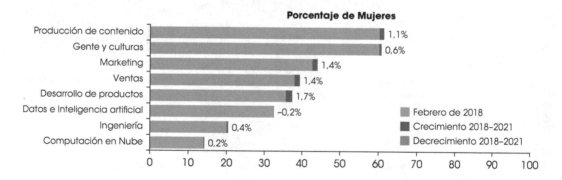

Fig. 8-6. Porcentaje de mujeres en puestos de trabajo del mañana

A todo lo anterior hay que añadir las desigualdades—no sólo de ingreso sino aquellas basadas en el género, etnia o raza, ubicación geográfica, acceso a los servicios públicos, vulnerabilidad al cambio climático, orientación sexual o identidad de género. Por ejemplo, la brecha de género en el trabajo, la discriminación de las personas LGBTQI+ en la escuela y el mercado laboral, o la falta de reconocimiento de las minorías étnicas contribuyen al bajo crecimiento económico. La desigualdad causa tensiones que debilitan el tejido social y promueven las condiciones para la violencia. Es un círculo vicioso: los grupos que sufren mayor desigualdad son precisamente los grupos más vulnerables a la violencia, la cual crea desigualdad porque afecta al desarrollo de personas que ya tienen problemas socioeconómicos, perpetuando su situación. La brecha de la desigualdad, la pobreza y el hambre se acentuaron más entre 2020 y 2021 debido a la COVID-19, ya que la región sufrió una carga desproporcionada de casos y muertes.

Fuente: https://dds.cepal.org/redesoc/publicacion?id=5493.

COMPRENSIÓN

1. El texto menciona tres grupos sociales que sufren desigualdad. ¿Cuáles son?
2. ¿Qué consecuencia tiene la concentración de poder?
3. ¿Cómo afecta a la desigualdad la influencia política de las grandes empresas?
4. Explica cómo la desigualdad causa violencia y cómo la violencia causa desigualdad.
5. Interpreta el gráfico que acompaña al texto. ¿Qué consecuencias tendrá este fenómeno?

REFLEXIÓN LINGÜÍSTICA: G-3

1. Los seis relativos marcados en el texto contienen los pronombres 'lo' o 'la/las'. Para cada uno, di a qué información específica se refieren:

   - los cuales =
   - las cuales =
   - lo que =
   - lo que =
   - lo que =
   - la cual =

2. Dado lo anterior, explica la diferencia entre el uso de *lo* y el uso de artículos (*el, la, los, las*) en las frases descriptivas (i.e., relativas).

3. Cambia los pronombres relativos marcados por otros que también sean correctos.

2. **Lee este texto sobre algunos factores que inciden en el desarrollo en España. Después de leerlo responde a las preguntas.**

España ocupa el puesto 25 del mundo en el IDH; sin embargo, es el tercer país con mayor desigualdad de ingreso de la UE (27 países). Esta elevada desigualdad se traduce, a su vez, en una elevada incidencia de la pobreza. En 2019, el 21% de sus habitantes vivió con menos de 740 euros al mes y más del 5% padeció carencias materiales severas. La desigualdad, el alto nivel de desempleo, los bajos salarios y el costo de la vivienda afectan sobre todo a los jóvenes y los inmigrantes. En la actualidad, se estima que un 27% de los niños, niñas y adolescentes menores de 18 años de España viven en riesgo de pobreza y exclusión social. La Comisión Europea considera estas cifras muy elevadas para una economía desarrollada y ha alertado al gobierno sobre la necesidad de políticas [que sean más eficaces] para proteger a los más vulnerables y redistribuir la riqueza.

Fig. 8-7. Los pilares del Índice de Movilidad Social

La desigualdad erosiona dos de las características [que son pilares de una democracia liberal]: la movilidad social y la igualdad de oportunidades. En el pasado, España logró poner en marcha un potente "ascensor social" intergeneracional que permitió que muchas personas lograsen una posición social mejor que la que habían tenido sus padres. Hoy, la movilidad social es baja y mal distribuida. Finalmente, en España la igualdad de oportunidades en educación y empleo es una de las más bajas de la UE. La pandemia del coronavirus tuvo un impacto muy asimétrico entre los ciudadanos españoles y esto causará el aumento de la desigualdad.

Fuente: https://www.lamoncloa.gob.es/presidente/actividades/Documents/2021/200521-Estrategia_Espana_2050_8.pdf.

Puesto	País	Valor (0-100)	Puesto	País	Valor (0-100)
1	Dinamarca	85,2	16	Australia	75,1
2	Noruega	83,6	17	Malta	75,0
3	Finlandia	83,6	18	Irlanda	75,0
4	Suecia	83,5	19	República Checa	74,7
5	Islandia	82,7	20	Singapur	74,6
6	Holanda	82,4	21	Reino Unido	74,4
7	Suiza	82,1	22	Nueva Zelanda	74,3
8	Austria	80,1	23	Estonia	73,5
9	Bélgica	80,1	24	Portugal	72,0
10	Luxemburgo	79,8	25	Corea del Sur	71,4
11	Alemania	78,8	26	Lituania	70,5
12	Francia	76,7	27	Estados Unidos	70,4
13	Eslovenia	76,4	28	España	70,0
14	Canadá	76,1	29	Chipre	69,4
15	Japón	76,1	30	Polonia	69,1

Fig. 8-8. Índice de Movilidad Social por países

COMPRENSIÓN

1. ¿Qué retos tienen muchos de los jóvenes españoles, según este texto?
   - ☐ Encontrar trabajo
   - ☐ Acceder a la educación
   - ☐ Comprar o alquilar casa
   - ☐ Ganar poco dinero
2. Explica qué es la movilidad social intergeneracional. ¿Es algo común en España?
3. Mira la tabla de datos y extrae dos características de la movilidad social en España.

REFLEXIÓN LINGÜÍSTICA: G-17

1. En el texto anterior hay dos frases marcadas entre corchetes (*brackets*). Di qué tipo de frases son y a qué o quién se refieren.

2. Explica el uso de dos modos diferentes (indicativo/subjuntivo) en estas frases.

3. Completa estas frases.
   - En el pasado, España tuvo políticas que ...
   - Hoy, España no tiene políticas que ...

PENSAMIENTO CRÍTICO

1. Digan qué tipo o tipos de exclusión es más probable que sufran estos grupos sociales.

   Mujeres   Migrantes   LGBTQI+   Afrodescendientes   Indígenas   Jóvenes

	Grupo(s)
Acceso a un trabajo justo	
Acceso a una vivienda digna	
Acceso a servicios públicos (sanidad, educación ...)	
Acceso a la tecnología	
Reconocimiento y representatividad	
Acceso a la participación en la toma de decisiones (políticas, económicas ...)	

2. Miren el diagrama de la Movilidad Social en el texto sobre España. Consideren los factores que este índice toma en cuenta. ¿Qué es necesario para tener movilidad social? Pónganlos en orden de importancia.

3. Decidan un plan con el que se podría cerrar la brecha de exclusión en estos casos.

Mujeres	Se necesita(n) _____ que _____
Migrantes	Es importante tener _____ que _____
LGBTQI+	Hace falta _____ que _____
Indígenas	Los países necesitan _____ que _____
Afrodescendientes	...
Jóvenes	...

8-3   LA VIOLENCIA: OBSTÁCULO PARA EL DESARROLLO

1. **¿Qué tipos de violencia existen en los países hispanohablantes? Lee este texto y después responde a las preguntas.**

Latinoamérica es una región con muy altos índices de violencia de todos los tipos: política, criminal y social. Entre 2000 y 2019 fueron asesinados violentamente más de 2,5 millones de latinoamericanos y el número de víctimas de delitos es más alto que en otras regiones con un nivel similar de desigualdad. El siglo XX se caracterizó por la violencia política y Colombia fue el último país con un conflicto armado (hasta finales de 2016). Desde principios del siglo XXI la violencia criminal ha tomado protagonismo, pero aún existe la violencia política, que se manifiesta en protestas violentas, brutalidad policial, ejecuciones extrajudiciales, violencia contra defensores de derechos humanos, activistas ambientales o periodistas. En el corredor Colombia-Centroamérica-México hay 70.000 hectáreas de superficie cultivada de coca, más de 60.000 pandilleros en las "maras" y una estructura basada en grupos criminales y cárteles de la droga. Por este corredor transita el 90% de la cocaína que entra en EE. UU. y más de cuatro millones de armas de fuego ilegales.

Tasa de homicidios por 100.000 habitantes

México 24,8
R. Dominicana 25
El Salvador 61,8
Honduras 37,6
Colombia 24,9
Venezuela 56,8
Ecuador 5,8
Perú 8
Bolivia 6
Chile 4,3
Uruguay 12
Argentina 5,1

Fuente: Informe Regional de Desarrollo Humano (PNUD)

Fig. 8-9. Tasa de homicidios en América Latina

La *violencia social*, que incluye la violencia doméstica, está muy extendida. Se manifiesta en la agresión o abuso físico, sexual o sicológico y puede estar motivada por el género, la identidad de género o la orientación sexual de la víctima. Latinoamérica tiene algunas de las tasas más altas del mundo de violencia contra la población LGBTQI+ y el feminicidio es elevado. Todo esto sólo se puede comprender si se consideran los elevados niveles de *violencia estructural*, un tipo de violencia social que resulta de un sistema que ofrece oportunidades desiguales a sus miembros—acceso desigual a los beneficios del desarrollo, distribución desigual de recursos y poder político desigual—y donde el clientelismo político y la presión de grupos de intereses económicos y políticos está a la orden del día. Guatemala, Honduras y El Salvador son ejemplos de países en los que hay un alto nivel de violencia estructural. Una cuarta forma de violencia social, la *violencia cultural*—racismo, machismo, homofobia—se manifiesta en las mentalidades, creencias y modos de pensar. La violencia estructural y la cultural son menos visibles, ya que no hay un agresor fácilmente identificable.

Fuentes: https://www.huffingtonpost.es/jeronimo-rios-sierra/la-violencia-un-lastre-pa_b_8303490.html; https://dds.cepal.org/redesoc/publicacion?id=5493.

COMPRENSIÓN

1. Enumera tres tipos de violencia social y da un ejemplo de quién puede ser la víctima y el victimario de cada uno de estos tipos.
2. En cuanto a la violencia estructural, explica qué y/o quién la causa y qué consecuencia tiene.
3. ¿Qué tienen en común la violencia estructural y la violencia cultural?
4. Explica con tus propias palabras la relación entre el corredor Colombia-Centroamérica-México y la violencia organizada.

REFLEXIÓN LINGÜÍSTICA: G-3

Decide, para cada pronombre marcado en el texto, si puedes sustituirlo por otro o no. Escribe las frases usando un pronombre diferente en los casos que sea posible.

PENSAMIENTO CRÍTICO

1. Miren el gráfico, lean e interpreten los datos que muestra. ¿Cómo se relacionan estos datos con la exclusión social y la violencia hacia ciertos grupos?

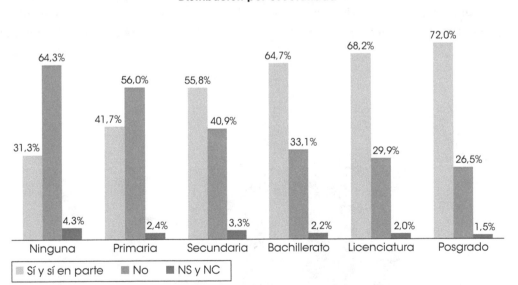

Fig. 8-10. Aceptación de la homosexualidad en América Latina por nivel educativo

2. ¿Qué factores creen que tienen mayor influencia en los distintos tipos de violencia? Escríbanlos en la tabla.

- La guerra contra las drogas
- La educación
- El acceso a armas de fuego
- El sistema económico capitalista
- Los gobiernos débiles
- La corrupción

Tipo de violencia	
Organizada	
Social (contra mujeres, LGBTQI+, afrodescendientes ...)	
Estructural	
Cultural	

2. **La violencia política. En este texto se trata el tema de la violencia política en Colombia. Responde a las preguntas usando la información del texto.**

Desde 1964 hasta finales de 2016 hubo en Colombia un conflicto armado interno entre el estado colombiano y las Fuerzas Armadas Revolucionarias de Colombia-Ejército del Pueblo (FARC). En sus orígenes, este grupo guerrillero tenía como objetivo eliminar las desigualdades sociales, políticas y económicas; eliminar la intervención militar y de capital de EE. UU. en Colombia; y establecer un estado marxista-leninista. A finales de los años ochenta el conflicto armado escaló rápidamente y en la segunda mitad de la década de 1990 se generalizaron las desapariciones forzadas, las masacres indiscriminadas de civiles, el desplazamiento forzado masivo, y los secuestros colectivos de civiles, militares y políticos. Además, se sumaron al conflicto grupos paramilitares de extrema derecha, los cárteles del narcotráfico y las bandas criminales. A partir de 2006, con la desmovilización de los grupos paramilitares y el debilitamiento de la guerrilla, la intensidad del conflicto descendió.

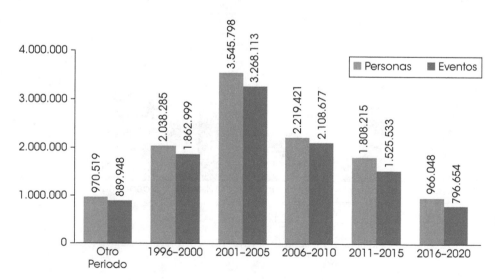

Fig. 8-11. Víctimas del conflicto armado desde su inicio

9.153.078 Víctimas del conflicto armado		
Hecho Victimizante		
Acto terrorista/Atentado		86.556
Amenaza		525.897
Delitos contra la libertad		33.526
Desaparición forzada		186.484
Desplazamiento forzado		8.143.758
Homicidio		1.065.726
Minas antipersona		11.861
Secuestro		37.515
Tortura		10.577
Abandono o Despojo Forzado		29.735
Confinamiento		74.100
Sin información		39.959

Fig. 8-12. Las víctimas del conflicto armado

A finales de 2012 se inició el proceso de paz entre el gobierno del presidente de Colombia Juan Manuel Santos y las FARC para poner un final al conflicto. Se decidió que el primer Acuerdo de Paz, en agosto de 2016, debía someterse a un plebiscito que diera a los colombianos la oportunidad de votar 'sí' o 'no' por este acuerdo. El resultado fue el 'no'. Para el presidente, el proceso de paz era prioritario y por eso se hicieron nuevas negociaciones y se acordó un nuevo texto que se firmó en Bogotá en noviembre de ese año. A pesar de esto, en la actualidad, el Estado colombiano no ha cumplido con la mayoría de sus obligaciones, como por ejemplo la restitución de tierras. Colombia es el país con más líderes sociales asesinados del mundo, con una impunidad del 86%. Según la ONU, el 93% de los casos ocurrieron en lugares en los que había poca o ninguna presencia del Estado. Esto significa que la violencia política continúa: solo en 2020 fueron asesinados 167 líderes, la mayor parte sociales, seguido de políticos. Las movilizaciones y protestas sociales se han intensificado desde 2019.

Fig. 8-13. Firma de la paz en Colombia

Fuente: https://www.swissinfo.ch/spa/colombia-violencia_la-violencia-pol%C3%ADtica-aument%C3%B3-en-2020-con-el-asesinato-de-167-l%C3%ADderes/46477714

COMPRENSIÓN

1. ¿Qué orientación política tenían las FARC de Colombia?
2. Mira el gráfico 8-11. ¿Cuáles fueron los peores años del conflicto Colombia-FARC?
3. Además de la violencia política, ¿qué otro tipo de violencia ocurrió como resultado de este conflicto?
4. Explica por qué se firmaron dos acuerdos de paz entre ambos lados del conflicto.
5. ¿De qué manera ha evolucionado la violencia política en Colombia y qué características tiene?

REFLEXIÓN LINGÜÍSTICA: G-17

1. En el texto hay tres frases para explicar o especificar una información. Identifica las frases y si se usó el modo indicativo o subjuntivo. Si se usó subjuntivo, ¿cuál es la razón?

2. Escribe las frases usando un pronombre diferente en los casos que sea posible.

3. El texto dijo que "se acordó un nuevo texto que **se firmó** en Bogotá". Determina en qué ocasiones debería cambiar el verbo de indicativo a subjuntivo:

   - Los líderes van a acordar un nuevo texto que _____ en Bogotá.

   - Los líderes querían acordar un nuevo texto que _____ en Bogotá.

   - No hubo un nuevo texto que _____ en Bogotá.

PENSAMIENTO CRÍTICO

1. Miren el gráfico 8-12 y expliquen con un ejemplo qué significan los diversos tipos de delitos sufridos por los colombianos durante el conflicto militar. Lean este ejemplo:

   Atentado terrorista: *Por ejemplo, alguien puso una bomba en el coche de una persona o en un lugar con mucha gente.*

2. La violencia en Colombia ha sido objeto de crítica por muchos artistas. Lean este texto sobre el pintor y escultor colombiano Fernando Botero. Luego miren el video donde aparecen una serie de cuadros del artista que representan la violencia que sufrió su país.
   a. ¿Cómo reflejan estas obras la violencia?
   b. ¿En qué aspectos específicos de esa violencia se concentran?

http://www.puntos.encuentro.esp

Fernando Botero (Medellín, Colombia, 1932) es uno de los pocos artistas que expone sus obras en las avenidas y plazas más famosas del mundo, como los Campos Elíseos en París, la Quinta Avenida de Nueva York o el Paseo de Recoletos de Madrid. Botero creó su propio estilo: aumentar y exagerar el volumen de la figura humana, una de las características inconfundibles de su obra.

Entre 1999 y 2004 realizó una serie de obras que retrataron décadas de violencia en Colombia, titulada *El dolor de Colombia*. Botero decidió plasmar el "cáncer de la violencia" en su país porque se sentía con "la obligación moral de dejar un testimonio sobre un momento irracional de nuestra historia". Un día sintió la necesidad de pintar, "de hacer una declaración del horror que sentía" y decidió poner su pincel al servicio de la denuncia social.

Fig. 8-14. Fernando Botero

	¿Quiénes son las víctimas?	Aspectos de la violencia
El desfile (1997)		
Los inocentes (1998)		
El cazador (1999)		
Carro-bomba (1999)		
Muerte de Pablo Escobar (1999)		
Una madre (1999)		
Desplazados (1999)		
Masacre en Colombia (2000)		
Un secuestro (2000)		
La masacre (2000)		

3. El cuadro "Masacre de Mejor Esquina" se basa en un suceso que ocurrió en Córdoba (Colombia) en 1988. Es un testimonio y una denuncia: expresa el terror frente a la muerte y la impotencia de las gentes acorraladas. Describan con detalle la escena que Botero representó en este cuadro.

Fig. 8-15. Masacre de Mejor Esquina (1997). Colección de arte Banco de la República (Colombia)

4. Lean parte de una noticia que apareció en la portada de la revista colombiana *Semana* en abril de 1988. Identifiquen aspectos y detalles específicos en el texto de la noticia que Botero incluyó en su cuadro.

Masacre En El Caserío Mejor Esquina: 36 Muertos

Semana, *12 de abril de 1988*

Los diez hombres entraron armados hasta los dientes y disparando de una. Durante unos segundos, la borrachera colectiva, la música de la papayera y el baileteo frenético, impidieron que los asistentes al fandango de Domingo de Pascua se percataran de lo que estaba sucediendo. Pero las ráfagas de metralla contra el techo y la pared ahogaron el ruido, la música y hasta el guayabo. Y un silencio sepulcral llenó el ambiente. "*Al suelo hijueputas y no nos miren la cara*", gritó uno de los pistoleros. No alcanzaron a cumplir la orden cuando las balas hicieron caer a los primeros. En medio de la histeria general todo el mundo se botó al suelo. Un muchacho, descontrolado por el pánico, se movió y una bala certera le atravesó la cabeza. Esto precipitó que algunos de los que estaban tendidos trataran de levantarse. [...] Doce minutos después, 36 campesinos del caserío Mejor Esquina del municipio de Buenavista, Córdoba, habían sido acribillados. La selección de las víctimas fue totalmente arbitraria e incluyó a una mujer y un niño.

Fuente: http://www.semana.com/nacion/articulo/masacre/10176-3.

3. **La violencia organizada. Lee esta opinión sobre la violencia resultado del narcotráfico en México. Después responde a las preguntas.**

En México, el narcotráfico es un fenómeno social, cultural y económico. En muchas zonas el crimen organizado es la única realidad cotidiana. Entretanto, la guerra contra el narco ha fracasado: la droga continúa subiendo a EE. UU. y las armas bajan a México desde el norte.

Es necesario que sea diseñada una política integral que visualice al narcotráfico más allá de un combate entre héroes y villanos. Sería necesario que el estado despenalizara la posesión para el consumo personal. Me gustaría que tanto el gobierno como los ciudadanos distinguieran la droga de la guerra contra el narco, los consumidores de los narcotraficantes. Sería el primer paso para aceptar que otra solución es posible.

Fuente: https://www.nytimes.com/es/2016/09/07/espanol/opinion/mexico-cumple-una-decada-de-duelo-por-el-fracaso-de-la-guerra-contra-el-narco.html.

Fig. 8-16. Cárteles de narcotráfico en México

COMPRENSIÓN

1. ¿Qué datos usa el autor para apoyar su afirmación de que la guerra contra el narcotráfico ha fracasado?
2. Marca cuál de estas recomendaciones da el autor del texto:
   - ☐ considerar esta guerra como una lucha entre héroes y villanos
   - ☐ perseguir a traficantes y a consumidores
   - ☐ hacer una diferencia entre la droga y la lucha contra los narcotraficantes

REFLEXIÓN LINGÜÍSTICA: G-18

1. Explica la diferencia entre las dos frases del texto marcadas en color gris. Para cada frase di si se refieren al pasado, al presente o al futuro.

2. Observa el verbo marcado en color verde y explica por qué el autor del texto usó el imperfecto de subjuntivo.

PENSAMIENTO CRÍTICO

8-1

1. Lean el texto para saber más sobre la *narcocultura* en México, nacida alrededor del mundo del narcotráfico. Después vean el tráiler del documental *Narcocultura* en el que el director retrata este fenómeno visitando Ciudad Juárez en México y su vecino El Paso, Texas.

---

http://www.puntos.encuentro.esp

La narcocultura es un fenómeno cultural que rinde admiración al mundo del narcotráfico. El sistema de valores del narcotráfico está organizado en torno al honor, la valentía, la lealtad, la venganza y una visión fatalista del mundo. La narcocultura está presente en ámbitos como la música, el cine, la televisión, la literatura, la ropa o la gastronomía. En el origen de este fenómeno están los corridos que ensalzan las historias de los capos de la droga o *narcocorridos*, un género musical de gran popularidad que ha evolucionado a temas más violentos como las torturas y los secuestros. Con esta música, las armas, la droga y el crimen se instalan como elementos cotidianos de la cultura.

Los subgéneros llamados *narcotelevisión* y *narcocine* han obtenido popularidad mundial, en especial las series que tratan de la vida de famosos narcotraficantes o la historia de los cárteles de droga. El narcocine es un subgénero del cine mexicano que produce películas y documentales, algunos de gran calidad como *Narcocultura* (2013) y *Cartel Land* (2014).

---

a. ¿Les parece que el director está a favor o en contra de este fenómeno? Usen dos ejemplos del tráiler para justificar su respuesta.

b. Los críticos del género dicen que promueve la violencia. Otros dicen que simplemente representa la realidad y es una forma de arte. Elijan una escena del tráiler para apoyar cada una de estas perspectivas. Después expliquen a la clase cómo la escena apoya esta perspectiva.

c. ¿Es la narcocultura una representación de la realidad o una promoción de la violencia? En grupos de cuatro, hagan un debate sobre este tema. Dos estudiantes deben apoyar la posición 1 y dos apoyarán la 2. Preparen dos argumentos y después debatan el tema.

A favor: Representación de la realidad	1. Es cierto que _____ sin embargo _____ 2. ...
En contra: Promueve la violencia	1. Es posible que _____, pero _____ 2. ...

8-2

2. Miren el mapa anterior y vean el video sobre la guerra entre cárteles. Identifiquen dónde ocurren estas muertes violentas y por qué. ¿A qué grupos sociales afecta la guerra entre cárteles? ¿Qué efectos tiene?

3. ¿Es el narcotráfico un problema que tiene solución? Lean la opinión del escritor peruano Mario Vargas Llosa. Digan si están de acuerdo o en desacuerdo. Decidan tres medidas que, según su grupo, podrían ayudar a combatir este problema.

El Otro Estado

¿No hay, pues, solución? La hay. Consiste en descriminalizar el consumo de drogas mediante un acuerdo de países consumidores y países productores [...] La legalización entraña (*entails*) peligros, desde luego. Y, por eso, debe ser acompañada de un redireccionamiento de las enormes sumas que hoy día se invierten en la represión, destinándolas a campañas educativas y políticas de rehabilitación e información como las que, en lo relativo al tabaco, han dado tan buenos resultados. Aunque el argumento según el cual la legalización atizaría (*incite*) el consumo como un incendio, sobre todo entre los jóvenes y niños, es válido, sin embargo lo probable es que se trate de un fenómeno pasajero y contenible si se lo contrarresta con campañas efectivas de prevención.

Mario Vargas Llosa, Tribuna,
El País, enero de 2010

Fuente: http://www.elpais.com/articulo/opinion/Estado/
elpepiopi/20100110elpepiopi_11/Tes.

Grupo 1 (de acuerdo)	Sería necesario que … Es posible que … Estaríamos a favor de que …
Grupo 2 (en desacuerdo)	Nos gustaría que … Preferiríamos que … Es dudoso que …

8-3

4. **La violencia callejera. Lee este texto sobre las pandillas callejeras en Centroamérica y responde a las preguntas usando la información del video.**

Una de las características de la violencia centroamericana son las *maras* o pandillas callejeras, organizaciones criminales que se originaron en Los Ángeles en la década de 1980. Estaban integradas por jóvenes guatemaltecos, salvadoreños y hondureños._____. La venta de armas y de drogas, los secuestros, extorsiones y asesinatos son algunas de las actividades que practican las maras. Hoy en día El Salvador es el país en el que opera el mayor número de estos grupos. Las maras realizan sus actividades delictivas en el territorio en el que viven, principalmente la extorsión._____.

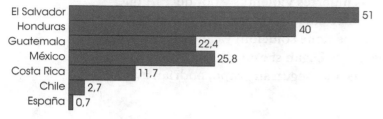

Tasa de homicidios por 100.000 habitantes (2018)

El Salvador 51
Honduras 40
Guatemala 22,4
México 25,8
Costa Rica 11,7
Chile 2,7
España 0,7

Fig. 8-17. Tasas de homicidios por 100.000 habitantes

Para hacer frente a los altos índices de criminalidad los países han aplicado políticas de "mano dura", incluyendo la militarización de la seguridad pública, el encarcelamiento masivo de pandilleros y el aumento de los años de condena para los delitos. Todo esto ha tenido efectos contrarios a los deseados.

En El Salvador, con la aceptación tácita del gobierno, se abrió en 2012 un espacio de tregua respaldado por la Iglesia y la Organización de los Estados Americanos (OEA). _____. Esta tregua duró poco más de un año. _____. En 2014, con el fin de la tregua, El Salvador comenzó un periodo de violencia extrema. El ejército volvió a las calles y los enfrentamientos entre las maras y las fuerzas de seguridad volvieron a las principales ciudades del país.

COMPRENSIÓN

1. Explica con tus propias palabras qué es la política de "mano dura", mencionada en el texto, para combatir la violencia callejera.
2. Según el texto, ¿qué efecto tuvo el periodo de tregua declarado en El Salvador en 2012?
3. ¿En qué aspecto de El Salvador se centra la primera parte del video?
4. Según Carlos y Héctor, ¿se ha reducido la pobreza en El Salvador?
5. ¿Cómo comenzó el fenómeno de las maras en El Salvador? ¿Qué dos aspectos facilitaron el crecimiento de estos grupos?
6. Explica qué es la extorsión y cómo han reaccionado los salvadoreños ante esta práctica de las maras.
7. Di dos factores que facilitan a las maras el reclutamiento de jóvenes.
8. ¿Qué tipo de soluciones se ha implementado para abordar este problema y por qué no funcionan? ¿Qué solución proponen Juan Carlos Torres y Héctor Dada?

REFLEXIÓN LINGÜÍSTICA: G-3

En el texto que has leído hay cuatro espacios marcados donde se podrían añadir frases explicativas. Decide qué frase puedes usar en cada uno de los espacios. Atención: identifica en el texto a qué o quién se refiere cada uno de estos pronombres (en negrita). ¿Qué función tiene este tipo de frases relativas?

- **que** afecta a todos sus habitantes
- **los cuales** actuaron como facilitadores del proceso
- **en el cual** se dieron más de veinte homicidios diarios de promedio
- **que** procedían de los masivos movimientos migratorios del siglo XX.

PENSAMIENTO CRÍTICO

8-4

1. Miren el video sobre la reducción de la violencia en El Salvador. Identifiquen las dos razones que se pueden dar para este fenómeno: las del gobierno y las de los "escépticos". Hablen con su grupo y decidan si están de acuerdo o no con la manera en que el gobierno ha tratado el asunto de las maras para reducir la violencia. Aporten al menos un argumento para apoyar su opinión.

De acuerdo	
En desacuerdo	

2. Otras soluciones se han concentrado fundamentalmente en políticas de "mano dura" para combatir este problema, pero no en políticas de prevención. Elijan uno de los dos tipos de programa y justifiquen su existencia para prevenir la violencia en El Salvador. Den un ejemplo específico y digan a quién va dirigido este tipo de programa.

	Justificación	Ejemplo	Destinatario(s)
Programas de combate y castigo			
Programas de prevención			

3. Ustedes están a cargo de elaborar dos programas específicos de prevención que podrían funcionar: uno enfocado en los niños y otro en los adolescentes. Trabajando en grupo, elaboren una propuesta.

Programa de prevención Niños de 4 a 14 años	Nombre del programa. ¿Qué es? ¿Dónde? ¿Cuándo? ¿Para qué?
Programa de prevención Jóvenes de 15 a 19 años	Nombre del programa. ¿Qué es? ¿Dónde? ¿Cuándo? ¿Para qué?

8-4   LA VIOLENCIA DE GÉNERO

Lee la información de esta página y mira el video sobre el fenómeno del feminicidio y otros tipos de violencia de género. Después responde a las preguntas.

http://www.puntos.encuentro.esp

En Latinoamérica, 17 países han tipificado el delito del feminicidio, elevando las condenas y calificando de 'agravado' un homicidio de esas características. Además, 13 países tienen diversas normativas sobre este asunto. Por ejemplo, México aprobó en 2020 la Ley General de Acceso de las Mujeres a una Vida Libre de Violencia. En Argentina existe la Ley de Protección Integral para Prevenir, Sancionar y Erradicar la Violencia contra las Mujeres, la cual incluye los delitos del feminicidio, travesticidio y transfeminicidio.

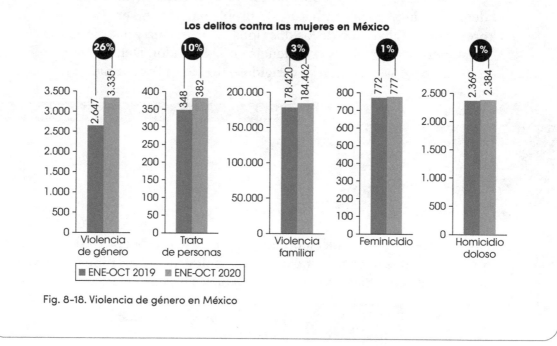

Fig. 8-18. Violencia de género en México

COMPRENSIÓN

1. ¿En qué se diferencia el homicidio de una mujer del feminicidio?
2. ¿Cuántos feminicidios hubo en México en 2018 y en Colombia en 2019?
3. Nathalia Guerrero dio varias razones por las que un hombre comete feminicidio. Menciona cuatro.
4. ¿Qué es la impunidad y qué papel tiene en el fenómeno de la violencia de género?

PENSAMIENTO CRÍTICO

1. Analicen el caso de España leyendo esta noticia y examinando los gráficos. ¿Cómo se compara con América Latina? Describan la situación de España con respecto al feminicidio.

El feminicidio en España: lo que necesitas saber	
1	
2	
3	

A Pesar Del Machismo, El Crimen Baja En España

España tiene la tasa más baja de homicidios de Europa, con 0.6 por cada 100.000 habitantes. Sin embargo la ONU, en su Estudio Mundial sobre el Homicidio de 2020, advierte que más de un tercio de estos asesinatos se producen en el ámbito de la pareja o la familia y las mujeres son las víctimas; es decir, se concentran en el ámbito de la violencia de género.

Fuente: https://www.rtve.es/noticias/20190708/tasa-homicidios-cae-espana-aunque-onu-alerta-se-concentran-ambito-violencia-genero/1968540.shtml.

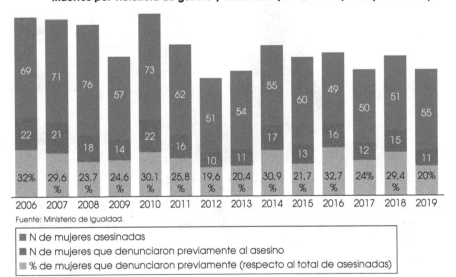

Muertes por violencia de género y denuncias previas en España (2006-2020)

Fuente: Ministerio de Igualdad.

■ N de mujeres asesinadas
■ N de mujeres que denunciaron previamente al asesino
■ % de mujeres que denunciaron previamente (respecto al total de asesinadas)

Fig. 8-19. Muertes por violencia de género en España y denuncias previas

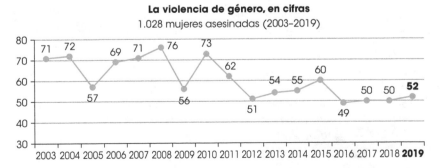

La violencia de género, en cifras
1.028 mujeres asesinadas (2003-2019)

Fig. 8-20. Muertes por violencia de género en España (2003-2019)

2. En 1999 la Asamblea General de la ONU declaró el 25 de noviembre como el Día Internacional de la Eliminación de todas las Formas de Violencia contra la Mujer. Elaboren una campaña para dar a conocer y promover en su escuela este día. La campaña debe incluir respuestas a las preguntas para cada una de las tres áreas.

Educación	¿Cómo se puede educar a la sociedad?
Penalización	¿Cómo deben ser las leyes?
Ayuda a las víctimas	¿Qué tipo de ayuda debe haber?

8-6

3. Otro tipo de violencia es aquel cometido contra la comunidad LGBTQI+ y las personas con distinta identidad de género. Las mujeres trans, en particular, sufren esta violencia en muchos países. Miren el video sobre la violencia en Honduras contra esta comunidad y su lucha para obtener derechos básicos. ¿Qué factor dificulta el camino a una Ley de Identidad de Genéro?

a. Piensen en un ejemplo para cada tipo de violencia. ¿Qué tipo de violencia en particular se denuncia en este video?

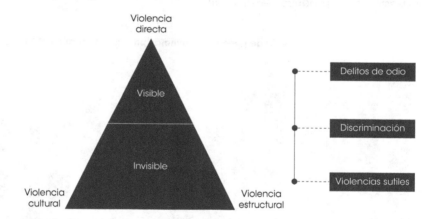

Fig. 8-21. Tipos de violencia contra la comunidad LGBTQI+

b. En 2017 hubo en España 629 casos de violencia directa o indirecta contra la comunidad LGBTQI+. Miren los tipos de incidentes y asignen cada uno a un área del triángulo. Luego lean la noticia con especial atención a la información sombreada. ¿Qué trata de comunicar el/la autor/a con esta afirmación?

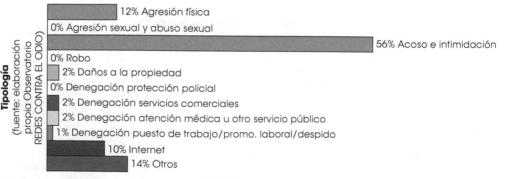

Fig. 8-22. Incidentes contra la comunidad LGBTQI+

http://www.puntos.encuentro.esp

Sobre la muerte, el 13 de julio de 2021, de Samuel Ruiz, golpeado brutalmente en una ciudad de Galicia por ser gay.

A Samuel Ruiz lo mataron en el país número uno del mundo en tolerancia LGBTQI+ [...] y lo hicieron en las mismas calles en las que unos días antes se había celebrado el Día del Orgullo Gay. [...] Es indispensable condenar a las voces que han promovido el odio hacia la comunidad gay desde sus cargos políticos. Sus mensajes alientan y justifican la violencia en las calles. Desde la llegada de la extrema derecha a través del partido Vox [...] se cuestiona la lucha contra la homofobia y la violencia de género, que ya eran consensos sociales en este país. [...] Normalizar la homofobia pone en riesgo a las personas LGBTQI+.

Fuente: https://www.nytimes.com/es/2021/07/13/espanol/opinion/samuel-luiz-lgbt-homofobia.html.

c. Lean esta noticia referida al caso de Vicky Hernández mencionado en el video. ¿Coinciden el video anterior y este artículo de opinión en la causa de la violencia? ¿Qué efecto tiene este desenlace (outcome) en el avance de la lucha por los derechos? Decidan cuál es su opinión y compártanla con un/a compañer@ que opine lo contrario.

Honduras: Responsable de violar el derecho a la vida de una mujer transgénero

La Corte Internacional de Derechos Humanos declaró responsable al estado de Honduras por violar el derecho a la vida de Vicky Hernández en un contexto de violencia contra las personas LGBTIQ+ y, en particular, contra las mujeres trans. También se vulneraron los derechos a la no discriminación y a la identidad de género. El caso de Hernández muestra un patrón de abusos contra las personas vulnerables en Honduras.

Fuente: http://www.pensamientopenal.com.ar/fallos/89277-corte-idh-declaro-responsable-honduras-violar-derecho-vida-mujer-transgenero.

	Justificación
Ningún efecto	
Un efecto	

8-5 LA EDUCACIÓN: MOTOR DEL DESARROLLO

La educación es un factor determinante para reducir—o perpetuar—la desigualdad en un país. Lee este texto y después responde a las preguntas.

La notable expansión de la matrícula escolar constituye uno de los principales logros de los sistemas educativos latinoamericanos en las últimas décadas. Sin embargo, el gran reto sigue siendo la desigualdad educativa, derivada de las otras desigualdades existentes. Lo que más diferencia al grupo con mayores ingresos de los demás es su perfil educativo. Los pobres están doblemente penalizados: primero por su condición de pobreza y segundo por sus dificultades para acceder a la educación, o por la baja calidad de la educación que reciben.

Hay varios fenómenos causantes: el primero es la estratificación de las escuelas, no sólo la oposición entre escuelas públicas y centros privados, sino también los sistemas públicos heterogéneos. El segundo fenómeno es que en las áreas urbanas y entre las etnias dominantes se ha avanzado mucho más que en el medio rural y entre las poblaciones indígenas, donde el acceso es aún problemático y donde sería necesario [que la educación fuera bilingüe e intercultural] y no un reflejo de prácticas pedagógicas eurocéntricas. El tercer fenómeno es la inequidad de género, especialmente en áreas rurales con comunidades indígenas, donde las mujeres siguen siendo excluidas de la educación. El cuarto factor es la desigualdad social: los niños cuyos padres tienen bajo nivel educativo tienen menor posibilidad de alcanzar niveles avanzados de escolaridad.

La educación por sí sola no basta para superar las inequidades. Para que la educación pueda reducir la desigualdad haría falta [que se universalizara la educación primaria], garantizando así un punto de partida igualitario. Un cambio auténtico requeriría [que se generalizara la educación preescolar y se compensaran las diferencias de calidad]. Un auténtico desarrollo sostenible haría absolutamente imprescindible [que se pusieran más recursos en la planificación de la educación de niños y niñas campesinos e indígenas]. Si queremos que la educación ayude a los pobres a salir de la pobreza, primero hay que sacar a la propia educación de la pobreza.

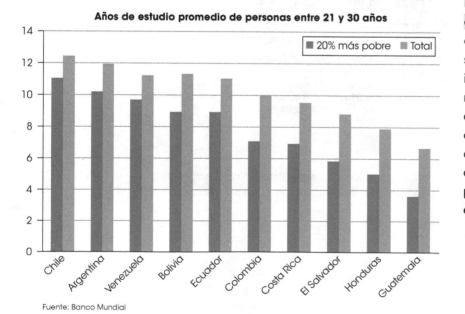

Años de estudio promedio de personas entre 21 y 30 años

Fuente: Banco Mundial

Fig. 8-23. Años de estudio: 20% más pobre vs. total de la población

COMPRENSIÓN

1. Las personas de menos ingresos sufren dos condiciones de desigualdad. ¿Cuáles son?
2. Las personas indígenas también padecen dos tipos de desigualdad educativa: una de ellas es el acceso a la educación. ¿Cuál es la otra?
3. De todos los grupos que sufren desigualdad educativa ¿a qué grupo específico afecta más esta situación y por qué?
4. Explica cómo la desigualdad social afecta a la desigualdad educativa.
5. Di dos de los requisitos necesarios, según el texto, para que la educación sea realmente un igualador de oportunidades.

REFLEXIÓN LINGÜÍSTICA: G-18

1. Observa las frases entre corchetes y el uso del subjuntivo en el pasado. ¿Se refieren los verbos *fuera*, *universalizara* ... a eventos pasados, presentes o futuros?

2. Cambia los verbos de los que dependen estas frases al presente y reescribe las frases.

   Ej.: sería necesario → es necesario

PENSAMIENTO CRÍTICO

1. Lean e interpreten los datos del gráfico que aparece en el texto. Marquen qué información nos da sobre el tema de la educación en América Latina y después expliquen esta información.
   - ☐ Acceso a la educación
   - ☐ Calidad de la educación
   - ☐ Desigualdades sociales
   - ☐ Desigualdades raciales
2. Reflexionen sobre estas condiciones, mencionadas en el texto, para superar la desigualdad educativa. Primero decidan si están de acuerdo o no con ellas. Luego elijan la más importante y justifiquen su respuesta.
   - ☐ Universalizar la educación primaria
   - ☐ Compensar las diferencias de calidad
   - ☐ Generalizar la educación preescolar
   - ☐ Poner más recursos en educación intercultural
3. Miren el video sobre la educación en México. Marquen los factores que afectan a la educación de estas comunidades. Después identifiquen tres impactos positivos del programa Enseña por México.
   - ☐ inseguridad
   - ☐ calidad de la educación
   - ☐ carencia de educación preescolar
   - ☐ acceso a la educación
   - ☐ carencia de educación intercultural
   - ☐ carencia de recursos

8-7

4. Analicen la información de estos gráficos sobre la educación en el Perú y determinen qué información específica presentan. ¿Con qué información del texto podemos relacionar estos datos?

Perú: Tasa de analfabetismo: mujeres indígenas 2017

Fig. 8-24. Tasa de analfabetismo de mujeres en Perú

Perú: Tasa de asistencia a la escuela de la población

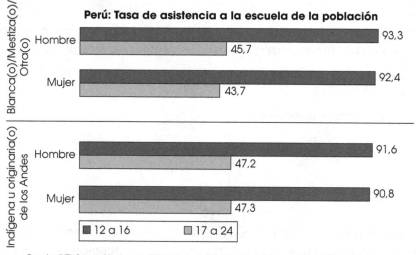

Fuente: INEI-Censos Nacionales 2017: XII de Población, VII de Vivienda, III de Comunidades Indígenas

Fig. 8-25. Tasa de asistencia a la escuela en Perú

5. Con todo lo que ya saben sobre el tema, elaboren un plan de acción basado en las tres necesidades más importantes para cerrar la brecha educativa y recomienden algunas maneras de superarlas.

Necesidad	Recomendación
1. _____	Se necesitan _____ que ... Sería necesario que ...
2. _____	Hace falta _____ que ... Sería importante que ...
3. _____	Hace falta _____ que ... Sería importante que ...

PERSPECTIVA INTERCULTURAL

8-6 LA EXCLUSIÓN EN LATINOAMÉRICA: INDÍGENAS Y AFRODESCENDIENTES

1. ¿Qué son los pueblos indígenas y afrodescendientes? Lee este texto y después responde a las preguntas.

En América Latina existen más de 800 pueblos indígenas que representan el 8,5% de la población total: unos 55 millones de personas. La Asamblea General de la ONU aprobó en 2007 la Declaración de Derechos de los Pueblos Indígenas, que protege a los más de 370 millones de personas que integran estos grupos. El documento establece los parámetros que permiten que las poblaciones indígenas conserven su cultura y su identidad. En la Declaración de la ONU se afirma el derecho de los indígenas a "poseer, desarrollar, controlar y aprovechar las tierras y los recursos que poseen por tradición".

Los indígenas de Latinoamérica tienen hoy más visibilidad y participación en las decisiones políticas. También ha habido logros importantes en cuanto al acceso a la educación. Paralelamente, varios países han aprobado leyes para reconocer sus derechos, territorios y tradiciones. Pero un estudio del Banco Mundial muestra que, a pesar de los avances, la vida de los pobladores originarios ha mejorado muy poco. Los indígenas son los más pobres

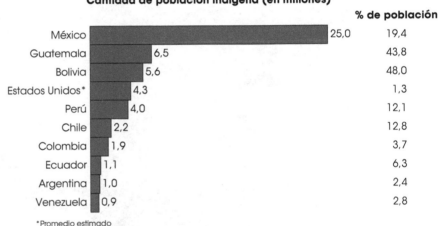

Cantidad de población indígena (en millones)

País	Cantidad	% de población
México	25,0	19,4
Guatemala	6,5	43,8
Bolivia	5,6	48,0
Estados Unidos*	4,3	1,3
Perú	4,0	12,1
Chile	2,2	12,8
Colombia	1,9	3,7
Ecuador	1,1	6,3
Argentina	1,0	2,4
Venezuela	0,9	2,8

*Promedio estimado
Fuentes: Grupo de Trabajo Internacional para Asuntos Indígenas; Banco Mundial

Fig. 8-26. Población indígena

del continente, viven en peores condiciones y reciben peores ingresos que los no indígenas. Una familia indígena tiene tres veces más posibilidades de vivir en pobreza extrema que una que no lo es. Es decir, persisten la discriminación, la exclusión y la injusticia. Las múltiples dimensiones de la desigualdad (de ingreso, de género, étnica y racial, y territorial) se entrecruzan y afectan de forma particular a indígenas y afrodescendientes.

América Latina es la región del mundo con más descendientes de esclavos africanos. En total, en la región se estima que viven 161 millones de descendientes de la diáspora africana. Aunque su situación social, económica y política está mejorando—han obtenido reconocimiento en el marco del derecho internacional y de los acuerdos internacionales—los afrodescendientes de América Latina enfrentan desigualdad y discriminación. Dentro de este grupo, las mujeres afrodescendientes sufren una profunda inequidad y son invisibilizadas, padecen la pobreza en niveles más altos que el resto de la población y están subrepresentadas o ausentes en los procesos de toma de decisiones. Además representan el grupo con las menores tasas de asistencia a la escuela y ocupan el extremo inferior de la escala de ingresos.

Población afrodescendiente, según último censo y estimaciones a 2020
(En miles de personas y porcentajes)

País y año del censo	Porcentaje de población afrodescendiente	Población afrodescendiente estimada a 2020
Argentina, 2010	0,4	168,5
Bolivia (Estado Plurinacional de), 2012	0,2	27,1
Chile, 2017	0,1	11,5
Colombia, 2018	6,8	3.482,9
Costa Rica, 2011	7,8	396,0
Cuba, 2012	35,9	4.064,1
Ecuador, 2010	7,2	1.268,8
El Salvador, 2007	0,1	8,4
Guatemala, 2018	0,3	57,3
Honduras, 2013	1,4	138,1
México, 2015	1,2	1.490,5
Nicaragua, 2005	0,5	30,8
Panamá, 2010	8,8	380,8
Paraguay, 2012	0,1	4,3
Perú, 2017	3,6	1.178,1
Uruguay, 2011	4,6	159,9
Venezuela (República Bolivariana de), 2011	3,4	978,3
Estimaciones a partir de otras fuentes		
República Dominicana	8,6	932,9
Total	20,9	133.946,2

Fig. 8-27. Población afrodescendiente

Los afrodescendientes son una minoría demográfica y cultural y deberían tener derechos especiales en las políticas de desarrollo de los Estados debido a la discriminación histórica, a la esclavitud y el colonialismo sufrido durante más de cinco siglos. La agenda política afrodescendiente propone que la esclavitud es un crimen de lesa humanidad que impidió que los africanos y sus descendientes lograran una ciudadanía plena y un desarrollo adecuado. Por eso exigen una justicia social histórica reparativa y derechos culturales y colectivos. En algunos países de la región ya han recibido reconocimiento jurídico como grupo étnico o pueblo cultural originario.

COMPRENSIÓN

1. De acuerdo con el texto, ¿qué derechos les confiere a los indígenas la Declaración de Derechos de 2007?
   - ☐ Derecho a la no discriminación étnica
   - ☐ Derecho a la propiedad territorial
   - ☐ Derecho a la identidad lingüística y cultural
   - ☐ Derecho de autodeterminación
2. Di tres áreas en las que la situación de la población indígena ha mejorado.
3. ¿Hay alguna diferencia entre las condiciones de la población indígena y la afrodescendiente, según el texto?
4. ¿Es la comunidad afrodescendiente un pueblo cultural originario? Explica.
5. ¿Qué países tienen alta concentración de población indígena y afrodescendiente?

2. Pobreza y exclusión entre indígenas y afrodescendientes.

Según la CEPAL, los niveles de pobreza y pobreza extrema entre las personas indígenas y afrodescendientes son muy elevados en comparación con el resto de la población. En 2020, las tasas de pobreza y pobreza extrema de las personas indígenas y afrodescendientes ascendieron, y son muy superiores a las de la población no indígena ni afrodescendiente.

1. Comparen los datos de los gráficos. ¿A qué grupo afectan más la pobreza y la pobreza extrema?

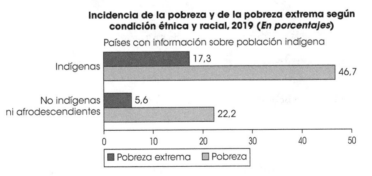

Incidencia de la pobreza y de la pobreza extrema según condición étnica y racial, 2019 (*En porcentajes*)

Países con información sobre población indígena

Fig. 8-28. Incidencia de la pobreza: pueblos indígenas

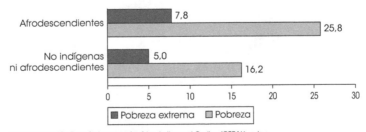

Fuente: Comisión Económica para América Latina y el Caribe (CEPAL), sobre la base de Banco de Datos de Encuestas de Hogares (BADEHOG).

Fig. 8-29. Incidencia de la pobreza: pueblos afrodescendientes

2. Examinen el gráfico que describe la pobreza en cinco países y respondan a las preguntas.

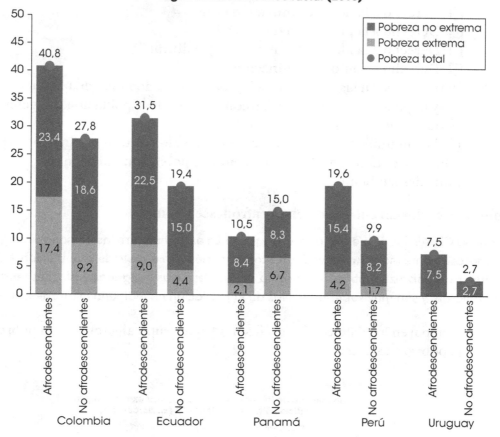

Fuente: Comisión Económica para América Latina y el Caribe (CEPAL), sobre la base de Banco de Datos de Encuestas de Hogares (BADEHOG).

Fig. 8-30. Incidencia de la pobreza en cinco países

País que tiene	mayor diferencia entre afrodescendientes (AD) y no AD: Pobreza extrema	mayor diferencia entre AD y no AD: Pobreza	menos pobreza extrema	más pobreza extrema	menor pobreza entre los AD que entre los no AD
Colombia					
Ecuador					
Panamá					
Perú					
Uruguay					

PENSAMIENTO CRÍTICO

8-8

1. La exclusión social deniega a indígenas y afrodescendientes el acceso a oportunidades y servicios para tener vidas productivas fuera de la pobreza. Un grupo excluido sufre la falta de acceso a uno a más de estos aspectos. Miren el video sobre los afrodescendientes de Colombia.
   a. Expliquen cómo cada aspecto contribuye a la exclusión.
   b. ¿Cómo superó la exclusión laboral Esaud Urrutia?
   c. ¿Por qué dos razones estas mujeres están orgullosas de ser negras?
   d. ¿Qué factor es determinante, según Maby Viera, para eliminar la discriminación?
   e. ¿Qué efecto tuvo en Esaud Urrutia el "descubrir el color de su piel"?

Ausencia de ...	
trabajo formal	Si una persona carece de un trabajo decente _____ y por eso _____
vivienda digna	_____; entonces _____
servicios de salud adecuados	_____; por lo tanto _____
educación de calidad	
sistema de justicia	
participación electoral y política	
segregación geográfica	

2. Estos son datos sobre las áreas en las que sufren exclusión las poblaciones indígenas o afrodescendientes. Completen las frases.
   a. Elijan las tres carencias que más favorecen la exclusión y expliquen cómo.
   b. Para cada factor que han elegido, propongan una manera en que se podría facilitar la inclusión.

Privación	Dato
de ingresos	• La proporción de pobres que son indígenas o afrodescendientes es _____ que la de pobres no indígenas o afrodescendientes
de educación	• Indígenas y afrodescendientes tienen _____ que el resto de la población. • Hay _____ indígenas y afrodescendientes en la escuela secundaria y superior. • Hay más _____ alfabetizados que mujeres.

(cont.)

Privación	Dato
de servicios de salud	• Los indígenas en zonas urbanas tienen tasas de mortalidad infantil más _____ que los de zonas rurales. • Las poblaciones indígenas tienen tasas de mortalidad infantil más _____ que las no indígenas (rural o urbana). • La discriminación parece ser un factor en las diferencias de _____ a la salud.
de tierra o vivienda	• La falta de _____ de propiedad colectiva de la tierra favorece el desplazamiento forzado. • Las comunidades afrodescendientes no son consideradas comunidades con _____ cultural y racial propia, lo que no les da privilegios de acceso a la tierra. • En las poblaciones indígenas la migración a la ciudad y las leyes indígenas de propiedad de la tierra causan _____ de género (las mujeres no tienen capacidades profesionales para la ciudad y no heredan la tierra). • Los migrantes afrodescendientes desplazados se enfrentan a _____ de vivienda en la ciudad.
de empleo	• La raza y el origen étnico condicionan el acceso a un _____ de _____, independientemente de las cualificaciones. • Hay una disparidad _____ entre los trabajadores afrodescendientes e indígenas y los no afrodescendientes e indígenas, que aumenta con el grado de escolaridad.
de participación política	• Las comunidades indígenas y afrodescendientes tienen muy baja _____ y por eso no tienen la _____ de influir en las acciones del gobierno.

3. Las reparaciones históricas

Los abusos pasados como el colonialismo, la esclavitud o la expropiación de territorios indígenas continúan determinando las actuales desigualdades y discriminaciones de carácter estructural que sufren estos pueblos. Por esa razón muchos indígenas y afrodescendientes están reclamando su derecho a la reparación por los abusos e injusticias del pasado. La historia se ha convertido en un escenario controvertido y desafiado por grupos que en América Latina—al igual que en EE. UU. y otras partes del mundo—han estado excluidos de esa narrativa. Un primer argumento para defender el derecho a la reparación por injusticias del pasado es la credibilidad del sistema internacional de protección de los derechos humanos. Reconocer el derecho a reparaciones afirma la universalidad de los derechos humanos, los cuales se deben aplicar en el presente y en relación con acontecimientos del pasado. El principal obstáculo de aplicar retrospectivamente los estándares actuales de derechos humanos es que muchas de las injusticias del pasado no estaban prohibidas cuando tuvieron lugar, lo que plantea el dilema de la pertinencia de aplicar a esas injusticias las normas del presente. Otro argumento que se usa para defender este derecho es que los efectos negativos de los errores históricos persisten y explican las exclusiones y desigualdades a las que se enfrentan los pueblos indígenas y afrodescendientes hoy. Por el contrario, los que no apoyan esta idea argumentan que un pago de dinero no solucionaría la raíz del problema y que las reparaciones podrían aumentar la división entre los ciudadanos.

COMPRENSIÓN

1. Define con tus propias palabras qué son las injusticias históricas.
2. ¿Se pueden considerar las injusticias históricas una violación de derechos humanos? Elabora dos respuestas—una afirmativa y otra negativa— basándote en información del texto.
3. Según algunas personas, ¿sería una medida eficiente dar dinero como forma de reparación?

PENSAMIENTO CRÍTICO

Lean la declaración de la ONU. ¿A cuál de las privaciones se refiere? ¿Cómo afecta a la exclusión? ¿Qué reparaciones propone?

---

http://www.puntos.encuentro.esp

Declaración de la ONU sobre los Derechos de los Pueblos Indígenas, Artículo 28:

Los pueblos indígenas tienen derecho a la reparación, por medios que pueden incluir la restitución o, cuando ello no sea posible, una indemnización justa, imparcial y equitativa, por las tierras, los territorios y los recursos que tradicionalmente hayan poseído u ocupado o utilizado de otra forma y que hayan sido confiscados, tomados, ocupados, utilizados o dañados sin su consentimiento libre, previo e informado. La indemnización consistirá en tierras, territorios y recursos de igual calidad, extensión y condición jurídica o en una indemnización monetaria u otra reparación adecuada.

Fuente: https://www.un.org/esa/socdev/unpfii/documents/DRIPS_es.pdf.

---

4. **Reparaciones en Estados Unidos. Lee el texto e identifica dos argumentos usados por sectores de población afrodescendiente a favor y en contra de las compensaciones.**

En Estados Unidos, un creciente número de voces afirma que las compensaciones constituyen una forma de restitución a ciudadanos cuyos ancestros fueron esclavos. Estas pueden incluir la presentación de disculpas, el pago de dinero, asumir la responsabilidad por los errores del pasado o crear programas de empoderamiento. Esta es una idea a favor de la cual se han manifestado muchos académicos y activistas afroestadounidenses. Algunos expertos han calculado el valor del trabajo esclavo en Estados Unidos en cifras que van desde miles de millones hasta billones de dólares. Las desigualdades históricas son la causa de la actual brecha entre los estadounidenses blancos y negros en temas de ingresos, vivienda, salud y niveles de encarcelamiento. En 2018, un estudio de Data for Progress reveló que las reparaciones eran impopulares, especialmente entre los estadounidenses blancos, pero incluso algunos activistas negros se han opuesto en el pasado a las reparaciones. «Es insultante para los negros ofrecerles reparaciones por el sufrimiento de las generaciones pasadas, como si el balance de un pasado irreparable pudiera arreglarse con un pago», señaló en su momento Bayard Rustin, un activista que fue amigo de Martin Luther King Jr.

Fuente: https://www.bbc.com/mundo/noticias-47674851.

PENSAMIENTO CRÍTICO

Lean el texto sobre un tipo de medida de reparación. Después preparen dos argumentos: uno a favor y otro en contra de esta medida.

---

http://www.puntos.encuentro.esp

En el año 2010 el Congreso de EE. UU. pidió perdón a los pueblos indígenas del país en una resolución que fue leída en presencia de los representantes de las cinco naciones nativas principales: Cherokee, Choctaw, Creek, Pawnee y Oyate. El documento fue presentado por su autor, el senador Sam Brownback, y en él las autoridades se disculpan por las equivocadas políticas, la violencia contra ellos, el robo de tierras y las violaciones de los acuerdos firmados con ellos. Al mismo tiempo, el documento señala que carece de validez para cualquier tipo de reclamación legal de los indígenas al gobierno de los EE. UU.

A pesar de las disculpas, el ingreso medio de los indígenas americanos no llega a la mitad de la media general del país y casi la cuarta parte de ellos vive bajo el umbral de pobreza. Además, las reparaciones nunca han figurado de manera prominente en las reclamaciones de justicia de los nativos americanos. Para ellos, el mayor daño fue el robo de tierra, su patria, a menudo acompañado de expulsiones forzadas. La tierra no es simplemente una propiedad con valor material, es una fuente de tradiciones e identidades producto de siglos de relaciones con la naturaleza. Ese territorio es insustituible. Las reparaciones son inadecuadas para hacer frente a los daños y perjuicios que experimentaron los nativos americanos.

Fuente: https://actualidad.rt.com/actualidad/view/11816-EE.-UU.-pide-perd%C3%B3n-a-ind%C3%Adgenas.

Argumento 1	Aunque _____ sin embargo _____
Argumento 2	_____ y por eso _____

1. Preparen un programa de medidas de reparación para los indígenas y afrodescendientes de América Latina. Después presenten su programa a la clase.

	Medida de reparación	Argumentos
1		
2		
3		

PERSPECTIVA ARTÍSTICA

8-7   LA PINTURA DE OSWALDO GUAYASAMÍN

Uno de los más consagrados artistas latinoamericanos es el ecuatoriano Oswaldo Guayasamín quien—entre otros temas—reflejó en sus cuadros la explotación de indígenas y afrodescendientes latinoamericanos.

Oswaldo Guayasamín fue uno de los pocos casos de pintores que trataron la exclusión de los indígenas y que provinieron de ese mismo grupo social. Hijo de un obrero indígena, llegó a ser considerado uno de los latinoamericanos más internacionales y grabó su nombre en la historia del arte de la región. Nació en la ciudad ecuatoriana de Quito en el año 1919. Su padre era indio y su madre mestiza. Estudió arquitectura y pintura en la Escuela Nacional de Bellas Artes. El arte indígena americano y el muralismo mexicano fueron grandes influencias en su obra, que refleja las raíces indígenas y afrodescendientes de los pueblos latinoamericanos, sus sentimientos, sus luchas y sus sueños.

Guayasamín es un artista de denuncia social, intensamente preocupado por los problemas humanos, la violencia, la pobreza y la injusticia. Estas características ya aparecen en su primera etapa de realismo social con la serie de pinturas Huacayñan (1945-1950), un relato visual de más de cien cuadros que narra la miserable explòtación de los indios y negros latinoamericanos. Huacayñan es una palabra kichwa que significa "El Camino del Llanto". Guayasamín pintó los cuadros de la serie en un lapso de seis años, después de recorrer durante dos años desde México hasta la Patagonia.

Fig. 8-31. *Los trabajadores* (1942)

En el cuadro *La cantera* Guayasamín representó una catástrofe ocurrida en una mina de Ecuador, país rico en minerales y metales. Con esta imagen de los mineros descalzos llevando a uno de sus compañeros muertos denuncia la explotación, el abuso y las terribles condiciones laborales a las que son sometidos los trabajadores de las minas, la mayoría de los cuales es indígena.

Fig. 8-32. *La cantera* (1941)

Fig. 8-33. *Sed* (1945)

Del mismo modo el cuadro *Sed* representa el sufrimiento y la explotación de los afrodescendientes en América Latina mediante la imagen de un sediento trabajador del campo que sostiene un cuenco vacío en su mano, agotado por las extensas horas de trabajo, y que ni siquiera tiene agua para aliviar su cansancio. El uso de contornos sobrios y formas triangulares recuerda al estilo del cuadro Guernica de Picasso. Más tarde Guayasamín evolucionará hacia una pintura expresionista en la que transmite su mundo interior, sus pasiones y angustia existencial para despertar las emociones del espectador. Las formas dejan de ser bellas y se distorsionan en beneficio de la expresión. Las composiciones son dramáticas y agresivas. En sus obras siempre trata sobre temas sociales, refleja el dolor y la miseria que soporta la mayor parte de la humanidad y denuncia la violencia que le ha tocado vivir al ser humano— guerras civiles, genocidios, dictaduras, torturas—, el hambre, la desigualdad. Sus obras representan la lucha, la esperanza y la reivindicación de los más humildes.

1. Mira los tres cuadros de Guayasamín. Identifiquen algunas características que comparten y algunas diferencias. ¿Cuál es el mensaje que Guayasamín quiso transmitir?
2. ¿Cuál de los cuadros refleja las características de lo que más tarde será su estilo expresionista? Justifica tu respuesta.

8-9

3. En este video Oswaldo Guayasamín habla de su obra y describe su propósito. Después de verlo, responde a las preguntas.

COMPRENSIÓN

1. ¿Cómo justificó Guayasamín la presencia del tema del odio en su pintura?
2. ¿Por qué creaba series de cuadros?
3. ¿Qué mensaje quería transmitir construyendo La Capilla del Hombre?
4. ¿Qué tres tipos de arte contiene el Museo Guayasamín?

PENSAMIENTO CRÍTICO

1. Busquen una obra de Guayasamín de una de sus etapas pictóricas. Preséntenla a la clase y expliquen por qué la seleccionaron.

---

http://www.puntos.encuentro.esp

El complejo arquitectónico y pictórico *La capilla del hombre* es un proyecto inconcluso de Guayasamín inspirado en el Templo del Sol, construido hace 3.000 años en la línea equinoccial: un museo en el corazón de Quito que recoge la historia de las culturas latinoamericanas y donde pintó, antes de su muerte, 2.500 metros cuadrados de gigantescos murales. La UNESCO lo considera un proyecto cultural prioritario.

Fuente: http://juancarloscallejon.blogspot.com/2019/07/guayasamin-en-trujillo.html.

---

2. Lean e interpreten el significado de estas citas de Guayasamín.

"Yo sé que los ejemplos de tortura física y mental, de crímenes cotidianos, son más o menos conocidos. Pero hay otra forma de tortura o crimen oficial, menos visible pero más devastadora: la destrucción de nuestros pueblos, aniquilando nuestra cultura, convirtiéndolos en consumidores de productos y conceptos elaborados a miles de kilómetros de nuestros países".

"Mi pintura es de dos mundos. De piel para adentro es un grito contra el racismo y la pobreza; de piel para fuera es la síntesis del tiempo que me ha tocado vivir".

Fuente: https://www.eldescomunal.com/ocio/arte/oswaldo-guayasamin-el-pintor-de-las-tragedias-del-siglo-xx/.

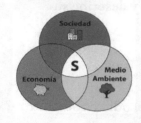

LA REDUCCIÓN DE LA POBREZA: CLAVE PARA EL DESARROLLO SOSTENIBLE

Lee este texto sobre la pobreza en los países hispanohablantes. Después responde a las preguntas expresando tu opinión.

Se estima que en 2019 el 30,5% de la población de América Latina se encontraba en situación de pobreza por ingresos. De estas, 70 millones sufrían de pobreza extrema. Además, alrededor de 59 millones de personas de la clase media experimentaron un proceso de movilidad económica descendiente. A partir de 2015, después de más de una década de avances, la pobreza y la pobreza extrema aumentaron y el ritmo de reducción del índice de Gini disminuyó considerablemente. La crisis de la COVID-19 ralentizó el progreso y causó que la tasa de desempleo alcanzara el 10,7% (2,6% más que en 2019) afectando sobre todo a mujeres, trabajadores informales, jóvenes y migrantes. La incidencia de la pobreza y de la pobreza extrema es mayor entre las mujeres, en las áreas rurales, entre las personas indígenas y la población afrodescendiente, entre los niños y adolescentes, y entre las personas con menos años de estudios.

En lo que respecta a España, en el año 2020 el 21 % de la población española estaba en Riesgo de Pobreza (de ingreso), es decir, por debajo de 9.626 euros de ingreso al año. El índice (AROPE) estimó que el 26,4 % de la población española estaba en Riesgo de Pobreza y/o Exclusión Social.

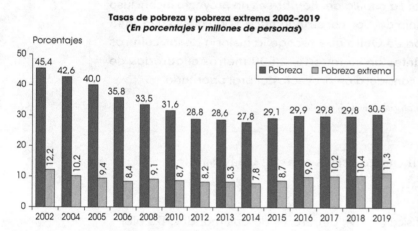

Fig. 8-34. Tasas de pobreza y pobreza extrema (2019)

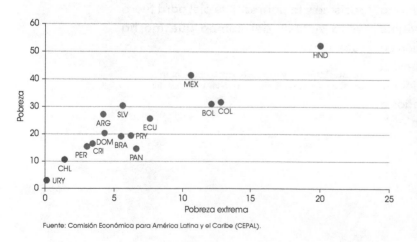

Fuente: Comisión Económica para América Latina y el Caribe (CEPAL).

Fig. 8-35. Tasas de pobreza y pobreza extrema por países (2019)

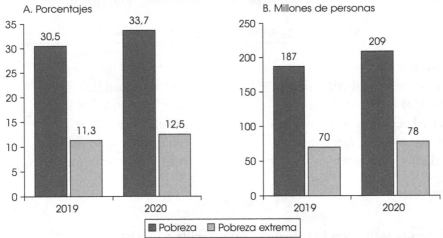

América Latina (18 países): Tasas de pobreza y personas en situación de pobreza 2019-2020

Fig. 8-36. Comparación de tasas de pobreza (2019–2020)

Poner fin a la pobreza en todas sus formas y en todo el mundo es el Objetivo de Desarrollo Sostenible (ODS) más importante de todos. En particular, la meta 1.1 tiene el propósito de erradicar la pobreza extrema (ingreso por persona inferior a 1,25 dólares al día) para todas las personas del mundo; y la meta 1.2 se concentra en reducir al menos a la mitad la proporción de personas que viven en la pobreza *en todas sus dimensiones y de acuerdo a las definiciones nacionales*. La pobreza tiene muchas causas: el desempleo, la falta de sistemas de protección social, la distribución desigual de recursos y energía, la degradación ambiental, la exclusión social y la vulnerabilidad de ciertas poblaciones a los desastres, enfermedades y otros fenómenos.

La pandemia ha evidenciado y aumentado las grandes brechas estructurales de la región. Según la CEPAL, es necesario "reconstruir con igualdad y sostenibilidad, apuntando a la creación de un verdadero Estado de bienestar". Para ello los países deben garantizar la protección social universal, pilar central del Estado de bienestar y meta 1.3 de los ODS. La CEPAL también recomienda avanzar hacia un ingreso básico universal, priorizando a familias con niños y adolescentes, como componente central de este nuevo Estado de bienestar.

1. ¿Con cuál de las tres dimensiones de la sostenibilidad se relaciona el ODS 1 de forma directa?
2. ¿Se relaciona con alguna dimensión más de forma indirecta? Da un ejemplo.
3. Mira el gráfico 8-35. ¿Qué significan los tres distintos colores con los que se marca a los países?
4. Según el gráfico 8-36, ¿en cuántos millones de personas aumentó la tasa de pobreza entre 2019 y 2020? ¿Y la pobreza extrema?
5. Explica la concepción de la pobreza que implican las dos expresiones marcadas en cursiva en el texto.
6. ¿Cuál es la característica definitoria del Estado de bienestar, según la CEPAL?

Fuentes: https://www.cepal.org/es/publicaciones/46687-panorama-social-america-latina-2020l; https://www.eapn.es/estadodepobreza/ARCHIVO/documentos/Informe_AROPE_2021_Avance_resultados_julio.pdf; https://www.cepal.org/es/comunicados/pandemia-provoca-aumento-niveles-pobreza-sin-precedentes-ultimas-decadas-impacta.

▶ VIDEO
8-10

Renta Básica Universal (RBU): ¿viable en América Latina?

Vocabulario

acaudalado/a = well-off, affluent
carencia (la) = deprivation
estado de bienestar (el) = welfare state
evasión fiscal (la) = tax evasion
gastos (los) = expenses

herramienta (la) = tool
patrimonio (el) = assets
perezoso/a = lazy
permitirse = to afford
renta (la) = income

COMPRENSIÓN

Completen la tabla con la información referida a la RBU.

	Renta Básica Universal	
1.	¿Qué condiciones se requerirían para recibirla?	
2.	¿Cuánto tiempo duraría?	
3.	¿Cuál sería su propósito principal?	
4.	¿En qué países se aplicaría?	
5.	¿Sería dada a las personas que no lo necesitan?	
6.	¿Se consideraría una ayuda social?	
7.	¿Causaría problemas éticos?	
8.	¿Permitiría alcanzar las metas 1 y 2 del ODS 1?	
9.	¿Podría financiarse? ¿Cómo?	

CONECTORES PARA ÉNFATIZAR DATOS O IDEAS

Para poner énfasis y destacar ideas o puntos importantes que no deben pasar desapercibidos podemos usar estos conectores:

FUNCIÓN	CONECTOR
Enfatizar	**en particular** _____ **sobre todo** _____ (*above all, very specially ...*) **lo más importante** _____ (*most importantly ...*) **por supuesto (que)** _____ (*of course ...*) **en realidad** _____ (*actually, in fact ...*) **no sólo ... sino también** _____ (*not only ... but also ...*)

PRÁCTICA

Respondan a las preguntas anteriores (tabla) poniendo énfasis en las ideas expresadas.

ANÁLISIS

1. En el video se dijo que la RBU es "un derecho humano". Lean esta información y decidan si están acuerdo o no con esa idea y por qué.

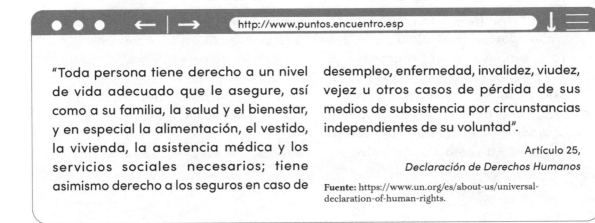

"Toda persona tiene derecho a un nivel de vida adecuado que le asegure, así como a su familia, la salud y el bienestar, y en especial la alimentación, el vestido, la vivienda, la asistencia médica y los servicios sociales necesarios; tiene asimismo derecho a los seguros en caso de desempleo, enfermedad, invalidez, viudez, vejez u otros casos de pérdida de sus medios de subsistencia por circunstancias independientes de su voluntad".

Artículo 25,
Declaración de Derechos Humanos

Fuente: https://www.un.org/es/about-us/universal-declaration-of-human-rights.

2. ¿Es posible acabar con la pobreza extrema para 2030, como propone la meta 1 del ODS 1? Este era el progreso de los países hispanohablantes hacia el ODS 1 antes de la pandemia. Identifiquen los cuatro países que habían avanzado más y los cuatro más rezagados. De estos, identifiquen cuáles mostraban un avance positivo y en cuáles estaba el progreso estacando o revirtiéndose.

Avances de los países hispanohablantes hacia el ODS 1 (2019)

- Objetivo alcanzado: el nivel se considera adecuado para el cumplimiento del ODS
- Rezago moderado: el nivel muestra avances importantes, persisten desafíos
- Rezago significativo: el nivel por debajo de lo esperado, riesgo medio de no cumplimiento del ODS
- Rezago crítico: el nivel es insuficiente, riesgo alto de no cumplimiento del ODS
- ↓ Decreciente
- → Estancado
- ↗ Avance moderado
- ↑ Trayectoria esperada

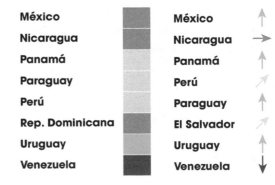

Fig. 8-37. Avances hacia el ODS 1 (2019)

3. Lean esta noticia de 2021. Determinen si esta propuesta es similar a la RBU o no. Si hay diferencias, digan cuáles son.

¿Renta básica para Nueva York?

En 2021 Andrew Yang, demócrata y candidato a la alcaldía de Nueva York, propuso en su programa una renta básica universal para la ciudad. Esta renta mínima (1.000 dólares al mes) sería para el medio millón de neoyorquinos en situación de pobreza extrema. La renta básica universal fue defendida por Martin Luther King Jr. y su hijo, Martin Luther King III, activista de derechos humanos, quien ha destacado la conciencia social de Yang y su preocupación por los más desfavorecidos.

Fuente: https://elpais.com/internacional/2021-04-24/andrew-yang-el-defensor-de-la-renta-minima-para-la-ciudad-de-wall-street.html.

---

4. Lean esta información con las opiniones de Jeffrey Sachs, profesor de economía y director del Centro para el Desarrollo Sostenible de la universidad de Columbia, en Nueva York. ¿Qué opina Sachs sobre la RBU? ¿Tiene otra solución? En grupo, voten por una de las dos propuestas.

http://www.puntos.encuentro.esp

En su libro *El fin de la Pobreza,* Jeffrey Sachs, uno de los principales expertos mundiales en desarrollo económico y lucha contra la pobreza, afirmó que el costo para acabar con la pobreza extrema sería de 175.000 millones de dólares por año durante 20 años. Esta cantidad anual es menos del 1% de los ingresos combinados de los países más ricos del mundo, y solamente cuatro veces el presupuesto militar de Estados Unidos durante un año.

"Para un país típico de bajos ingresos, con un sistema de salud y educación públicas insuficientemente financiado y, por lo tanto, muy débil, es mucho mejor utilizar un incremento de los ingresos públicos para financiar una ampliación de la salud y la educación públicas en lugar de financiar transferencias monetarias incondicionales a los hogares".

Jeffrey Sachs, 2017

Fuente: https://www.apollon.uio.no/english/articles/2017/ubs_sachs.html.

CASO

8-11

1. El vicepresidente de Derechos Sociales y Agenda 2030 de España, Pablo Iglesias, anunció en mayo de 2020 la aprobación por el Parlamento de la ley de Ingreso Mínimo Vital (IMV). Lean la información sobre esta ley y miren el video.

http://www.puntos.encuentro.esp

Ley de Ingreso Mínimo Vital (IMV) en España

La ley de IMV se enmarca en el artículo 41 de la Constitución española, que reconoce el derecho a la seguridad social. Además, se alinea con el ODS 1.3, que insta a los estados a implementar sistemas universales de protección social. El umbral de renta garantizada es 462 € al mes para una persona que viva sola y se incrementa en 139 € al mes por cada persona de la familia. Más del 70% de los beneficiarios del IMV son mujeres y el 43% de las personas que habitan en los hogares beneficiarios son menores. Para recibir el IMV se necesita cumplir una serie de requisitos como edad, tiempo de residencia en el país o el ingreso (que no puede ser más alto de 462 €). En 2021 se presentaron enmiendas como la eliminación de la necesidad de acreditar una residencia legal y continuada de al menos un año en España, para que los migrantes, españoles emigrados que regresan, menores que viven en hogares en situación irregular, o víctimas de trata o de violencia de género puedan acceder al IMV.

Fuente: https://theconversation.com/el-ingreso-minimo-vital-a-examen-un-ano-de-reformas-inacabadas-160056.

a. Identifiquen las diferencias y similitudes entre el IMV y la RBU.
b. Revisen las metas 1.1 y 1.2 del ODS 1. ¿Cómo definen la pobreza: de modo unidimensional o multidimensional? ¿Cómo define el IMV la pobreza? Evalúen la efectividad del IMV para que España alcance las metas 1.1 y 1.2 para 2030.

8-12

2. Miren este video sobre la implementación del IMV en España después de casi un año en vigencia. ¿Qué problemas ha habido con el IMV?

Problemas	Efectos

3. Plan de acción. Elaboren una propuesta de ley para modificar el IMV de modo que sea más efectivo. Añadan tres cambios y los efectos esperados.

Cambios	Resultado
1.	
2.	
3.	

DEBATE

EL COMERCIO JUSTO

OBJETIVOS

1. Demostrar conocimiento y comprensión de
   a. la economía social y el comercio justo: su contribución al desarrollo humano
   b. el comercio directo como alternativa al comercio justo
2. Analizar críticamente las posiciones a favor y en contra del comercio justo
3. Justificar y apoyar estas posiciones mediante argumentos y contraargumentos

¿QUÉ NECESITAS SABER?

La economía social y el comercio justo

¿Qué tipo de sistema económico es más compatible con el desarrollo humano sostenible? El sistema económico capitalista define la riqueza en términos del producto neto nacional y se basa en la competitividad, el libre mercado y maximizar el producto minimizando los gastos; por ello se considera un modelo difícilmente sostenible. Por otro lado, la *economía social* se basa en la idea de que toda sociedad debe organizar los procesos económicos para satisfacer las necesidades de todos sus miembros y en armonía con la naturaleza; es decir, es un modelo de desarrollo que está en continua interacción con aspectos humanos y ambientales. Relacionado con esta visión económica está el concepto de 'soberanía alimentaria': el derecho de los pueblos y comunidades a definir políticas alimentarias que sean ecológica, social, económica y culturalmente apropiadas a sus circunstancias.

Su auge tuvo lugar en los años 70 cuando el café de Guatemala, producido por cooperativas de agricultores y productores, empezó a distribuirse. Comenzaron iniciativas de etiquetado, comercialización y promoción cuyo objetivo era que los productores de países en desarrollo recibieran una parte equitativa del precio pagado por los consumidores, al tiempo que garantizaban la procedencia de los productos.

Esta forma de comercio promueve una relación comercial justa entre productores y consumidores, eliminando las grandes diferencias entre el precio que los consumidores pagan por un producto y el dinero que se les paga a sus productores.

Fuente: https://www.forumdecomercio.org/Comercio-justo/.

1. Explica cómo la soberanía alimentaria favorece una economía sostenible.
2. ¿Cómo es la relación entre productores y consumidores en el marco del comercio justo?
3. Identifica dos aspectos problemáticos del comercio tradicional y cómo los trata de resolver el comercio justo.

Características del comercio justo que contribuyen al desarrollo

A veces, los productos del comercio justo son más caros que los del comercio tradicional. Parte de la diferencia se destina a mejorar las condiciones de trabajo de las comunidades de productores. Algunos factores que encarecen los productos son:

- *Certificación y etiquetado.* Normas para mejorar la calidad del producto, las condiciones laborales y la sostenibilidad medioambiental.
- *Apoyo técnico.* Capacitación en nuevas técnicas.
- *Promoción.* Incluir la marca y su mensaje en cada embalaje.

Europa absorbe alrededor del 70%, del mercado, seguida de EE. UU. y Canadá; y sus ventas provienen de Asia (40%), Latinoamérica (34%) y África (26%). Su impacto va más allá del mercado: se quiere concienciar a los consumidores de que es un medio eficaz para erradicar la pobreza e impulsar un desarrollo sostenible.

4. ¿Por qué son más caros los productos del comercio justo?
5. Según los datos del texto, ¿qué gastos adicionales requiere esta forma de comercio? Da tres ejemplos.

¿Cómo funciona el comercio justo?

8-13

1. Di dos razones por las que los productores reciben muy poco dinero por su café.
2. ¿Cuáles son dos beneficios de trabajar en cooperativas para los productores de café?
3. ¿Cómo garantiza el comercio justo un ingreso continuado y estable al productor?
4. ¿Qué relación hay entre el comercio justo y el desarrollo sostenible?
5. Di dos cosas que están prohibidas en el comercio justo.

APLICACIÓN

8-14

1. Miren este video e identifiquen qué beneficios tiene el comercio justo, además de los económicos.
2. Imaginen que ustedes son los productores de café del video. Lean este artículo de opinión y tomen nota de las cinco críticas de este modelo comercial que hace la autora. Después elaboren su respuesta usando los elementos argumentativos que aparecen en la tabla.

¿Es justo el comercio justo?

La principal crítica que se hace hoy al comercio justo es la certificación que se da a productos de multinacionales, que utilizan una bandera progresista como mera estrategia. Pero hay otras: el bajo impacto en la transformación de las empresas beneficiadas; el escaso margen que termina recibiendo el productor con respecto al precio que paga el consumidor; o el hecho de que los Estados del norte reciban—en impuestos—más dinero del que recibe el productor en el sur en algunos casos. Sin embargo, hay un asunto más fundamental: el comercio justo fue creado y desarrollado con una visión paternalista y también fuertemente eurocentrista.

La concepción del comercio justo debe ser menos altruista y más solidaria, y esto se podría hacer de tres maneras. Una sería incorporar al comercio justo los principios, actitudes e instrumentos del movimiento de la *economía solidaria* en el sur. La segunda tiene que ver con el desarrollo y fortalecimiento de tiendas a nivel local, nacional y regional; y concienciar a nuestros países del sur sobre el consumo responsable. No puede ser que los únicos consumidores potenciales estén al norte. Esto incluye generar circuitos económicos solidarios a escala regional. Un buen ejemplo es el Espacio Mercosur Solidario, que reúne a las redes de economía solidaria del Cono Sur. En tercer lugar, la lógica 'norte-sur' debe ser también 'sur-norte'. Si queremos alejarnos del paradigma paternalista, deberíamos incorporar la reciprocidad y comenzar a intercambiar nuestros productos. Sería deseable que en un futuro próximo, así como encontramos cacao de Maquita Cuschunchic en las tiendas del norte, también pudiéramos encontrar un buen aceite de oliva elaborado por cooperativas sociales de Italia o España en nuestras tiendas del sur.

Fuente: https://www.youtube.com/watch?v=jCymXCIloSc.

		Contraargumentos
Crítica 1		Quizá _____, sin embargo _____
Crítica 2		No es cierto que _____ porque _____
Crítica 3		En cuanto a _____, aunque _____ _____
Crítica 4		No estamos seguros de que _____, pero _____
Crítica 5		Con respecto a _____ no _____.

3. Estas son las opiniones de los consumidores y el patrón de consumo de estos productos en España.

    a. Usen los datos de los gráficos para elaborar un argumento que usarían los defensores del comercio justo y otro que usarían los detractores.

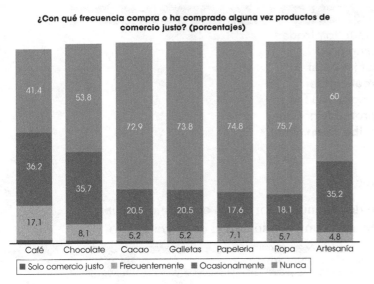

Fig. 8-38. Patrón de consumo del comercio justo

    b. En parejas, uno de ustedes toma el papel del consumidor que no compra productos del comercio justo; el otro es un productor. Escriban dos argumentos para defender su posición. Luego mantengan una pequeña discusión sobre este tema.

Productor	1. Me gustaría ...
Consumidor	2. Me gustaría ... pero ...

EL USO DE ARGUMENTOS DE AUTORIDAD

Las citas o datos de fuentes de autoridad son importantes para dar fuerza y credibilidad a tus argumentos. Algunas expresiones para introducir argumentos de autoridad son:

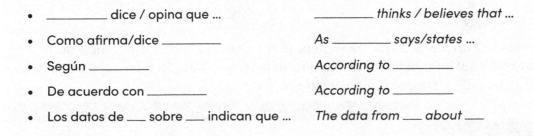

- _____ dice / opina que ...
- Como afirma/dice _____
- Según _____
- De acuerdo con _____
- Los datos de ___ sobre ___ indican que ...

- _____ thinks / believes that ...
- As _____ says/states ...
- According to _____
- According to _____
- The data from ___ about ___

ANÁLISIS

1. Identifiquen de qué lado del debate está esta opinión y sugieran quién lo diría. Después elaboren una respuesta usando argumentos de autoridad.

	¿Quién?	Contraargumentos
"You, as a consumer, are paying a premium in store for your 'fair trade' coffee, but it's perfectly possible that the growers are being paid virtually the same as ordinary coffee growers. Who benefits? Most likely, the importers, the big grocery stores, the main-street coffee shops that loudly boast about their 'fair trade' coffee to make you feel good (even though 90 percent of the coffee they sell is probably not fair trade anyway), and absolutely everyone in the middle of the chain. Who doesn't benefit? The growers and you, the consumer."		

Fuente: https://www.explainthatstuff.com/fairtrade.html.

2. Lean este artículo y evalúen el mérito de una nueva forma de comercio: el *comercio directo*. Determinen dos pros y dos contras, comparado con el comercio justo.

> http://www.puntos.encuentro.esp
>
> Mucha gente compra sólo café de "comercio justo" [...] Al hacerlo, rechazan automáticamente otros cafés no etiquetados como comercio justo y, en su propia opinión, lo consideran "comercializado injustamente". Pero ¿qué tan justo es eso? Un número cada vez mayor de pequeños proveedores de café en América del Norte y Europa utilizan un modelo de compra alternativo llamado *comercio directo*, en el que compran café directamente de los agricultores. Dado que están eliminando a los intermediarios, a menudo pueden pagar mucho más por el café de lo que pagarían por el café de comercio justo o comercial.
>
> El comercio directo [...] no lleva una etiqueta de "comercio justo". Pero podría decirse que es mucho más justo en todos los aspectos: para los productores de café (a quienes a veces se les paga sustancialmente más), para los importadores (que ganan más y pueden desarrollar relaciones gratificantes y duraderas con sus proveedores) y también para los consumidores, que obtienen un producto de mayor calidad por un precio similar y saben que a los trabajadores se les ha pagado de manera justa.
>
> **Fuente:** https://www.explainthatstuff.com/fairtrade.html.

EVALUACIÓN

Con toda la información que ya tienen, identifiquen el tema específico de debate. Dependiendo del lado del debate que tengan asignado formulen tres argumentos que apoyen su posición. Después mantengan el debate.

	Argumentos
A favor	1. 2. 3.
En contra	1. 2. 3.

FIGURE CREDITS

Fig. 8-1: Adaptado de: https://datos.bancomundial.org/.

Fig. 8-2: Adaptado de: http://hdr.undp.org/sites/default/files/hdr2020_es.pdf.

Fig. 8-3: Adaptado de: http://hdr.undp.org/sites/default/files/2020_mpi_report_es.pdf.

Fig. 8-4: Adaptado de: https://www.cepal.org/es/publicaciones/46687-panorama-social-america-latina-2020.

Fig. 8-6: Adaptado de: http://www3.weforum.org/docs/WEF_GGGR_2021.pdf.

Fig. 8-7: Adaptado de: http://www3.weforum.org/docs/Global_Social_Mobility_Report.pdf.

Fig. 8-8: Adaptado de: http://www3.weforum.org/docs/Global_Social_Mobility_Report.pdf.

Fig. 8-9: Adaptado de: https://datos.bancomundial.org/indicator/VC.IHR.PSRC.P5?locations=SV.

Fig. 8-10: Fuente: https://www.animalpolitico.com/2011/05/la-comunidad-gay-el-grupo-mas-discriminado-en-mexico-conapred/.

Fig. 8-11: Fuente: https://www.unidadvictimas.gov.co/es/registro-unico-de-victimas-ruv/37394.

Fig. 8-12: Fuente: https://www.unidadvictimas.gov.co/es/registro-unico-de-victimas-ruv/37394.

Fig. 8-13: Copyright © by Gobierno de Chile (CC BY 2.0) at https://commons.wikimedia.org/wiki/File:Jefa_de_Estado_participa_en_ceremonia_de_la_Firma_de_la_Paz_entre_el_Gobierno_de_Colombia_y_las_FARC_E.P._(29953487045).jpg.

Fig. 8-14: Copyright © by Roel Wijnants (CC BY 2.0) at https://www.wikiwand.com/en/Fernando_Botero.

Fig. 8-15: Copyright © by Colección de arte Banco de la República (Colombia). Reprinted with permission.

Fig. 8-16: Adaptado de: https://elordenmundial.com/mapas/influencia-de-los-carteles-mexicanos/.

Fig. 8-17: Adaptado de: https://es.statista.com/grafico/17768/paises-con-las-tasas-de-homicidio-mas-altas-en-america-latina/.

Fig. 8-18: Fuente: https://www.elfinanciero.com.mx/nacional/mas-feminicidios-mas-violencia-en-2020-crecen-cinco-delitos-contra-las-mujeres/.

Fig. 8-19: Fuente: https://www.20minutos.es/noticia/4134452/0/enero-termina-con-siete-asesinadas-por-violencia-de-genero-y-ninguna-habia-denunciado-previamente-su-maltrato/.

Fig. 8-20: Fuente: https://www.20minutos.es/noticia/4066562/0/todas-las-cifras-que-exponen-la-lacra-de-la-violencia-machista-en-espana/.

Fig. 8-21: Fuente: https://www.ccoo.es/0365b3c2319c4f2cc4c8614aae462a25000001.pdf.

Fig. 8-22: Fuente: https://www.ccoo.es/0365b3c2319c4f2cc4c8614aae462a25000001.pdf.

Fig. 8-24: Fuente: https://www.inei.gob.pe/media/MenuRecursivo/publicaciones_digitales/Est/Lib1642/cap03_01.pdf.

Fig. 8-25: Fuente: https://www.inei.gob.pe/media/MenuRecursivo/publicaciones_digitales/Est/Lib1642/cap03_01.pdf.

Fig. 8-26: Fuente: https://es.statista.com/grafico/19589/poblacion-indigena-en-paises-americanos/.

Fig. 8-27: Fuente: https://www.cepal.org/es/publicaciones/46870-afrodescendientes-la-matriz-la-desigualdad-social-america-latina-retos-la.

Fig. 8-28: Fuente: https://repositorio.cepal.org/bitstream/handle/11362/46687/8/S2100150_es.pdf.

Fig. 8-29: Fuente: https://repositorio.cepal.org/bitstream/handle/11362/46687/8/S2100150_es.pdf.

Fig. 8-30: Fuente: https://repositorio.cepal.org/bitstream/handle/11362/46687/8/S2100150_es.pdf.

Fig. 8-31: Copyright © 1942 by Oswaldo Guayasamín. Reprinted with permission.

Fig. 8-32: Copyright © by Oswaldo Guayasamín.

Fig. 8-33: Copyright © by Oswaldo Guayasamín.

Fig. 8-34: Fuente: https://www.cepal.org/es/publicaciones/46687-panorama-social-america-latina-2020.

Fig. 8-35: Fuente: https://www.cepal.org/es/publicaciones/46687-panorama-social-america-latina-2020.

Fig. 8-36: Fuente: https://www.cepal.org/es/publicaciones/46687-panorama-social-america-latina-2020.

IMG 8-2: Fuente: https://www.wikiwand.com/es/Objetivo_de_Desarrollo_Sostenible_16.

Fig. 8-37: Adaptado de: https://incp.org.co/wp-content/uploads/2020/07/%C3%8Dndice-ODS-2019-ALC.pdf.

Fig. 8-38: Fuente: http://www.ocud.es/es/pl61/recursos/id2096/articulo-cj-habitos-de-compra-conocimiento-y-actitudes-hacia-el-comercio-justo-por-parte-de-la-comunidad-universitaria-universidad-de-cantabria.htm.

El desarrollo medioambiental

OBJETIVOS DE APRENDIZAJE

1. Comprender, analizar y evaluar
   a. los efectos socioambientales de la explotación de recursos naturales en Latinoamérica
   b. el uso de energías limpias en algunos países hispanohablantes
   c. el activismo medioambiental en América Latina
   d. la protección de la biodiversidad y el uso de corredores biológicos en Centroamérica y Estados Unidos
2. Aprender sobre el arte ecológico del artista mexicano Fernando Toledo
3. Analizar el ODS 13: la importancia de la lucha contra el cambio climático para alcanzar el desarrollo
4. Evaluar críticamente un conflicto medioambiental ocurrido en Ecuador

	Temas	Lengua
Aproximación	9-1. Retos medioambientales de los países hispanohablantes	
Perspectiva Lingüística	9-2. La explotación de recursos naturales 9-3. Las energías alternativas: Uruguay 9-4. El activismo ambiental 9-5. El agua: ¿bien económico o derecho humano?	G-16. Revisión: el uso del subjuntivo para expresar la voluntad o ejercer influencia G-19. El estilo indirecto: repetir las palabras de otros G-20. La formulación de condiciones hipotéticas
Perspectiva Intercultural	9-6. Protección de los ecosistemas: los corredores biológicos	
Perspectiva Artística	9-7. El arte ecológico de Francisco Toledo	
	El Objetivo de Desarrollo Sostenible 13 El cambio climático y el desarrollo sostenible	
Debate	El caso Ecuador—Chevron (1964-hoy)	El énfasis en la información significativa

APROXIMACIÓN

9-1 RETOS MEDIOAMBIENTALES DE LOS PAÍSES HISPANOHABLANTES

1. **¿Cuáles son las características ambientales de los países hispanohablantes? ¿A qué retos medioambientales se enfrentan? Lee este texto para saber más y luego responde a las preguntas.**

Los dos retos ambientales de los países latinoamericanos en el siglo XXI son conservar sus entornos naturales y asegurar un uso equitativo y sostenible de sus recursos. Las prioridades son el *suelo*, el *agua dulce* (agua que se puede beber), la *diversidad biológica* y el *cambio climático*. En cuanto al suelo, el crecimiento demográfico y los hábitos de consumo insostenibles han extendido los terrenos destinados a la agricultura y a la extracción de materias primas, causando que la región tenga los peores índices de deforestación del planeta. Desde la década de los sesenta, la extensión de tierra cultivable ha aumentado un 83%, la producción de carne ha crecido un 37% y el área dedicada al cultivo de soja casi un 80%.

También tiene la segunda huella de *agua verde* (agua de lluvia almacenada en la Tierra) más grande del mundo, detrás de América del Norte, con 1500 cm^3 por persona y año. A pesar de esto, se enfrenta a varios desafíos relacionados con el agua dulce y el saneamiento. El consumo cada vez mayor de carne reduce los recursos hídricos, ya que el ganado consume más del 8% del agua dulce mundial y es una de las mayores fuentes de contaminación del agua. Además, una cuarta parte de la población de esta región no tiene acceso a adecuados servicios de saneamiento. Por otra parte, los vertidos de desechos causan que el agua deje

Reservas de agua dulce en el mundo por región

Asia
14.513 km^3

Europa y
ex URSS
7.793 km^3

Norteamérica
5.576 km^3

Centroamérica
y Caribe
1.259 km^3

África
6.120 km^3

Sudamérica
17.274 km^3

Oceanía
1.693 km^3

Fuente: FAO. AQUASTAT. *Sistema de Información sobre el Uso del Agua en la Agricultura y el Medio Rural*

Fig. 9-1. Reservas mundiales de agua dulce

de ser potable. Las costas del Gran Caribe muestran una de las mayores concentraciones de desechos en el mar.

Un tercer reto es la conservación de la biodiversidad biológica, de la cual depende, en gran medida, la economía de esta región. Esta diversidad está más amenazada que nunca por la actividad humana: la destrucción, transformación y alteración del hábitat; la sobreexplotación; el uso insostenible de los recursos terrestres e hídricos; la presión demográfica y la globalización agudizan el problema. Finalmente, el cambio climático agrava muchos de los problemas y pone en peligro los beneficios del desarrollo, la reducción de la pobreza y el crecimiento económico. Aunque la región es responsable de tan solo el 12 % de las emisiones mundiales de gases de efecto invernadero, ya está padeciendo los efectos del cambio climático. Las condiciones meteorológicas extremas y los fenómenos climáticos han aumentado su frecuencia e intensidad, y está subiendo el nivel del mar, lo cual afecta a los grupos más vulnerables.

***

Con respecto a España, los factores principales de riesgo son: la desertización, la contaminación atmosférica, la calidad y distribución de los recursos hídricos, y la gestión de residuos urbanos e industriales. España es uno de los países más afectados por la *desertización*, causada por la deforestación para la agricultura y ganadería, los incendios y la tala indiscriminada. Otro problema medioambiental es el aumento de la *contaminación*, causada principalmente por el hombre (zonas industriales, centros de las ciudades y plantas de generación de energía). También es causada por el clima: por ejemplo, cuando no llueve los niveles de contaminación suben. La distribución de los *recursos hídricos* es muy irregular, lo que causa algunos problemas medioambientales en determinadas zonas. La sobreexplotación del agua de los embalses y las aguas subterráneas, y la contaminación por vertidos no controlados causan graves problemas medioambientales. Finalmente, los *residuos* urbanos e industriales son excesivos: cada español genera alrededor de 450 kg de residuos al año y para 2025 estas cifras podrían duplicarse.

Fuente: https://www.aguaeden.es/blog/problemas-medioambientales.

COMPRENSIÓN

1. ¿Cuáles son las dos causas principales de la deforestación en América Latina?
2. Explica la información del mapa y a qué problema se enfrenta esta región.
3. ¿Por qué ha aumentado la producción de carne y qué consecuencia tiene?
4. ¿Qué grupo humano sufre más los problemas que provienen del cambio climático?
5. Identifica una causa de la desertización que es similar en Latinoamérica y en España.
6. Identifica una causa de la contaminación del agua que es similar en Latinoamérica y en España.

7. Además de la calidad, ¿cuál es otro reto que tiene España con respecto al agua?

INTERPRETACIÓN

Estas son algunas soluciones para enfrentar los retos. Expliquen qué significa cada una y den un ejemplo.

1. Educación y concienciación de los ciudadanos
2. Formas de energía alternativas y renovables
3. Estrategias de adaptación contra el cambio climático
4. Aumento de las zonas protegidas
5. Creación e implementación de políticas para proteger los recursos naturales
6. Reducción de emisiones de gases contaminantes

2. **¿Cuál es el desempeño ambiental de los países? Lee este texto y mira los datos. Luego responde a las preguntas.**

El índice de desempeño ambiental (IDA) es un informe que desarrollan el Centro de Política y Ley Ambiental de la Universidad de Yale (EE. UU.) y el Centro Internacional de Ciencias de la Tierra de la Universidad de Columbia (Canadá). El informe de 2020 incluye la clasificación mundial de 180 países según sus políticas públicas para proteger la salud humana y de los ecosistemas. Su objetivo es ayudar a los responsables políticos a determinar las medidas que deberían implementar para mejorar el cuidado del medio ambiente. Los tres países que tienen mejor desempeño son Dinamarca, Luxemburgo y Suiza. Los niveles de desarrollo ambiental varían ampliamente entre los países, lo cual indica una variedad en la eficacia de la gobernanza y un nivel muy variado de prestación de servicios de salud humana y protección de los ecosistemas. El desempeño tiende a ser desigual dentro de los países. Por ejemplo, México recibe el puntaje más alto de la región en el criterio de Vitalidad del Ecosistema, pero ocupa el puesto 15 en Salud Ambiental. Uruguay ocupa el primer lugar en la región en Salud Ambiental, pero se encuentra entre los peores en Vitalidad del Ecosistema, principalmente debido a la falta de protección de la biodiversidad. Esto significa que todos los países tienen espacio para mejorar.

La protección ambiental es de gran importancia en América Latina y el Caribe, una región que alberga más del 40% de la biodiversidad de la Tierra y más del 25% de sus bosques. El área también comprende la selva amazónica, la zona de biodiversidad más rica del mundo (PNUMA, 2016). La deforestación y la expansión agrícola amenazan los ecosistemas únicos de esta región, contribuyendo a puntuaciones bajas en Biodiversidad y Hábitat, y la creciente destrucción y deterioro de los ecosistemas continúa.

Indice de Desempeño Ambiental 2020

País	IDA	Puesto Mundial
Argentina	52,2	54
Bolivia	44,3	88
Chile	55,3	44
Colombia	52,9	50
Costa Rica	52,5	52
Cuba	48,4	64
Ecuador	51	56
El Salvador	43,1	95
España	74,6	13
Guatemala	31,8	149
Honduras	37,8	116
México	52,6	51
Nicaragua	39,2	108
Panamá	47,3	70
Paraguay	46,4	73
Perú	44	90
R. Dominicana	46,3	74
Uruguay	49,1	61
Venezuela	50,3	59

Fuente: Universidad de Yale

Fig. 9-2. Índice de Desempeño Ambiental 2020

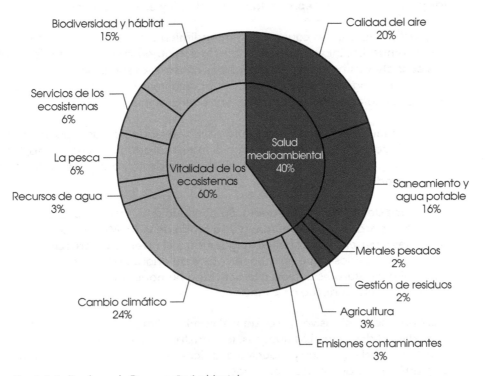

Fig. 9-3. Indicadores de Desempeño Ambiental

COMPRENSIÓN / PENSAMIENTO CRÍTICO

1. ¿El IDA considera las acciones de los gobiernos, de instituciones privadas o de ambos?
2. Conecta cada indicador (columna 1) con la descripción correcta (columna 2).
3. Identifica los cuatro países latinoamericanos con peor desempeño ambiental. Basándote en las once áreas que contempla el ID (columna 1 de la tabla), di tres problemas específicos que probablemente tenga cada uno de estos países (por ejemplo: *Probablemente Guatemala sea un país en el que hay poco saneamiento del agua*).

El IDA se basa en 11 indicadores:

1. Recursos hídricos	Su baja calidad es una amenaza para la salud humana. El 90% de la población mundial vive en áreas que exceden los umbrales de contaminación de la OMS.
2. Servicios de los ecosistemas	Unos 2.000 millones de personas en el mundo carecen de servicios básicos de saneamiento y casi 800 millones carecen de acceso a agua potable. El saneamiento deficiente y el agua contaminada obstaculizan los esfuerzos para erradicar enfermedades.
3. Agricultura	El plomo, el arsénico o el mercurio son venenosos y presentan un riesgo significativo para la salud pública.
4. Calidad del aire	El estado mundial de esta actividad continúa deteriorándose. Casi un tercio de la captura mundial proviene de poblaciones sobreexplotadas o colapsadas, y las prácticas nocivas representan entre el 30% y el 40% de la captura mundial.
5. Biodiversidad y hábitats	La pérdida de árboles causa un bajo rendimiento de los servicios de los ecosistemas. Los incendios y la deforestación amenazan el hábitat forestal. Los ecosistemas naturales y las especies construyen suelos saludables, ciclan y reponen el agua dulce, protegen contra eventos climáticos extremos y mantienen la estabilidad climática, entre otros beneficios.
6. Saneamiento y agua potable	Las emisiones de algunos gases están disminuyendo por las regulaciones de contaminación del aire en las naciones industrializadas. Sin embargo, las causadas por el uso de vehículos y el consumo de combustibles fósiles están aumentando.
7. Pesca	Es la base de la vida en el planeta. Su continuo deterioro supone una grave amenaza para la especie humana y su modo de vida. Más y más especies animales y vegetales se están extinguiendo y el nivel de destrucción de los entornos naturales sigue en aumento. Este deterioro de la biodiversidad y los hábitats naturales debido a la actividad humana hacen que un millón de especies estén en riesgo de extinción.
8. Emisiones contaminantes	Las demandas intensivas de agua y el cambio climático amenazan el suministro y la calidad del agua. Los hogares, la industria y los procesos agrícolas contaminan el agua con productos químicos, materia orgánica y sedimentos que dañan la vida en ríos y océanos.

9. Gestión de residuos	Menos del 42% de los desechos se eliminan adecuadamente, lo que genera contaminación del aire, agua y suelo. Los desechos mal gestionados también contribuyen al cambio climático a través de la emisión de gases de metano.
10. Cambio climático	Es uno de los mayores desafíos de este siglo. Es posible que la tasa actual de emisión de gases de efecto invernadero se traduzca en un aumento superior a los 2°C en las temperaturas, lo cual repercutirá de forma irreversible en la vida sobre el planeta. El nivel del mar aumentará y los incendios, las inundaciones, las sequías y los temporales aumentarán en frecuencia.
11. Metales pesados	Esta actividad se ha producido a expensas de la sostenibilidad y ha provocado la erosión del suelo, la transformación del uso de la tierra que daña los ecosistemas, y la contaminación del agua. Además, los fertilizantes causan daños irreparables a la salud humana.

4. ¿Son compatibles el desarrollo económico y la preservación de los espacios naturales? Piensen en dos argumentos a favor de una respuesta afirmativa y dos a favor de una respuesta negativa.

---

http://www.puntos.encuentro.esp

Economía verde

Casi todas las decisiones que tienen que ver con el medio ambiente se basan en factores económicos. Aunque el valor monetario de la naturaleza y sus recursos (como el agua, la energía y el aire limpio) supera en varias veces el total del producto interior bruto mundial, con frecuencia los mercados y sistemas económicos y financieros no tienen en cuenta este valor.

---

5. Haz dos recomendaciones para resolver cada uno de estos cinco problemas.

Cambio climático	Es importante que _____ Es importante _____
Sobreexplotación	Es urgente que _____ Es urgente _____
Economía verde	Aconsejaría que _____ Aconsejaría _____
Biodiversidad	Sería bueno que _____ Sería bueno _____
Energía	Hace falta que _____ Hace falta _____

PERSPECTIVA LINGÜÍSTICA

VOCABULARIO META

abastecer	to supply	hierba (la)	grass
abastecimiento (el)	supply	huella (la)	footprint
abono (el)	fertilizer	inagotable	inexhaustible; endless
agotar	to exhaust; to run out	incendio (el)	fire
agravar	to exacerbate; to worsen	invernadero (el)	greenhouse
agua potable (el)	drinking water	madera (la)	wood
almacenamiento (el)	storage	marea (la)	tide
almacenar	to store	matriz energética (la)	power grid
apropiarse de	to take; to appropriate	medioambiental	environmental
bahía (la)	bay	medio ambiente (el)	environment
bosque (el)	forest; woods	minería (la)	mining industry
bosque tropical (el)	rainforest	nocivo/a	harmful
calentamiento (el)	warming	páramo (el)	wasteland
cambio climático (el)	climate change	pozo (el)	well
capa de ozono (la)	ozone layer	petróleo (el)	oil
carecer de	to lack	petrolera (la)	oil company
chorro (el)	stream; jet	presa, represa (la)	dam
cobertura (la)	coverage	recobrar	to recover
combustible (el)	fuel	recortar	to cut back
concienciación (la)	awareness raising	recurso (el)	resource
concienciarse	to become aware	red eléctrica (la)	electric grid
contaminación (la)	pollution	renovable	renewable
contaminar	to pollute	renovar	to renew
crudo (el)	oil	rentable	profitable
cultivar	to farm; to grow	residuos (los)	waste
cultivo (el)	farming; growing	saneamiento (el)	sanitation
dañino/a	harmful	sembrar	to sow; to plant
daño (el)	harm	significativo/a	significant
demanda (la)	lawsuit; suit	silvestre	wild
desechos (los)	waste	sobrevivir	to survive
desempeño (el)	performance	suelo (el)	land
embalse (el)	dam	suministrar	to supply
empresa (la)	company	suministro (el)	supply
energía (la)	power	tala (la)	logging
en peligro de extinción	endangered	talar	to cut down trees
envenenamiento (el)	poisoning	terrestre	earth-related
envenenar	to poison	tierra (la)	land
eólico/a	wind-related	Tierra (la)	Earth
escaso/a	scarce	umbral (el)	threshold
forestal	forest related	veneno (el)	poison
fuente (la)	source	vertido (el)	spill; waste
ganadería (la)	cattle industry	yacimiento (el)	deposit; field
ganado (el)	cattle		

9-2 LA EXPLOTACIÓN DE RECURSOS NATURALES

1. **Lee este texto sobre tres de los recursos naturales de América Latina y luego responde a las preguntas.**

Muchos de los recursos naturales de la región son renovables: agua, ganado, pesca, bosques, viento, radiación solar, madera, productos agrícolas y sus desechos. Es decir, no se agotan con su utilización porque se regeneran a un ritmo mayor que su tasa de disminución. Esto significa, no obstante, que ciertos recursos renovables podrían dejar de serlo si su tasa de utilización es tan alta que evita su renovación. En esta región, el uso poco racional de los recursos naturales desde la conquista hasta el presente ha tenido un fuerte impacto ambiental.

La *agricultura* latinoamericana es de vital importancia y cubre las necesidades de toda la población. Además emplea a muchas personas, aunque el bajo nivel de vida de los campesinos está produciendo un éxodo rural. La explotación agrícola continúa siendo muy alta debido a la incorporación de nuevas tecnologías en la producción para incrementar su volumen, como la creación de variedades vegetales de alto rendimiento y el uso de los abonos químicos. Sin embargo, el uso de fertilizantes hace que la actividad agrícola sea un foco contaminante de primer orden. Las aguas procedentes de la lluvia arrastran sustancias que llegan a las aguas subterráneas y a los ríos, deteriorando los ecosistemas naturales. A esto se asocia el empleo masivo de plaguicidas que, con frecuencia, genera el envenenamiento del suelo, provoca desertificación y afecta a la salud de los habitantes de la zona. El cambio de uso del suelo para el cultivo de soja y agrocombustibles conlleva la tala de enormes superficies de bosques nativos.

Uso de plaguicidas en 2017
Uso total de plaguicidas medido en toneladas consumidas por año

Sin datos 0 t   25.000 t   50.000 t   75.000 t   100.000 t   250.000 t   500.000 t   >1 millón t

Fuente: Organización de las Naciones Unidas para la Alimentación y la Agricultura (FAO)

Fig. 9-4. Uso de plaguicidas en América

La *ganadería*, que constituye el 45% del PBI agropecuario de la región, es la actividad que ha tenido un mayor impacto ambiental en América Latina, debido a su bajo nivel de tecnificación y su expansión hacia las selvas y los bosques naturales. Se han devastado grandes extensiones de selva para sembrar la hierba con la que alimentar el ganado, cuya carne se exporta a los países más ricos. De hecho, el 50% de la selva del Amazonas ha sido deforestado para sembrar nuevos pastos, reduciendo el hábitat de la fauna autóctona y poniendo en grave peligro de extinción a muchas especies. La actividad ganadera, además, tiene un impacto negativo en los recursos hídricos, que son contaminados con deshechos animales, antibióticos, hormonas, etc. Este acelerado crecimiento ha permitido que América Latina se convierta en la región que más carne bovina exporta a nivel mundial.

La explotación *forestal* con fines comerciales comenzó poco después de la conquista. A partir de entonces los bosques comenzaron a deteriorarse debido a la introducción del monocultivo (caña de azúcar, café, banana, algodón). El uso descontrolado del suelo causó que la superficie forestal disminuyera. La continua explotación de los bosques tropicales ha provocado que estos recursos renovables en muchos casos se hayan convertido en no renovables. En el año 2000 el 50% de las coberturas forestales de Latinoamérica ya se había perdido. Muchas otras acciones humanas, como la expansión de áreas urbanas, el turismo o la construcción de infraestructuras (caminos, represas) también han tenido efectos negativos sobre el área forestal natural. La deforestación de bosques constituye uno de los principales problemas de desarrollo regional.

COMPRENSIÓN

1. ¿Puede un recurso natural renovable pasar a ser no renovable? Si tu respuesta es afirmativa, da un ejemplo.
2. Di una consecuencia ambiental y una humana de la agricultura tecnologizada.
3. ¿Cuál de estas dos actividades ha sido peor para el medio ambiente en América Latina: la ganadería o la agricultura? ¿Por qué?
4. Explica cómo afecta la ganadería a (a) el agua y (b) la superficie forestal.
5. ¿De qué manera los recursos renovables de un bosque tropical se convierten en no renovables?

REFLEXIÓN LINGÜÍSTICA: G-16

1. En el texto aparecen cuatro verbos sombreados. Lee las frases completas donde aparecen estos verbos. Después:

   a. identifica los verbos de la frase principal

   b. justifica el uso del subjuntivo

2. Di qué frases completas se refieren al pasado y cuáles al presente, e identifica los tiempos verbales utilizados en ellas.

PENSAMIENTO CRÍTICO

9-1

1. Miren este video sobre las distintas formas de producción agraria en Argentina. Luego clasifiquen estos conceptos en dos grupos, según el tipo de agricultura que representan.

veneno	productividad
abono natural	agroquímicos
agroecología	transgénico
fumigación	salud
revolución verde	rentabilidad humana

2. Lean la información de esta página y después interpreten la cita de Thomas Friedman.

http://www.puntos.encuentro.esp

¿Qué es la 'revolución verde'?

Entre los años 1960 y 1980 empieza a usarse en Estados Unidos el concepto de revolución verde para definir el aumento de la producción agrícola que, más tarde, se extendería a otros países. Sus bases fueron la modernización de la maquinaria, los agroquímicos y la biotecnología. Se crearon especies de arroz, trigo y maíz más productivas, ya que las tradicionales no podían satisfacer la demanda alimentaria. Estas nuevas especies crecían a una velocidad mayor y eran más resistentes a las condiciones climáticas, se cultivaban durante todo el año y requerían gran cantidad de agua y fertilizantes.

Fuente: https://www.ecologiaverde.com/revolucion-verde-que-es-ventajas-y-desventajas-3043.html.

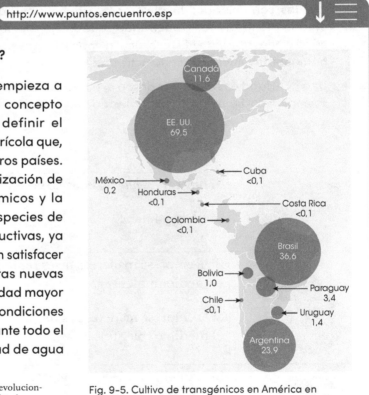

Fig. 9-5. Cultivo de transgénicos en América en millones de hectáreas

"Usted sabrá que la revolución verde ha ganado cuando desaparezca la palabra 'verde'"

Thomas Friedman

Fuente: https://www.brainyquote.com/quotes/thomas_friedman_473467?src=t_disappears.

3. La tala indiscriminada de madera para su uso como combustible doméstico ejemplifica la relación directa entre el deterioro ambiental y la pobreza de una parte de la sociedad. Expliquen cómo.

   a. Determinen si la actual tala de los bosques tropicales en América Latina es sostenible o no y por qué. Consideren esta información y después completen las frases estableciendo la conexión entre cada par de factores.

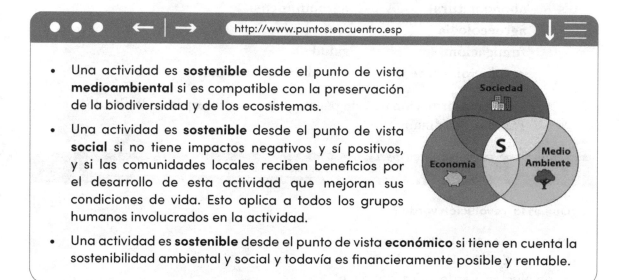

- Una actividad es **sostenible** desde el punto de vista **medioambiental** si es compatible con la preservación de la biodiversidad y de los ecosistemas.

- Una actividad es **sostenible** desde el punto de vista **social** si no tiene impactos negativos y sí positivos, y si las comunidades locales reciben beneficios por el desarrollo de esta actividad que mejoran sus condiciones de vida. Esto aplica a todos los grupos humanos involucrados en la actividad.

- Una actividad es **sostenible** desde el punto de vista **económico** si tiene en cuenta la sostenibilidad ambiental y social y todavía es financieramente posible y rentable.

Economía — S — Medio Ambiente	Si hay tala ... *hay un impacto negativo en el medioambiente porque ...* Si no hay tala ...
Sociedad — S — Economía	Si la empresa maderera no es rentable (paga salarios altos, respeta el medioambiente) ... Si la empresa maderera es rentable (paga salarios bajos, no respeta el medioambiente) ...
Sociedad — S — Medio Ambiente	Si el pueblo crece (más gente, más urbanización) ... Si el pueblo no crece ...

   b. Elaboren una solución que contemple todos los factores y después compártanla con la clase.

4. En grupos de cuatro, dos de ustedes elaborarán tres argumentos a favor del agronegocio a gran escala y dos de ustedes en contra. Después hagan un pequeño debate.

Agronegocio	1. _____ causa que _____ 2. Nos parece fundamental que _____ 3. ...
Agroecología	1. _____ hace que _____ 2. Sería bueno que _____ 3. ...

2. **Lee este texto sobre la extracción de metales y petróleo en los países hispanohablantes y responde a las preguntas.**

Los minerales metálicos (oro, plata, cobre, estaño ...) y los combustibles fósiles (como el petróleo) son recursos *no renovables*; es decir, tienen depósitos limitados o con ciclos de regeneración por debajo de los ritmos de extracción o explotación. Las reservas son la cantidad de recursos que pueden ser extraídos y su valor económico depende de su escasez y demanda.

En Latinoamérica, las mayores reservas de minerales están en México, Perú, Chile, Argentina y Bolivia, países que reciben divisas de su exportación. En muchos casos estos minerales se exportan como materia prima, lo que causa que tengan menos valor en el mercado internacional. La escasez de capital y medios técnicos para explotar los yacimientos mineros del subsuelo hace que las condiciones de trabajo sean peligrosas. Además, es poco frecuente el uso de tecnologías que sean modernas y que reduzcan los efectos contaminantes, y el costo de restaurar el entorno una vez que la explotación finaliza es muy elevado, por lo que las compañías usan técnicas convencionales, que son más baratas pero contaminan más. Las explotaciones mineras son perjudiciales para el medio ambiente: la cantidad de materiales tóxicos y desechos contaminantes que se vierten en los ríos y fuentes de agua potable destruye las economías agrícolas locales y afecta a muchas personas, las cuales tienen que desplazarse y perder sus derechos territoriales y ambientales. Según la base de datos de conflictos mineros del Observatorio de Conflictos Ambientales (OLCA) en América Latina, en 2021 había 284 conflictos en 19 países de la región (seis de ellos de carácter transfronterizo) que afectaban a 297 comunidades.

La producción de combustibles fósiles es muy importante y el petróleo es su principal recurso energético. Se calcula que el 10,6% del petróleo extraído en el mundo proviene de esta región. La exportación de petróleo genera muchos beneficios para los países productores. Además, los yacimientos de petróleo tienen con frecuencia importantes reservas de gas natural que, en algunos casos, son mayores que las de petróleo. La contaminación por petróleo, causada por cualquiera de las operaciones involucradas en su explotación y transporte, se produce por su liberación accidental o intencionada en el ambiente. Esto causa que tanto las personas como el medio ambiente (suelo, aire, agua, flora) sufran efectos dañinos. La falta de acciones para garantizar la salud de las poblaciones afectadas muestra la invisibilización del problema y es la causa de muchos conflictos en la región.

América Latina posee abundantes recursos minerales y por eso atrae gran parte de la inversión y explotación a nivel mundial; sin embargo, también es la zona con más conflictos socioambientales de explotación minera. La actividad minera tiene un alto impacto sobre el acceso al territorio y recursos como el agua porque en muchos casos las minas están donde nace el agua. El rechazo se manifiesta con expresiones en medios de comunicación, protestas, acciones legales o consultas. Estas manifestaciones se enfrentan con la represión y la criminalización de la protesta. Defensores y representantes de las comunidades sufren las consecuencias: amenazas, persecución, secuestro, condenas judiciales y diversas formas de violencia, incluida la muerte.

http://www.puntos.encuentro.esp

Fig. 9-6. Mapa de conflictos mineros en 2020

COMPRENSIÓN

1. Explica si la extracción y exportación de minerales ayuda económicamente a los países mencionados en el texto o no.
2. ¿Por qué dos razones se usan métodos convencionales de extracción de minerales en muchos de los proyectos mineros de estos países?
3. Explica cómo son perjudicadas las economías locales cuando se abre una mina en una zona poblada.
4. Lee la información de la página web y mira el mapa. ¿En qué cuatro países se concentra más de la mitad de los conflictos mineros? Identifica la causa principal de los conflictos y las consecuencias.
5. ¿En qué fase de la explotación petrolera hay riesgo de contaminación?

REFLEXIÓN LINGÜÍSTICA: G-16

Observa las expresiones sombreadas en el texto. Úsalas para establecer relaciones de causa y consecuencia entre estos fenómenos:

1. La minería metálica	aguas contaminadas
2. La industria petrolera	degradación de terrenos
3. El uso de técnicas convencionales	contaminación

PENSAMIENTO CRÍTICO

1. Asocien cada actividad con una o más consecuencias directas:

   Agricultura (A)
   Ganadería (G)
   Minería (M)
   Explotación de petróleo (P)
   Actividad forestal (F)

1. expansión a los bosques naturales   _____

2. contaminación del aire   _____

3. degradación y agotamiento del suelo   _____

4. contaminación de fuentes de agua   _____

5. envenenamiento humano   _____

6. extinción de especies, pérdida de biodiversidad   _____

7. uso de plaguicidas y fertilizantes químicos   _____

8. desertificación   _____

9. éxodo rural   _____

▶ 9-2

2. Miren este video donde un representante de la organización no gubernamental (ONG) Grufides, que trabaja por la defensa del medio ambiente, expresa su opinión. Escuchen y digan si están de acuerdo o no con sus argumentos y por qué.

	Argumentos de M. Arana	¿De acuerdo o no? ¿Por qué?
Respecto a la extracción de cobre	Dijo que _____	
Respecto a la extracción de oro	Dijo que _____	

3. Examinen la matriz energética de Guatemala en 2012 y la proyección que el gobierno tiene para 2027. Comparen primero los datos y después evalúen los pros y contras del plan. Lean primero el texto de la página web.

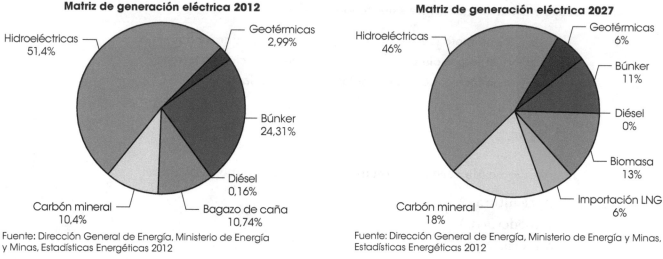

Matriz de generación eléctrica 2012

Hidroeléctricas 51,4%
Geotérmicas 2,99%
Búnker 24,31%
Diésel 0,16%
Bagazo de caña 10,74%
Carbón mineral 10,4%

Fuente: Dirección General de Energía, Ministerio de Energía y Minas, Estadísticas Energéticas 2012

Fig. 9-7. Matriz energética de Guatemala en 2012

Matriz de generación eléctrica 2027

Hidroeléctricas 46%
Geotérmicas 6%
Búnker 11%
Diésel 0%
Biomasa 13%
Importación LNG 6%
Carbón mineral 18%

Fuente: Dirección General de Energía, Ministerio de Energía y Minas, Estadísticas Energéticas 2012

Fig. 9-8. Matriz energética de Guatemala en 2027 (proyecciones)

---

http://www.puntos.encuentro.esp

Algunos aseguran que la energía hidroeléctrica tiene credenciales ecológicas porque usa el agua, un medio gratuito, y transforma en electricidad la energía del agua mediante un proceso limpio y libre de carbono. [...] El desplazamiento de miles de personas, la tala de extensas áreas y la alteración del paisaje con imprevisibles consecuencias no es algo precisamente 'limpio' desde el punto de vista moral. [...] Cuando la generación de energía hidroeléctrica pasa de ser una necesidad a ser una mercancía a negociar, y tiene un impacto masivo sobre el ecosistema local, es necesario preguntarse si debería disfrutar de las connotaciones positivas del término 'renovable'.

Editor, SciRevNet

Fuente: https://www.scidev.net/america-latina/editorials/las-hidroel-ctricas-califican-como-energ-a-renovable/.

---

3. **Lee el texto sobre España y sus fuentes de energía. Luego responde a las preguntas.**

A diferencia de América Latina—donde no es un mineral muy usado—el carbón ha sido el único recurso energético de origen fósil en España, un país con déficit de recursos energéticos. [Si tuviera otros recursos como el petróleo no tendría que importarlos], como hace en la actualidad. La minería de carbón tiene elevados costes de extracción y es altamente

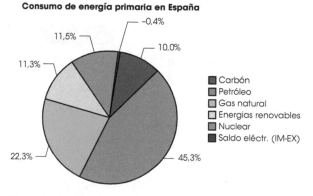

Consumo de energía primaria en España

−0,4%
10,0%
11,5%
11,3%
22,3%
45,3%

- Carbón
- Petróleo
- Gas natural
- Energías renovables
- Nuclear
- Saldo eléctr. (IM-EX)

Fig. 9-9. Matriz energética de España en 2014

contaminante. Esto, unido al deseo del país de diversificar sus fuentes de abastecimiento de energía, llevó al país a cerrar todas sus minas de carbón en 2019. La energía hidroeléctrica es muy importante en España y [los recursos hídricos disponibles serían suficientes para abastecer a todo el país si no estuvieran repartidos de forma tan desigual]. Muchas veces se consumen las reservas en invierno (por la demanda eléctrica) y esto provoca su agotamiento. Además, España trata de reducir su dependencia del petróleo expandiendo el uso de energías alternativas renovables (solar, eólica). España tiene el potencial más alto de Europa para energía solar ya que el 70% del territorio tiene más de 2.500 horas anuales de sol, pero todavía hay pocas centrales de esta fuente energética gratuita después de la instalación. Asimismo, España es un país montañoso con vientos de gran intensidad por lo que ocupa el segundo lugar en producción en Europa, por detrás de Alemania.

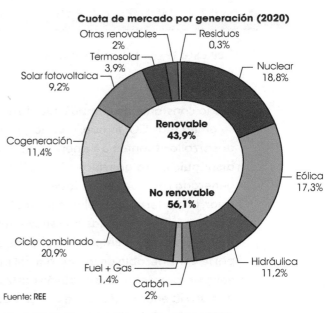

Fig. 9-10. Matriz energética de España en 2020

Fuente: https://www.dw.com/es/am%C3%A9rica-latina-riqueza-minera-y-conflicto-social/a-50391043.

COMPRENSIÓN

1. Brevemente, ¿cuáles son los problemas que España experimenta con la energía hidroeléctrica?
2. ¿Por qué acabó España con su industria minera? Di dos razones.

REFLEXIÓN LINGÜÍSTICA: G-20

1. Lee las dos frases entre corchetes del texto anterior. ¿Tiene España petróleo para abastecer parte de su demanda energética? ¿Tiene una distribución adecuada de recursos hídricos? Explica cómo obtuviste estas respuestas.

2. Las dos frases entre corchetes expresan condiciones (*'if' clauses*) hipotéticas y su resultado (hipotético). Imagina que España descubre unas reservas de petróleo en su subsuelo y va a extraerlas. Escribe otra vez estas frases (Si ...)

PENSAMIENTO CRÍTICO

1. Comparen las matrices energéticas de España (2014 y 2020). Analicen cómo ha evolucionado el país en cuanto al uso de energías renovables y no renovables. Extraigan tres aspectos positivos y tres donde tiene que mejorar.
2. ¿Como mejorarían ustedes la matriz energética de España? Preparen un plan y dibujen su propia matriz energética sostenible.

9-3 LAS ENERGIAS ALTERNATIVAS: URUGUAY

1. **Lee este texto sobre las energías alternativas o 'limpias'. Después responde a las preguntas.**

El uso constante de combustibles fósiles no renovables—petróleo, gas, carbón—causa que se emita más CO^2 lo que, a su vez, produce el calentamiento global; por ello es necesario desarrollar fuentes de energía alternativas que reduzcan las emisiones. Es importante distinguir entre energías alternativas *renovables* y no *renovables*. Las renovables son generadas por fuentes no fósiles que son inagotables. Las principales son la eólica (viento), la solar, la geotérmica, la biomasa—materia orgánica de origen vegetal o animal—la oceánica y la hidráulica. Entre las no renovables está la energía nuclear que, sin embargo, es una fuente de energía limpia. Las plantas de energía hidroeléctrica y nuclear ya generan una parte considerable de la energía del mundo, mientras que otras fuentes, como la solar o la eólica, representan una pequeña parte de la energía de algunas regiones. La hidroeléctrica—que usa la energía del agua que cae para generar electricidad—es una energía renovable convencional que, a gran escala, genera impactos ambientales negativos. Las plantas de energía geotérmica generan electricidad utilizando la energía térmica (calor) almacenada en el interior de la Tierra en fuentes naturales (i.e. aguas termales y chorros de vapor). La energía oceánica captura la energía del flujo de las mareas que entran y salen de las bahías o estuarios. Solo 40 lugares en el mundo cumplen los criterios necesarios para este tipo de energía.

Hay una relación directa entre el desarrollo económico, el aumento del consumo de energía y el aumento de las emisiones de gases de efecto invernadero, pero las energías renovables pueden ayudar a romper esa correlación. En zonas apartadas y en medios rurales que carecen de acceso centralizado a la energía, las renovables reducen costos; además ayudan a crear nuevos puestos de trabajo y a diversificar las fuentes de generación de los países, logrando una mayor seguridad energética. Otro beneficio es que contribuyen a cumplir los compromisos de reducción de emisiones de los países de la región. También mejoran los índices de desarrollo y el bienestar en los países que las implementan. En América Latina el 30% de la energía primaria es de fuentes renovables y la principal es la hidroeléctrica; le siguen la bioenergía, la eólica, la geotérmica y la solar. México y Chile—además de Brasil—son los países que más invierten en energías renovables.

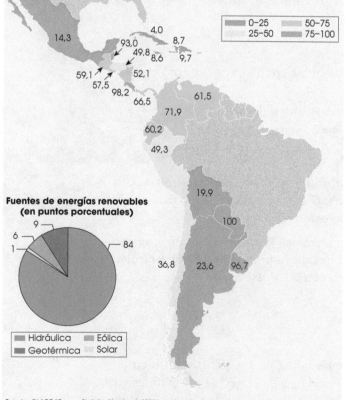

Porcentaje de energía renovable en la red eléctrica por país

0–25	50–75
25–50	75–100

14,3
4,0
93,0
8,7
49,8
8,6
9,7
59,1
52,1
57,5
98,2
66,5
61,5
71,9
60,2
49,3
19,9
100
36,8 23,6 96,7

Fuentes de energías renovables (en puntos porcentuales)

9
6
1
84

- Hidráulica
- Geotérmica
- Eólica
- Solar

Fuente: OLADE "Energy Statistics Yearbook 2020"

Fig. 9-11. Porcentaje de energía renovable en la red eléctrica

COMPRENSIÓN

1. Di si estos recursos son alternativos o no, y si son renovables o no.

   - viento
   - sol
   - biomasa
   - carbón
   - petróleo
   - oro
   - energía nuclear
   - ganado

2. ¿Es la energía hidroeléctrica una energía limpia? Explica tu opinión.
3. ¿Son caras las energías renovables en todos los casos?

PENSAMIENTO CRÍTICO

1. Hagan una lista de dos aspectos positivos y dos negativos de las fuentes de energía limpia renovables y no renovables.
2. ¿Cómo era la matriz energética mundial en 2013 y cuáles son las previsiones para 2040? Describan los cuatro cambios más importantes y evalúenlos.

Cambios	Evaluación
1. En 2013 ... pero para 2040 ...	Como resultado ...
2.	
3.	
4.	

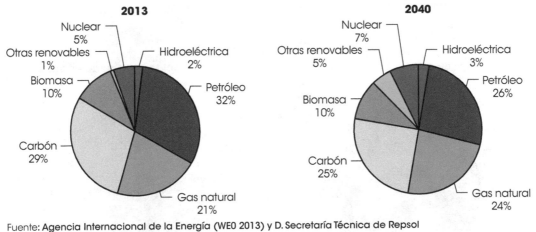

Fuente: **Agencia Internacional de la Energía (WEO 2013) y D. Secretaría Técnica de Repsol**

Fig. 9-12. Perspectivas de crecimiento de la demanda mundial de energía eléctrica

3. Usen el gráfico 9-13 para describir cómo progresó o empeoró la distribución de generación de electricidad en América Latina respecto a estas fuentes: (a) petróleo, (b) carbón, (c) nuclear y (d) otras renovables. ¿Son estas proyecciones suficientes? ¿En qué áreas habría que mejorarlas? ¿Qué recomendarían ustedes para la región?

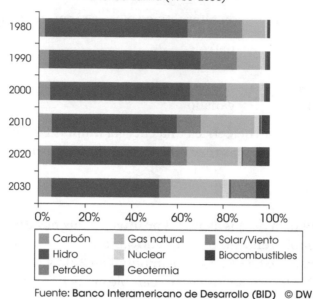

Fuente: **Banco Interamericano de Desarrollo (BID)** © DW

Fig. 9-13. Matriz de generación eléctrica (1980-2030)

4. Costa Rica es un país pionero en la inversión en energías renovables. La generación limpia de electricidad contribuye a las metas nacionales de descarbonización. Aunque su energía es renovable, sus emisiones vienen de su dependencia petrolera para el transporte. Describan la matriz de Costa Rica y compárenla con la del mundo. Evalúen los planes de Costa Rica para el año 2034. ¿Modificarían ustedes algo?

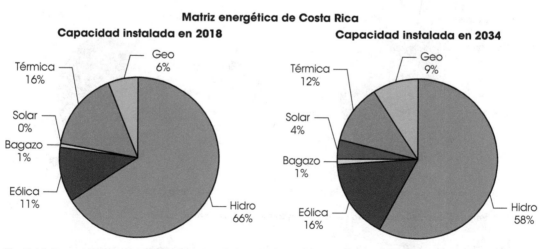

Fig. 9-14. Generación de electricidad en Costa Rica

2. **En este texto se habla de las energías limpias en Uruguay, un referente mundial. Después de leerlo, mira el video y responde las preguntas.**

Desde 2008 Uruguay apuesta por la generación energética a partir de fuentes renovables. Esta modificación ayudó a la mejora del medio ambiente, aportó recursos económicos y mejoró el bienestar de los ciudadanos. Aunque Uruguay tiene una ubicación ideal para la generación de energía solar y eólica, ninguna de las dos formaban parte del panorama sostenible de Uruguay cuando inició su revolución energética. Para 2019 las energías renovables—incluyendo la solar y la eólica—componían el 98% de la matriz energética total, mientras que en 2005 eran 37%; en menos de ocho años (2011 a 2019) la cantidad de potencia eólica instalada igualó a la de hidroeléctrica. A esto se añadieron plantas de generación de biomasa sostenible y plantas solares fotovoltaicas.

El ingeniero Ernesto Elenter dice que este logro fue el resultado de un acuerdo entre todos los partidos políticos, que se alinearon apoyando una estrategia para transformar la matriz eléctrica de Uruguay. En 2017 y 2018 el 98% de toda la energía que consumió Uruguay fue renovable; y muchos días de cada mes es el 100%. Por ello se le considera un referente internacional.

Uruguay es un país que históricamente usó energía renovable, debido a su riqueza en hidroelectricidad, pero esta depende de las lluvias, mientras que la energía solar y eólica pueden predecirse. La energía eólica supone el 30 % anualmente, algo que en el mundo solo supera un país: Dinamarca.

Fuentes: https://www.180.com.uy/articulo/80384_como-uruguay-logro-un-cambio-de-matriz-electrica-que-es-aplaudido-por-el-mundo-entero; https://www.caf.com/es/actualidad/noticias/2021/07/uruguay-lider-en-el-uso-de-fuentes-renovables-en-america-latina/.

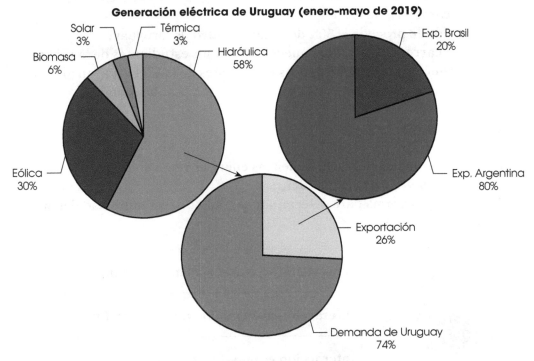

Fig. 9-15. Fuentes de generación de electricidad en Uruguay

COMPRENSIÓN

1. ¿En qué año la energía eólica se igualó con la hidroeléctrica para suministrar electricidad a Uruguay? ¿Es hoy igual esta situación?
2. ¿Qué ventaja tiene la energía eólica respecto a la hidroeléctrica?

REFLEXIÓN LINGÜÍSTICA: G-19

Mira las frases sombreadas en el texto. Repite (usando el estilo indirecto) esta información poniendo énfasis en que estas son las palabras de otra persona.

1. La autora dijo que esta modificación ...

2. Ernesto Elenter dijo que ...

3. La autora dijo que Uruguay ...

4. La autora dijo que en Uruguay la energía eólica ...

COMPRENSIÓN

9-3

1. ¿Qué dijo Ramón Méndez sobre las energías renovables? Marca lo que sea correcto.
   ☐ Se necesitan subsidios para tener energías renovables
   ☐ La energía renovable es más cara
   ☐ No se puede tener 100% de electricidad proveniente de energías renovables
2. ¿Cómo era la situación energética de Uruguay antes de 2008? Di tres características.
3. ¿De dónde procede el 50% de la electricidad de Uruguay?
4. ¿Qué carreras específicas pueden cursar los estudiantes de la UTEC?
5. ¿Por qué es importante que los estudiantes de la UTEC vayan al extranjero?
6. ¿Cuál es el mayor reto de la sociedad, según Ramón Méndez?

PENSAMIENTO CRÍTICO

1. ¿Qué beneficio adicional tienen las energías renovables de Uruguay? Usen el gráfico 9-15 para responder.
2. Usen el diagrama para determinar el grado de sostenibilidad del proyecto eólico uruguayo.

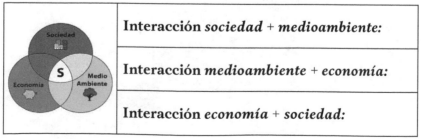

	Interacción *sociedad* + *medioambiente:*
	Interacción *medioambiente* + *economía:*
	Interacción *economía* + *sociedad:*

9-4 EL ACTIVISMO AMBIENTAL

1. **Lee este texto sobre la lucha por la defensa del medioambiente en América Latina y después los tres casos de activismo medioambiental que aparecen en la página siguiente. Finalmente, responde a las preguntas.**

La participación de la ciudadanía en defensa del medio ambiente es un común denominador en Latinoamérica. Esta es una lucha por la preservación de los recursos naturales no renovables (petróleo, gas), del agua, de los árboles y de la tierra. Cuando los gobiernos locales y nacionales—que tienen la responsabilidad de administrar los recursos—toman decisiones que afectan a la población, aparecen los conflictos, que cuestionan el sistema capitalista, la moralidad de las empresas que viven de la explotación de los recursos y la legitimidad de los gobiernos, que no están acostumbrados a negociar con grupos ciudadanos (indígenas, clases menos privilegiadas). En los últimos años, este activismo ha puesto en evidencia las contradicciones entre los proyectos de desarrollo de gobiernos y empresas, por un lado, y los intereses de los pueblos, por otro.

Según el último informe de la ONG Global Witness, más activistas ambientales son asesinados en América Latina que en cualquier otra región del mundo. De los diez países del mundo con más asesinatos de activistas ambientales, siete son latinoamericanos y México ocupa el segundo puesto mundial, seguido de Guatemala y Honduras. Muchos de estos asesinatos tienen que ver con la expansión de la minería, el sector más letal en todo el mundo. Los asesinatos están vinculados a explotaciones de recursos naturales—tierra, agua, bosques—que en muchos casos están en zonas en las que se asientan los pueblos indígenas. Según Mongabay, la mitad de los asesinatos y agresiones se cometen contra personas de una minoría étnica (indígenas y afrodescendientes), los cuales tienen el derecho a ser consultados ante los grandes proyectos de infraestructuras que se quieran emprender en sus territorios, algo que los gobiernos no cumplen en muchas ocasiones. Otra razón son los tratados de libre comercio, que han unido a los gobiernos con las grandes corporaciones transnacionales.

Las consultas populares sobre minería—apoyadas por la ONU y la Organización Internacional del Trabajo (OIT)—frecuentemente no son reconocidas y los gobiernos ignoran sus resultados, pero muchas han logrado modificar, retrasar e incluso detener proyectos. Una investigación de Mongabay encontró que entre Perú, Colombia, México y Ecuador 156 defensores ambientales han sido "criminalizados", 58 de ellos por conflictos relacionados con la megaminería.

Fuente: https://es.mongabay.com/2020/04/latinoamerica-lideres-ambientales-amenazados/.

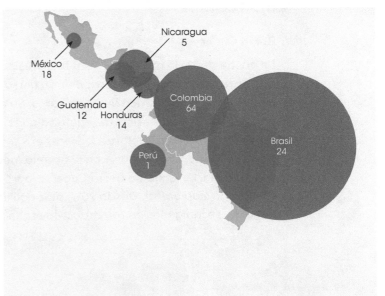

Asesinatos de activistas medioambientales en América Latina

México
18

Nicaragua
5

Guatemala
12

Honduras
14

Colombia
64

Perú
1

Brasil
24

Fig. 9-16. Asesinatos de activistas medioambientales en 2019

http://www.puntos.encuentro.esp

Tres casos de activismo ambiental

Sierra de Petatlán, Guerrero (México)

A mediados de los años noventa la empresa estadounidense Boise Cascade obtuvo el derecho exclusivo para la compra y explotación de madera de la zona. En pocos años la sierra de Petatlán perdió un 40% de su superficie. Desde 1998, cuando la transnacional salió del país, continúa la tala irracional. En 1999 fueron detenidos, torturados y encarcelados Teodoro Cabrera y Rodolfo Montiel, de la Organización de Campesinos Ecologistas. En 2010 la Corte Interamericana de Derechos Humanos (CIDH) sentenció al gobierno de México a pagar 42.000 dólares a los afectados, por daños materiales e inmateriales. Aunque la sierra es hoy uno de los espacios forestales más vigilados por las autoridades, su defensa ha causado detenciones, encarcelamientos y muertes de activistas campesinos que no tienen seguridad jurídica para realizar su trabajo, ya que el gobierno ha criminalizado sus acciones.

La Asamblea Constituyente de Bolivia

Es una asamblea instituida paralelamente al gobierno central en 2006 para redactar una nueva Constitución. Su origen son dos movimientos de la sociedad civil boliviana, mayoritariamente indígena: el de la población de Cochabamba, contra la privatización del sistema de distribución del agua o Guerra del Agua (2000); y el de la defensa del gas o Guerra del Gas de 2013 en La Paz. En ambos movimientos participaron grupos civiles tan diferentes como mineros, campesinos y estudiantes, es decir, formas comunitarias donde prevalecen los principios de igualdad, libertad y justicia. El resultado fue la nacionalización del agua y del gas. En el debate actual latinoamericano sobre los usos y la propiedad del agua, esta Asamblea sostiene que el agua es un bien público y primario. Otro principio es que la administración y el aprovechamiento de los recursos del país corresponde solo a los bolivianos.

Berta Cáceres

La noche del 2 de marzo de 2016 fue asesinada la activista hondureña Berta Cáceres, que durante años había liderado en su tierra un movimiento contrario a la construcción de la presa hidroeléctrica de Agua Zarca. Su caso es paradigmático porque Cáceres era una mujer latinoamericana y defendía los derechos de los indígenas ante grandes proyectos de infraestructuras. Cáceres era conocida internacionalmente y su lucha había sido premiada, entre otros, con el premio medioambiental Goldman, conocido como el Nobel Verde. La lucha de Berta Cáceres logró paralizar la construcción de la presa, pero el coste ha sido brutal. Desde 2012, diez activistas del Consejo Cívico de Organizaciones Populares e Indígenas de Honduras—la organización que ella fundó—han sido asesinados.

COMPRENSIÓN /INTERPRETACIÓN

1. ¿Qué argumentos pueden darse para apoyar el punto de vista del activismo medioambiental que propone la incompatibilidad del modelo de desarrollo capitalista y la defensa del medioambiente? Piensen en dos.

2. En Latinoamérica, según los tres casos que han leído, ¿qué tipo(s) de activismo ambiental es(son) prevalente(s)? Asocia cada caso con una o más de estas causas ambientales.
   - ☐ conservación de espacios naturales
   - ☐ justicia ambiental
   - ☐ derechos de propiedad (de la tierra, el gas, el agua ...)

3. El activismo ambiental ha puesto en evidencia varios aspectos. Ilustren los siguientes con un ejemplo de los casos que han leído.
   a. el alejamiento (disparidad de intereses) entre el gobierno y la sociedad civil
   b. la alianza de los gobiernos nacionales y locales con el capital privado
   c. la capacidad del activismo ciudadano para cambiar las estructuras de gobierno
   d. la capacidad del activismo ciudadano para cambiar las políticas medioambientales
   e. las limitaciones del activismo ciudadano

4. Miren el video sobre un caso de conflicto ambiental en Chile. Identifiquen el conficto y las partes implicadas (sus posiciones y argumentos). Después evalúen la sostenibilidad del proyecto desde dos puntos de vista diferentes.

9-4

Partes implicadas	Posición / Argumentos
	1. 2.
	1. 2.

	Si se construye la hidroeléctrica ... Si no se construye la hidroeléctrica ...	
	Si ... Si no ...	
	Si ... Si no ...	

9-5 EL AGUA: ¿BIEN ECONÓMICO O DERECHO HUMANO?

1. **Lee este texto sobre el acceso al agua en Centroamérica y el debate en torno a este recurso. Después responde a las preguntas.**

¿Es el agua—recurso natural finito—un bien económico o un bien social? ¿Es un derecho humano? Muchas comunidades locales, organizaciones sociales, grupos indígenas y organizaciones de mujeres lideran las luchas por el derecho al agua en Chile, Bolivia, México, Uruguay, Costa Rica y Colombia. Precisamente por ser un recurso escaso, en muchas partes de Latinoamérica, como en otras del mundo, está a merced de los intereses del mercado y de las empresas transnacionales que, si vieran el agua como un derecho humano, no reducirían su acceso a una mercancía como hacen ahora. En Centroamérica, región en la que abundan bosques, selvas, ríos y arroyos, miles de personas no tienen acceso al agua. En pocas zonas del mundo hay un conflicto tan claro entre los que ven el agua como un negocio y los que la ven como un bien para sobrevivir.

Centroamérica es una región privilegiada: hay 23.000 metros cúbicos de agua por habitante y año. Si el acceso al agua fuera un derecho la población no viviría en una situación de escasez. Miles de personas enfrentan el reto diario de vivir sin acceso al agua potable y caminan cada día durante horas para llevar agua a sus casas. En El Salvador, el 82% de la población rural y el 26% de la urbana no tiene conexión de agua potable en su casa. En San Marcos Ocotepeque, Honduras, conseguir agua para beber no es fácil: los vecinos tienen que caminar a un río para recoger agua y lavar la ropa. El Coyolito, una comunidad campesina de El Salvador, está al lado de un lago artificial que se ha convertido en el principal depósito de aguas residuales de la capital, aguas que se filtran a los pozos de la comunidad. En Nicaragua hay comunidades ubicadas en el área de grandes plantaciones de caña y las fuentes de agua cercanas a las plantaciones están contaminadas por los productos químicos e insecticidas que se utilizan. Un sistema económico que da prioridad al dinero y no al interés de la sociedad, la falta de inversión pública en agua y saneamiento, y los megaproyectos mineros, petroleros e hidroeléctricos y de agricultura extensiva, han dejado a miles de familias sin agua.

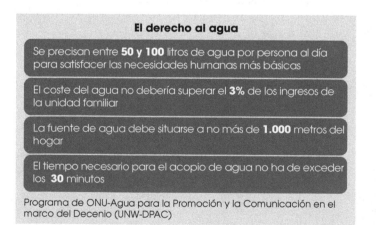

El derecho al agua

Se precisan entre **50 y 100** litros de agua por persona al día para satisfacer las necesidades humanas más básicas

El coste del agua no debería superar el **3%** de los ingresos de la unidad familiar

La fuente de agua debe situarse a no más de **1.000** metros del hogar

El tiempo necesario para el acopio de agua no ha de exceder los **30** minutos

Programa de ONU-Agua para la Promoción y la Comunicación en el marco del Decenio (UNW-DPAC)

Fig. 9-17. El derecho humano al agua (ONU)

COMPRENSIÓN

1. Describe las dos visiones contradictorias sobre el agua.
2. Explica con tus propias palabras cuál es la paradoja del agua en Centroamérica.
3. ¿Qué consecuencias tiene la falta de acceso a agua potable en las áreas rurales de varios países centroamericanos?
4. ¿Es el agua un recurso escaso en Centroamérica? Explica.

REFLEXIÓN LINGÜÍSTICA: G-20

1. Completa las respuestas usando frases hipotéticas con 'si'.

   - ¿Ven las empresas transnacionales el agua como un derecho humano?

     Desafortunadamente no, porque si ...

   - ¿Es el agua un derecho de la población?

     Es triste, pero no, porque si ...

2. Ahora completa estas respuestas usando frases que expresen posibilidad con 'si'.

   - A partir de ahora, el agua será un derecho humano.

     Excelente, porque si ...

   - El gobierno tiene un plan para distribuir mejor el agua.

     Esas son buenas noticias, porque si ...

2. **Mira el video sobre un plan para proteger el agua en una zona estratégica de Centroamérica. Después responde a las preguntas.**

9-5

COMPRENSIÓN

1. Explica con tus propias palabras qué es el Plan Trifinio.
2. ¿Cuál es la importancia estratégica de Trifinio?
3. ¿Qué actividad está dañando el ecosistema de la zona?
4. Explica el conflicto que se originó entre dos comunidades de esta zona, una en Honduras y otra en El Salvador.
5. ¿Qué solución se ha implementado para resolver el conflicto entre los habitantes de ambas áreas geográficas?

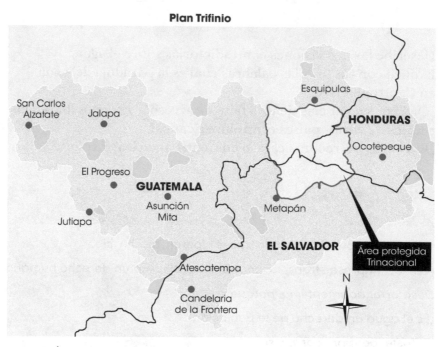

Fig. 9-18. Área geográfica. Plan Trifinio

PENSAMIENTO CRÍTICO

1. En julio de 2010 la ONU adoptó una resolución presentada por Bolivia que reconoce el acceso al agua potable como un derecho humano. En el gráfico 9-17 se presentan las cuatro condiciones fundamentales para que el agua sea de verdad un derecho. Reflexionen sobre ellas y ordénenlas de más a menos importante. Después piensen si estos requisitos son suficientes o si recomiendan otro(s).

2. La privatización del agua es el principal impedimento para que se respete el derecho humano a este recurso. Algunas maneras de hacerlo son privatizar el servicio de agua, apropiarse de los territorios donde están las fuentes de agua o embotellar el agua. Divídanse en grupos de cuatro para debatir (en parejas) estos dos temas. Elaboren primero dos argumentos para defender su postura.

	Argumentos a favor	Argumentos en contra
El agua debe estar en manos de empresas públicas	1. 2.	1. 2.
El embotellamiento de agua debe ser prohibido	1. 2.	1. 2.

PERSPECTIVA INTERCULTURAL

9-6 PROTECCIÓN DE LOS ECOSISTEMAS: LOS CORREDORES BIOLÓGICOS

1. **Lee este texto y mira el video donde se explica la importancia de los corredores biológicos. Después responde a las preguntas.**

Los bosques cubren el 30% de la superficie terrestre, proveen hábitats para más del 80% de todas las especies de animales y plantas, y son una fuente importante de aire limpio y agua. Además son fundamentales para combatir el cambio climático; de hecho, las soluciones climáticas basadas en la naturaleza pueden ayudar a reducir en más de un tercio las emisiones de CO_2. La pérdida de bosques causa la degradación y desertificación de millones de hectáreas, y esto afecta desproporcionadamente a las comunidades pobres. Algunos de los objetivos más importantes en América Latina son (a) detener la deforestación y aumentar la reforestación; (b) luchar contra la desertificación y rehabilitar las tierras y suelos degradados por el hombre, la sequía y las inundaciones; y (c) detener la pérdida de biodiversidad, proteger las especies amenazadas y evitar su extinción.

Una de las maneras de hacer frente a estos desafíos es la creación de *corredores biológicos*, que ayudan a mantener la conectividad de las áreas protegidas y sus especies. Los corredores mantienen la continuidad de los procesos biológicos, tales como la dispersión de la población de las especies. Los corredores permiten su movimiento y esto previene su extinción local, mantiene el flujo genético y conserva la diversidad de especies. Varios países, como Ecuador, Costa Rica y España han diseñado corredores como estrategia de conservación y para contrarrestar la pérdida de la biodiversidad.

Fuente: https://agenda2030lac.org/es/ods/15-vida-de-ecosistemas-terrestres.

Fig. 9-19. Corredores biológicos

COMPRENSIÓN

1. ¿Cuál es la causa de la fragmentación de los espacios naturales?
   a. la expansión humana
   b. la expansión de las especies animales
   c. el cambio climático
2. ¿Qué efecto tiene esta fragmentación en la población de animales y plantas?
3. ¿Cierto o falso?
   a. Las áreas protegidas son la solución al problema de la conservación de los hábitats.
   b. Los corredores sirven para recobrar la conectividad entre espacios naturales.
4. ¿Qué beneficios tienen los corredores para los humanos?

2. El Corredor Biológico Mesoamericano (CBM)

El CBM fue establecido en 1997 por los gobiernos de Belice, Costa Rica, El Salvador, Guatemala, Honduras, Nicaragua, Panamá y México. Antes, en 1992, se había decidido desarrollar el Sistema Mesoamericano de Parques Nacionales y Áreas Protegidas. El proyecto define enlaces entre las áreas protegidas de Centroamérica. Sus objetivos son: (a) mantener la diversidad biológica, (b) disminuir la fragmentación provocada por actividades industriales—como la agricultura y la forestación a gran escala, la urbanización u obras como carreteras y represas—y mejorar la conectividad de los ecosistemas y (c) promover procesos productivos sustentables que mejoren la calidad de vida de las poblaciones humanas locales.

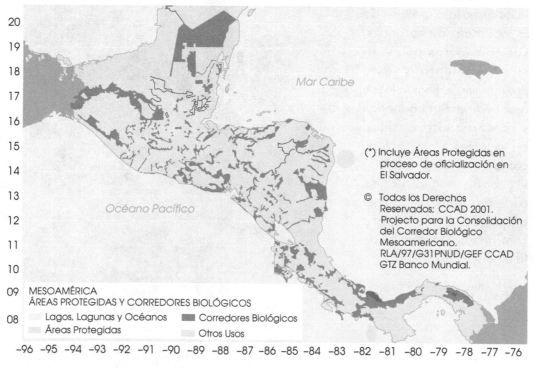

Fig. 9-20. El Corredor Biológico Mesoamericano (CBM)

Esta región, habitada por más de 40 millones de personas, es una de las regiones del planeta con mayor biodiversidad. También es un punto en el que se condensa el movimiento migratorio—desde el norte y desde el sur—de todo tipo de especies. Además de su importancia biológica, el CBM abarca una variedad de tierras indígenas tradicionales y no tradicionales. Es decir, este proyecto existe en una zona donde confluyen conservación, desarrollo y autodeterminación indígena. También surge en un momento en que la captura de carbono y agua, y la conservación de la biodiversidad son 'servicios ambientales' rentables. El CBM tiene financiamiento del Banco Mundial y de varios países donantes, además del Banco Interamericano de Desarrollo (BID). Se ha cuestionado la presencia de estos organismos y gobiernos en el CBM, ya que hay gran interés en apropiarse de una biodiversidad de la que se puede obtener elevadas ganancias. Por otro lado, existen intereses genuinos que desean la conservación de la diversidad biológica y cultural.

El 85% por ciento de las más de cuatrocientas áreas protegidas declaradas legalmente está ocupado o es usado por indígenas o habitantes locales, muchos de los cuales se han opuesto al CBM porque no se ha incluido su participación. Estos grupos están demandando el derecho a la autodeterminación y la autonomía política y los gobiernos les han dado cierto reconocimiento, concesiones limitadas de autonomía y control sobre los recursos. Entre tanto, los intereses de desarrollo internacional buscan explotar esos recursos que han sido destinados para la conservación de la biodiversidad y vida indígena.

COMPRENSIÓN/INTERPRETACIÓN

1. ¿Es el CBM un proyecto libre de controversia? ¿Cuáles son las dos fuentes de controversia que aparecen en el texto que has leído?
2. ¿Es el CBM un proyecto sostenible? Ya conoces la dimensión *ecológica*. Explica los factores *humanos* y *económicos* de este proyecto y ofrece algunas recomendaciones.

3. En Estados Unidos son muy populares los corredores biológicos. Lee el texto para saber más sobre este tema.

La Ley de Conservación de los Corredores de Vida Silvestre fue aprobada por la Cámara de Representantes de los Estados Unidos. El proyecto tiene el apoyo de científicos reconocidos a nivel nacional y más de 220 ONG prominentes en todo el país. Con una de cada cinco especies en riesgo de extinción, la pérdida de biodiversidad y la alteración de los hábitats naturales de la vida silvestre son uno de los mayores desafíos de conservación de la nación. La conexión de hábitats mediante la protección de corredores y la construcción de estructuras de cruce de carreteras para la vida silvestre permite a las especies migrar, acceder a recursos para sobrevivir y adaptarse mejor al clima cambiante. Los corredores son parte de una estrategia para abordar el cambio climático y la pérdida de biodiversidad. Ofrecer a los animales la oportunidad de moverse a través de tierras y aguas es una forma simple y efectiva de ayudar a preservar muchas especies.

La ley da autoridad a las agencias federales para desarrollar un Sistema Nacional de Corredores de Vida Silvestre en terrenos federales y contiene las disposiciones de la Ley de Corredores de Vida Silvestre Tribales, que proporciona financiamiento y apoyo a las naciones tribales para establecer y administrar corredores de vida silvestre en sus tierras.

Conectar corredores es una estrategia de conservación que cada día tiene más apoyo. En 2021, Florida, Virginia y Colorado aprobaron una legislación para proteger los corredores de vida silvestre. En total, 14 estados han introducido legislación sobre corredores de vida silvestre.

Fuente: https://wildlandsnetwork.org/news/legislation-to-protect-wildlife-corridors-passes.

COMPRENSIÓN/INTERPRETACIÓN

Lee estas opiniones sobre la Ley de Conservación de los Corredores de Vida Silvestre. ¿Cuáles son las dos perspectivas opuestas en este debate? ¿A qué tipo de preocupaciones responden?

---

http://www.puntos.encuentro.esp

Ensuring safe passage and migration routes for park wildlife is a commonsense and forward-thinking solution, as climate change and habitat loss threatens park wildlife and ecosystems across the United States. From a black bear safely crossing the road at Shenandoah to the 250,000 strong herd of Western Arctic Caribou migrating across the vast tundra at Gates of the Arctic, critical action is needed to protect, restore, and connect habitat and travel routes for national park wildlife.

Bart Melton, Wildlife Program Director at National Parks Conservation Association

Fuente: https://wildlandsnetwork.org/news/legislation-to-protect-wildlife-corridors-passes.

---

http://www.puntos.encuentro.esp

The Wildlife Corridors Conservation Act is perhaps the most significant attack on private property rights in decades. [...] Yes, highway wildlife crossings are certainly part of the sales pitch. [...] The WCCA is NOT about building "squirrel bridges" over highways so our little furry friends can cross the road safely. [...] It's about adding [...] burdensome regulations affecting thousands of square miles of America and future decisions regarding federal land and water management plans.

Fuente: https://oldmanoftheski.com/2019/06/04/2019-wildlife-corridors-conservation-act-the-biggest-land-grab-in-history/.

PERSPECTIVA ARTÍSTICA

9-7 EL ARTE ECOLÓGICO DE FRANCISCO TOLEDO

1. **Lee la información de esta página y después mira los videos sobre el artista mexicano Francisco Toledo. Después responde a las preguntas.**

---

http://www.puntos.encuentro.esp

El **arte ecológico** o arte ambiental trata temas relacionados con el medio ambiente. Los artistas que forman parte de este movimiento integran elementos de los ecosistemas y usan materiales respetuosos con el medio ambiente. De esta manera tratan de que la gente se conciencie de los efectos dañinos de la acción humana sobre el planeta y se involucre en la defensa de la naturaleza. La contaminación del aire y los océanos, el calentamiento global o la deforestación son algunas de las amenazas que denuncia el arte ambiental contemporáneo. Este arte no contribuye a la degradación medioambiental, ya que usa materiales biodegradables o reciclados. Igualmente, la escultura está siempre integrada en un hábitat natural.

Francisco Toledo (1940-2019) es uno de los artistas plásticos más importantes de México, además de activista social, filántropo y ambientalista que defendió causas ambientales como el rechazo al cultivo de maíz transgénico, que estaba destruyendo la economía campesina y la salud de la gente. Durante toda su carrera artística apoyó la promoción y conservación del patrimonio artístico mexicano, el libre acceso a la formación artística y el cuidado del medio ambiente. En su arte refleja un gran aprecio por la estética de la naturaleza, especialmente la de animales que no son comúnmente asociados con la belleza (monos, murciélagos o insectos). Para Toledo, los animales y los humanos son uno solo con la naturaleza. Toledo usa una paleta de colores terrosos—grises, ocres, ámbar—, los mismos que se usaron durante la época prehispánica. Algunas de sus pinturas tienen craquelados que generan texturas; en otras usa formas geométricas. El mosaico es una de sus técnicas en la

Fig. 9-21. Francisco Toledo

pintura y la cerámica. Su obra—irreverente, provocativa y transgresora—puede encontrarse en los mejores museos del mundo, como los Museos de Arte Moderno de México, Nueva York, Filadelfia o París. Residió en el estado de Oaxaca, desde donde promovió y difundió la cultura y las artes de este estado.

COMPRENSIÓN

9-7

1. ¿De dónde provienen las influencias rurales e indígenas que tiene la obra de Toledo?
2. Di dos características de su pintura.
3. ¿Qué elementos aparecen frecuentemente en las piezas de Toledo?
4. ¿Estuvo este artista asociado a algún tipo de movimiento pictórico?

COMPRENSIÓN

9-8

1. ¿Cuál es la misión principal del CaSa?
2. Explica la relación de Toledo con el CaSa.
3. ¿Qué posición tiene Toledo con respecto al desarrollo?

2. **En este video podemos ver una colección de obras de Francisco Toledo que se centran en un tema ambiental. Responde a las preguntas basadas en la información del video.**

9-9

COMPRENSIÓN

1. ¿Cuál es el tema de esta muestra (*exhibition*) de Francisco Toledo?
2. Explica por qué es tan importante esta causa ambiental en México.
3. ¿Cuál es la función del arte, según René Bustamante, curador de esta muestra?

PENSAMIENTO CRÍTICO

1. Describan este cuadro de Francisco Toledo. ¿Qué características de su estilo pueden observar en esta obra? Luego analicen la obra y expliquen qué reacciones tuvieron al verla.
2. Digan si están de acuerdo o no con la opinión de Bustamante de que el arte es un instrumento muy potente (*powerful*) para enviar un mensaje al público y concienciarlo de asuntos medioambientales. Justifiquen su respuesta.
3. Lean esta cita de Toledo. ¿A qué temas se refiere con ella? Interpreten sus palabras.

Fig. 9-22. Autorretrato

—"México es un país salvaje, cruel e incontrolable".

—¿Peor que antes?

—"¿Antes de la Conquista o antes de Cristo? ¿Antes de la llegada de las eólicas españolas? No sé, es difícil hablar de todo México, como usted sabe. Hablar de México es hablar de muchos países".

Entrevista con Francisco Toledo

Fuente: https://masdemx.com/2019/09/francisco-toledo-fallece-entrevistas-frases-memoria-obra/.

4. Hay muchas formas en las que el arte puede ser ambiental o ecológico. Observen esta fotografía titulada *Nidos* del artista venezolano Milton Becerra y decidan en qué categoría(s) se puede incluir.

- Promoción de la conciencia ecológica
- Uso de materiales de la naturaleza
- Uso de materiales "verdes"
- Integración del arte en un contexto natural

Fig. 9-23. *Nidos* de Milton Becerra (1995)

5. Trabajando en parejas, entren en la galería virtual y escojan una obra de Francisco Toledo (pintura o escultura) que represente al menos uno de los cuatro acercamientos al arte ambiental. Preparen una breve presentación para la clase usando este esquema como guía. Deben ser capaces de justificar el punto 2 basándose en elementos de la obra de arte que han elegido.

Galería virtual de Francisco Toledo: http://www.franciscotoledo.net

	Título de la obra: _____
1. descripción	
2. tipo(s) de arte ambiental	
3. opinión sobre la obra	

EL CAMBIO CLIMÁTICO Y EL DESARROLLO SOSTENIBLE

Lee este texto sobre la sostenibilidad ambiental y el cambio climático. Después responde a las preguntas expresando tu opinión.

La sustentabilidad ambiental es la capacidad de un sistema (o un ecosistema) de mantener su estado en el tiempo, lo cual requiere un cambio en los valores humanos, especialmente los económicos, para preservar el capital natural, y un consenso mundial y compromiso político sobre la conservación del medio ambiente. La sostenibilidad del ambiente se ve amenazada desde hace décadas por el cambio climático. Entre 1880 y 2012, la temperatura media mundial aumentó 0,85 grados centígrados y entre 2000 y 2010 se produjo un incremento de las emisiones de dióxido de carbono (CO_2) y otros gases de efecto invernadero mayor que en las tres décadas anteriores. Debido al calentamiento de los mares y al deshielo, los niveles están subiendo y los fenómenos meteorológicos son cada vez más extremos.

América Latina y el Caribe es una de las regiones del mundo más afectadas por el cambio climático y los fenómenos meteorológicos externos, los cuales están causando graves daños a la salud, a la vida, a la comida, al agua, a la energía y al desarrollo socioeconómico de la región. Entre 1998 y 2020 los eventos relacionados con el clima y sus impactos costaron más de 312.000 vidas y afectaron a más de 277 millones de personas. La sequía generalizada tuvo un impacto significativo en el rendimiento de los cultivos y la producción de alimentos, lo que provocó un empeoramiento de la seguridad alimentaria en muchas áreas. Las intensas lluvias provocaron deslizamientos de tierra e inundaciones en las zonas rurales y urbanas de América Central y del Sur. Los fenómenos meteorológicos extremos afectaron a más de ocho millones de personas en América Central, agravando la carestía de alimentos en países que ya estaban paralizados por crisis económicas. Al tiempo, debido a la sequía, el 2020 fue el año de incendios más activo en el sur de la Amazonia. La cuenca del río Amazonas, que se extiende a lo largo de nueve países de América del Sur y almacena el 10% del carbono global, ha experimentado una mayor deforestación en los últimos cuatro años. Aunque todavía es un sumidero de carbono, podría convertirse en una fuente de emisión de carbono si la pérdida de bosques continúa al ritmo actual. Los huracanes sin precedentes afectaron a más de ocho millones de personas en Centroamérica y sólo en Honduras los daños al Producto Interno Bruto fueron calculados en más de 2.000 millones de dólares. El nivel del mar crece

por encima del promedio mundial en una región donde más del 27% de la población vive en áreas costeras: el 8% vive en áreas que tienen un riesgo alto o muy alto de verse afectadas. En los Andes de Chile y Argentina, los glaciares han ido retrocediendo durante las últimas décadas con la consecuente escasez de agua.

América Latina se perfila como una de las regiones del mundo donde los efectos e impactos del cambio climático—olas de calor, disminución del rendimiento de los cultivos, incendios forestales, y eventos extremos del nivel del mar—serán más intensos. Poner límites al calentamiento global es vital para reducir los riesgos en una región que ya enfrenta asimetrías económicas y sociales para su desarrollo de manera sostenible. En esta región se debe impulsar el Objetivo de Desarrollo Sostenible 13: adoptar medidas urgentes para combatir el cambio climático y sus impactos. Algunas de las metas del ODS 13 son (a) fortalecer la resiliencia y la capacidad de adaptación a los riesgos relacionados con el clima y los desastres naturales en todos los países, (b) incorporar medidas relativas al cambio climático en las políticas, estrategias y planes nacionales, y (c) mejorar la educación respecto de la mitigación y adaptación al cambio climático, la reducción de sus efectos y la alerta temprana.

1. ¿Cuáles de estos fenómenos, relacionados con el cambio climático, mencionó el párrafo dos del texto?
   - ☐ inseguridad alimentaria
   - ☐ aumento de la temperatura de la Tierra
   - ☐ reducción del hielo de las montañas
   - ☐ descenso del nivel del mar
   - ☐ calentamiento global

2. Relaciona estos eventos ocurridos en América Latina con sus consecuencias.

Consecuencias	Eventos
Inundaciones	Lluvias intensas
Aumento de CO^2 en la Amazonia	Sequía
Descenso de la producción de alimentos	Huracanes
Incendios	Tala de árboles
Inundación de las costas	Subida del nivel del mar
Descenso del PIB	
Abastecimiento de agua potable	

3. ¿Es compatible la tala de árboles con la sostenibilidad ambiental? Explica.
4. ¿Cuál de las tres metas del ODS 13 te parece más fácil de conseguir?
5. ¿Cuál de estas afirmaciones es correcta?
   a. El cambio climático causa el aumento de los gases de invernadero, lo cual causa el calentamiento global.
   b. El calentamiento global causa el aumento de los gases de invernadero, los cuales causan el cambio climático.
   c. El aumento de los gases de invernadero causa el calentamiento global, el cual causa el cambio climático.

LECTURA

El tapón del Darién

La Carretera Panamericana es un sistema de carreteras de 16.000 millas que comienza en Alaska y termina en Tierra del Fuego, Argentina. Solo hay un punto que divide la carretera en dos, conocido como el "Tapon del Darién", un tramo de selva montañosa de 66 millas de largo, ubicado en la zona de Darién, entre Panamá y Colombia. Yaviza es el pueblo panameño que detiene el curso de la carretera y Turbo es el pueblo colombiano donde se reanuda.

Fig. 9-24. La carretera panamericana

El Tapon del Darién contiene varios hábitats: playas, montañas, pantanos, tierras bajas y bosques tropicales de tierras altas. También tiene gran biodiversidad, con especies como el jaguar, tortugas marinas, osos hormigueros gigantes y tapires. Grandes extensiones de esta área están protegidas. Un ejemplo es el Parque Nacional Darién, declarado Patrimonio de la Humanidad por la UNESCO y Reserva de la Biosfera. Lugares como Darién ayudan a capturar gases de efecto invernadero como el CO_2.

Darién es parte del Corredor Biológico Mesoamericano (CBM), que une todas las áreas protegidas de Centroamérica. El CBM mantiene la diversidad biológica, disminuye la fragmentación y promueve la producción sostenible para mejorar la calidad de vida de las poblaciones locales. A esto se añade que previene la propagación de la fiebre aftosa, una infección viral que ataca a animales como el ganado y los cerdos, desde América del Sur hasta América Central y del Norte.

Fig. 9-25. Aracari de cuello negro

Fig. 9-26. Mapa del Darién

Esta selva tropical de 575.000 hectáreas (20% de Panamá) es el hogar de 35.000 personas de grupos étnicos como Kunaa, Emberra y Wounan, que tienen una forma de autonomía política en su tierra. Sin embargo, el control de los recursos naturales es una fuente constante de conflicto. Yaviza, junto al Parque Nacional Darién, tiene una población de alrededor de 5.000 personas. Es una zona muy empobrecida con dificultades de accesibilidad y las tasas de analfabetismo más altas del país. Entre los muchos problemas se encuentran el acceso a las escuelas y la falta de electricidad.

El Parque Darién está amenazado por muchas actividades en los bosques y acuíferos cercanos (la zona de amortiguamiento): deforestación debido a la tala (legal e ilegal), extracción y tráfico de madera, incendios provocados por el hombre (para la cría de ganado), expansión agrícola inadecuada y descontrolada expansión demográfica. Esto ha afectado la vida de las comunidades indígenas: conflictos con colonos, amenazas de grupos organizados y pérdida de tierras para la agricultura. Además, la fragmentación del bosque ha provocado una disminución en la función ecológica y la capacidad del Darién para capturar carbono también está afectada.

La falta de conectividad terrestre plantea un problema para esta región y el progreso social y económico de muchos de sus habitantes. El comercio y el transporte de personas también se ven afectados, lo que afecta a la economía de la región. Ha habido varios planes para completar el tramo de Darién de la carretera, lo que beneficiaría al comercio en Panamá, los países vecinos y las Américas. Sin embargo, existe oposición a la apertura debido a preocupaciones ambientales y culturales. Las principales razones son: (a) el deseo de proteger la selva tropical, puesto que esa zona es una reserva de la biosfera, (b) contener ciertas enfermedades tropicales y (c) proteger la cultura de los pueblos indígenas.

COMPRENSIÓN

1. ¿Qué beneficios tiene el Parque Darién en su estado actual? Escribe dos para cada área, si es posible.

Beneficios económicos	
Beneficios sociales	
Beneficios ambientales	

2. ¿Qué beneficios tendría el Parque Darién si se terminara la carretera? Escribe uno para cada área, si es posible.

Beneficios económicos	
Beneficios sociales	
Beneficios ambientales	

3. ¿Cuál sería el impacto en el CBM de conectar por vía terrestre las dos ciudades: Yaviza y Turbo? Mira los mapas para responder.

VIDEO

9-10 Cambio climático: una visión de Darién

Vocabulario
caudaloso = *fast-flowing*
flujo (el) = *flow*
frenar = *to stop*
inundaciones (las) = *floodings*
mandato (el) = *mandate*
manglar (el) = *swamp*
quebrada (la) = *brook*

COMPRENSIÓN

1. ¿Cuáles de los fenómenos que evidencian el cambio climático están afectando a la zona del Darién (Panamá)? Da al menos tres ejemplos.
2. ¿Por qué en Darién el acceso a agua potable es un problema mayor ahora que antes?
3. Según Alida Spadafora, Panamá es responsable también por el calentamiento global. ¿Por qué?
4. Según este documental, ¿qué consecuencias tendría la construcción de los 58 kms. que faltan para terminar la carretera interamericana? Da tres.
5. ¿Puede la construcción de la carretera contribuir al aumento del calentamiento global? ¿Cómo?
6. En el documental se habla de dos mecanismos o soluciones para que Panamá combata el cambio climático. ¿Cuáles son?

ANÁLISIS

9-11 1. En este video sobre el Darién aparecen algunas de las partes interesadas. Completen la tabla con las opiniones de todos estos grupos o individuos.

Partes implicadas	posición	motivación	impacto en el desarrollo

2. Lean estas dos citas y expliquen a qué aspectos de la sostenibilidad se refieren y cómo. Identifiquen más partes interesadas en este caso.

> "Lo peor que le puede pasar a esta región sería que terminen la autovía que cruza el Tapón del Darién [...] Los leñadores seguirán la carretera, los bosques se caerán y enormes zonas del paraíso se perderán para siempre".
>
> Michael J. Ryan, biólogo de la Universidad de Texas
>
> **Fuente:** https://www.lanacion.com.ar/lifestyle/que-es-tapon-darien-peligrosa-formacion-natural-nid2513691/.

> "Un gobierno temeroso de los guerrilleros colombianos, [colonos a favor de la carretera], ecologistas que ven en peligro la biodiversidad [...] e indígenas que no quieren cambiar nada. A Colombia le gustaría cerrar ese hueco que facilitaría el comercio. Estados Unidos [...] hace lo posible para evitarlo por [miedo] a la infiltración de droga. [Este] es el conflicto que hace que ese hueco [...] en la carretera más larga del mundo [continúe] existiendo".
>
> **Fuente:** https://www.dw.com/es/dari%C3%A9n-ah%C3%AD-donde-no-hay-panamericana/a-17859743.

3. Analicen, desde un punto de vista específico (parte interesada) la apertura del caso del Darién usando el esquema de sostenibilidad.

Parte interesada: _____	¿Por qué?
Ecológicamente sostenible = es compatible con la preservación de la biodiversidad y de los ecosistemas	_____ pero _____; entonces
Socialmente sostenible = no tiene impactos negativos; las comunidades locales reciben beneficios por el desarrollo de esta actividad que mejoran sus condiciones de vida.	Aunque _____, sin _____; por esa razón _____
Económicamente sostenible = tiene en cuenta la sostenibilidad ambiental y social y todavía es financieramente posible y rentable	A pesar de que _____, _____; por lo tanto _____

CASO

1. Lean este texto sobre una solución económica para disminuir emisiones.

   Algunos países de América Latina—como Colombia, Chile y México—están eliminando los subsidios a los combustibles fósiles y han fijado precios al carbono, los cuales son una fuente de ingresos públicos y además envían una señal a las empresas y consumidores para que modifiquen sus patrones de producción y consumo. Los ingresos se pueden utilizar para apoyar la protección social y mejorar la interacción entre el desarrollo económico y social y la acción climática.

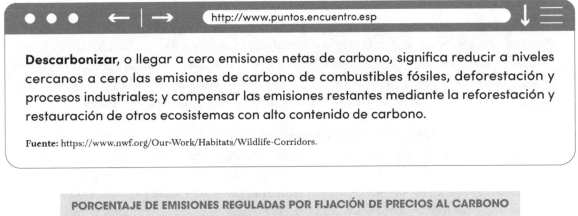

Descarbonizar, o llegar a cero emisiones netas de carbono, significa reducir a niveles cercanos a cero las emisiones de carbono de combustibles fósiles, deforestación y procesos industriales; y compensar las emisiones restantes mediante la reforestación y restauración de otros ecosistemas con alto contenido de carbono.

Fuente: https://www.nwf.org/Our-Work/Habitats/Wildlife-Corridors.

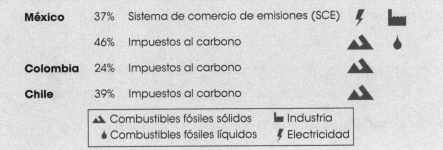

Fig. 9-27. Precios al carbono: emisiones reguladas

Un ejemplo es Colombia, donde se usan las siguientes estrategias:

- o Impuestos al uso de carbono para los sectores de energía eléctrica y la industria.
- o certificados de carbono
- o comercio de emisiones
- o cupos transables de Emisión de Gases Efecto Invernadero (GEI), que verifican y certifican la reducción de GEI por parte de las grandes compañías

La descarbonización mediante la imposición de precios al carbono puede aumentar los precios de los productos (como electricidad y gas) y afectar negativamente a las comunidades de bajos ingresos y a los trabajadores de los sectores que emiten carbono, como la minería y la industria petrolera.

a. Analicen las tres dimensiones de desarrollo sostenible de esta opción y de la no implementación de esta opción. Completen esta tabla.

	Efectos ambientales	Efectos sociales	Efectos económicos
Imposición de precios al carbono			
No imposición de precios al carbono			

b. En grupos de cuatro, dos de ustedes tomarán la posición a favor y dos en contra. Decidan una estrategia específica, basada en lo que han leído, que solucionaría estos dos problemas creados por la fijación de precios al carbono:
- ☐ aumento de los precios de los productos (como electricidad y gas)
- ☐ pérdida de empleos de los trabajadores de los sectores emisores

2. En este video se dan tres soluciones para enfrentar el cambio climático en América Latina. ¿Está la solución económica a la descarbonización entre ellos?

9-12

3. Plan de acción. Divídanse en dos grupos según su apoyo o no a estas medidas económicas. Revisen el ODS 13 y decidan si la imposición de precios al carbono responde o no a este objetivo y sus metas. Tienen que presentar una propuesta de apoyo (o rechazo) y tres razones por las que defienden esta posición, basadas en el ODS 13.

---

http://www.puntos.encuentro.esp

Objetivo de Desarrollo Sostenible 13

Adoptar medidas urgentes para combatir el cambio climático y sus impactos. Algunas de las metas del ODS 13 son (a) fortalecer la resiliencia y la capacidad de adaptación a los riesgos relacionados con el clima y los desastres naturales en todos los países, (b) incorporar medidas relativas al cambio climático en las políticas, estrategias y planes nacionales, y (c) mejorar la educación respecto de la mitigación y adaptación al cambio climático, la reducción de sus efectos y la alerta temprana.

Fuente: https://www.agenda2030.gob.es/objetivos/objetivo13.htm.

DEBATE

EL CASO ECUADOR—CHEVRON (1964–HOY)

OBJETIVOS

1. Demostrar conocimiento y comprensión de
   a. el caso Chevron en Ecuador: su historia y las partes implicadas en el mismo
   b. los efectos humanos y ambientales de la extracción petrolera
   c. el poder de las compañías extractivas transnacionales
2. Analizar críticamente las distintas posiciones sobre este tema de debate
3. Justificar y apoyar estas posiciones mediante argumentos y contraargumentos

¿QUÉ NECESITAS SABER?

Sobre el contexto

El petróleo es el principal recurso energético de América Latina: la región produce el 10,6% del petróleo mundial y el 40% de su energía proviene del petróleo. Los mayores productores son Venezuela, México, Colombia, Argentina y Ecuador; y su exportación genera muchos beneficios para estos países. En la historia de Latinoamérica la industria petrolera ha causado miles de problemas que no se han contabilizado en el precio del petróleo, como la contaminación del medioambiente, la degradación de la calidad del agua y el aire, y los efectos dañinos en la salud de miles de personas. La falta de acción de los gobiernos y compañías transnacionales para garantizar la salud de las poblaciones afectadas refleja la invisibilización del problema y ha originado innumerables conflictos en la región. Uno de ellos fue provocado por la explotación de la compañía estadounidense Texaco (hoy Chevron) en el Amazonas ecuatoriano.

Fig. 9-28. Lugar del conflicto Ecuador vs. Chevron

Fig. 9-29. Campaña 'La mano sucia de Chevron'. Presidente Rafael Correa (2014)

En 1964 Texaco descubrió petróleo en la zona de la Amazonía ecuatoriana conocida como el Oriente y el gobierno de Ecuador entregó en concesión a la petrolera Texaco 1.400.000 hectáreas de selva amazónica para extraer petróleo, decisión que tuvo como consecuencia el vertido de 18.000 millones de galones de desechos tóxicos. Desde aquel año hasta 1990 la compañía explotó 336 pozos petroleros en una región que comprende las provincias de Sucumbíos y Orellana, y enterró los residuos contaminantes o los vertió (*dumped*) en los ríos y pantanos (*swamps*). De este modo se envenenaron sistemáticamente las fuentes de agua de los Cofán, Siona, Secoya, Kichwa y Huaorani, indígenas que habitan en el área.

Se estima que los vertidos contaminantes superan en treinta veces el derrame (*spill*) del barco Valdez provocado por Exxon en Alaska. Este desastre se considera la peor catástrofe petrolera del mundo: más de 2.000 muertos, comunidades indígenas desaparecidas y daño irreversible de flora y fauna fueron algunos de los resultados. Además de estos daños, el impacto en la salud de los habitantes de la zona se refleja en múltiples casos de cáncer, leucemia, envenenamientos y malformaciones de bebés. Por ello, este desastre ambiental ha sido denominado "el Chernobil del Amazonas".

1. Explica el significado de esta frase del párrafo 1: "[...]problemas que no se han contabilizado en el precio del petróleo".
2. ¿De qué modo es invisibilizado este problema?
3. ¿Cuál de estos factores fue el causante principal de la contaminación en Lago Agrio (Ecuador)?
   a. La manera de extraer el petróleo
   b. El modo de disponer de los desechos
   c. La cantidad de terreno removido
4. Entre las catástrofes ocurridas en el mundo por los derrames de petróleo, ¿qué lugar ocupa este caso?

Sobre la historia del caso

Cronología	
1964–1967	La petrolera estadounidense Texaco comenzó a perforar en la provincia de Sucumbíos, al norte de Ecuador, cientos de pozos junto a los que construyó piscinas de residuos tóxicos al aire libre.
1990	Texaco abandonó Ecuador después de expirar la concesión sin dar una solución a los pozos tóxicos. Chevron sin embargo dijo que había hecho la limpieza según su contrato con el Estado de Ecuador y negó que los problemas fueran causados por la petrolera.
1993	Un grupo de 30.000 ecuatorianos de varias poblaciones indígenas de la zona presentó una demanda contra Texaco en un juzgado (*court*) de Nueva York. En su defensa, Texaco argumentó que el caso debía ser juzgado (*tried*) en Ecuador.
2001	Chevron compró Texaco en una operación de 45.000 millones de dólares.
2003	El Frente de Defensa de la Amazonía inició una demanda contra Chevron ante un tribunal local de Lago Agrio, en Sucumbíos y cifró en más de 6.000 millones de dólares el coste de limpiar la zona e indemnizar a sus habitantes.
2005	Pablo Fajardo, habitante de la zona, ayudado por un bufete de abogados (*law firm*) de Filadelfia (EE. UU.) y por Steven Donziger—abogado de Derechos Humanos de Nueva York—, se convirtió en abogado principal de los damnificados.
2008	Un experto nombrado por la Corte Superior de Justicia de Lago Agrio cifró en 27.000 millones de dólares la reparación de los daños causados. Chevron se negó a pagar.
2009	Chevron demandó a Ecuador en la Corte Permanente de Arbitraje (CPA) de La Haya, alegando violaciones al Tratado Bilateral de Inversiones (TBI) firmado entre Ecuador y EE. UU. en 1993.
2011	Un juez del tribunal local de Lago Agrio condenó a Chevron a pagar una multa de 8.000 millones de dólares por causar los daños al ecosistema y a la salud de las personas, y a disculparse con las comunidades indígenas. Un juez de Nueva York declaró no ejecutable la sentencia con bienes de la compañía en EE. UU. Los demandantes solo podrían cobrar si conseguían embargar (*seize*) bienes de Chevron en otros países donde operaba. La decisión fue recurrida.
2012	El caso se trasladó a la Corte Nacional de Justicia en Quito, para continuar con el proceso legal entre ambas partes. Ecuador inició acciones legales en Argentina, Brasil, Canadá y Colombia para que se embargaran los activos (*assets*) de la petrolera. Una Corte de Apelaciones de EE. UU. falló (*ruled*) en contra de Chevron. La Corte Suprema de EE. UU. rechazó la apelación de Chevron.
2013	Chevron inició un proceso judicial en Nueva York contra los demandantes ecuatorianos, alegando que la sentencia de 2011 fue fraudulenta.
2014	Un juez de Nueva York falló a favor de Chevron. Los demandantes iniciaron acciones legales en Canadá, Brasil, Argentina y Colombia.

Cronología	
2018	El Tribunal Arbitral de La Haya falló a favor de Chevron, ordenando a Ecuador anular el fallo del tribunal de Sucumbíos. Además, Ecuador debería pagar a Chevron 94 millones de dólares por "el daño económico y moral causado a la compañía". Ecuador notificó a Chevron que apelaría la sentencia.
	Un juez de Nueva York suspendió la licencia de Steven Donziger sin el debido proceso. Donziger continuó la defensa en Canadá.
2019	La Corte del Distrito de La Haya confirmó la sentencia de la Corte de Arbitraje.
	Un juez exigió a Donziger que entregara su computadora y teléfono para ser investigado por la defensa de Chevron. Donziger se negó y fue condenado a arresto domiciliario.
	Amnistía Internacional exigió una investigación criminal contra Chevron.

1. ¿Dónde y cuándo se presentó la primera denuncia contra Texaco-Chevron? ¿Y la segunda?
2. Explica con tus propias palabras cuál fue el argumento de Chevron en su defensa.
3. ¿Hay algún momento durante este caso en el que un juez o una corte de EE. UU. falló en favor de Ecuador?
4. ¿Ha sido este caso más favorable a Ecuador o a Chevron? Explica brevemente tus respuestas.
5. ¿Qué tipo de apoyo internacional han tenido Chevron y Ecuador?
6. ¿Por qué está Steven Donziger en arresto domiciliario desde 2019?

Sobre la posición de Chevron
9-13

Mira el video 9-13 y haz una lista de los tres principales argumentos de Chevron en su defensa.

Sobre el daño causado al pueblo Cofán
9-14

Mira el video sobre los procedimientos usados por Chevron y los efectos de la contaminación en los habitantes de la zona. ¿Cuáles han sido algunos de estos efectos? Enumera tres.

APLICACIÓN
9-15

1. La responsabilidad corporativa y el desarrollo económico a expensas del ambiental y el humano. Miren el video donde se presenta una crítica contra las compañías extractivas como Chevron. ¿Qué efectos de las grandes compañías petroleras se describen en el video? Hagan una lista de las estrategias que usan las compañías como Chevron para poder llevar a cabo sus operaciones.

2. Comparen el video de Chevron con este video. ¿Qué tácticas usa el video creado por Chevron y cómo se compara con el 'falso' video creado por Chevron Tóxico?

3. ¿Qué lado del debate apoyan estas declaraciones?

Treinta premios Nobel piden que Chevron responda ante la justicia por la contaminación en el Amazonas

También piden la libertad del defensor de derechos humanos Steven Donziger, en arresto domiciliario desde hace un año.

"[Nosotros] apoyamos a Steven Donziger y a los pueblos indígenas y comunidades locales en Ecuador en su trabajo de décadas para lograr la justicia ambiental por la contaminación causada por Chevron", han escrito los premios Nobel.

Abogados internacionales, defensores de los derechos humanos, Amnistía Internacional, Amazon Watch, Global Witness, Greenpeace y las propias víctimas continúan exigiendo que Chevron pague la sentencia a las comunidades indígenas y campesinas. Chevron ha gastado 2.000 millones de dólares en abogados, investigadores privados y consultores, y no ha pagado ni un centavo para ayudar a las víctimas.

Fuente: https://www.juiciocrudo.com/casorico.php/articulo/chevron-en-ecuador-pueden-estar-equivocados-30-ganadores-del-premio-nobel/14508.

EL ÉNFASIS EN LA INFORMACIÓN SIGNIFICATIVA

En el proceso de argumentar a favor o en contra de un asunto, es útil poner énfasis en los datos que son significativos y sus implicaciones.

Esto quiere decir que ...

Esto significa que ...

_____, lo que significa que ...

_____, lo que quiere decir que ...

Es un/a _____ significativo/a que ...

El hecho de que _____ es (muy) significativo

This means that ...

This means that ...

_____, which means that ...

_____, which means that ...

It is _____ significant that ...

The fact that _____ is (very) significant.

ANÁLISIS

9-16

1. Entrevista con Pablo Fajardo

   Miren la entrevista con Pablo Fajardo. ¿Cuáles de estas afirmaciones hizo el abogado? Si no son correctas, corrígelas. ¿Qué dijo?
   - ☐ Pablo Fajardo dijo que Petroecuador, la empresa estatal, no era responsable de daños ambientales.
   - ☐ Pablo Fajardo opinó que los gobiernos pasados no habían respetado el medio ambiente pero que el gobierno actual hacía un trabajo muy bueno.
   - ☐ Pablo Fajardo afirmó que el concepto de prosperidad del gobierno ecuatoriano es diferente del concepto de prosperidad de los indígenas.
   - ☐ Pablo Fajardo aseguró que no es posible combinar el desarrollo económico y la sostenibilidad medioambiental.

2. Hagan una lista de las diferentes partes interesadas en defender cada una de estas dos posturas del debate. Deben tener el mismo número en las dos columnas.

Chevron es responsable	Chevron no es responsable

3. En grupos, cada uno de ustedes asume el papel de una de estas partes implicadas (*stakeholders*) y su postura ante el problema. Después prepara el mejor argumento posible que apoye su postura. Usen datos, ejemplos u otra información relevante.

Chevron (no) es responsable y (no) tiene que pagar y pedir disculpas a los afectados	
¿Quién?	Argumento

EVALUACIÓN

1. Individualmente
   - ☐ prepara tu papel con toda la información necesaria para poder participar en el debate (quién eres, cómo te llamas, de dónde eres, dónde trabajas, a quién representas ...).
   - ☐ revisa los materiales e información relevante y cualquier otra que te ayude a comprender mejor cuál es tu posición en este caso.
2. Prepárense para el debate. En su grupo, decidan qué argumentos quieren usar y en qué orden.

FIGURE CREDITS

Fig. 9-1: Fuente: https://apps1.semarnat.gob.mx:8443/dgeia/informe_12/06_agua/cap6_2.html.

Fig. 9-2: Adaptado de: https://epi.yale.edu/downloads.

Fig. 9-3: Fuente: https://epi.yale.edu/.

Fig. 9-4: Copyright © by Our World in Data (CC BY 4.0) at https://commons.wikimedia.org/wiki/File:Uso_global_de_plaguicidas_por_toneladas,_2017.svg.

Fig. 9-5: Fuente: https://elpais.com/elpais/2013/06/02/media/1370175074_380264.html.

Fig. 9-6: Fuente: https://mapa.conflictosmineros.net/ocmal_db-v2/.

Fig. 9-7: Fuente: http://extwprlegs1.fao.org/docs/pdf/gua172931.pdf.

Fig. 9-8: Fuente: http://extwprlegs1.fao.org/docs/pdf/gua172931.pdf.

Fig. 9-9: Fuente: https://www.sedigas.es/informcanual/2011/2.2_ConsumoEnergiaPrimaria.htm.

Fig. 9-10: Fuente: https://www.aeeolica.org/sobre-la-eolica/la-eolica-espana/potencia-instalada-y-generacion.

Fig. 9-11: Fuente: https://www.americaeconomia.com/negocios-industrias/energias-renovables-ganan-protagonismo-en-matriz-energetica-de-latinoamerica.

Fig. 9-12: Fuente: https://ocw.unican.es/pluginfile.php/3096/course/section/2863/TC-1.pdf.

Fig. 9-13: Fuente: https://www.dw.com/es/am%C3%A9rica-latina-sostenibilidad-a-la-vista/a-43238484.

Fig. 9-14: Fuente: https://www.bnamericas.com/en/news/at-a-glance-costa-ricas-power-expansion-plans.

Fig. 9-15: Fuente: https://www.bnamericas.com/es/noticias/breves-del-sector-electrico-de-uruguay.

Fig. 9-16: Fuente: https://elpais.com/internacional/2017/05/16/actualidad/1494957467_951063.html.

Fig. 9-17: Fuente: https://www.un.org/spanish/waterforlifedecade/pdf/facts_and_figures_human_right_to_water_spa.pdf.

Fig. 9-20: Fuente: http://www.bio-nica.info/Biblioteca/CBM2002PlataformaDesarrolloSostenible.pdf.

Fig. 9-21: Copyright © 2005 by Francisco Toledo. Reprinted with permission.

Fig. 9-22: Copyright © 2005 by Francisco Toledo. Reprinted with permission.

Fig. 9-23: Copyright © by milton becerra (CC BY-SA 3.0) at https://en.wikipedia.org/wiki/File:NIDOS_1995_Milton_Becerra_Environmental_art.jpg.

IMG 9-10: Fuente: https://commons.wikimedia.org/wiki/File:Sustainable_Development_Goal-es-05.jpg.

Fig. 9-24: Adaptado de: https://commons.wikimedia.org/wiki/File:PanAmericanHwy.png.

Fig. 9-25: Copyright © by Mdf (CC BY-SA 3.0) at https://commons.wikimedia.org/wiki/File:Pteroglossus-torquatus-001.jpg.

Fig. 9-26: Adaptado de: https://www.lanacion.com.ar/lifestyle/que-es-tapon-darien-peligrosa-formacion-natural-nid2513691/.

Fig. 9-27: Adaptado de: https://blogs.worldbank.org/es/latinamerica/poner-un-precio-al-carbono-puede-ayudar-america-latina-en-su-camino-hacia-un-futuro-de.

Fig. 9-28: Adaptado de: https://todosalinas.wordpress.com/2014/08/19/lago-agrio/.

Fig. 9-29: Copyright © by Cancillería Ecuador (CC BY-SA 2.0) at https://commons.wikimedia.org/wiki/File:CAMPA%C3%91A_LA_MANO_SUCIA_DE_CHEVRON_-_11532360866.jpg.

CPSIA information can be obtained
at www.ICGtesting.com
Printed in the USA
LVHW061307090822
725456LV00003B/54